장자와 데이터

데이터 총서

II

데이터 지향 정치 언어의 고전 2

장자와 데이터

정성욱

미디어 연구소 톰

데이터 총서 Ⅱ

장자와 데이터: 데이터 지향 정치 언어의 고전 2
정성욱 지음

초판 발행 2024년 4월 9일

펴낸이 정성욱
펴낸곳 미디어연구소 봄
신고번호 제2020-000256호
주소 경기도 고양시 일산동구 무궁화로 18, 남정씨티프라자1차 603-645호 (장항동)
전화 070-7755-8523
팩스 0504-468-8523

북디자인 제이로드

ISBN 979-11-973332-2-4
      979-11-973332-0-0 (세트)

위대한 형이상학은 언제나 현실을 긍정하며 재건하려는 욕망의 소산이
다. ─ 소은素隱

하늘에서 명을 받은 것들, 오직 순임금이 홀로 바르니, 바르게 살아 뭇
사람을 바루어 살릴 수가 다행히 있었다(受命於天, 唯舜獨也正, 幸能
正生以正衆生). ─ 덕충부德充符 편

혹시 천지의 바름을 타고, 여섯 가지 기氣를 가리는 말을 제어하여 몬
다, 하여 노는 데 끝이 없는 자, 저이는 또 어디에 기댈 것인가(若夫乘天
地之正, 而御六氣之辯, 以遊無窮者, 彼且惡乎待哉)! ─ 소요유逍遙遊 편

___ 자서

'봄 데이터 총서'의 첫 권, **논어와 데이터**를 출간한 지 약 2년 반을 넘긴 지금에야 둘째를 세상에 내보낸다. 원래는 성 아우구스티누스의 **신국론**에 대한 고전적 해석들 중 정치적 측면에 관한 것들을 모아 번역하고 편역자 해제를 달아 총서 제2권으로 내려 했는데 준비 과정에서 기획을 변경, 출간까지 더 오래 걸리겠지만, 총서의 기획 의도에 보다 충실한 해설, 이를테면 '데이터 지향 정치 언어의 고전으로 해석한 신국론'을 직접 쓰기로 하는 바람에 총서 제3권으로 기획했던 "장자와 데이터"를 **논어와 데이터**의 후속으로 낸다.

이번에도 **논어와 데이터**에서 시도한, 이 책 서론에서 간략히 소개할, 환유와 은유를 축으로 하는 언어 중심의 고전 해석 노선을 고수하면서, 2천여 년간 켜켜이 쌓인 얼음을 뚫고 내려가, 불후의 고전을 낳은 생명수에서, 지금도 생생하기 그지없고 앞으로도 그러할 숨결을 되도록 직접 건져 올리려 했다. 이 책에서 '데이터 지향 정치 언어'의 틀로 생포하려 한 **장자**가 국내 정치의 질적 향상에는 물론이고 국제 질서의 대안적 현실을 벼리는 데도, 명제 '논어는 살아 있다'가 실로 참임을 보이려 했던 **논어와 데이터** 못지않게, 도움이 되기를 바란다. 데이터 지향 정치 언어의 고전이 가진 실로 항구적인 생명력을 다시 한번 입증했기를 바란다.

끝으로, 4장 이하의 **장자** 내편과 그에 대한 해설을 읽기 전에 결론 장을 한번 읽어 두는 것이 이 책을 음미하는 한 가지 좋은 방도가 되리라는 제언을 덧붙여 둔다.

한강 철책 변 송포들 우거에서

정성욱

목차

제 1 장

서론

1

이 책의 전작인 **논어와 데이터**에서 매긴 **논어**의 사상사적 위치는 그것이 전제되지 않고는 바라는 일이 이루어지지 않을 데이터를 가로막고 선벽을 뚫어 길을 내는 말의 선봉에 있는 시를 대상화한, 대표적으로 **시경**의 주남과 소남에 있는 시를 대상화한—주로 공자의—말을 한데 모아 놓았다는 것이다. 여기서 독자에게, 특히 **논어와 데이터**를 접하지 못한 독자에게 낯설 생각이 '데이터에 닿는 말의 선두에 선 시'인데, 우선 필자가 말하는 데이터는, 저 전작에서 정의한 대로, 품 밖으로 나가 이룬 뭔가를 품 안으로 돌리는 데 성공할 때 생존을 지속할 수 있다는 조건 아래의, 인간처럼 선택을 배워 아는 생명에게 주어진, '뭔가 이룸' 내지 '어떤 성사'의 전제 내지 근거를 가리킨다. 그러나 '품 안에서 품 밖 성사를 기획한다'는 뜻의 생각(思)을 애써 품 밖에서 실천으로 옮겨도, 말로 된 생각이 데이터에 닿는 것이 아닐 때는 성사에 이를 수 없을 것인데, 성사 가능성을 품은 모형으로서의 생각이 그것으로 이루어진, 데이터에 닿아 일이 성사되도록 이끄는 말, 바로 이런 말의 선봉이 시이다. 그런데 이런 시의 정의에서 한 번 더 거슬러 올라가 '성사 가능성을 품은 모형으로서의 생각이 그것으로 이루어진 말'을 **논어**에서 찾으면 위정 편 다음 구절에서 특히 역연하다.

> 자공이 군자를 물었다. 공자 가라사대: "군자는 먼저 제 말을 실천하여 모범을 만들고, 이후에 이를 좇는다."
>
> 子貢問君子。子曰:「先行其言，而後從之。」[1]

---

[1] 이하의 고전 한문 인용은 전작 졸저 **논어와 데이터**에서도 활용한, 도널드 스터전 Donald Sturgeon 박사가 편집한 온라인상 "중국철학서전자화계획中國哲學書電子化計劃(https://ctext.org/zh)"에 디지털화되어 수록된 대로를, 대개는, 그대로 옮긴 것이다. 원문을 변경하여 인용한 경우는 각주를 통해 변경 내용을 밝혔

이 구절을 대개 '군자는 실천을 먼저 하고 말은 그 뒤를 따르도록 한다'는 의미로 해석해 왔으나, 졸견에, 이런 전통적 해석은 말보다 실천이 중요하다는 생각이 공자의 지론이었으리라는 선입견에 휘둘린, 공자의 답을 무리하게 끊어 읽는 독해다. 이런 무리를 피한 **논어와 데이터**(264쪽)에서는, 자로 편 서두 부분에 있는, '군자는 이름하면 반드시 말할 수 있고, 말하면 반드시 행할 수 있다'는 이야기가 나오는 정명론과 함께 읽어 '바른 이름을 연결한 말을 실천으로 옮겨, 따를 만한 모범을 창조하는 것이 군자'라는 뜻으로 새김으로써 **논어** 전체와의 환유적 연관을 분명히 하는 해석을 제시했는데, 이렇게, 군자의 모범 창출 같은 '성사'를 향한 생각이 그것으로 이루어진 말의 선봉이 시라는 발상이 놀랍게 보편적이라는 사실은 구약의 창세기 서두에서 확인할 수 있다.

> 야훼 하느님께서는 "아담이 혼자 있는 것이 좋지 않으니, 그의 일을 거들 짝을 만들어주리라." 하시고, 들짐승과 공중의 새를 하나하나 진흙으로 빚어 만드시고, 아담에게 데려다 주시고는 그가 무슨 이름을 붙이는가 보고 계셨다. 아담이 동물 하나하나에게 붙여준 것이 그대로 그 동물의 이름이 되었다. 이렇게 아담은 집짐승과 공중의 새와 들짐승의 이름을 붙여주었지만 그 가운데는 그의 일을 거들 짝이 보이지 않았다. 그래서 야훼 하느님께서 아담을 깊이 잠들게 하신 다음, 아담의 갈빗대를 하나 뽑고 그 자리를 살로 메우시고는 그 갈빗대로 여자를 만드신 다음, 아담에게 데려오시자 아담은 이렇게 외쳤다. "드디어 나타났구나! 내 뼈에서 나온 뼈요, 내 살에서 나온 살이로구나. 지아비에게서 나왔으니 지어미라고 부르리라!" (**공동번역 성서**, 창세기 2: 18~23)

다. 참고로, 여기 인용한 **논어**의 디지털화 저본은 무영전십삼경주소武英殿十三經注疏본 **논어주소**論語註疏이다. 덧붙여, 이 책에서 원문과 함께 제시한 번역은 모두 졸역이고, 전작인 **논어와 데이터**에서와 마찬가지로, 한문 원문의 문장 부호를 한국어 졸역에서도 그대로 살려 원문과 번역 사이의 대조가 쉽도록 했다.

이 구절에 따르면, 아담이 세상에 나와서 다른 어떤 일보다 먼저 한 일은, 주님의 베풀어 주신 바의 데이터에 닿는 이름을 지은 것이다. 또는 이런 이름들로 된 시를 지은 것인데, 바로 그 절정에서, 방금 인용한 **공동번역 성서**에서는 "지어미"로 번역된 '여자'가 '자신에게 적합한 성사 조력자'의 이름으로 등장한다. 공자 같으면 아담의 시 속에서 핵심어 역할을 하고 있는 낱말 '여자'가 아담에게 적합한 '성사 조력자'의 바른 이름, 정명正名이라 보았을까? 그런데 아담이 시작했다고도 할 수 있을 이런—공자식으로 말해 '정명'의—시 전통은 2차세계대전 중 독일 점령 하의 프랑스에서 나온 폴 엘뤼아르Éluard, P.의 시 "자유(Liberté)"에서도 뚜렷한데, 다음은 20번 동일한 방식으로 되풀이된 제1연, 그리고 제20연 이하의 종결부다.

Sur mes cahiers d'écolier

Sur mon pupitre et les

arbres Sur le sable sur la

neige J'écris ton nom

…(중략)…

Sur la santé revenue

Sur le risque disparu

Sur l'espoir sans souvenir

J'écris ton nom

Et par le pouvoir d'un mot

Je recommence ma vie

Je suis né pour te connaître

Pour te nommer

Liberté.

　이 유명한 시는 대체로 충실하게 "···위에 / ···위에 / ···위에 / 난 네 이름(nom)을 쓴다"를 20번 되풀이한 끝에 "그리고 한 낱말의 힘으로 / 나는 내 생을 새로 시작한다 / 나는 태어났다 너를 알기 위해 / 너를 이름하기(nommer) 위해 // 자유."로 맺어지는데, 여기서, 아담이 자신의 상대를 이르기 위해 지은 이름 '여자'는 시의 화자가 시의 마지막까지 '너'라 부른, 그를 배필로서 알고 이름하기 위해 태어난 "자유"로 치환되어 저 창세기 초두를 되풀이하고 있다. 즉, 이 시의, 프랑스어 여성 명사 "자유"로 지칭된 대상은 "내 뼈에서 나온 뼈요 내 살에서 나온 살"이다. 시의 화자 "나 Je"와 "자유Liberté"는, 창세기 초두에서 이야기된 지아비와 지어미처럼, 서로 떨어질 수 없는 사이다. 즉, 이 시의 "자유"는 창세기 초두에 등장한 이름, '여자'의 은유다.

　그런데 **논어**의 사상사적 위치를, 필자의 제안처럼, 술이 편에 공자 자신 싫증 내지 않았다고 역설한 것으로 돼 있는 가르침, 그리고 그와 싹을 이루는 배움의 반복 과정을 통해 후세가 대대로 쓸 말 길을 이루게 될 "사무사"나 "정명" 같은 시어와 그에 가까운 말들을 한데 모아 놓았다는 측면에서 매기면, 맹자나 순자를, 공자가 난세에 흩어진 '선왕先王들의 모범' 내지 선왕지도先王之道를 수집하고 이를 데이터 삼아 닦아 놓은, 시적 울림 가득한 말 길을 반성적으로 체계화한 인물로 보게 되어 **순자**나 **맹자**에서 목격하는 빈번한 **시경** 인용의 이유를 한층 잘 이해하게 된다. 더불어, **맹자** 진심(하) 편에 **서경**을 너무 믿는 것은, 없는 셈 치는 것만 못하다고 예를 들어 가며 비판한 대목이 있지만, 이후 선왕지도 데이터가 집성되어 있는 **서경**이 **시경**과 함께 중요한 권위로 참조되어 온 이유도 보다 잘 이해하게 된다. 사실, **논어와 데이터**는 이런 반성적 체계화의 말석에 있는 책이라 하겠는데, 구체적으로는, **논어**가 전하는 공자 집단의 언행을 공자가 선왕지도 데이터를 수집하고 기억하여 서恕 하나로 꿴 결과 탄생한 '데이터 지향 정치 언어의 발화 실천'에서 나온 것으로 조명할 때 자한 편 첫 구절처럼[2] 난해하게 여겨져 온 대목들에 대한 명쾌한 해석을 얻게 되는 것은 물론이고 **논어** 전체를 통째 살아 있는 고전으로 생포할 수 있다는 주장을 내놓고 있다. 이런 주장에 비춰 극히 당연한 이야기지만, **논어와 데이터**에서 "어짊 체제"라 명명한 이 발화 실천의 체계는 **논어**에 무엇을 덧붙여서 나온 것이 아니라 **논어** 자체의 내적 논리를 따라 도출된 것이다. 그리고 이런 내적 논리를 시적으로 압축해서 선명하게 보여주는 **논어** 한 대목이 다음의, 무정부적 자연 상태를 인공의 도道로 지양하는 정치를 전통을 재구성하여 창안한 공자를 단적으로 보여주는 팔일 편 한 구절이다.

> 공자 가라사대: "활쏘기는 가죽 과녁을 위주로 하지 않기, 노력 동원에서는 [개별적인 여건을 고려하여] 일률적으로 부담시키지 않기, 옛 길인 것이다.
>
> 子曰:「射不主皮，為力不同科，古之道也。」

해석이 쉽지 않은 것으로 여겨져 왔으나, 이 구절 첫 부분("射不主皮")은 **공자가어** 변악해, **예기** 악기, **사기** 악서에 공히 나오는 기사, 주나라 무왕의 군대 해산 이후, 한국어 사전에 등재된 '향사례'의 유래일, 음악에 맞춰 하는 활쏘기를 시작하면서 가죽 꿰뚫는 활쏘기는 그만 두었다는 기사를 참조하면 쉽게 풀린다. 즉, 갑주 가죽을 꿰뚫는, 적을 살

---

2 자한 편 첫 구절: 공자께서는 이로움을 드물게 말씀하셨고, 천명에 대해서도, 어짊에 대해서도 말씀이 드물었다(子罕言利，與命，與仁).

상할 목적으로 하는 활쏘기를 지양한—전쟁을 지양하고 평화를 지향하는—어진 활쏘기를 시작한 옛 시절을 새겨 보는 것으로 해석하게 된다. 그리고 이렇게 어질게 하는 활쏘기의 경우에서 보는 것과 같이 예악의 표준을 세워 화합과 평안을 꾀하는 옛 통치는 다른 측면에서도 어질었을 것이라는 기대를 하게 되는데, 바로 이런 기대를 살리는 쪽으로 그 바로 다음 부분("爲力不同科")을 새기면, 통치가 요구하는 노력 동원의 대상들이 처한 개별적 여건의 상이함을 자상하게 살펴, 져야 할 부담을 일률적으로 과하지 않았다는 말로 알아듣게 된다. 즉 노력 동원도 어질게 했다는 이야기로 읽게 된다. 나아가 전체적으로는, 선왕지도先王之道의 활쏘기 데이터와 노력 동원 데이터를 나열하고 이를 "옛 길인 것이다(古之道也)"라는 극히 간명한 메타(상급) 수준 서술어로 연결하여, 이 둘이 '어질게 행함'에서 서로 닮아 은유하는 옛 길이, 즉 선왕지도先王之道가, 어짊으로 말미암고 어짊을 말미암는 어짊 한길에 다름 아니었음을 극히 시적으로 드러낸 구절로 이해하게 된다. 하여, 왜 이런 말을 공자가 했는지는커녕 무슨 말인지조차 이해하기 어려웠던 이 구절의 뜻은 물론이고 **논어** 전체를 포섭하는 '어짊 체제'와의 환유적 연관 역시 분명해지는 것이다.

나아가, 흐려진 것들을 여기저기서 수집하여 마음 속에 새긴 선왕지도先王之道 데이터, 이들 간의—자신의 어짊으로 말미암아 발견했을 것임이 분명한—유사성에서 취한, 메타(상급) 수준의 옛 길 은유로써 선왕지도 전체의 진실을 환유하는 데 성공한, 나아가 자신의 사후 **논어**에 실릴 자신과 제자들의 언행 전모를 미리 환유하는 데 성공한 공자의, 방금 본 것과 같은, 듣는 이의 어짊을 계발했을 교육적 발화 실천은 옹야 편의 다음 대목에 나오는 "능근취비能近取譬"의 탁월하게 성공적인 본보기라는 것이 필자의 평가다.

자공 가로되: "백성에게 널리 베풀어 다수를 구할 수 있다면, 어떻겠습니까? 어질다 해도 좋겠습니까?" 공자 가라사대: "어찌 어질다는 정도겠느냐, 반드시 성인일 것이다! 요순도 그렇게 하기는 힘들지 않았나! 무릇 어진 이라면, 자기가 서기를 바라면 남이 서도록 하고, 자기가 달하기를 바라면 남이 달하도록 한다. 가까운 데서 널리 적용할 만한 것을 시적으로 포착할 수 있다면, 어짊을 실천할 줄 안다 할 것이다."

子貢曰: 「如有博施於民而能濟眾, 何如? 可謂仁乎? 」子曰:
「何事於仁, 必也聖乎! 堯舜其猶病諸! 夫仁者, 己欲立而立人,
己欲達而達人。能近取譬, 可謂仁之方也已。」

여기서 보는 것처럼 가까움과 비슷함을 쌍축 삼아 널리 벋은 것이 '어짊 실천의 방도(仁之方)'이다. 한편, 근접성과 대체성(유사성)을, 예컨대 이런 '어짊 체제의 발화 사례'를 낳는 언어의 두 직교축으로 지목한 소쉬르Saussure, F. de의 '선조적(linear)' 언어 개념을 통사론적 위계를 아우르는 '결합(combination)' 개념으로 보완하고 유사성과 근접성을 원리로 하는 은유와 환유를 유의미한 발화를 잣는 말의 쌍축으로 정위한 문예이론가가 야콥슨Jakobson, R.인데,[3] 공자는, 방금 살펴본 대로, 당대가 제기한 정치적 난문에 실천적으로 응답하는 데 출발점이 될 수밖에 없을, 그도 비근하게 확인했을 인간 조건의 보편적 유사성 내지 치환 가능성을 당대 난문에 대한 응답으로 가까이 환유된 먼 '옛 길'들의 유사성 내지 치환 가능성에 연결함으로써 어짊 실천의 '말 길' 내지 어진 정치의 어법을 창조한, 보다 구체적으로는, **시경**과 **서경**을 동아시아 지역에서 대대로 발화될 정치 언어의, 은유와 환유의 시원적 축으로

---

3 특히, '언어의 두 양상과 실어증의 두 유형'을 참조. 이 야콥슨 논문의 서지 정보는, 이 책에서 편저자·출판년도나 제목(예컨대, **성경**)으로 특정하며 인용한 여타 저작물의 서지 정보와 함께 책 끝 '인용 문헌'에 있음.

정립한 문화 영웅이다. 그리고 이 같은 공자 상은 이런 유사성 내지 치환 가능성들이 추상화된 본성과 습속을 은유의 양극으로 병렬한 양화 편 다음 구절에서도 뚜렷하다.

공자 가라사대: "본성은 서로 가까운 것이고, 습속은 서로 먼 것이다."

子曰: 「性相近也, 習相遠也。」

그런데 여기서 목도하는 바와 같은 공자의 은유는, 필자가 전작 **논어와 데이터** 2장 2절에서 논한 대로, 그가 데이터 삼은 선왕지도先王之道의 맥락을 떠나지 않는다. 그리고, 공자의 은유는 그것을 포함하는 발언이 그에 즉해 발화되는 맥락에 얽힌 환유적 연쇄에 긴밀히 맞물린 것이라는 이런 관점에서 볼 때, 방금 인용한 공자 말씀은, 전작에서 풀이한 대로, 어짊이 지배하는 선왕지도의 세계에 어느 정도로 가까워질 수 있을 것이냐는 서로 비슷한 본성이 아니라 서로 다른 습속에 달렸다는 뜻이라 해석하는 것이 자연스럽다. 그런데 이렇게 공자가, 선왕지도 같은 외부 데이터와 유리될 만큼 추상적인, 달리 말해 언어 그 자체에 갇히기 십상인 자기탐닉적 은유는 삼갔다는 점은, 안에서 홀로 하여 은유 축으로 기울게 마련인 말로 된 생각(思)보다는, 말의 환유 축을 통어하는 바깥 데이터에 접하는 배움(學)이 낫다고 한, 위령공 편에 있는 다음 발언에서 특히 뚜렷하다.

공자 가라사대: "내가 일찍이 하루 내내 먹지 않고, 밤새도록 자지 않고, 그 대신에 생각을 해봤지만, 보태는 바가 없었으니, 배움만 못하다."

子曰: 「吾嘗終日不食, 終夜不寢, 以思, 無益, 不如學也。」

'안에서 하는 생각'과 '바깥에서 배움'의 대조는, **논어와 데이터**(35쪽 이하)가 "기欺"와 "망罔"에 대한, 둘 다 '속임'을 뜻하나 서로 다른 종류임을 보인 분석―여기에 따르면, 옹야 편에 있는, 어떤 이가 어진데 '어짊이 우물에 들었다'는 거짓말을 따르다가 우물에 빠지겠느냐는 질문에 대한 공자의 답변에 나란히 등장하는 "기"와 "망"은 각각 '말로 속임'과 '데이터를 혼동케 하여 속임'을 뜻하여, 그의 답변은 결국, 어진 이를 말로 속여 우물가에 가게 할 수는 있으나 데이터를 혼동케 하여 우물에 빠뜨릴 수는 없다는 뜻이 된다―등을 통해 **논어**의 숨은 주제로 부각한 대조인데, 하여간 공자의 어짊은, "능근취비能近取譬"에서 단적으로 드러나는 것처럼, 환유와 은유에 관한 20세기 문예 이론에 닿을 정도로 도저한 것이었다 하겠다.

그런데, 지금껏 윤곽을 그려 본 것과 같은 언어 문제를 공자 이후 누구보다 탁월하게 살펴, 전혀 새로운 차원을 연 사상가가 장자다. 아마도 벗이었던 혜시와의 비판적 대화가 없었다면 이룰 수 없었을 성취일 터인데, 명가名家를 대표하는 혜시의 이런 기여는 천하 편을 다루면서 살필 기회가 있을 것이다. 그리고 이런 관점에서 금방 눈에 띄는 **논어**와 **장자**의 차이로는 우선, **장자** 내편의 편명이, 서로 가깝게 연결한 말들로 이룬 한 편 전체를 대표하는 이름으로 돼 있다는 사실을 들 수 있겠다. 대조적으로, 우리가 지금 읽는 **논어**의 편명은 모두, 동서의 고대 문헌에서 두루 보는 관행이지만, 각 편을 시작하는 구절의 첫 몇 자를 따서 붙인 것이다. **논어**는 공자의 언행을 기록해 둔 제자들이 자신들의 기억과 기록들을 추려 편집한 결과라서 저자가 무엇에 대해 일관되게 이야기한 전체에 제목을 붙일 수 있는 성격의 책은 애초부터 아니었다 하겠으나, 장자와 비슷한 시기에 살았던 것으로 여겨지는 맹자의 **맹자**도 저런 제목 붙이기 관행을 벗어나지 않았다는 점을 고려하면, **장자** 내편에서 보는 편명(소요유, 제물론, 양생주, 인간세, 덕충부, 대종사, 응제왕)의 작명 방식은, 순자 등이 곧 따르게 될, 일종의 혁신이었다 하겠다.

　내편, 외편, 잡편으로 "장자"를 나눈 것은, 현재 보는 것과 같은 33편으로 이루어진 **장자**를 편집하고 주석을 단, 서진西晉의 곽상郭象이라고 하는데, 이후, 장자라 존칭되는 장주莊周가 지었을 가능성이 높다고 여겨진 내편과, 내편에서 펼친 주장에 대한 부연이라는 설이 있으나 다수가 그 자신의 저작은 아닐 것으로 여겨진 외편·잡편을 구분하는 내적 기준으로도 취할 수 있는 것이 각 편 제목의 작명 방식이다. 덧붙여, 잡편의 양왕讓王 편과 설검說劍 편 같은 예외도 제목의 시적 울림으로 보면 예외로 꼽을 정도는 아니라는 것이 졸견이다. 하여간, 장자에 이르러 이런 작명이 가능해질 정도로 날카롭게 말의 환유 축, 또 은유 축에 대한 의식이 벼려졌던 것인데, 달리 말해, 가깝게 붙인 말들로 이루어진 부분부분이 이어져 이름할 만한 하나의 전체를 이룬다는 점에 대한 의식이 아직 둔할 때는 하나로 파악된 이야기 전체에 바로 그 전체적 하나를 시적으로 은유하는 이름을 붙이기가 어렵겠다는 것이다. 나아가, 언어 의식을 이런 정도로 날카롭게 벼려낸 것이 어려운 성취였다는 점은 내편 편명에서 방금 읽어 낸 혁신적 진전을, 내편에 있는 글들이 유통된 이후의 파생 작품들을 집성한 것일 가능성이 큰 외편·잡편에서는 읽을 수 없다는 데서도 확인할 수 있다. 즉, 혁신을 고수하지 못하고 옛 관행으로 후퇴하기 십상일 정도로 어려운 성취였다는 것이다.

　물론, 첫 구절의 단서가 한 편 전체를 환유할 수는 있겠는데, **장자**의 잡편 가운데 이렇게, '앞으로 펼쳐질 이야기'를 환유하는 단서로 시작하는 대표적 경우가 우언寓言 편이다. 특히 이 경우의 '앞으로 펼쳐질 이야기'가 우언 편의 이야기에 그치지 않고 "장자" 전체를 아우른다고 볼 수 있다는 점에서는, 우언 편에 대한 전통적인 견해처럼, **장자**의 서문에 해당한다고 하겠다. 특히 사마천 **사기**의 노자한비열전老子韓非列傳은 장자의 작품 전체를 '우언류'라 서술하고 있어 '우언'을 장자의 저술 전체를 환유하는 말로 꼽게 해주는데, 이런 서술의 유력한 근거는 사실, 이제 곧 본격적으로 뜯어볼 우언 편의 첫머리에서도 발견할 수 있다. 한편, 사마천이 노자한비열전에서 구체적으로 거론하고 있는 장자의 저술은 잡편에 속한 어부·도척 편과 외편에 속한 거협 편이다.

어부·도척·거협 편 거론의 전후 맥락과 거론된 세 편의 내용을 살필 때, 장자의 사상적 요체가 자연 회귀에 있다고 본 사마천은 **도덕경**의 노자 뒤로 장자를 세워 하나의 유파로 묶고 노장의 도가와 공자의 유가가, **논어** 위령공 편에 있는 공자 말씀을 차용한 사마천의 표현을 옮기건대, '도道가 달라 함께 일을 도모할 수 없다'고 할 지경으로 상충하는 관계라고 파악했던 것이 분명하다. 사마천의 이런 장자 파악, 노자와는 한집안이나 공자의 유가와는 적대 관계에 있다는 파악은 이후 널리 유통돼 왔으나, 이는, 지금 우리에게 주어져 있는 33편의 장자 가운데 '우언寓言'이 환유하는 범위 안으로 온전히 들어오는 텍스트를 가려 그에 대한 분석을 면밀히 해 보면 비판적 검토의 필요가 큰 것으로 드러날 견해다. 생각건대, 우언 편이―이제 곧 거론할 천하 편과 더불어―환유하는 범위 안으로 온전히 들어오는 원텍스트에서 파생한 텍스트는 내편에 들지 못했으나 바로 이렇게 내편에 들지 못한 파생 작품들이, 널리 유통된 저런 견해를 고리로 한데 묶인 것이 지금 우리가 보는 바와 같은 33편으로 된 **장자**일 것이다. 혹은, 파생의 방향 자체가 저런 견해와 일치하는 쪽이었을 것이다.

나아가, 사마천은 내편과 외편·잡편으로 편집된 현행본 **장자**와는 상당히 다른 장자 텍스트를 사료로 썼을 것임이 분명하고 이런 사료들의 전체적 얼개가 그의 장자 파악에 영향을 주었을 것인데, 단적으로, **사기**

일자열전日者列傳에 인용되어 있으나 현행본에는 없는 다음 구절은 사마천이 본 "장자"가 현행본과 달랐다는 점을 증거한다.

장자 가라사대: "군자는 안으로 굶주림과 추위로 앓음이 없고, 밖으로는 겁탈의 걱정이 없으니, 지위가 높으면 삼가고, 지위가 낮으면 해를 입지 않음, 군자의 길이다."

莊子曰: 『君子內無饑寒之患, 外無劫奪之憂, 居上而敬, 居下不爲害, 君子之道也。』[4]

유가 경전에 나온다고 해도 이상하지 않을 이 구절을 포함하는 장자 텍스트는 사마천의 사료에는 들어 있었으나 곽상이 현행본 **장자**를 편집할 때는 이미 일실되었거나 보존 가치가 없는 부분으로 간주되어 빠졌을 것이다. 나아가, 곽상이 제외했다면 유가의 텍스트와 구분하기 어렵다는 것이 주된 제외 사유 아니었을까? 아래 3장에서 천하 편을 읽으며 살필 것이지만, 장자는 공자와 그 후계자들을 타자 내지 남으로 생각하지 않았던 것으로 보이나, 사마천의 제자백가론에서 목격하는 것과 같은, 한대 이후의 시각으로 보면 그럴 수가 없어서, 방금 인용한 구절을 포함하는 텍스트가 위작으로 간주되었을 가능성이 있다. 한편, 제자백가로 분리되기 전에는 온전한 하나였던 '도술道術'에 대해 이야기하고 있는 **장자** 천하 편에는, 현존하는 장자 텍스트를 성립시키는 데 일조했을 것이라고 방금 추측한 '대립적 파생'의 논리에 대한 정치적 우려가 설파되어 있다.

---

4 한문 인용 출처는 도널드 스터전 Donald Sturgeon 박사가 편집한 온라인상 "중국철학서전자화계획中國哲學書電子化計劃(https://ctext.org/zh)"에 수록된, 무영전이십사사武英殿二十四史본 **사기**史記를 디지털화 저본으로 한 **사기**史記.

그런데 우언 편을 "장자" 전체의 서문으로 간주한다는 것은 우언 편을 지은 이가 한 자 한 자 이어 붙여 이루고자 한 작품 전체의 존재를 전제하는 이야기인바, 우언 편이 환유하고 있다고 판단되는 편들만 따로 떼 보아도 그 속에 들어오는 내편과 그 밖의 외편·잡편을 대체로 구분할 수 있다는 것이 졸견이다. 다만 잡편 끝에 배치되어 **사기**史記 끄트머리의 태사공자서太史公自序처럼 **장자** 전체를 마감하는—달리 말해, 서양서 편집에서 서문 자리에 해당하는—자리에 배치된 천하 편도 "장자" 전체와의 환유적 연계가 확고한 쪽에 속해서 이런 구분의 예외라 하겠다. 자연스럽게도 천하 편은 우언 편과 함께 **장자**의 서문에 해당한다고 여겨지기도 하거니와, 또 이렇게 볼 때 내편과 외편·잡편을 가르는 경계는 더 뚜렷해진다는 것이 졸견이다. 덧붙여, 천하 편의 제목 역시 첫머리 두 자를 딴 것인데, 천하 편이 지락 편보다 먼저 나와서, 같은 "천하天下"로 시작하는 지락 편은 바로 그 뒤에 보이는 "지락至樂"을 지락 편의 전반적인 화제와도 잘 어울리는 맞춤한 제목으로 썼을 것이라는 추리를[5] 특기해 둔다. 이렇게 특기해 두는 것은, 내편과의 연관성이 짙다고 인정돼 온 지락 편보다 천하 편이 먼저 나왔다는 점을 강력히 시사하고 있기 때문이고, 따라서, 천하 편을 장자에서 멀리 떨어진 후대의 작품으로 보는 견해의 입지를 현격하게 좁히고 있기 때문이다. 그럼 이제, '자신'의 말이 열에 아홉은 "우언寓言"이라며 시작하는 우언 편에 이어 천하 편을 직접 검토해 봄으로써 우언 편 첫 구절이 환유하는 "장자" 전체를 가늠해 보자.

---

5 류샤오간(劉笑敢, Liu Xiaogan)의, 미국 미시간Michgan대학의 중국학 센터에서 1994년에 출간한 모노그라프 중 68쪽에 나오는 추리. 이 모노그라프의 서지 정보는, 이 책에서 편저자•출판년도[예컨대, (야콥슨, 1989)]나 제목(예컨대, **성경**)으로 특정하며 인용한 여타 저작물의 서지 정보와 마찬가지로, 책 끝 '인용 문헌'에 있음.

제 2 장

우언 편

2

2-1

다음은, 이 책에서, **장자**의 원저자로 상정된 장주가 쓴 "장자"를 환유한다고 보는 우언 편 서두다.

우언이 열에 아홉, 중언이 열에 일곱, 치언은 날마다 나오는데, 하늘의 척도로 조화시킨다. 우언이 열에 아홉, 이는 밖에 의지해서 논한 것이다. 친부는 자기 자식에게 중매 서주지 않는다. 친아버지가 자식 칭찬하는 것, 그 아버지 아닌 자가 하는 것만 못하다; 내 잘못 아니고, 다른 사람들의 잘못이다. 자기와 같으면 호응하고, 자기와 같지 않으면 배척하니, 자기와 같은 것은 옳다 하고, 자기와 다른 것은 그르다 한다.

寓言十九, 重言十七, 卮言日出, 和以天倪。寓言十九, 藉外論之。親父不為其子媒。親父譽之, 不若非其父者也; 非吾罪也, 人之罪也。與己同則應, 不與己同則反, 同於己為是之, 異於己為非之。[5]

우선, 이 대목 맨 처음의 "우언이 열에 아홉"이라는 언명 속의 "열"을 저자가 자신의 저작에서 구사한 말 전체를 분량상으로 가리킨다고 해석한 근거는 무엇보다도 우언寓言이 많은 것이 자기 잘못이 아니라는 취지의 곧 이어진 부연("非吾罪也")에 있다. 이 부연은 자신의 '논지'

---

5 이하 장자의 한문 인용은 대부분, 도널드 스터전 Donald Sturgeon 박사가 편집한 온라인상 "중국철학서전자화계획中國哲學書電子化計劃(https://ctext.org/zh)"에 수록된, 속고일총서續古逸叢書본 **남화진경**을 디지털화 저본으로 한 장자에 있는 그대로를 옮긴 것이다. 원문을 변경하여 인용한 경우는 각주를 통해 변경 내용을 밝혔고, 원문에는 없지만 이해를 돕기 위해 번역문에 첨가한 표현은, 20쪽과 35쪽의 예에서 보는 것처럼, 대괄호 속에 넣어 표시했다.

를 은유하는 자기 '아들'을 사위 삼아 달라며 하는 아들 칭찬은 친부 아닌 이가 하는 것이 낫다는 주장에 이어진 것이다. 즉, 밖에 의지하는 우언이 열에 아홉을 차지하고 있는 것이 자기 잘못 아님을 친부가 결혼시키려는 아들을 몸소 중매하지는 않는다는 관행에서 취한 비유로 설득하고 있는 것인데, 여기에 비추어 볼 때, 자기에게서 난 친자와 마찬가지로, 열에 아홉이 우언으로 이루어진 말이 논하는 바 역시 자기에게서 난 것이라는 이야기가 된다. 그리고 바로 이것이 이 책에서, 장자가 쓴 것으로 오래 여겨져 온 **장자** 내편과, 아래에서 곧 보는 바와 같이, 긴밀하게 연관되어 있는 우언 편의 저자가 장자 자신일 것이라고 보는 주요 근거다.

우언 편 서두는 또, "장자"가 데이터 지향 정치 언어로 된 고전임을 보여주는데, 이는 저자가 자신의 말의 90퍼센트를 점한다고 단언한 우언寓言의 뜻이 바로 데이터가 있는 "바깥(外)"에 의지해서 논하는 말이기 때문이다. 달리 말해, 환유 축에 기울지 않았다면 최소한 은유 축에 기우는 것을 삼간 말이 '우언'이라서다. 우언을 규정하는 이 바깥은 곧이어, '팔이 안으로 굽는다'는 속담에 있는 "안"을 연상케 하는 '집안'에 대조됨으로써 그 뜻이 분명해진다. 즉, '아버지'가 환유하는 '집안'에서 나온 자식 칭찬은 '아버지 아닌 이'가 환유하는 '집안 바깥'에서 들려오는 칭찬만 못하다는 것이다. 왜 못한가? 전자는, 가까운 이들끼리 뭉쳐 편드는 것이 인지상정임을 알고 있는 대다수를 설득하는 힘이 후자에 비해 못하기 때문이다. 그래서 결론적으로, 편들 이가 많다고 여겨질, 자기에게 가까운 데보다, 그렇게 여겨지지 않을, 자기에게서 먼 데서 의지依支를 찾는 말이 우언이다. 나아가 우언의 이런 성격은 장주가 자신의 설을 말의 관점에서 요약하여 소개하고 있는 천하 편 한 대목의 다음 구절에서도 확인된다.

(장주는) 치언을 끊임없다 여겼고, 중언을 참이라 여겼으며, 우언을 넓다고 여겼다.

以卮言為曼衍，以重言為真，以寓言為廣。

장주가 우언寓言을 넓다 여긴 것은, 앞에서 본 대로 우언을 정의하는 특징이, 좁은 '이 안'에서 의지를 찾지 않고 널리 '저 바깥'에서 의지를 찾는 말이기 때문이다. 장자에 따르면 누구나 늘 하기 마련인 편들기가 초래하는 편싸움질을 '바깥'으로 지양하는 말, 따라서 평화와 이를 토대로 하는 번영을 가져오는 데 필수적일 정치 언어의 한 부분이기 때문이다. 그런데 우언 편 초두에서 우언에 이어 설명된 중언重言의 숨은 초점도 말싸움을 그치는 데 있다.

중언이 열에 일곱, 이로써 더 말할 필요가 없어지는 바, 이는 노老스승을 이룬다. 나이가 많아도, 많은 나이에 걸맞는 경륜이 없으면, 이는 앞장서는 것이 아니다. 사람이 다른 사람들 앞장설 바가 없으면, 사람의 길이 없는 것이다; 사람한테 사람의 길이 없으면, 일러 나이만 먹은 사람이라 한다.

重言十七，所以已言也，是為耆艾。年先矣，而無經緯本末以期年耆者，是非先也。人而無以先人，無人道也；人而無人道，是之謂陳人。

중언이 자신의 말 열 마디 중 일곱이라는 이야기는 열에 아홉인 우언에 중언 대부분이 겹친다는 이야기에 가깝다. 실로 그렇다면 그 대부분이—적어도 85.7% 이상이—우언이기도 할 중언은 특히, 그 말이면 더 왈가왈부할 필요가 없어지는, 경험 있는 노인들의 말이다. 그런데 이들의 말을 인용하는 순간 더 시비할 필요가 사라지게 되는 것은, 이들 노인이, 나이 많음을 내세우기보다는 각자 잘 아는 선후 본말의 데이터를 내세워, 가야 할 길로 이끄는 정치적 능력을 보여 준 바 있기 때문이다. 간단히 말해, 이들 노인이 이끌 때 그 선봉 역할을 한 말을 되풀이한 것이 중언이라서 더 왈가왈부할 필요가 없어진다는 것이다. 그리고 이런 중언 이야기를, 역시 싸움을 지양한 조화에 방점이 찍힌 치언卮言 이야기가 다음과 같이 잇는다.

치언이 날마다 나오는데, 하늘의 척도로 조화시키니, 인하여 중간에 끊기지 않고, 덕분으로 끝까지 간다. 말하지 않으면 가지런하고, 가지런하면서 말하면 가지런히 하지 못하고, 말하면서 가지런히 하면 가지런하지 않아, 그래서 '말하지 말라'다. 말없이 말하면, 종신토록 말하고도, 말한 적 없고; 종신토록 말 않아도, 말하지 않은 적 없다. 나온 데(까닭) 있기 때문에 [그래도] 되고, 나온 데(까닭) 있기 때문에 [그러면] 안 된다; 나온 데(까닭) 있기 때문에 그렇고, 나온 데(까닭) 있기 때문에 그렇지 않다. 어찌 그러한가. 그러함 때문에 그렇다. 어찌 그렇지 않은가? 그렇지 않음 때문에 그렇지 않다. 어찌 [그래도] 되는가? 됨 때문에 된다. 어찌 [그러면] 안 되는가? 안 됨 때문에 안 된다. 본시 현상에 그러한 데 있고, 본시 현상에 [그래도] 되는 데 있어서, 현상 없이는 그렇지 못하고, 현상 없이는 [그래도] 되지 못한다. 날마다 나오는 치언이 아니라면, [치언이] 하늘의 척도로 조화시키지 않는다면, 무엇이 오래 갈 수 있겠는가? 현상의 만물은 모두 제각각이니, [형形·명名의] 같지 않은 형形이 서로를 대체하고, 시작하고 끝나는 꼴이 둥근 고리 같아, 아무도 종잡을 수 없는데, 이를 하늘의 고른 저울질이라 한다. 하늘의 고른 저울질, 하늘의 척도다.

卮言日出，和以天倪，因以曼衍，所以窮年。不言則齊，齊與言不齊，言與齊不齊也，故曰無言。言無言，終身言，未嘗言；終身不言，未嘗不言。有自也而可，有自也而不可；有自也而然，有自也而不然。惡乎然？然於然。惡乎不然？不然於不然。惡乎可？可於可。惡乎不可？不可於不可。物固有所然，物固有所可，無物不然，無物不可。非卮言日出，和以天倪，孰得其久！萬物皆種也，以不同形相禪，始卒若環，莫得其倫，是謂天均。天均者，天倪也。

치언卮言이 매일 나온다는 것으로 미루어, 한번 나오면 그대로인 저술 속 말은 치언일 수 없다. 당연히, 장자가 한 열 마디 말 중 몇이 치언이라는 말을 중언重言이나 우언寓言의 경우처럼은 할 수 없다. 그런데 매일 치언 내는 이가 있다면, 누굴까? 사람일 수는 없는 것이, 천지조화가 그 덕에 '끊임없고(曼衍)' 만물이 그 덕에 '제명을 다하는(窮年)' 말이 "하늘의 척도로 조화시키는(和以天倪)" 치언이기 때문이다. 끝에 가서는 이를 풀어 '제각각인 현상계 만물이 서로의 꼬리를 물고 끊임없는 유전을 하되 신비롭게 일종의 원을 그려 반복하도록 현상계의 균형을 하늘의 척도로 잡는다' 하고 있는데, 치언의 이런 덕德은, 스스로가 말이면서도 말이 없는 고로 '가지런해서(齊)' 갖게 된 '가지런히 하는(齊)' 능력에서 비롯한 것이다. 나아가 이렇게 "말없이 말하기(言無言: 말에 말이 없기)" 때문에, 늘 말하고도 말한 적 없고 말하지 않고도 늘 말해 온 치언의 원리가 제시되는데, 무엇이든 '나온 데(까닭) 있다 하는(有自也)' 원인론(aitiology)이 그것이다. 바로 이 보편적 원인론이, 존재 전체를 덮는 '됨(可)', '안 됨(不可)', '그러함(然)', '그렇지 않음(不然)'의 네 범주를 지배하여, 예컨대 그렇지 않음은 그렇지 않음에서 나와서 그렇지 않고, 안 됨은 안 됨에서 나와서 안 되나, 특히 이 둘은, '그러한 데(所然)'와 '되는 데(所可)'가 본시 있는 현상계 만물과 결합할 수 없다—이런 불가능함 역시 '나온 데가 어디냐'는 질문에 대한 대답, 즉 원인론에 근거한 것이다. 나아가, 생멸하는 만물의 유전을 '가지런히 정리하는(齊)' 치언의 조화를 지탱하는 보편적 원인론은, '그러한 데'가 있고 '그래도 되는 데'가 있는 현상계 만물의 생멸과는 연이 없어 생겨도 멸하지는 않을 '그러하지 않음'과 '안 됨'의 원인론을 겸하는 고로, 그러함이 그렇지 않음과, 됨이 안 됨과 뒤섞이는 혼란은 원천적으로 방지되고, 치언이 관장하는 만물유전의 조화는 끝없이 끊임없이 이어진다.

그런데 생길 뿐 사라지지 않는 것들에 대해서는 제기할 수 없는 물음이지만, 생겼다가 사라지는 것들에 대해서는 생긴 후 사라지기 전까지 얼마나 지속되느냐를 물을 수 있겠는데, 이 물음은 장자 전반에 걸쳐 두드러지게 부각돼 있는 물음 가운데 하나다. 하여, 이 대목의 끝에서 세 번째 문장에 담긴, '치언 없이 누가 오래갈 수 있겠는가'라는 수사학적 반문의 뜻은, 생기고 오래가는 모든 그러한 것이나 (그래도) 되는 것은 치언의 '가지런히 다스림(齊物)'에 의지하기 때문에, 결국 사라지게 돼 있음에도 오래간다는 것이다. 나아가 이 대목의 마지막 문장에 따르면, 생겼다가 사라지는 현상계 만물의 유전이 혼돈의 종말 대신 신비로운 원형의 조화로운 영속으로 수렴되는 것은 하늘이 저울질로 관여하고 있기 때문이다.

제각각인 만물이 조화롭게 유전하고 이를 반복하는 것은 하늘이 하늘의 척도로 질을 재고 분류하여 안배한 덕분이라는 것인데, 사람의 꼴을 했는데도 이런 하늘의 대화 상대가 될 때, 그도 역시 말없이 말하는, 장자의 표현으로는 간단히, '지인至人'일 것이다. 그리고 우언 편의 이런 형이상학적 소묘를 풀어 쓴 것이, 명백하게도, **장자** 내편의 제물론齊物論 편, 즉 '만물을 가지런하게 하는 논함' 편인데, 미리 말해 두거니와, 제물론 편의 장자 내 위치는 이처럼 우뚝하다. 결론적으로, 우언 편 첫 부분은 '말'로써 인간 세상뿐 아니라 현상하는 만물 이전을 포함하는 '존재와 무'를 소묘하고 있는데, '세계가 창조되기 전부터 있는 말씀'을 이야기하는 요한 복음을 연상시키는 이 놀라운 소묘를 관통하는 세속적 관심은, 그러나, 편들기하는 인간 본성에서 유래하는 다툼을 종식시키는 데, 간단히 말해, 평화에 있다. 장주가 쓴 "장자", 그 전체를 환유하는, 객관적 데이터 지향의 우언寓言에서 시작한 이 소묘가 우언과 마찬가지로 '속이 아닌 바깥의 데이터의 기율 하에 있는 환유적 연쇄'가 두드러질 수 밖에 없을 치언卮言으로 맺어진 것은 이 평화가 만물 이전의 말없는 말에 따르는 조화를 닮을 때 영원에 가까운 만세의 참된 평화가 실현될 터이라서일 것이다. 장자가 넓다고 여긴 우언과 참되다고 여긴 중언으로 포착한 치언의 데이터가 그 실현을 뒷받침하고 있어서일 것이다. 그런데 여기서 짚고 넘어가야 할 것이 이 책에서 한문 원문의 "만물萬物"을 '현상계 만물'로, 좁혀 말해 "물物"을 '현상'으로 번역한 이유다.

2-1-1: 물物의 번역

장자에서 자주 만나지만 적절한 한국어 번역이 어려운 한자가 '物물'인데, 이런 어려움의 최소한 일부는 선진 문헌의 '물'이 뜻하는 바를 사물과 동일시하기 쉬운 해석학적 사정에서 온다. 그런데 물을 사물과 동일시하면 곤란한 선진 문헌은 **장자**에 그치지 않는다. 예컨대 **맹자** 진심 (상) 편의 다음 구절도 그렇다.

맹자 가라사대: "군자가 물物을 대할 때, 아끼지 어질게는 대하지 않는

다; 백성을 대할 때, 어질게 대하지 친애하지는 않는다. 친족을 친애한 다음 백성에게 어질고, 백성에게 어진 다음 물을 아낀다.

孟子曰:「君子之於物也，愛之而弗仁；於民也，仁之而弗親。親親而仁民，仁民而愛物。」[6]

물物과 사물事物을 동일시하면, 이 구절의 군자가 아끼는 물을 사물의 일종인 재물로 읽게 되지만, 주자 **맹자집주**의 해설에 따르면, 여기 등장한 '물'은 초목과 금수를 뜻하고, 더불어 등장한 '아낀다'는 초목과 금수를 취함에 때가 있고 이들을 쓰는 데 절도가 있음을 뜻한다. 주희의 이런 해설이 설득력을 갖는 것은, 이 구절이 백성, 군자의 친족, 나아가 군자가 '물'과 공유하는 바를 전제하여 이들을 하나의 은유 축 위에 놓고 있기 때문이다. 그래서 여기서 꼭 기억해 둘 것은, 상기 구절에서 보는 바와 같은 '물'의 전통적 분절(articulation)에 따르면, 군자의 친족이나 백성과 마찬가지로 살아 있는 존재가 물物이라는 점인데, 이는 장자의 '물' 이해에서도 출발선이 된다.

한편, **장자**, 그중에서도 천하 편을 읽고 나면 조금은 쉬워지는 선진 문헌이 **순자**인데, 그것은 특히, 순자 역시 천하 편에서 보는 것과 유사한, 그러나 보다 산문적이고 명료한, 당대의 지적 지형에 대한 '재귀적' 이해를 바탕으로 주장을 펼치고 있기 때문에 그렇다. 그래서 선진先秦 고전에서 맞닥뜨리는 난해함을 푸는 길 하나가, 당대의 지적 지형을 형성한 탐색의 축적을 명쾌하고 선명하게 정리해 낸 바탕 위에서 자기 주장을 펼친 순자를 통하는 것이다. 달리 말해, 순자를 참고하면 그가 디

---

6 이 책의 **맹자** 인용 출처는 모두, 도널드 스터전 Donald Sturgeon 박사가 편집한 온라인 상 "중국철학서전자화계획中國哲學書電子化計劃(https://ctext.org/zh)"에 수록된 **맹자**로, 디지털화 저본은 무영전십삼경주소武英殿十三經注疏본 **맹자주소孟子註疏**.

디고 서서 자신의 입장을 그 위에서 형성해 갔던 텍스트로 간주할 수 있을 **논어**나 **장자**가 쉬워진다. 나아가, **장자** 천하 편에서 거론된 사상가들의 자리를 나름으로 매기는 일이 가능하자면 확보해야 할 조망의 높이에서 펼쳐진 순자의 논변에서, 특히 만유를 대상으로 한 형이상학적 논변에서 장자의 입김을 느끼기란 그리 어려운 일이 아니다. 이는 순자 세대에 이르러 **맹자**에서는 언급도 되지 않았던 장자의 위상이 우뚝해졌음을 의미하는 한편, **장자** 우언 편이 천하 편과 더불어 환유하는 텍스트, 그 바깥으로 위작이 파생되어 나올 만한 분위기가 성숙했음을 짐작하게 해준다.

참고로, 전작 **논어와 데이터**에서도 중요한 개념적 표현으로 썼고 이 책에서도 그렇게 쓸 '재귀적'은, 지향하는 대상만을 염두에 두는 직지향直指向(intentio recta)을 반대로 은유하는, 지향 주체의 지향 대상에 대한 관심이 지향 주체 자신에 대한 관심에 결부돼 있는 사지향斜指向(intentio obliqua)을 독일어 등에 있는, 예컨대 불어의 '씻다(se laver)'와 같은 재귀동사가 범주적으로 분절하고 있음을 조명한, 인문학 위기의 근원으로 인문학의 재귀적 지향을 지목한 논문(이태수, 1994)에서 빌린 것이다. 각설하고, **순자** 정명 편에 있는 명쾌한 물 설명, 물物을 사물事物과 동일시하는 해석학적 현 상황을 조성하는 데 일조했을 법한 설명은 이렇다.

> 그러므로 만물이 비록 많으나, 두루 다 들고자 할 때, 이를 일러 물物이
> 라 한다; 물이란, 크게 공통인 이름이다.
>
> 故萬物雖眾, 有時而欲徧舉之, 故謂之物; 物也者, 大共名也。[7]

---

7 한문 인용 출처는 도널드 스터전 Donald Sturgeon 박사가 편집한 온라인상 "중국철학서전자화계획中國哲學書電子化計劃(https://ctext.org/zh)"에 수록된, 사부총간초편四部叢刊初編본 **순자**를 디지털화 저본으로 한 **순자**. 다만, 저본에 조회하여 첫 쉼표 다음 구절의 "무無"를 "편徧"으로 교체했다. 이하의 **순자** 인용의 출처도 같다.

여기에 따르면, 물物은 '것'으로, 만물은 '온갖 것'으로 번역할 수 있을 것이다. 이와는 대조적으로, 순자 정명론의 상대적으로 소박한 경험론적 전제에 비해 보다 세련된 형이상학적 전제를 깔고 있는 것으로 보지 않으면 이해하기 어려운 **장자**에서 이야기된 '물'은 온갖 것 모두를 일반적으로 지칭하는 이름이라기보다는, 천하 편 한 대목을 인용하건대, 관윤·노담이 이은 옛 도술의 전통이 품고 있는 한 쌍의 은유를, '본本'과 함께 이루는 일극이다: (이 도술 전통에서는 만물이 비롯한) "본本을 알맹이라 여기며, 현상(物)을 쭉정이라 여겼다(以本爲精, 以物爲粗)". 그런데 여기서, **설문해자**가 '(쌀을) 고른다(擇)'는 뜻이라고 풀고 있는 점을 무겁게 고려하여 '알맹이'라고 옮긴 '정精' 자에 있는 여러 이미지 가운데, **설문해자**의 풀이를 역시 무겁게 고려하여 쭉정이라고 옮긴 "조粗"를 반대로 은유하는 이미지가, 인간세 편 지리소 이야기에 있는 탈곡의 이미지다: "도리깨로 타작하여 키질로 나락을 불리고 남은 겨를 벗기는 탈곡 일을 하면, 열 사람을 먹이는 데 족했다(鼓筴播精, 足以食十人)."

사실, 역어 '쭉정이'는 사전적 의미인 '알맹이 없는 나락'뿐 아니라 탈곡의 결과물인, 이를테면, 곱고 순수한 정백미精白米, 그 이전의 거칠고 잡스러운 것들을 모두 환유하는 단어로 택한 것이다. 그리고 이런 쭉정이 편에 있는 만물을 그 반대편에서 은유하는 것이 만물의 '본' 내지 근본인데, 이것의 본질에 다름 아닌 "정精"을 명시적으로 언급하고 있지는 않으나 환유하는 것으로 보아야 할 대목이 10-5절에서 해설하는 응제왕 편 다음 대목이다.

내 너에게 이미 그 무늬는 주었으나, 아직 그 알맹이는 주지 않았는데,
너는 도를 확실히 얻었다는 것이냐? 암컷이 많이 있어도 수컷이 없는데,

하물며 거기 어떤 알이 있겠느냐!

吾與汝既其文, 未既其實, 而固得道與? 衆雌而無雄, 而又奚卵焉!

결론적으로, 인용한 발언의 청자를 은유하는 암컷이―화자 자신을 은유하는―수컷 없이 홀로 낳은 알은, 새로운 개체가 비롯하는 뿌리가 될 수 없다는 것인데, 이 구절에서 암묵적으로 환유되고 있다고 필자가 해석한 '정精'이, "그 무늬(其文: 도道의 무늬)"와 하나의 은유 쌍을 이루는 "그 알맹이(其實)"로 대체돼 있어, 이 책의 "정精" 번역, 나아가 "조粗"와 "물物" 번역을 뒷받침해 준다.

한편, 일종의 경험론을 전제하고 있는 순자의 정명론에 따르면, '물物' 같은 이름이 있게 된 소이는 인간이 눈이나 귀 같은 감각 기관으로 접수한 대상 데이터를 마음(心)이 종합하여 대상의 동이를 분별하고 같은 것에는 같은 이름을 다른 것에는 다른 이름을 붙인 데서 온 것인데, 이렇게 감각 대상의 동이를 분별하는 과정은, 구체적인 형태를 갖추고 어떤 장소를 배타적으로 차지한 감각 대상이 다른 대상들과 유사성으로 묶일 때 나타나는 새로운 수준의 대상과 이런 감각 대상들이 차이로 분리될 때 나타나는 새로운 수준의 대상에 새로운 집합적 명칭을 붙이는, 대상들을 묶는 유사성을 더 이상 발견할 수 없거나 대상들을 가르는 차이를 더 이상 발견할 수 없을 때 멈추게 되는 과정을 수반한다. 그러니까 물物은 그보다 더 많은 대상들을 묶을 유사성을 발견할 수 없을 때의 집합적 대상을 가리키는 큰 이름이다.

덧붙여, 순자의 정명론 이외에 유명한 물物 관련 논의로 떠올릴 수 있는 것이 **예기** 대학 편의, 수신제가치국평천하修身齊家治國平天下 실천의 주체가 자신의 뜻이 참되도록 지향 대상의 가능태를 완전히 펼쳐 내 지극하게 아는 것이 평천하의 시발이라고 이야기하는 격물치지格物

致知론을 들 수 있을 것인데, 여기에서도 "물物"은, 실천 주체의 앎이 평천하 과업에 걸맞게 지극해지자면 전폭에서 그 가능성을 드러내서 정체를 파악해야 할 대상 일반을 추상적으로 지칭하고 있다. 다만, '그 가능성이, 이를테면 씨의 가능성이 새로운 씨를 품은 열매에 이르러 다 드러나는 것처럼 다 드러나지 않으면 정체가 온전히 파악되지 않는 대상'의 대표적인—격물의 '격格' 자를 **설문해자**가 '나무가 자란 모습'이라고 푼 데 주목할 때 특히 대표적인 것이 되는—예例가 농경 기술이 적용되는 나무와 같은 생명체라는 점에서 '격물格物'의 '물'도, 본 절 서두에서 인용한 **맹자** 한 구절의 '물'과, 따라서 장자의 '물'과 통한다 하겠다.

그런데 순자의 경우처럼 일종의 경험론에서 출발하는 다소 상식적인 철학과 장자의 철학이 갈라지는 결정적인 차이는, 앞의 치언巵言 논의에서 본 대로, 예컨대, 생긴 대로 이름하는 대상들이 어디에서 왔느냐는 원인론적 물음을 시종 붙들고 있다는 데 있다. 나아가 이런 형이상학적 물음의 결과로 '존재와 무' 전체를 껍데기는 가고 알맹이만 있는—이를테면, 정백미精白米의 곱고 순수한—'본질'과 이런 본질을 닮았으나 그에 미치지 못하는 모상에 해당하는 그림자, 껍데기, 무늬, 쭉정이의 거칠고 잡스러운 '현상'으로 양분하고, 이 둘 사이를 참으로 갈라 놓았다는 데 있다. 그래서 예컨대, 겉치레에 불과한 현상적 예禮와 여기에 대립하는, 뭇사람을 포함한 만물을 그 주위로 모아 멈추게 함으로써 정치적 구심을 이루는 강력한 덕의 징표인 '덕충부德充符'를 날카롭게 대조하고 있는—단적으로, 형벌로 인해 상傷하거나 기괴한 외모를 가진 자들의 탁월한 덕을 이야기하는—덕충부 편은 장자 형이상학의 이원론적 특징을 가장 선명하게 보여주는 내편 한 편이라 하겠다.

결론적으로, 장자의 말이 이것을 바탕 삼고 있음을 이해하지 않으면 장자 이해가 어려워지는 이원론적 형이상학에 근거해 '물物'을 '현상'으로 번역한 것인데, 장자의 원인론 내지 형이상학에 관해서는 앞으로, 특히 제물론을 해설할 때, 자세히 논할 것이다. 그러면서 지금 잠정적으로 취한 물 번역도 장자 특유의 형이상학을 온전히 반영하는 것은 아니라는 점도 밝힐 것이다.

2-2

앞에서 이야기한 대로, '장자의 원저자가 쓴 장자'는 한 부분 한 부분이 이어져 하나의 전체를 이룬다는 생각에 좌우되었다고 볼 만한 구조적 특색이 뚜렷하여 그중 한 편을 붙들어 분석할 때 원텍스트를 따라 순차적으로 해도 별 무리가 없는 정도가 아니라 그렇게 하는 것이 가장 자연스럽고도 효과적인 방식일 것이다. 그리고 바로 이런 가정 위에서 원텍스트의 순서와 흐름을 그대로 살린 점이 **논어**를 데이터 지향 정치 언어의 관점에서 새로 편집했다고 해도 좋을 전작 **논어와 데이터**와 이 책 "장자와 데이터"가 크게 다른 점이다. 그럼에도, 예컨대 이 책 서론 장에서 인용한 위령공 편 한 구절을 자로 편의 정명론과 함께 읽는 것과 같은 방식으로 구절 각각의 **논어** 전체와의 환유적 연관을 조명하여 '선왕지도先王之道 데이터를 서恕 하나로 꿴 '어짊 체제'를 드러내는 데 이른 전작에서와 마찬가지로, 구절 각각을 해석하면서 "우언寓言"이 환유하는 "장자" 전체와의 관련을 조명할 때는 '**장자**의 원저자'가 쓴—이 책의 주장하는 바로는, 우언 편이 천하 편과 함께 환유하는—텍스트의 범위 안에 드는 다른 관련 구절들과 함께 읽는 것이 자서에서 이 책이 고수했노라고 한 해석 노선에 충실하게 "장자"를 통일된 전체로서 드러내는 데 효과적인 길일 터이다. 2-1절에서도 바로 이런 길을 따라, 우언에 관한 구절을 분석하면서 천하 편 관련 구절을 끌어와 함께 읽었던 것인데, 다른 한편, 본 절을 시작하며 이야기한 바와 같은, 텍스트에 충실한

'순차적 분석'을 위해 2-1절에서 분석한 우언 편 서두에 바로 이어지는 대목을 옮기면 다음과 같다.

> 장자가 혜자를 일러 가라사대: "공자의 바른 추구는 육십 년 동안 육십 번 달라져서, 처음에는 옳다 하였다가, 끝에는 아니라 하니, 지금 옳다 하는 바가 오십 구 년 동안 아니라고 한 것 아닐까 몰라." 혜자 가라사 대: "공자께서는 뜻에 힘쓰시고 앎은 방편으로 쓰신 것이지." 장자 가라 사대: "공자께서 그런 식은 거부하셨고 그런 말은 하신 적 없네. 공자 말 씀하시기를 '누구라도 재질을 받는 데는 큰 근본이니, [여기에서 나온] 영을 되돌려 산다.' 규범에 맞는 소리만 하고, 본보기가 되는 말만 하며, 이로움과 의로움을 앞에 늘어놓는다면, 이래서는 [자신의] 호오와 시비 가 타인들이 입으로만 따르도록 하는 데 그칠 뿐이네. 사람들이 마음으 로까지 따르도록 하고 감히 맞서지 못하게 하여, 천하의 중심重心을 안 정시키는 것일세. 여기서 그만 그만! 나 또한 저기에 미치지 못할 주제 니!"

> 莊子謂惠子曰:「孔子行年六十而六十化, 始時所是, 卒而非之, 未知今之所謂是之非五十九年非也。」惠子曰:「孔子勤志服知 也。」莊子曰:「孔子謝之矣, 而其未之嘗言。孔子云:『夫受才 乎大本, 復靈以生。』鳴而當律, 言而當法, 利義陳乎前, 而好惡 是非直服人之口而已矣。使人乃以心服而不敢蘁立, 定天下之定。 已乎已乎! 吾且不得及彼乎!」

우선, 위 졸역 서두의 "바른 추구"는 "행行"의 번역인데, 전작 **논어 와 데이터** 45쪽과 77쪽 등의 본문과 각주에서 밝힌, **논어**에 자주 나오고 순자 등이 명료하게 분석한 '행'의 뜻, "사람들 사이가 아니면 누리기 어려울 보다 큰 만족을 겨냥하되, 이를, 공통의 윤리 내지 도道에 따라 '어질게' 같은 적절한 부사어로 한정하여 추구함"을 축약한 번역이다. 덧붙여, 이 책의 '행' 해석은 모두 전작의 이런 '行행' 번역을 염두에 둔 것이다. 그리고 이런 해석이 적중한 것임은 인간세 편을 해설하는 7장 여기저기에서 실감할 수 있을 터인데, 특히 장자의 평화론과 관련하여 적중한 것임은 7-3절의 해설에서 언급한다.

한편, 이 절 서두에서 이야기한 '순차적 분석'의 논리에 따르면 이 대목이 우언 편 첫 대목 다음에 배치된 데는 환유상 이유가 있어야 할 터이다. 예컨대, 두 대목이 연속됨으로써 우언 편 전체가 뜻하는 바에 유의미한 기여를 하는 바가 있어야 할 터이다. 이런 관점에서 보면 이 대목은 사람들을 이끈 바 있는 옛 노인의 전형적인 예인 공자에게 빌린 '중언重言'을 놓고 시비하는 장자와 혜자를 보여준다. 즉, 직전 대목에서 시비를 그치자는 의도에서 채용한다고 이야기한 바로 그 중언을 둘러싼 시비가 있을 수 있음을 보여주고 있다. 그러나 다른 한편으로는, 장자의 두 번째 발언을 끝으로 더 이상의 시비 없이 다른 화제로 넘어가고 있어서 첫 대목에서 이야기한 중언의 효력을 확인한 대목이라고도 할 수 있겠다. 그리고 장자의 첫 발언을 이렇게 첫 대목의 중언 관련 부분과 연계해서 읽게 되면, 요컨대 공자는, 나이만 먹은 진부한 육십 노인이 아니라는 것이다. 해가 바뀔 때마다 소신을 뒤집어 온 데서 역연한 대로 매우 유연하게, 육십이 되도록 여전히 전혀 새로운 길을 모색하고 있는 성인이라는 이야기다. 그런데 여기에 대해 혜자는 공자의 잦은 변심이, 옳고 그름에 대한 앎보다는 "뜻(志)"을 두터이 하는 데 힘썼기 때문이라고 응수한다. 즉, 우선시한 뜻을 관철하는 데 공자가 수단으로 활용한 것이, 옳고 그름에 대한 "앎(知)"이었기 때문에, 옳다 한 것을 그르다고

하게 되었다는 것이다.

장자는 공자의 발언을 인용하며 혜자를 반박하는데, 이 반박과 **논어**에서 보는 공자 상像을 조화시키는 해석을 하기는 쉽지 않다. 즉, 공자가 했다면서 장자가 인용한 발언은, 장자의 부연과 함께 읽건대, 날조가 아니라면 최소한, 장자 자신의 입장이 진하게 투영된 것이라 해야 할 것이다. 사실 표면적으로는, 장자의 '진본 공자'가 부정했다고 되어 있는 평천하 노선으로 곧이어 부연된 바가—규범 및 본보기 운운("鳴而當律, 言而當法…")이—오히려 **논어**의 공자가 취한 입장에 가깝다. 그러나 장자에 따르면, 사람들이 입으로만 따르지 마음으로는 따르지 않을 저런, 뜻이 두터우면 거기에 좌우되는 실천적 앎으로 하는 평천하의 방식은, '천하가 그에 따라 안정되는 중심重心(天下之定)'을 안정시킬 평천하 방식을 제시한, 혜자가 모르고 있고 장자 자신도 그에 대해 자세히 이야기하는 것은 삼갈 수밖에 없을 정도로 심오한 공자가 지양한 방식이다. 결론적으로 이 대목이 환유하는 "장자"는, 주관적 의지를 두텁게 하여 얻을 수 있는 최대치의 설득력을 구하느라 올바른 만족 추구에 대한 실천적 견해를 그때그때의 상황에 따라 바꾸는 정치가—달리 말해, 권력을 구하느라 올바른 만족 추구에 대한 실천적 앎을 그때그때의 상황에 종속시키는 정치가—갖는 한계를 조명해 놓은 데이터 지향 정치 언어의 고전이다. 특히 이런 한계를, 지혜의 초월적 근본에 감응할 때 포착하게 될 것이라고 이야기된, 그 크기가 개개인의 주관적 의지에 결부된 유용함과는 차원이 다른, 무용지용의 유용함으로 천하를 안전하게 숨기는 정치를 기준으로 드러낸, 넓디넓은 우언寓言의 고전이다. 한편, 이 대목 끝에 가서는, 끌어온 중언重言의 주인공을 제대로 설명할 만한 경지에 자신은 도달해 있지 못하다는 고백으로—장자 스스로, 천하 편에서 자신의 사상을 요약하며 참이라 여긴다고 한 중언의 권위를 자신을 낮추어 높임으로써—혜자와의 시비를 마무리하고 다음 대목으로 넘어가고 있다. 그리고 이를 조금 다른 각도에서 보면, 무지의 자각 너머로 "중언"에 의존하는 제3의 길을 내고 있다고도 할 수 있겠는데 장자의 주요한 성취가 바로 이것이었다는 점은 앞으로 **장자**를 읽어 나감에 따라 점차 분명해질 것이다.

2-2-1: 칙양 편 유사 구절

방금 검토한 대목에 있는 장자의 첫 발언은 잡편에 수록된 칙양 편 다음 대목에도 나오는데, 발화자가 칙양 편 필자로 단일화되어 있는 동시에 공자 자리에 거백옥이 들어와 있다.

거백옥의 바른 추구는 육십 년 동안 육십 번 달라져서, 처음에는 옳다 하였다가 끝에는 그 옳다 한 바를 구부려 아니라고 아니 한 적이 없으니, 지금 옳다 하는 바가 오십 구 년 동안 아니라고 한 바를 아니라고 하는 것인지 알 수 없다. 현상 만물이 생겨서 있는 것인데 생기게 한 뿌리를 아무도 보지 못하고, 나와서 있는 것인데 나온 문을 아무도 보지 못한다. 사람이 모두 인지의 아는 바를 존중하지만, 인지의 알지 못하는 바에 기대고 나서야 앎을 아무도 모르니, 큰 의혹이라 불리지 않을 수 있는가! 그만 그만! 도망할 데도 없다. 이것들은 이러하다고 하는 것인가, [아니면 실로] 이러한가?

蘧伯玉行年六十而六十化, 未嘗不始於是之而卒詘之以非也, 未知今之所謂是之非五十九年非也。萬物有乎生而莫見其根, 有乎出而莫見其門。人皆尊其知之所知, 而莫知恃其知之所不知而後知, 可不謂大疑乎! 已乎已乎! 且無所逃。此所謂然與, 然乎?

우선, 거백옥이라는 인물의 크기와 그에 대한 세간의 평가는 **논어**가 전하는 공자의, 군자라는 찬탄(위령공 편)과 그 사자에 대한 감탄(헌문 편)에서 분명한데, 이 구절은 이처럼 그 덕이 공인된 거백옥을 등장시켜 인지人智의 한계를 이야기한다. 즉, 인간의 앎이 그러하다고 하는 바가 과연 그러한가를 묻고 있다. 따라서, 표면적 유사성에도 불구하고, '중언重言'의 권위를 부각한 우언 편의 비슷한 이야기와는 성격이 전혀 다른 이야기를 하고 있는 것이 칙양 편 이 대목이다. 단적으로, 예순 살이 되도록 해마다 과거를 부정하고 달라짐이 우언 편 저 대목에서는 '나이만 먹은 사람(陳人)'이 아니라 늘 새로운 길을 찾는 구도자라는 증거이고, 칙양 편 이 대목에서는 회의론을 도입하는 단서이다. 하여, 이 대목은 대덕 거백옥마저 한 해는 그렇다고 했다가 다음 해에는 그러하지 않다고 하게 돼 있는 것이 아닌지 묻고 있는데, 이는, 그러하다고 하는 것을 아는 것이 거기 달린 바가 거백옥을 포함한 인간들이 모르고 있는 바인 데다가 거기 달렸다는 것도 모르고들 있기 때문이라고 한다.

나아가, 칙양 편 필자는, 그러한 바가 거기서 생기고 나온 뿌리와 문을 인간은 모르기 때문에 오락가락 한다는 이야기를 하고 난 바로 그 다음에 방금 한, 인지人智에 입각하면 반드시 오락가락하게 되어 있는 원인론적 이유에 관한 주장도, 거기 기댄 연후에야 그게 그렇다는 앎을 얻게 되는 바가 무엇인지 모르는 인지의 일부인 한 역시 확실하지 않다는 식의, 도망할 데 없는 회의론에 빠지고 있고, 칙양 편에는 이런—이것들이 이러이러하다는 앎이 '이러이러하다' 하는 말에 그치는 것인지 아니면 이러이러한 실상에 닿는 것인지를 판단할 수 없다는—회의론에서 빠져나올, 우언 편 서두에 나오는 것과 같은 "사람의 길(人道)"이 제시돼 있지 않다. 달리 말해, 무정부 상태를 극복하는 말로 된, 2-2절에서 검토한 대목의 표현으로는, '천하의 중심重心을 안정시킬' 길을 알아낼 가능성이 부정되고 있다. 그러나 이런 식의 회의론은 우언 편이 천하 편과 더불어 환유하는 "장자"와는 엄연한 거리가 있다.

단적으로 말해, 방금 이야기한 것과 같은 회의론을 억제하는 것이 "물物"의 번역을 논한 2-1-1에서 언급한 바 있는 이원론이다. 달리 말하면, 칙양 편 이 대목에서 보는 것과 같은 회의론만 가지고는, 우언 편이 천하 편과 더불어 환유하는 "장자" 전체에서—특히 우언 편 초두에서 뚜렷하게—데이터 지향 언어를 해결 방도로 제시한 평화의 문제에 대해, 한계가 뚜렷한 인간임에도 취할 수 있는, 예컨대 성인의 본을 따르는 것과 같은 보다 나은 선택을 개진하고 또 권유할 길이 없다. 여기에 더해, 칙양 편의 회의론은, 대화 형식으로 되어 있는 우언 편과는 달리, 이를테면 '전지적 시점'의 저자가 일방적으로 주장하는 일차원적 형식으로 되어 있어서, "사람의 길(人道)"을 내기가 한층 어렵다. 한마디로 '우언寓言'이나 '중언重言'의 형식을 취하지 않았다는 것인데, '우언'이 환유하는 "장자" 전체를 이루는 말이 대부분 어떤 화자의 말이라는 측면의 중요성은 앞으로 **장자**를 읽어 나감에 따라 점점 크게, 특히 "진인眞人(참 사람)"을 이야기하는 대종사 편에서 결정적으로, 부각될 것이다.

2-3

다음 대목 역시 공자 말씀의 인용이 무게 중심인데, 내용은, 효로 이름이 높아 **맹자**에서도 관련 언행이 몇 번 언급된 증자에 대한 논평이다. 직전 대목과 마찬가지로, **논어**의 공자가 아닌, 장자의 시각이 투영된 공자의 '중언重言'인데, 흥미로운 것은 이 중언을 "장자" 전체와의 환유적 연관이 뚜렷하도록 틀을 잡은, 증자의 변심에 대해 질문하는 제자의 등장이다.

증자가 다시 임용되자 마음이 다시 바뀌어, 가라사대: "내가 부모님의 살아생전에 벼슬에 임용되니, 3부의 작은 보수에도 마음이 즐거웠다; 후에 임용되니, 3천 종의 큰 보수지만 나누지 못해, 내 마음이 슬프다." 제자가 중니에게 여쭈어 가로되: "증삼의 경우라면, 제 그물에 매인 데 없다 할 수 있겠습니까?" 가라사대: "이미 매인 것이다. 매인 데 없는 자, 슬픔이 있을 수 있겠느냐? 매인 데 없는 자의 3부·3천종을 봄, 이는 참새와 모기·등에가 앞에서 서로 지나치는 것을 봄과 같다."

曾子再仕而心再化, 曰: 「吾及親仕, 三釜而心樂; 後仕, 三千鍾而不洎, 吾心悲。」弟子問於仲尼曰: 「若參者, 可謂無所縣其罪乎? 」曰: 「既已縣矣。夫無所縣者, 可以有哀乎? 彼視三釜、三千鍾, 如觀雀蚊虻相過乎前也。」

효가 핵심적 가치로 강조됐던 것으로 여겨지는 공자 문하에 속한 제자가 증자의, 보수의 다과에 따르는 상식적 희비가 그에 따라 뒤집힐 정도의 효심에 접하고 스승에게 한 질문이, 이를테면 '군자의 효라 할 수 있겠습니까'가 아니라, '그물에서 벗어났다고 평가할 수 있겠습니까'다. 장자에게서 가장 돋보이는 관념 가운데 하나가 '현해縣解' 혹은 '선천적 구속에서 벗어남'인데, 공자의 대답을 그것이 그 속에서 대답될 틀을 잡아 환유하고 있는 저 질문이 드러낸 관심은, 전작 **논어와 데이터**가 **논어**에서 두드러짐을 논증한 '남이 기꺼이 본받을 만큼 탁월하게 어진 모범을 수신으로 이룰 때 성취할 평천하'가 아니라, 현해에 대한 것이다. '현해'의 풀이는 내편의 양생주 편과 대종사 편에 거듭 나오는데, 두 곳 공히 '(때 되어 얻거나 나는 것이니) 때 됨에 편안하고 (순서가 되어 잃거나 죽는 것이니) 순서에 편히 처하면, 슬픔이나 기쁨이 들어오지 못하는 것(安時而處順, 哀樂不能入也)'을 이른다고 돼 있다. 즉, 생명이 오고 가는 순간에도 마중은 편안하고 배웅은 순순한 것이 곧 현해. 이런 풀이를 염두에 둔 채 우언 편의 위 구절을 읽게 되면, 생사의 교차에 비할 때 3부釜·3천종鍾의[8] 증감은 눈앞에서 엇갈리는 새와 벌레의 크기 차이처럼 사소해 보이겠다는 점이 분명해진다. 뒤집어 말해, 증자가 슬픔과 기쁨이 침입하지 못할 현해의 경지에 달하지 못했음은 자신의 마음이 상식적 척도에 터 잡은 희비로 엇갈렸다는 그의 발언에서 분명하다.

2-4

다음 대목은, 앞에서 이야기한 '현해縣解'의 경지에 이르는 수련 과정을 이야기하고 있다고 보면 우언 편 전체, 나아가 "장자" 전체와의 환유적 연관이 분명해진다. 그런데 이런 과정은 **장자**에서도, **논어**에서 이야기된 것처럼, 탁월한 선인들이 남긴 배움을 보존한 스승이 제자에게 전하는 과정이다. 대종사 편에도 이런 과정을 보여주는 대목이 있는데, 거기서는 성인의 도道를 전수받는 제자 복량의卜梁倚가 워낙 출중한 재질을 타고나서 스승 여우女偊가 전해주는 도 이야기를 들은 지 불과 사흘만에 천하 바깥으로 나갈 수 있었고 아흐레만에는 생명의 경계 밖으로 나갈 수 있었다고 돼 있다. 그리고 곧이어, 보는 것이 아침이 온 것처럼 밝아져, 현상계 만물 배후의 '홀로인 진상'을 파악하고, 이런 진상의 세계에는 없는 고금의 시간적 차별을 폐한 후 시공간 밖에서 그 속의 생명을 죽이고 살리는, 스스로는 죽지도 않고 살지도 않는 존재가 된 것으로 돼 있는데, 이 대목의—제물론 편에는 '성곽 남쪽(南郭)'의 자기子綦의 제자로 나오는—안성자유는 이보다는 훨씬 느리게 진보한다.

---

8 곡식의 양을 재는 단위로, 종鍾은 부釜의 네 배, **논어** 옹야 편에도 나오는 부釜는 여섯 말 넉 되.

안성자유가 동곽자기를 일러 가로되: 제가 선생님 말씀을 들은 지, 1년 되자 배운 바를 잊었고, 2년 되자 [선생님 말씀을] 따랐고, 3년 되자 막힘없이 통하였고, 4년 되자 만물을 꿰뚫었고, 5년 되자 왔으며, 6년 되자 귀신이 들어왔고, 7년 되자 하늘이 이루어졌고, 8년 되자 죽음을 모르고 삶을 모르게 되었고, 9년 되자 크게 묘해졌습니다.

顏成子游謂東郭子綦曰: 自吾聞子之言, 一年而野, 二年而從, 三年而通, 四年而物, 五年而來, 六年而鬼入, 七年而天成, 八年而不知死、不知生, 九年而大妙。

원문의 '가르침을 들은 지 1년 만에 야野해졌다'는, 동곽자기에게 배우기 전에 배운, 예禮로 환유되는 바를 잊어 야해지자 새로운 배움과의 충돌이 사라졌다는 뜻이라고 봐 '배운 바를 잊었다'로 옮겼다. 이어, 2년 만에 따랐다고 되어 있는데, '들은 지 2년 되는 선생님 말씀을 실천에 옮길 수 있게 됐다'로 새긴다. 또, 3년에 통했다고 되어 있는데, 이는, 자신을 비운 안성자유가, 3-4절에서 인용하는 노자 **도덕경**의, '무엇도 없기(無有)' 때문에 그 무엇의 저항도 받지 않는 도道처럼, 무엇에도 막힘 없이 통하게 되었다는 뜻으로 새긴다. 여기에 이어지는, 4년만에 생긴 변화를 요약한 "물物했다"는—통상의 번역처럼 '만물을 만물 그대로이게끔 했다'로 옮기는 것은 안성자유가 성취 중인 진전의 전후를 고려할 때 어색하다고 여겨—**강희자전**에서 '흙의 형색을 보고 그 염분 농도를 앎'이라고 한 "물지物地"의 '물物'을 옮겨와 '만물을 꿰뚫었다'로 옮겼다. 그런데 이런 상태에서 5년이 되자 "왔다(來)"고 하는데, 이 '왔다'는 말을, "장자" 전체와의 환유적 연관을 고려하면서, 1년 전의 변화가 환유하는 바이면서 1년 후의 변화를 환유하는 표현으로 보면, '온갖 것이, 대상을 있는 그대로 비추어 볼 정도로 텅 빈 마음에 머물러 왔다'고 해석하는 것이 온당해 보인다. 그리고 이렇게 새기면, 6년만에 생긴 변화는, 낮은 데로만 흘러 빈 데 고이는 물처럼 다른 온갖 것들과 함께 귀신도 들어와 비워 둔 마음에 머물게 되는 경지에 달했다는 것이 되고, 이렇게 신들린 지 다시 1년만에 하늘이 이루어졌다고 하는데, 이는 8-5절에서 해설하는 덕충부 편에 나오는, 성인이 '홀로 그의 하늘을 이루다(獨成其天)'의 하늘이 이루어졌다는 말로 이해하는 것이 "장자" 전체와의 환유적 연관을 고려할 때 적절해 보인다.

하여 방금 인용한 대종사 편 수련 과정의 종국적 상태인 '죽지도 살지도 않음'과 거의 일치하게 된 것이 배운 지 8년 된 때이고, 여기에 다시 1년의 진전이 있어 크게 묘해졌다는데, 이는 안성자유가 어떤 현묘한 능력을 갖게 되었음을 암시한다. 그렇다면 안성자유가 보유하게 된 능력은 구체적으로 어떤 능력일까? 또다시 대종사 편 저 대목과 함께 읽건대, 자신은 죽지도 살지도 않는, 죽음과 삶의 메타(상급) 차원에 머물며 대상 차원의 창조적 파괴와 새로운 시작의 완성을 이끄는 "영녕攖寧"의 능력을 염두에 두고 '크게 묘해졌다' 했을 법하다.

2-5

다음 대목은 우언 편 첫 부분의 화자, '내 말 열 마디 가운데 아홉 마디는 우언이다'로 시작하는 부분의 화자가 다시 나타나 다음 이야기로 이어주는 부분이라고 보면, 그 윤곽이 명확해진다.

태어남에 하는 것이 있음, 죽기 때문이다. 잠시 모두 다 이렇다 하자: 오직 죽을 때만, 까닭이 있다; 그러나 태어나 뻗칠 때는, 까닭이 없다. 그런데 과연 그러한가? '까닭'이 어디에 적용되는가? '까닭'이 어디에 적용되지 않는가? 하늘에는 때를 가르는 역수가 있고, 땅에는 사람의 경계가 있음, 이를 나는 어디에서 찾을 것인가? 아무도 자신의 끝을 모르는데, 명이 없다고 하면 이를 어떻게 하나? 아무도 자신의 시작을 모르는데, 명이 있다고 하면 이를 어떻게 하나? [하늘과 땅과 운명이] 서로 응할 도리가 있는데, 귀신이 없다 하면 이를 어떻게 하나? 서로 응할 도리가 없는데, 귀신이 있다 하면 이를 어떻게 하나?

生有爲, 死也。勸公: 以其死也, 有自也; 而生陽也, 無自也。而果然乎? 惡乎其所適? 惡乎其所不適? 天有曆數, 地有人據, 吾惡乎求之? 莫知其所終, 若之何其無命也? 莫知其所始, 若之何其有命也? 有以相應也, 若之何其無鬼邪? 無以相應也, 若之何其有鬼邪?

졸역을 기준으로 하면 잘못된 해석이지만, "유위有爲"를 죽는 까닭으로 지목한 것이라고 해석되기도 하는 "태어남에 하는 것이 있음, 죽기 때문이다"로 첫 문장을 끊어 볼 때 두 번째 문장 첫 글자가 되는 "권權"은 '잠정적으로 그렇다 친다'로, 그 다음 글자 "공公"은 '공평하게 모두' 내지 '모든 경우에'로 새겼다. 여기에 이어 잠정적으로 그렇다고 치는 바에 대한 서술이, 어떤 경우에만 한정하여 무엇이 그러함을 가리키는 부사로 푼 "이以"가 이끌고 "야也"로 끝나는 시간 표시 화제구 넉 자에 화제가 담긴 단문("以其死也, 有自也")에서 시작하여 여기에 대조되는, "그러나"로 새긴 "이而"가 이끄는 단문("而生陽也, 無自也")에서 끝난다고 보아 두 번째 문장을 위와 같이 옮긴 것이다. 그리고 바로 그 다음의 의문문("而果然乎")은 직전의 잠정적 가정을 의심하는 수사적 의문문으로 보아 "그런데 과연 그러한가?"로 옮긴 것이다. 그런데 왜, 잠정적 가정이 이렇게 수사적으로 부정되는가? 그것은, 우언 편 맨 앞의 서술을 따르건대, 치언巵言을 통해 현상계 만물에 적용되는 것은 물론이고 현상계 밖의 생기지도 사라지지도 않는 것에까지 적용되는 원인론을 죽음에 대해서는 긍정하고 태어나 뻗치는 것에 관해서는 부정하고 있기 때문이다. 그리고 이런 풀이를 이어지는 한 쌍의 의문문에도 적용하여 두 의문문에 공히 들어 있는 "기其"가 잠정적 가설이 일부 부정한 원인론의 까닭을 뜻하는 "자自"를 가리킨다고 보면, 위 졸역에서 보는 것 같은 번역이 나와, 결국, 적용되는 곳과 적용되지 않는 곳의 구별이 '치언'의 보편적 원인론에 대해서는 가당찮다는 것이 두 의문문이 뜻하는 바라는 결론에 달한다. 그리고 그 다음 역시, 우언 편 맨 앞에서 '치언'의 원인론을 이야기한 화자와 동일한 화자가 동일한 관점에서 한 발언이라고 보면 해석이 명확해진다.

'온 데가 어디냐'는 원인론적 물음에 대한 답이 되는 형이상학을 전제하면, 이 대목 중반의 새 화제는 현상계 만물 중의 하나로서 화자 자신도 의지하고 있을 수밖에 없을 하늘의 시간적 질서와 땅의 공간적 질서를 파악하는 일이 된다. 나아가, 화자가 구할 데를 찾는다고 한 '천지의 질서'에 의존하고 있는 개개인의 운명이 어떻게 끝날지는, '치언厄言'의 원인론에 다름 아닐 명命이 정해주는 것일 터이나, 아마도 장주일 화자와 같은 유한한 인간의 입장에서는 그에 대해 알 수 없다. 문제는 이렇게 모른다고 해서 명대로가 아니라고 혹은 명이 없다고 하면 어떡하냔 것이다—졸역을 그대로 옮기면, "모르는데, 명이 없다고 하면 이를 어떻게 하나?" 또, 사람의 눈 앞에 지금 있는 바는 천지의 주어진 질서에서 생긴 것일 터이나 이렇게 생김의 시작을 모른다고 해서 지금 있는 것을 부인할 수는 없기 때문에, 지금 있는 바가, 그 있는 까닭은 몰라도 운명에 따라 정해진 것이라 생각하게 되는 것이나, 이런 생각을 뒷받침할 실체적 '명'을 인간 같이 유한한 존재로서는 파악할 도리가 없다—졸역을 옮기면, "모르는데, 명이 있다고 하면 이를 어떻게 하나?" 다음으로는, 이 대목 중반의 새로운 화제를 상기하건대, 이를테면 천체의 운행이 표현하는 하늘의 시간적 질서와 사람이 거기 의존해 사는 땅의 공간적 질서와 '나'의 운명이 어떤 매개로 연결되어 있다면 이 매개가 귀신과 무관한 것이라 할 수 있겠느냐를 묻는다. 이 물음과 한 짝을 이루는 그 다음 물음에서는, 상호 연결이 불가함에도 귀신이 있다는 이야기는 무슨 말이냐고—귀신이 무엇 때문에 있는 것이냐고—묻는다. 결론적으로, 이 대목에서 제기하고 있는 물음은 현상계의 흐름과 질서가 그에 따라 정해지는 치언의 원인론에 대해 이렇다 저렇다 하는 이야기를, 구체적으로는, 여기서는 적용되고 저기서는 적용되지 않는다느니, 원인론적 명이 있느니 없느니, 명을 매개하는 존재가 있느니 없느니, 매개하는 존재가 귀신이니 아니니 하는 이야기를 현상계 안에서의 경험만 가지고—앞 절에서 인용한 대종사 편 한 대목의 '복량의'를 상기하건대, 천하 밖으로 나가지 않고—할 수 있겠느냐는 것인데, 다음 대목에 그에 대한 대답이 들어 있다. 덧붙여, 역시나 이 대답도 그림자의 목소리를 빌린 우언寓言의 형식으로 되어 있다.

2-6

다음은 그림자의 목소리를 빌어 직전에 제기된 문제에 답하는 대목인데, 바로 이 점을 분명히 확인할 수 있게 해주는, 제물론 편에 있는 보다 간결한 형태로 된 같은 이야기는 5-13절에서 다룬다.

그림자의 흰 그늘들 무리가 그림자에게 물어 가로되: "당신이 방금은 숙였는데 지금은 위로 쳐들었고, 방금은 묶었는데 지금은 머리를 풀고, 방금은 앉았더니 지금은 서고, 방금은 가더니 지금은 멈추는데, 왜요?" 그림자 가로되: "다 움직이는 모습인데, 어찌 시시콜콜 묻는 것이오? 내게 있으나 모르는 것이 그 까닭이오. 나, 매미 껍데기, 뱀 껍데기는, 그 까닭과 비슷하나 같지는 않소. [저] 불(火)과 해이면, 내가 두드러졌다가; [저] 그늘과 밤이면, 내가 갈음되는 것이오. 저들, 내 기댐의 조건일 터인데? 하물며 [그림자인 내가] 기대는 바는 어떻겠소! 그가 오면 나도 함께 오고, 그가 가면 나도 함께 가고, 그가 굳세게 뻗치면 나도 함께 굳세게 뻗치오. 굳세게 뻗침, 또 어찌 여기에 대해 물을 것이 있겠소?"

眾罔兩問於景曰：「若向也俯而今也仰，向也括而今也被髮，向也坐而今也起，向也行而今也止，何也？」景曰：「搜搜也，奚稍問也？予有而不知其所以。予，蜩甲也，蛇蛻也，似之而非也。火與日，吾屯也；陰與夜，吾代也。彼，吾所以有待邪？而況乎以有待者乎！彼來則我與之來，彼往則我與之往，彼強陽則我與之強陽。強陽者，又何以有問乎！」

이 대목은 모습이 반대로 변하는 까닭을 묻는 '그림자의 흰 그늘들'에게 자신도 그 까닭을 모른다고 고백하는 그림자가 나오는데, 이렇게 모른다고 하면서도 원인론적 까닭을 분류하여 부연한다. 우선, 자신이 변하는 까닭에는 조건이라고 부를 만한 것이 있다. 그림자를 만드는 빛 혹은 그 원천이 되는 불이나 해가 그것이다. 두 번째로는 그림자 자신이 있게 된 원인으로서 그림자가 기대 그 그림자가 되는 존재가 있는데, 바로 이것이 불이나 해의 빛을 막아 생긴 것이 자신이다. 그림자의 흰 그늘들이 물었던 것에 대한 직접적 대답이라고 할 수 있는 부분인데, 그림자는 이것이 무엇이라고 분명히 이야기하지는 않고―그림자 세계에 갇혀 있으면서 거기서 경험한 것만으로는 알 수 없기 때문에 이야기하지 않았을 터인데―자신의 운동은 이 무엇의 운동을 반영한 것일 뿐이라고 한다. 그런데 여기서 한 걸음 더 나아가 이야기하는 것이 자신이 그 그림자인 바의 운동을 낳는 까닭에 대해서다. 오는 움직임과 가는 움직임을 이야기한 다음 굳세게 뻗치는 움직임을 낳는 까닭을 이야기하는데, 특히, 자신이 굳세게 뻗치는 것은 자신이 그 그림자인 바가 '굳세게 뻗침'을 까닭으로 하여 뻗쳤기 때문임을 암시하면서, 이 '굳세게 뻗침', 이를 또 어떻게 문제 삼을 수 있겠느냐는 수사학적 질문을 통해 슬며시 새로운 화제로 부각하고 있다. 달리 말해, '굳세게 뻗침' 그 자체로 인해 그림자 주인, 나아가 그림자 자신도 굳세게 뻗치는 것이라는 점을 슬며시 부각하고 있는데, 여기서 떠올리는 내편 한 구절이 덕충부 편에 있는 다음과 같은 공자 말씀이다.

> 사람은 흐르는 물에 비추지 않고, 멈춘 물에 비추나니, 오직 멈춤만이 뭇사람을 멈추어 멈출 수 있다. 땅에서 명 받은 것들, 오직 소나무·잣나무가 홀로 살아 있어, 하늘에서 명 받은 것들, 오직 순임금이 홀로 바르니, 바르게 살아 뭇사람을 바루어 살릴 수가 다행히 있었다.
>
> 人莫鑑於流水, 而鑑於止水, 唯止能止眾止。受命於地, 唯松柏獨也在, 冬夏青青; 受命於天, 唯舜獨也正, 幸能正生以正眾生。[9]

이 발언이 나온 구체적 맥락을—8-1절에 본문 전체의 번역이 제시되어 있는 만큼, 세세한 이야기는 피하여—간략히 추리면, 성인이 사람들을 자기 주위로 모으는 원인이 무엇이냐는 질문에 대한 답이다. 이런 맥락을 살필 때, 답변 첫 문장 앞부분의 요지는 자신을 비추어 보려는 재귀적 관심 때문에 사람들이 멈춘 물에 모여든다는 것이다. 그런데 이렇게 제 앞에서 사람들을 멈추도록 하여 모은 물이 환유하는, 첫 문장

---

9 "중국철학서전자화계획中國哲學書電子化計劃"에 수록된 대로라면 "幸能正生, 以正眾生。"이어야 한다.

뒷부분의 '많은 사람들을 멈추는 권능을 독점한 멈춤'은, '止水지수'의 '물 수(水)'와 붙어 있는 '멈출 지(止)'가 표상하는 멈춤과 같은—즉, 멈춤 아닌 것과 붙어 있는—멈춤이 아니라 홀로 떨어져 오직 멈춤일 뿐인 멈춤 그 자체다. 이는 그 아래에 나오는 소나무·잣나무가 홀로라는 언명에서 확인되는데, 이렇게 다른 것과 붙어 있지 않고 홀로이기 때문에 살아 있음 자체를 명으로 받아 사철 푸르다는 것이다. 순임금 역시 홀로라서, 하늘이 명으로 준 바름, 거의 그 자체였다는 것이다. 그런데 소나무·잣나무의 살아 있음과 순의 바름은 살아 있음 자체와 바름 자체는 아니라 해야 할 것이니, 이는, 이들이 아무리 홀로라 해도, 그리하여, 살아 있음 자체와 바름 자체를 땅과 하늘에서 받아 아무리 온전히 잘 보전할 수 있다고 해도, 살아 있음 자체와 바름 자체와는 다른 존재들이기 때문이다. 그리고 자기 아닌 것과 닿게 된 바로 이 측면에서 자체성이 훼손된, 닿기 전에는 오직 바름일 뿐이었던 바름 그 자체는—아무리 미세한 상실이라 하더라도 어쨌든—단 하나로서의 자기동일성을 상실하여, 저 성인이 현상계 대상에서 보는 '순일한 하나임'에 비해 모자란 것이 되고 다른 것들을 바르게 할 능력도 그만큼 모자란 것이 된다. 그래서 바르게 되는 까닭으로서의 '바름 자체'가 명 받은 이를 통해 다른 존재를 바르게 하는 일은 실패할 확률이 있다. 다만 순임금이 다른 것과 떨어진 홀로였기 때문에 실패 확률이 확연히 준 것이다. 그래도 실패할 확률이 영 사라진 것은 아니다. 이렇게 보면 위 인용의 마지막 구절에 있는 "다행히(幸)"는 생략해도 좋은 부사가 아니다. 꼭 필요한 부사다. 우언 편으로 돌아오건대, 그림자의 주인은 굳세게 뻗침 그 자체를 명으로 받은 까닭에 굳세게 뻗치고, 그리하여 주인을 따르는 그림자 역시 굳세게 뻗친다는 이야기가 된다. 이를 저 덕충부의 순임금 이야기로 다시 되돌리면,

순임금이 바름 그 자체를 하늘에게서 명으로 받은 까닭에 바루어 살릴 수 있었던 사람들은 순임금의 그림자 격이라는 이야기가 되겠다.

그런데 여기서 한 걸음 더 나아가면, 순임금의 그림자는 순임금이 어떻게 해서 그런 것인지 또 그러면 되는 것인지를 알 수 없다는 이야기가 되는데, 9-1절에서 해설하는 대종사 편에서 진인眞人(참 사람)을 일컬어 "[하늘 아래] 사는 것들과 마땅함을 나누지만, 아무도 그 기준을 모른다(與物有宜, 而莫知其極)"고 하면서 '그래서 성인은 전쟁을 해서 나라를 멸망시키고도 인심을 잃지 않는다'고 한 것이나 10-4절에서 해설하는 응제왕 편에서 명왕明王(밝은 임금)은 "측량할 수 없는 데 선다(立乎不測)"고 한 것도 동류의 이야기다―다시 한번, 플라톤의 동굴 속 같은 그림자 세계의 경험만으로는 '명왕明王'의 세계를 이해할 수 없다는 것. 그리고 다시 한번, 이 점을 보다 분명하게 확인해 주는 것이 제물론 편에 있는 거의 같은 이야기인데, 이는, 제물론 편에 있는 그림자 이야기가 우언 편의 그림자 이야기보다 형태가 단순하기 때문이다. 그리고 두 그림자 이야기의 이런 차이는 제물론 편과 덕충부 편 같은 내편을 쓴 상태에서 우언 편을 썼다는 가정을 하고 보면 쉽게 이해할 수 있는 차이다. 즉, 우언 편의 그림자 이야기는 장자가 제물론 편에서 이룬 진전뿐 아니라 덕충부 편 등의 저술에서 이룬 진전이 종합적으로 반영되는 바람에 복잡해졌다는 것이다.

2-7

이제 우언 편에서 남은 부분은 종결부; 앞에서 해온 이야기와 함께 읽으면 우언 편이 환유하는 "장자" 전체의 윤곽을 파악할 수 있을 것이다. 역시나 중언重言을 겸한 우언寓言의 형식으로 되어 있는데, 우언 편 첫 대목의 말에 관한 논의를 관통하는 평화 모티브를, 이후 지금껏 한 이야기의 축적 위에서 반복함으로써 우언 편 전체의 주제로 부각하고 있다.

양자거가 남쪽으로 패로 가고, 노담이 서쪽으로 진나라에 놀러 갔는데, 교외로 상봉 가서, 양에 이르러 노자(노담)를 만난다. 노자가 중도에서 하늘을 우러러 탄식하며 가라사대: "처음에는 너를 가르칠 수 있다 여겼는데, 지금은 안 되겠다." 양자거는 부답이었다. 객사에 이르자, 세숫대야와 양칫물 수건 빗을 올리고, 신발을 벗어 문 밖에 두고, 무릎걸음으로 앞으로 가 가로되: "조금 전 제자가 선생님께 청하고 싶어도, 선생님께서 가시는 데 틈이 없어, 그래서 감히 그렇게 하지 못했습니다. 지금은 틈이 생겼으니, 제 잘못을 여쭈어 봅니다." 노자 가라사대: "네가 부라리고 부릅뜨니, 네가 누구와 머물겠느냐? 크게 결백함은 욕과 같고, 더할 나위 없이 꽉 찬 덕은 부족함과 같다." 양자거가 부끄러운 빛을 띠고 정색하여 가로되: "삼가 말씀대로 하겠습니다." 그가 떠날 때는, 객사 사람들이 배웅했는데, 주인은 방석을 들고, 처는 수건과 빗을 들고, 객사의 객은 자리를 피하고, 불 때는 이는 아궁이를 피했던 것이었다. 그가 돌아왔을 때는, 객사 사람들이 그와 자리를 다투었다.

陽子居南之沛, 老聃西遊於秦, 邀於郊, 至於梁而遇老子。老子中道仰天而歎曰: 「始以汝為可教, 今不可也。」陽子居不答。至舍, 進盥漱巾櫛, 脫屨戶外, 膝行而前曰: 「向者弟子欲請夫子, 夫子行不閒, 是以不敢。今閒矣, 請問其過。」老子曰: 「而睢睢盱盱, 而誰與居? 大白若辱, 盛德若不足。」陽子居蹴然變容曰:

「敬聞命矣。」其往也，舍者迎將，其家公執席，[10] 妻執巾櫛，舍者避席，爨者避灶。其反也，舍者與之爭席矣。

이 마지막 대목에 등장하는, 서쪽 진나라에 다녀온 노자(노담)는 자신과 떨어져 따로 남쪽으로 여행하기 전의 제자와 지금의 제자가 크게 다르다고 여겨 탄식한다. 어떻게 다른가? 가르칠 수 있다고 여겼는데, 다시 만난 지금은 가르칠 수 없다고 여긴다. 그런데 **장자**에서, 스승이 돼 줄 것을 요청받아 하는 이런 자질 판단은 노자만 하는 것이 아니다. 이 장 4절에서 인용한 대종사 편 한 대목의 스승 역시, 배우겠다는 지원자의 자질을 보고 자신이 보존하고 있는 성인의 도를 전할 것인지의 여부를 판단하고 있다.

한편, 이 대목 노자의 입문자 자질 판단은 자신을 겸손하게 비웠느냐에 관한 것이다. 그런데 양자거는 스승과 떨어져 한 남쪽 여행에서 무슨 바람이 들어 노자의 제자 자격 심사를 통과할 정도로 겸손했던 모습을 잃는 대신 권위적인 모습을 띠게 되었던 모양이다. 사실, 이런 변모 가능성은, 스승 노자가 진나라에 '갔음'은 소요유逍遙遊 편의 편명에 있는 "유遊"로 표현된 반면, 제자 양자거가 패로 '갔음'는 "지之"로 표현된 데서도 암시되어 있다. 즉, 두 동사의 차이는, 4-3절에서 해설하는 소요유 편의 표현으로는 '천지의—전 절에서 인용한 '순임금의 바름(正)'을 연상시키는—바름(正)을 타고 여섯 가지 기氣를 분별하는 말(辯)을 몰아 무궁히 노는(遊)' 경지에 도달해 있는 스승과 아직 거기 달해 있지 못해 배움이 후퇴할 가능성이 있는 제자의 차이를 암시한다는 것. 그리고 마침내 후퇴하고 만 제자의 모습은 그가 스승 노자를 만나러 가기 전에 묵

---

10 "중국철학서전자화계획中國哲學書電子化計劃"에 수록된 대로라면 이 부분은 "其往也，舍者迎將其家，公執席，"이어야 한다.

었던 객사의 타인들이 그를 대하는 태도에 잘 나타나 있다.

그러나, 스승 노자에 대해서만큼은 이전의 삼가던 모습이 여전하여 양자거의 질문하는 모양이 지극히 조심스럽다. 나아가 스승과의 재회에서 회복한 '자기를 겸손하게 비움'을 통해 만든 마음 자리에 스승 말씀을 잘 모셔서 만든 변모는 객사의 타인들이, 돌아온 양자거를 대하는 스스럼없는, 떠나기 전과는 정반대로 달라진 태도에서 잘 나타난다. 이로 미루어 보건대 이제, 양자거 주위에 무슨 다툼이 생길 가능성은 없어진 것이나 마찬가지다. 하여 우언 편 첫머리에 등장한 평화 모티브는 이 종결부에서 겸손으로 완성된다. 그런데 여기에서 들 만한 한 가지 의문이, 양자거가 회복한 바와 같은, 자기를 비우는 미시적 겸손이, 그것으로 우언 편을 마감하며 천하의 정치적 평화를 이 편 전체를 관통하는 화두로서—나아가, "장자" 전체를 관통하는 화두로서—환유할 만큼 큰 거시적 의미를 감당할 자격이 충분한 것일까? 자답하건대, 이 대목의 양자거가 다시 등장하여 "밝은 임금(明王)"의 "무엇 없음에 달하여 노는(遊於無有)" 통치에 대한 노자(노담)의 가르침을 얻는 응제왕 편 한 대목을 곁에 나란히 놓고 보면, 장자의 이 대목이 부각한 겸손의 미시적 덕과 천하의 거시적 평안이 서로를 환유하기에 충분히 가까운 사이라는 점이 뚜렷해진다. 그리고 이 점은 **장자** 내편을 종결하는 자리에서 통치 플랫폼의 문제를 다루는 응제왕 편을 읽으며 내편 전체의 서론에 해당하는 우언 편의 이 마지막 대목을 되돌아볼 때 한층 뚜렷해 보일 터이다.

2-8

자기를 높이 보고 자기 견해를 고집하는 데서 생기는 분란의 야기는, 생사를 좌우하는 명命과 천지의 조화를 매개하는 귀신의 존부는 물론이고 자신의 움직임조차 원인론적으로 해명하지 못하는 저 그림자에 스스로를 비추어 본다면 감히 하지 못할 것임에도 오히려 이를 조장하는, '삼 부釜/삼천 종鍾'의 이해利害와 호오에 엮인 이기적 공명심을 겸손히 극복한 평화라는, 우언 편 전체를 관통하는 주제에 비추어 볼 때 나타나는 **장자**는, 스스로의 이해와 호오에 좌우되지 않는 우언寓言과 중언重言을 통해, 세계의 조화를 매일 새롭게 가져오는 치언卮言을 조물자造物者·조화자造化者의 언어로 부각하면서 근본적 평화가 이런 초월적 언어에 의해 순조로이 보장되는 세계로 난 길을 그린 고전이다. 나아가 이런 길 모색, 도 탐색이 결론적으로 부각한 미덕이, 우언 편 끄트머리를 되새기건대, 현상의 세계나 생사의 경계, 그 바깥으로 나가지 못했다 해도 지도적 위치에는 있는 것으로 여겨지는 자의 겸손인데, 이는 양자거의 예에서 보는 것처럼 무너지기 십상이어서 유지하기 어려운 겸손이다. 그런데 우언 편이 시사하는 "장자" 전체의 윤곽이 이런 것이라 할 때는, 최소한, 후스(호적胡適) 선생의 장자 해석처럼 안심입명의 처세를 논한 천박한 사상가로 낮추어 평할 수는 없는 것 아닐까? 오히려, 정치의 근원적 가치가 평화임을 이야기하면서 여기에 근본적 근거를 주는 형이상학을 제시한 사상가로 높이 평가해야 하지 않을까?

이 책의 입장은 물론, 실로 장주는 장자라 높여 부를 만하다는 것인데, 방금 우언 편을 통해 그 전체를 가늠해 본 **장자**는 평화의 정치를 '데이터와 한몸인 말'에 근거하여 설득하고 있는 고전이다. 더불어, 이런 설득을 '존재와 무' 전체에 대한 형이상학적 그림 속으로 엮어 넣은 획기적 고전이다. 하여 장차 들어올 불교 형이상학, 나아가 기독교 형이상학을 그 위에서 번역할 토대를 마련한 고전이다. 그런데 이런 토대를 어떻게 마련하셨던 것인가, 장자께서는? 예컨대, '자연 상태를 극복한 평화'의 문제를 획기적으로 풀어냄으로써 근대적인 국가 중심 질서의 지적 토대를 제공한 홉스Hobbs, T.의 **리바이어던**에 대해, 당대 공론장에서 유통되던, 시민적 평화에 관련된 소견들에 대한 찬반을 특유의 형이상학 속으로 엮어 넣어 철학적 설득을 꾀한 고전으로 그 역사적 성격을—특히 스키너(2001)의 홉스 해석에 근거하여—규정할 수 있을 것인데, 이와 유사한 유래와 구성을 가진 고전이 "장자"임을 그것이 태어난 지성사적 맥락 속에서 보여 주는 **장자** 한 편이 다음으로 검토할 천하 편이다.

제 3 장

천하편

3

3-1

다음은 장자가 '우언寓言'과 '중언重言'을 써서 나름의 해결책을 처방한 문제의 유래를 보여주는 천하 편 첫 대목이다.

천하를 다스리는 방술이라는 것이 많으니, 모두 각자 가진 것에 더 보탤 수 없다고 여긴다. 옛날에 도술이라고 한 것, 과연 어디 있는가? 가로되: "없는 데 없다." 가로되: "[신神·명明의] 신神은 어디에서 내려왔나? [신·명의] 명明(밝음)은 어디에서 나왔나?" "성인에게 내는 권능이 있고, 왕에게 이루는 권능이 있으니, 다 하나에서 온 것이다."

天下之治方術者多矣, 皆以其有為不可加矣。古之所謂道術者, 果惡乎在? 曰:「無乎不在。」曰:「神何由降? 明何由出?」「聖有所生, 王有所成, 皆原於一。」

천하 다스리는 데 도道를 구체적으로 적용한 것이 방술이라 하겠는데, 지금 그 수가 많다고 하는 것으로 천하 편은 시작한다. 여기에 이어진, 각자의 방술이 더할 나위 없다고 여긴다는 이야기는 각자의 통치술이 최고임을 다툰다는 말이니, 이처럼, 우언 편을 관통하는 화제라 할 '천하의 평안'을 반대로 은유하며 시작한다는 점에서도 천하 편은, "장자" 전체를 환유하는 우언 편과 한 짝이다. 한편 여기 나오는 방술에 대조되는 것이 신적인 도술인데, 후자는 원리의 그때그때에 맞는 적용이라는 의미를 가진 방술보다 원리 자체에 가까운 보편적인 기술이다—단적으로, 없는 데 없다. 없는 데 없는 도술이니 어디선가 위에서 내려온 "신神"과 어디선가에서 나온 "명明(밝음)"도 그에 따라 안배된 것일 터,

성인이 이 기술로 천하 운용의 바탕을 낳고, 왕은 그 바탕 위에서 이룬다. 이들은 다 하나에서 나온 것인데, 최고임을 다투는 방술들로 갈라지기 전의 하나에 다름 아닐, 이상적 천하 운용의 수리적 원리가 작동하는 옛 천하는 다음과 같이 묘사된다.

'나온 줄기(宗)'에서 떨어지지 않으면, 이를 일러 천인이라고 한다. '알맹이(精)'에서[11] 떨어지지 않으면, 이를 일러 신인이라고 한다. '참(眞)'에서 떨어지지 않으면, 이를 일러 지인이라고 한다. 하늘을 나온 줄기로 삼고, 덕을 비롯한 본本으로 삼으며, 도를 문 삼아, 변화를 내다보고 임하면, 이를 일러 성인이라고 한다. 어질게 은혜를 베풀고, 의로움을 다스리는 이치로 삼고, 바라는 바를 예로써 바르게 추구하며, 음악으로 화합을 이루어, 훈훈하게 자애롭고 어질면, 이를 일러 군자라 한다. 법에 따라 직분 같은 분수를 가르고, 이름을 붙여 표로 삼으며, 몸소 경험하여 시험하고, 사실을 따져 결정하니, 그 원리 하나 둘 셋 넷이란 것이 바로 이 넷이다. 백관이 이 넷으로 서로 맞물리니, 일이 늘 예측 가능하고, 입고 먹는 것을 우선으로 하여, 가축을 길러 재물을 쌓고, 늙은이와 약자弱子 고아 과부를 위하여 뜻을 내는데, 모두를 부양할 방도가 있어, 백성을 다스리는 것이다.

不離於宗，謂之天人。不離於精，謂之神人。不離於真，謂之至人。以天為宗，以德為本，以道為門，兆於變化，謂之聖人。以仁為恩，以義為理，以禮為行，以樂為和，薰然慈仁，謂之君子。以法為分，以名為表，以參為驗，以稽為決，其數一二三四是也。百官以此相齒，以事為常，以衣食為主，蕃息畜藏，老弱孤寡為意，

---

11 "정(精)"을 알맹이로 번역한 연유에 대해서는 2-1-1절의 논의로 갈음.

皆有以養，民之理也。

사람들 사이에서 그 사례를 찾기가 극히 어려울 천인, 신인, 지인의 특징을 들고, 이들에 비해서는 그래도 찾기가 쉬울 성인의, 천인과의 관련을 포함한 성격적 특징과 군자의 정연한 통치를 묘사한 이 대목을 잇는 이다음 대목에서는, **시·서·예·악·역·춘추**에 기록으로 남은 옛 도술의 수리적 원리와 그 모범적 적용에 대한 다양한 해석의 출현에 다름 아닌 것으로서 제자백가의 등장을 이야기하고 있다. 전작 **논어와 데이터**에서 이야기한 바를 끌어와 달리 말하면, 그에 대한 기억이 흩어졌던 것을 공자가 집성하여 되살린 선왕지도先王之道를 데이터 삼아 성립한 **논어** 속 '어짊 체제'처럼 제자백가의 여러 설도 선왕들의 모범적 통치에 대한 기억을 데이터 삼아 성립한 것이라는 이야기가 되는데, 장자 자신의 생각도 선왕지도의 선례가 그 모범적 실현이라 할 옛 도술의 한 측면을 계승한 것임을 본 편에서 스스로 밝히고 있다. 뒤에 볼 것이지만, 혜시와 그 추종자들의 변론술은 이렇게 요순으로 거슬러 올라가는 큰 줄기와 접점이 없다는 점에서 천하 편에서 이야기된 다른 방술들과는 전혀 다른 새로운 것이다.

그런데 여기서 또 하나 주목할 것이, 요순의 저 줄기가 하늘에서 내려온 것이라는 생각이다. 하늘에서 나온 성인이 하늘에 듦이 성인의 '죽음 아닌 죽음'이라는, 대종사 편에 나오는 이야기도 같은 생각에 바탕한 것일 터인데, 바로 이런 생각이 전통과 단절된 혜시와 전통을 잇는 장주가 극명하게 대조되는 지점임을 지적해 둔다. 그리고 바로 이 같은 맥락에서, 앞에서 "성인의, 천인과의 관련"을 언급할 때 염두에 뒀던 바가, 이 대목 맨 처음의 "나온 줄기에서 떨어지지 않으면, 그를 일러 천인이라고 한다(不離於宗, 謂之天人)"와, 성인의 성격적 특징 관련 묘사들 중 첫째 것인 "하늘을 나온 줄기로 삼는다(以天為宗)"에 겹쳐 등장하는 '하늘(天)'과 '나온 줄기 내지 중심 계보(宗)'다. 그리고 여기서 다시 한 번 확인하게 되는 생각이 '하늘을, 성인을 포함하는 세상이 거기서 나온 줄기라고 여긴다'는 것인데, 이는, 곧 거론할, "하늘에 가려 사람을 알지 못했다(蔽於天而不知人)"고 한 순자의 장자 비판에서 단적으로 드러나는 대로, 장자를 이해하려면 늘 염두에 두어야 할 필수적 전제다. 덧붙여, 이 책에서 "종宗"을 '나온 줄기'로 번역한 근거는 10-5절의 응제왕 편 해설에서 제시한다.

한편, 성인 군자의 이상적 통치에 대한 위의 묘사에서 또 하나 주목할 점은, 하나, 둘, 셋, 넷으로 세는 수를 통치 원리를 은유하는 으뜸 이미지로 삼았다는 것이다. 필자는 여기에서 특히, 수와 수리가 이견을 통합하는 데 인간이 동원할 수 있는 최선의 수사적 도구라는 점에 대한 놀랍도록 선진적인 인식을 본다. 나아가 장자의, 혜시로 인해 단련되었을 수리적 사고의 조명이 장자 이해를 촉진하는 좋은 방편이라는 것이 졸견인데, 여기에 대해서는 앞으로 너 이야기할 기회가 있을 것이다. 한편, 수에 대한 장자의 주목은 옛 통치 모범에 대한 당대의 기억 내지 기록을 논하는 다음 대목에서 통치의 요체를 원리적 수리("數")와 이런 수리의 구체적 적용에 쓸 척도("度")의 둘로 요약한 데서 확인할 수 있다.

옛 사람들의 갖춤이란! [어디선가 내려온] 신神과 [어디선가 나온] 명明(밝음)을 ['신명'으로] 짝지어, 천지를 편안케 하며, 만물을 기르고, 천하를 화합하여, 그 혜택이 백성에 미치고, [기본] 수리에 밝고, 구체적 적용 척도까지 엮으니, 온 데 통하지 않는 데가 없어, 작고 크고 정밀하고 거칠고 간에, 그 작용이 미치지 않는 데 없다. 옛 사람이 수리와 그 척도를 밝혀 보존한 것들, 이것들은 옛 법을 세세로 전해온 기록에 아직 많이 있다. 그중에 시·서·예·악에 있는 것들은, 추 땅 노나라 선비들과 유자들 다수가 능히 밝힐 수 있다. 시경은 뜻을 말하고, 서경은 일을 말하며, 예서는 바른 추구를 말하고, 악서는 화합을 말하고, 역경은 음양을 말하고, 춘추는 명분을 말한다. 이들 수리가 천하에 흩어졌다가 중원의 나라들에 세워지니, 백가의 배움은 곧 누군가 이들을 일컫고 말함이다.

古之人其備乎！配神明, 醇天地, 育萬物, 和天下, 澤及百姓, 明於本數, 係於末度, 六通四辟, 小大精粗, 其運無乎不在。其明而在數度者, 舊法世傳之史尚多有之。其在於《詩》、《書》、《禮》、《樂》者, 鄒、魯之士、搢紳先生多能明之。《詩》以道志, 《書》以道事, 《禮》以道行, 《樂》以道和, 《易》以道陰陽, 《春秋》以道名分。其數散於天下而設於中國者, 百家之學時或稱而道之。

우언 편의 "중언重言"을 상기하며 새삼 주목해 둘 것은 옛 사람들 내지 선왕들에 대한 존중이다. 다시 강조하지만 혜시와 그 추종자들에게서는, **순자** 비십이자 편의 관찰에서도 확인할 수 있는 대로, 이런 존중을 찾아볼 수 없는데, 이런 우상파괴적 조류의 적극적인 발현은, 선왕들의 불분명한 자취를 맹목적으로 추수하는 경향을 비난한 한비자에게서 뚜렷하게 목격할 수 있다. 그런데 한비자의 이런 생각도, 그를 가르친 스승으로 거슬러 올라가면 곧바로 만나게 되는 순자의, 성왕의 흔적을 보려면 선왕先王보다 발자취가 분명한 후왕後王을 살피라는 권고에서 그 연원 한 자락을 발견할 수 있다. 여기서도, 전 장 서두에서 '물物'의 번역 문제를 다루면서 이야기한, 선진 문헌을 나름으로 묶어 전해주는 과정에서 고전 이해의 유력한 실마리를 다수 남긴 순자의 사상사적 위치를 확인할 수 있는데, 그의 이런 위치는, 공자와 맹자 사이의 백 년 간에 등장한 것으로 여겨지는 묵가 창시자 묵적의, **묵자** 경주 편 어록이

전하는 '천하의 삶이 그로 인해 유지되는 바탕이 선왕들에게서 왔다'는 언명을 촉발한 것이 '현 세대를 버리고 선왕을 높이는 것은 마른 뼈를 높이는 것과 같다'는 비판이었음을 상기할 때 더욱 분명해진다. 한편, 방금 짚어본 대로 전국시대戰國時代 사상계 일각에서 일종의 흐름이 된 선왕지도先王之道 격하를 반대로 은유하는, 이 대목에 깔려 있는 전통 존중은 곧 보게 될, 천하를 분열시킨 백가의 구체적 사례로 처음 언급되는 묵가와 마지막으로 언급되는 혜시에 대한 장자의 비평을 한데 묶어 주는 복선이기도 하다.

두 번째로 지적해 둘 것은, 신·명을 짝했다는 두 번째 문장 첫 부분이다. 천하 편 서두를 상기하건대 "신神"과 "명明(밝음)"은 나온 데가 다르다. 따라서, 이 부분은 나온 데가 다른 이들 둘을 지혜로운 옛 사람들이 짝지어 늘 함께 다니도록 했다고 해석하는 것이 온당하다. 나아가, 이렇게 위에서 내려온 '신'은 누구에게나 있는 것인데, 예컨대 혜시가 자신의 신神 밖으로 나갔다는 말은 곧 그의 '신'이 거기서 내려온 저 위와 끊어져 방황하고 있다는 말이 돼, 덕충부 말미에서 보는 것처럼, 자기 좌표를 상실한 혜시의 알맹이(精)가 힘듦을 환유한다. 나아가 이런 '신' 개념은 전통이 되어, 예컨대 **맹자집주** 이루장구(상) 편에서 주희는 다음과 같이 이야기하고 있다.

> 일반적으로 사람이 만물과 접할 때, 그 신神은 눈에 있으니, 흉중이 바르면 신이 똘똘하고 밝으나, 바르지 않으면 신이 초점 없고 흐리다.
>
> 蓋人與物接之時, 其神在目, 故胸中正則神精而明, 不正則神散而昏。[12]

---

[12] "한문 인용 출처는 도널드 스터전 Donald Sturgeon 박사가 편집한 온라인상 "중국철학서전자화계획中國哲學書電子化計劃(https://ctext.org/zh)"에 수록된 **사서장구집주**四書章句集注로, 디지털화 저본은 《사서장구집주四書章句集注》신편제자집성新編諸子集成 (北京:中華書局, 1983).

또, 천하 편 이 대목의 '밝음(明)'은 제물론 편의 '밝음에 의하는 것이 최선(莫若以明)' 등에 거듭 나오는 장자의 주요 개념이다. 그런데 '신神'과 '밝음(明)'의 개념은 이들을 표현하는 한자의 유래를 상기하면 한층 명확해진다. 시라카와 시즈카(2021, 322·580쪽)의 설명에 따르면, 하늘의 신이 발출한 번개를 모방한 문자 '申신'에서 유래한 것이 '神신', 달빛이 창으로 들어오는 모습을 그린 문자가 '明명'이다. 나아가, 둘을 짝지은 '신명神明'은 고대 중국 북부의 황토지대 수혈실 주거의 유일한 창으로 빛이 들어오는 것을 신의 방문이라 여겨 그 쪽에서 제사한 데서 유래한 조어라 하니(같은 책, 322-3쪽), 과연, '신과 명을 짝지은 것은 옛 사람들'이다. 한편, 하나를 놓고 백가의 다양한 해석이 나와 서로 다투게 된 경위는 이어지는 대목에서 이렇게 이야기된다.

천하가 크게 어지러워, 성인의 지혜가 밝지 않고, 도道와 덕이 하나 아니며, 천하의 많은 이가 그에 관해 통찰 하나를 득하여 스스로 좋아한다. 귀와 눈과 코와 입에 비기면, 다 밝히는 바 있으나, 서로 통하지는 못한다. 백가를 나뭇가지 무리와 같다 하면, 다 장점이 있고, 늘 쓰임이 있다. 그렇다 하더라도 모든 측면을 수납하지도 보편적이지도 않고, 한 구석의 선비일 뿐이다. 천지의 아름다움을 판정하고, 만물의 이치를 가르고, 옛 사람의 온전함을 잘 살피는데, 천하의 아름다움을 모든 측면에서 다 대응할 수 있는 이가 적지만, 신명神明을 가진 양한다. 이래서 내성외왕의 도, 어두워 밝지 않고, 엉클어져서 발하지 않고, 천하 사람들은 각자 바라는 바를 하면서도 스스로 방술을 행한다고 여긴다. 슬프도다! 제자백가가 가서 돌아오지 않으니, 모여 일치할 수가 필히 없다. 후세에 배우는 자들, 불행히도 천지의 [잡됨 없는] 순수를 보지 못하니, 옛 사람의 큰 근본은 보지 못하니, 도술은 [이렇게 어지럽게 분열된] 천하에 의해 찢길 것이다.

天下大亂, 賢聖不明, 道德不一, 天下多得一察焉以自好。譬如耳目鼻口, 皆有所明, 不能相通。猶百家衆技也, 皆有所長, 時有所用。雖然, 不該不遍, 一曲之士也。判天地之美, 析萬物之理, 察古人之全, 寡能備於天地之美, 稱神明之容。是故內聖外王之道, 闇而不明, 鬱而不發, 天下之人各為其所欲焉以自為方。悲夫! 百家往而不反, 必不合矣。後世之學者, 不幸不見天地之純, 古人之大體, 道術將為天下裂。

천하가 크게 어지러워지자 하나이던 도와 덕이 나뉘고 하나이던 도술도 여러 방술로 갈라져 분열되었다는 것인데, 이하에서는 이렇게 갈라진 방술들이 차례로 소개된다. 그런데 천하 편 전체를 통해 돋보이는 것이 장자 자신도 갈라진 방술 한 갈래를 계승하고 있을 뿐이라는 겸손 어린 자기 이해이다. 즉, 장자의 저술은 다른 설을 주장하는 타자를 이기려는 시도가 아니다. 방술 통일 내지 사상계 제패의 시도일 수는, 천하 편과 함께 **장자**의 서문을 이룬다 할 우언 편을 관통하는 '분열을 고도의 겸손으로 지양한 평화'라는 큰 주제를 생각할 때는 특히, 더구나 없다.

순자 해폐 편은 "한 구석(一曲)"에 막혀 큰 이치를 보지 못한다는 진술로 시작하면서 천하 편 이 대목의 "한 구석 선비다(一曲之士也)"가 환유하는 시대 진단을 변주하고 있는데, 구체적으로 순자는, '장자는 하늘에 가려 사람을 보지 못하는 병폐가 있다'는 식의 평가를─아무개는 갑에 가려 을을 보지 못하는 병폐가 있다는 식의 평가를—**장자** 천하 편에서 언급된 묵자·송자·신자愼子·혜자에 더하여 신자申子(신불해)에 대해 하고 난 뒤, 한 구석만 알 때는 도道의 한 모퉁이만 볼 뿐 도 자체는 이해할 수 없음에도 스스로 족하다 여기고 타인을 설득하는 일에 섣부르게 나서면 자신과 세상을 어지럽혀 아래 위가 서로를 막는 화를 초래하게 된다는 주장을 펼친다. 나아가 이런 화의 가능성을 잘 알고 있는 성인을 다음과 같이 묘사하고 있다.

> 성인은 마음 술법의 우환을 알아, 가리고 막음의 화를 깨달으니, 원함도 싫어함도 없고 처음도 끝도 없고 원근도 없고 넓음도 얕음도 없고 고금도 없어, 만물을 [어느 한 구석 빼지 않고] 모두 함께 늘어 그 가운데 저울을 단다. 그리하여 많은 다름이 서로를 가려 도리를 교란하는 일이 없다.
>
> 聖人知心術之患，見蔽塞之禍，故無欲、無惡、無始、無終、無近、無遠、無博、無淺、無古、無今，兼陳萬物而中縣衡焉。是故衆異不得相蔽以亂其倫也。

해폐 편의 이 구절은 **장자** 외편이나 잡편의 한 대목이라 해도 통할 법한데, 선왕지도先王之道에 충실했던 인물로 해석된 공자의 관점에서 선진 시대의 전통을 종합하려 했던 순자가 한 세대 정도 앞의 장자의 중요성을 이해하고 그의 언어를 자신의 언어 속으로 통합하는 데 애썼다는 점을 보여주는 대목이라 하겠다. 같은 혜폐 편의, 마음(心)이 도를 아는 법을 "허일이정虛壹而靜(비워 받아들일 여유가 넉넉하고 갈팡질팡하지 않고 또 흔들리지 않게 하기)"이라고 하면서 시작하는 대목 역시 그러하다. 덧붙여, **순자**에서 장자의 영향이 특히 두드러진 곳이, 아니나 다를까, 천론天論 편인데, **장자** 내편 가운데 대종사 편에서 주로 이야기되는 '하늘과 사람의 구분'을 논한 이 천론 편 말미의 비판 대상에 해폐 편에서 비판한 사상가들 가운데 신자慎子, 묵자, 송자는 들고 장자는 빠져 있다. 이는 아마 천론 편 자체가 장자의 '천론' 내지 "이천위종以天爲宗"의 하늘 중심 형이상학에 대한 순자의 대답이기 때문일 터인데, 흥미로운 것은 해폐 편에서는 언급되지 않은 노자가 천론 편의 비판 대상에는 든 사실이다.

3-2

다음은 천하 편에서 제자백가 중 가장 길게 언급한 묵가 관련 대목이다. 이런 길이는 천하 편 집필 당대에 비친 묵가의 비중을 반영한 것일 터, 단적으로, 장자와 동시대를 산 것으로 여겨지는 맹자는 양주와 묵적의 설이 천하를 채웠다고 했고, 그보다 후대에 속하는 한비자도 묵가를 유가와 함께 당대 양대 조류로 지목하고 있다. 그러나 전한前漢 때 집필된 역사서 **사기**의 묵가 취급을 보면—태사공자서에 있는 묵가 관련 기술은, 분량상으로도, 그 역사적 비중에 상응하게끔 되어 있다 하겠으나—묵가 창시자 묵적에 대한 전기적 기술이 맹자순경열전 끄트머리의 24자에 지나지 않고, 그나마 절반 가까운 11자의 요지는 공자와 같은 시대인지 그보다 후대인지가 불분명하다는 것이다. 따라서, 묵가의 영향력이 크게 쇠퇴한 한대漢代에 묵가가 매우 무겁게 취급된 천하 편을 장자를 추종하는 누군가가 썼다는 것은 어불성설이라 해도 과언이 아니겠다. 그런데 이보다 먼저 주목할 것은, 천하 도술의 분열 이야기 바로 그 다음에 묵가 관련 대목을 배치했다는 점인데, 이 환유적 연쇄의 의미는 **묵자** 상동尙同 편에 있는 묵가식 사회계약론의 출발점이—자연 상태의, 만인에 대한 만인의 투쟁이 아니라—의로움에 대한 저마다의 견해가 서로 달라 초래된 천하 분열과 반목이라는 것을 고려할 때 분명해진다.

흥미롭게도, 묵가식 사회계약론의 핵심도, 홉스Hobbs, T.의 그것처럼, 각자 다른 견해를 통일해줄 주권적 권위를 세우는 데 있다. 다만 묵가의 경우, 개개인의 자유가 홉스의 경우처럼은 전제돼 있지 않아서, 개인의 자유로운 의사로 하는 계약이라는 계기는 희미한 대신, 함께 분열과 반목 상태의 해로움을 피하고 천하 통일의 이로움을 택하자는 설득이 두드러진다. 나아가, 만물을 가리지 않고 두루 이롭게 하는 '하늘(天)'을 하향식 권위의 궁극적 원천·기준으로 삼는 정치 체제의 정점인 천자에서 마을(里)[13] 같은 체제 말단에 이르기까지 이견의 여지를 두지 않는 통제 체제로 고안돼 있는, 찢어진 천하에 대한 묵가의 처방을 반대로 은유하는 것이 이 책에서 살피고 있는 장자의 자유분방한 처방이다.

이어 주목할 것은, 장주의 "장자" 저술 당시의 비중으로 보면 묵가가 배치된 자리 근처에 있어야 할 유가 관련 대목이 보이지 않는다는 점이다. 즉, 천하 편에서 공자와 그 제자들을 천하를 찢은 백가의 한 유파로 취급하지 않았다는 것인데, 이는, 두어 세대 뒤이긴 하지만, 유가를 당대의 가장 큰, 그러나 해로운 영향력을 가진 사상 집단 둘 중 하나로 보고 비판한 한비자의 태도와는 아주 다른 것이다. 즉, 유가를 묵가와 함께 비판해야 할 타자로 적대한 한비자와는 달리, 장자는 유가를 묵가와 동렬에 있는 타자로 대하지 않았다는 것인데, 이는, 천하 편에서, 노자와 동일시되는 노담과 그에게 **도덕경**을 받았다는 전설의 주인공인 관윤을, 우호적이긴 해도, 타자로 대하여 평가 대상으로 삼은 점을 고려할 때, 장자 자신의 위치를 묵시적이나마 노자 계통이 아니라 공자 전통 속

---

13 25가구가 '마을(里)'의 표준적 크기였다.

에 놓고 있다는 추정을 온당한 것으로 만드는 자세다.[14] 만약, 이 책 서론 말미에서 살핀 사마천의 장자 해석과는 모순되지만, 전 절에서 검토한, 옛 성인 군자의 통치를 묘사하는 대목이나 이런 통치의 흔적을 전하는 자료를 백가의 원천으로 인용하는 대목에서 두드러지게 나타나는 유가적 색채를 고려할 때는 한층 강력해지는 이런 추정이 실로 옳다면, 이는 무엇보다도, 천하 편 서두에서 볼 수 있는 것처럼, 장자가 입론의 데이터로 놓고 나간 바가 공자가 서恕 중심의 '어짊 체제'를 수립하면서 데이터로 놓고 나간 바와 동일한 데이터, 선왕지도先王之道 데이터라서가 아닐까? 실로 그러하다면 너무나 당연해지는 사실이, 천하를 위해 헌신한 우임금의 탁월한 선례를 본받자는 묵가의 주장에도 불구하고, 장자의 묵가 비판에서 두드러지는 지점이, 바로 아래에서 보는 것처럼, 선왕들의 도道와 충돌한다는 지적이라는 사실이다.

후세가 사치하지 않게 하고, 만물을 마모시키지 않고, [기본] 수리와 그 적용을 밝히지 않으며, 밑줄로 스스로를 단속하여, 세상의 비상한 위기에 대비한다, 이런 입장이 옛 도술에 있었다. 묵적과 금골리가 이런 유의 이야기를 듣고 기뻐했다. 좋아하는 것이 지나쳐서, 자기를 너무나 다그쳤다. 지어 이르기를 "비악", 명하여 가로되 "절용"이라 했으며, 살아서는 노래를 하지 않고, 시신에 옷을 입히지 않았다. 묵자는 널리 사랑하고 이익을 나누며 싸움은 아니라 했으니, 그 도道는 노하지 않음이다; 또한 배움을 좋아하고 널리 알아, 특이하지는 않으나, 선왕들과는 같지 않아, 옛 예악을 훼손하였다.

---

14 덧붙여, 수많은 대목에서 공자가 등장하고, 제물론 편 서두에 남곽자기의 제자로 등장하는 안성자유는 공자의 제자 자유와 자字(자유子游)와 이름(언偃)이 같다. 다른 한편, 내편에서 장자 자신의 이야기 속으로 전유한 공자 상과의 충돌이 불가피할 것이어서 천하 편에서는 공자를 다루지 않았던 것일 수도 있다.

不侈於後世，不靡於萬物，不暉於數度，以繩墨自矯，而備世之
急，古之道術有在於是者。墨翟、禽滑釐聞其風而說之。為之大
過，己之大循。作為《非樂》，命之曰《節用》，生不歌，死無服。
墨子汎愛兼利而非鬥，其道不怒；又好學而博，不異，不與先王
同，毀古之禮樂。

이 대목의 "비악非樂"과 "절용節用"은 **묵자**의 편 명이다. 첫 세 구절
에 되풀이하여 등장하는 "어於"는 직전 동사가 표현하는 작용이 미치는
대상을 표시하는 허사라 보았고, 마지막 문장의 "특이하지는 않다(不
異)"는 배움을 좋아하여 박식한 이가 몰상식하게 다르기는 어렵다는 생
각의 표현이라고 보았다.

황제에게는 "함지"라는 악樂이 있었고, 요임금에게는 "대장", 순임금에
게는 "대소", 우임금에게는 "대하", 탕임금에게는 "대호", 문왕에게는
'벽옹'에서 배우는 악이 있었고, 무왕과 주공은 "무"를 지었다. 옛 상례
는, 귀천에 따른 의례가 있어, 위 아래로 등급이 있었으니, 천자의 관은
7겹이었고, 제후는 5겹, 대부는 3겹, 사는 두 겹이었다. 이제 유독 묵자
가 살아서는 노래하지 않고, 죽어서는 입지 않고, 두께 세 치의 오동나
무 관에 곽이 없는 것, 이를 법식으로 하였다. 이를 사람들에게 가르치
니, 사람들을 사랑하지 않는 것 아닌가; 이를 스스로 행하니, 실로 스스
로를 사랑하지 않는 것이다. 패한 적 없는 묵자의 도道, 그럼에도, 노래
이면 노래를 아니라 하고, 곡함이면 곡함을 아니라 하고, 음악이면 음악
을 아니라 한다면, 이것이 과연 정연한 주장인가? 살았을 때는 애쓰고,
죽어서는 박하니, 그 도는 크게 각박한데, 사람들이 근심한다면, 사람들
이 슬퍼한다면, 그 실천은 어려운 것이니, 성인의 도라고 할 수는 아마

없을 것이다. 천하의 마음에 반한다면, 천하가 참지 못한다. 비록 묵자한 사람은 감당했다고 하나, 천하는 어찌 하나! 천하와 떨어져, 왕 노릇하기에서 멀리 이탈해버린 것이다.

黃帝有《咸池》，堯有《大章》，舜有《大韶》，禹有《大夏》，湯有《大濩》，文王有辟雍之樂，武王、周公作《武》。古之喪禮，貴賤有儀，上下有等，天子棺槨七重，諸侯五重，大夫三重，士再重。今墨子獨生不歌，死不服，桐棺三寸而無槨，以為法式。以此教人，恐不愛人；以此自行，固不愛己。未敗墨子道，雖然，歌而非歌，哭而非哭，樂而非樂，是果類乎？　其生也勤，其死也薄，其道大觳，使人憂，使人悲，其行難為也，恐其不可以為聖人之道。[15]反天下之心，天下不堪。墨子雖能獨任，奈天下何！離於天下，其去王也遠矣。

‘문왕에게는 벽옹의 악이 있었다(文王有辟雍之樂)’를 “문왕에게는 벽옹에서 배우는 악이 있었다”로 푼 것은 ‘벽옹’이 주나라의, 전작 **논어와 데이터**에서 예禮보다 고급한 통치술로 부각한 악樂을 익히던, 이를테면, ‘고등교육기관’을 가리키기 때문이다. 덧붙여, “이것이 과연 정연한 주장인가(是果類乎)?”의 “류類”를 ‘정연하다’로 새긴 것은 **순자** 비십이자 편 등에 있는 ‘류類’ 자 용례를 따른 것인데, 다음은 대략 편의 관련구절이다: “많은 말이 정연하면, 성인인 것이고; 적은 말이 좇을 바이면, 군자인 것이다; 많은 말에 좇을 바가 없고, 딴 데 빠져 근본을 잊은 모습이면, 말이 교묘해도, 소인인 것이다(多言而類，聖人也；少言而法，

15 “중국철학서전자화계획中國哲學書電子化計劃”에 수록된 대로라면 “恐其不可以爲聖人之道,”이어야한다.

君子也；多言無法，而流湎然，雖辯，小人也)．”

묵자가 도道를 일컬어 가라사대: “옛날에 우임금이 홍수를 막아, 장강과 황하에 물길을 터서 네 오랑캐와 중원 구주를 통하게 했으니, 명산이 삼백, 지천이 3천, 작은 것은 무수했다. 우는 친히 삼태기와 보습을 쥐고 잡다한 천하 하천을 규합하니, 장딴지에 흰 살이 없고, 정강이에 털이 없었는데, 비에 목욕하고, 바람에 빗으며, 만국을 창설했다. 우임금, 위대한 성인이나, 몸으로 천하를 일군 것이 이러하였다.” 후세의 많은 묵가들로 하여금 보잘것없는 갖옷과 베옷 복장을 하게 하고, 나막신과 짚신을 신게 하고, 낮이고 밤이고 쉬지 못하게 해, 스스로의 괴로움을 평가 기준으로 삼게 하고는, 가라사대: “이렇게 하지 못한다면, 우임금의 도가 아닌 것이니, 묵가라고 불리기에 부족하다.” 상리근의 제자들과 오후의 무리, 남방의 묵가 고획·기치·등릉자의 유類, 이들 모두는 묵경을 독송하나, 서로 배치되고 달라, 서로를 일러 묵가의 이단이라 하여, 견백동이의 수사로 서로 비난하고, 여기에 대해 서로 이치에 닿지 않는 말로 응수하면서도, 거자巨子(묵가의 영수)들은 성인이라 하니, 모두가 이리하여 묵가의 종주가 되기를 바라고, 그 후계가 되는 데 성공하기를 바라나, 지금에 이르도록 [후계 관련] 결말이 나지 않고 있다.

墨子稱道曰：「昔者禹之湮洪水，決江河而通四夷九州也，名山三百，支川三千，小者無數。禹親自操稿耜而九雜天下之川，腓無胈，脛無毛，沐甚雨，櫛疾風，置萬國。禹，大聖也，而形勞天下也如此。」使後世之墨者多以裘褐為衣，以跂蹻為服，日夜不休，以自苦為極，曰：「不能如此，非禹之道也，不足謂墨。」相里勤之弟子五侯之徒，南方之墨者苦獲、已齒、鄧陵子之屬，俱誦《墨經》，而倍譎不同，相謂別墨，以堅白、同異之辯相訾，以觭偶不

伴之辭相應, 以巨子為聖人, 皆願為之尸, 冀得為其後世, 至今不
決。

앞에서, 구체적으로는 예악과 관련하여, 선왕들의 모범과 모순된다
고 비판된 묵가지만 선왕들 가운데 우임금은 꼭 따라야 할 모범으로 내
세웠다는 것인데, 그럼에도 앞에서도 거론한, 우임금을 좇자는 묵가의
주장에는 천하에 대한 헌신적 자기 희생을 강조하는 스스로의 입장에
좌우된 편향이 있다는 이야기다. 그리고 이런 '한구석(一曲)'으로의 치
우침이 묵가 내부에서 재생산된 천하 분열과 반목을 곧이어 환유하는
데, 하여 거론된 '파벌 투쟁'의 묘사에서 주요 수단으로 지목된 것이 견
백동이의 논리 내지 수사다. 그리고 여기에서 눈길을 끄는 것이 "묵경"
을 모두가 독송했다는 구절인데, 이 구절이 **묵자** 가운데 '묵경'이라고
함께 묶여 칭해지는 경經 상·하 편과 경설經說 상·하 편을 독송하는 관
습을 일컫는 것이라면, '견백동이'가 바로 그 곁으로 환유되기 때문이
다. **묵자** 중의 '묵경'을 채우고 있는 것이 바로 묵가식 논리 내지 수사학
이기 때문이다. 문맥으로 보면 묵가에서 계발한 수사학의 세련됨 자체
가 **묵자** 상동尙同 편에서 정치적 해결책을 제시한 천하 분열과 반목의
문제를 묵가 내부에서 재생산한 근원이라는 암시인데, 천하 편 마지막
의, 논변 전문가 혜시에 대한 평가를 예고하는 복선이라고 해도 좋겠다.
또 하나 지적해 둘 것은, **장자**에서 자주 만나는 '결과의 좋고 나쁨에
대한 무관심'을 반대로 은유하는, 묵가 특유의 결과중심주의에 따라 묵
가를 내재적으로 비판하고 있다는 점이다. 예컨대, 어떤 선택의 결과가
천하에 이로우면 무엇이든 증진하고 해로우면 무엇이든 막는 것이 묵가
식 의로움의 정의인데, 묵가가, 상동尙同 편에서 제시한 이상적 체제처
럼 하나의 권위 아래 통일되기는커녕, 내부 분열과 시비에서 벗어나지

못하고 있다는 당대 사정에 이런 묵가식 논리를 적용하면—즉, 묵가 내의 분열과 반목이라는 결과에 비추어 보면—그 가르침이 원체 틀렸다는 결론이 도출된다. 그리고 이렇게 예비된 결론의 명시적 진술을 포함한, 묵가에 대한 평가는 다음과 같이 맺어진다.

> 묵적과 금골리의 뜻은 옳으나, 그 실천은 틀렸다. 장차 후세의 묵가들로 하여금 장단지에 흰 살이 없고 정강이에 털이 없어질 지경으로 반드시 스스로를 괴롭히도록, 서로를 밀어주게 했을 뿐이다. 어지럽히는 데는 능하나, 다스리는 데는 서툴다. 그래도, 묵자는 천하를 진실로 사랑하였으니, 구하려 하여 구하지 못할 때도, 비록 몸이 여위고 마르더라도 포기하지 않았으니, 타고난 선비인 것이다.
>
> 墨翟、禽滑釐之意則是, 其行則非也。將使後世之墨者必自苦以腓無胈、脛無毛, 相進而已矣。亂之上也, 治之下也。雖然, 墨子真天下之好也, 將求之不得也, 雖枯槁不舍也, 才士也!

이 대목의 묵가 총평을 보면, 비판할 것은 비판하면서도 인정할 것은 인정하고 있는데, 이는 장자가 부정적으로 평가한 사상적 분파들에 대해 공히 보이는 태도로, 이어지는 대목들에서도 볼 수 있다. 예컨대 송견과 윤문의 무리를 비판적으로 다룬 이다음 대목에서 장자는 그 포부의 웅대함에 감탄한다. 나아가 비판 대상들에게서도 흡수할 것은 흡수하여 장자 자신의 사상에 보태는데, 구체적인 사례는 우언 편과 내편 여러 곳에서 발견할 수 있다.

3-3
예속에 얽매이지 않고, 현상을 꾸미지 않으며, 타인을 구차하게 하지 않고, 대중을 거슬러 고집하지 않고, 천하가 안녕하여 백성이 제명대로 살기를 바라며, 타인과 내 자신을 보살피는 데 족하면 멈춤, 이로써 마음을 맑힌다, 이런 입장이 옛 도술에 있었다. 송견과 윤문이 이런 유의 이야기를 듣고 기뻐했다. 화산 모양 관을 만들어 자신들의 표징으로 삼고, 붙어 있는 현상계 만물을 분리하여 관용함을 출발점으로 삼았다. 마음의 관용을 말하고, 이를 명하여 가로되 마음의 바른 추구라 하면서, 이로써 함께하는 즐거움을 조화시키고, 천하를 조율하려고 했으니, '이것을 [즉, 마음의 관용을] 원리로서 정립시키기를 원하옵니다'가 주로 한 말이다. 모멸을 보고 욕이라 여기지 않기, 백성을 구하는 싸움이다; 공격을 금하고 군사를 멈추기, 세상을 구하는 전쟁이다. 이들을 기치로 하여 천하를 두루 다니며, 지배층을 설득하고 피지배층을 가르치니, 비록 천하가 듣지 않아도, 강변하며 포기하지 않았다. 그래서 이르기를: "위아래가 싫어하는데도 의견을 강요했다." 그럼에도, 다른 사람을 위해서는 과대하게, 자신을 위해서는 과소하게 배려하니, 가로되: "[관용을] 원리로서 굳게 정립시키기를 원하오니 다섯 되의 밥이면 족한 것, 선생은 아마도 배부를 수 없겠고, 제자는 굶주려도, 천하를 잊지 않는다." 낮이고 밤이고 쉼 없으니, 가로되: "우리가 꼭 [백성을] 살린다!" 사려가 크도다 세상 구하는 선비! 가로되: "군자는 가혹하게 살피지 않으니, 몸소 현상을 꾸미지 않는다." [뭔가를] 천하에 무익한 짓이라 여긴다면, 그러함을 밝히는 것보다는 그것을 그만두게 하는 것이 낫다. 침략을 금하고 군사를 멈추는 것을 대외 강령으로, 감정과 바라는 바를 적고 얕게 하는 것을 내면의 기준으로 삼으니, 그 크고 작고 세세하고 건듯건듯한 바 모두와, 그 바른 추구의 목표가 이들 강령과 기준에 맞으면 그만이다.

夫不累於俗, 不飾於物, 不苟於人, 不忮於衆, 願天下之安寧以活民命，人我之養畢足而止，以此白心，古之道術有在於是者。
宋鈃、尹文聞其風而悅之。作為華山之冠以自表，接萬物以別宥
為始。語心之容，命之曰心之行，以聏合驩，以調海內，請欲置之
以為主。見侮不辱，救民之鬥；禁攻寢兵，救世之戰。以此周行天
下，上說下教，雖天下不取，強聒而不舍者也。故曰：「上下見厭
而強見也。」雖然，其為人太多，其自為太少，曰：「請欲固置五
升之飯足矣，先生恐不得飽，弟子雖飢，不忘天下。」日夜不休，
曰：「我必得活哉！」圖傲乎救世之士哉！曰：「君子不為苛察，
不以身假物。」以為無益於天下者，明之不如已也。以禁攻寢兵為
外，以情欲寡淺為內，其小大精粗，其行適至是而止。

우언 편에서 확인한 대로 장자의 핵심적 문제 의식도, 외적으로 침
략 전쟁을 부인하는 동시에 침략 전쟁의 명분에 결부된, 상대 집단에 대
한 책임 추궁을 지양하면서 내적으로 욕망을 줄이자고 한 송견·윤문 등
의 그것처럼, 천하 조화의 길, 평화로 난 길을 찾는 것이었다. 그러니,
저 '도모하는 바 크도다'는 장자에게 되돌려줄 만한 찬탄이다. 다만 송
견·윤문 등이 이런 큰 포부와 그에 따른 사명감에 들려, 듣기 싫다는 상
대를 향해 거듭 강변했다는 묘사는 장자 스스로가 취한 기상천외한 설
득 방식을 반대로 은유한다.

흥미로운 것은, 선진先秦시대 다른 문헌에서도 거론되는 것을 볼 수
있는, 모욕을 당해 취할 태도나 욕망의 다과에 관한 송견 등의 주장에
대한 묘사는 있으나 그에 대한 반박은 볼 수 없다는 점인데, 이는 순자
의 관련 논평과 비교할 때 특히 두드러지는 비판 부재다. 특히, 4-3절에
서 해설하는 소요유 편에 있는, 내외의 구분과 영욕의 경계가 분명하고
예속禮俗을 기준으로 하기 십상인 세평에 휘둘리지 않는 독립적 개인이

었다는 취지의, 비판하는 이가 많지만 그만하면 된 것이라고 인정한 긍정적 송견 묘사를 함께 감안하면, 소요유 편보다 나중에 저술했을 법한 천하 편에 보이는 이런 비판 부재는 장자의, 송견 등에 대한 호의와 공감이 일관되게 유지된 증좌로 보아도 좋을 것이다.

나아가, 장자에 대한 이들의 무시 못할 영향력은 다소 독특하게 번역한 구절인 "붙어 있는 현상계 만물을 분리하여 관용함을 출발점으로 삼았다(接萬物以別宥爲始)"에서 대종사 편에 나오는, 저 유명한 '강과 호수에서 서로를 잊는 물고기(相忘乎江湖之魚)'를 바로 연상할 수 있다는 데서 짚을 수 있다. 하여 장자의 '누굴 관용할 것도 없이 아예 서로를 잊는 물고기'를 예고하는, 송견 등의 주장 속에 있는, '표피적인 예속禮俗을 기준으로 가차 없이 상대 잘못을 추궁하며 전쟁을 불사하는 것과 같은 태도는 아예 잊어버린 백성', 또 '집단 감정의 역학에서 풀려난 개인이 각자 지는 도덕적 책임을 구획하여, 자기네의 전쟁 상대가 될 수도 있는 집단의 과오에 연루되지 않은 그 집단 구성원 개개인은 기꺼이 관용할 태세가 되어 있는 자유로운 개인들로 흩어신 백성'이라는 놀랍도록 자유주의적인 정치적 이상을 엿보는 것이다. 서양이 근대에 들어서면서 정치 질서의 토대로 삼은, 집단의 자유와 구분되는 '개인의 자유'를 엿보는 것이다.

3-4

공평하고 파당적이지 않으며, 까다롭지 않고 사사로움 없으며, 결연하되 주인 노릇하지 않으며, 현상을 따르면서 모호하지 않고, 생각을 돌아봄이 없고, 알음에서 꾀하지 않으며, 현상에 대해 가려 택함이 없이, 모두 받아들여 함께 간다, 이런 입장이 옛 도술에 있었다. 팽몽·전변·신도가 이런 유의 이야기를 듣고 기뻐했다. 만물을 '가지런히 함(齊)'을 으뜸으로 하여, 가로되: "하늘은 덮어줄 수 있으나 실어줄 수는 없고, 땅은 실어줄 수 있으나 덮어줄 수 없고, 큰 도는 포용하나 말로 [시비 등을] 가릴 수 없다." 현상계 만물이 모두 [그래도] 되는 바가 있음을 알고, 안 되는 바가 있다고 안다, 그러므로 가로되: "선별하면 두루 아우르지 않고, 가르치면 지극하지 않으나, 도道라면 남기는 것이 없다." 이런 이유로 신도, 앎을 포기하여 스스로에게서 제거하고, 대신 '부득이'에 의지하여, 현상에 대해 냉정한 것을 도리로 삼아, 가로되: "알고 알지 못하는데, 얕게 안 다음 연이어 상할 것이기 때문이다." [현자처럼] 바르지 않으면 일을 맡지 못하는데 천하의 현자 숭배를 비웃고, [성인의 가르침에서] 일탈해서는 바른 추구가 있을 수 없는데 천하의 큰 성인을 아니라 하고, 쇠뭉치로 맞고 두들겨지고 깎이고 끊겨, 현상과 함께 순순히 구르니, 옳고 그름을 버리고, 오직 면할 수 있을 뿐, 앎이나 사려는 부리지 않고, 앞뒤를 모르면서, 도도하기만 하다. 미루어 따라가고, 추종하여 나중에 가며, 회오리 바람이 돌듯이, 깃털이 선회하듯이, 맷돌이 돌아가듯이, 온전하고 틀림이 없으니, 움직임과 멈추어 고요함에 잘못이 없고, 죄를 얻은 적이 없다. 이는 왜인가? 앎 없는 물物이면, 자기를 세워야 한다는 근심이 없고, 앎을 써서 생기는 제약이 없고, 움직임과 멈추어 고요함이 이치에서 분리되지 않으니, 이로써 종신토록 기림도 없다. 그래서 가로되: "앎이 없는 물物처럼 되면 그뿐, 성인의 지혜를 쓰지 않고도, 덩어리는[16] 길을 잃지 않는다." 호걸들이 함께 비웃어 가로되: "신도의 도, 살아있는 사람이 행할 것이 아니고 죽은 이가 되는 이치니, 괴이하다는 세평이 적절하다." 전변도 이와 같아서, 팽몽에게 배워, 가르침 없음을 얻었다. 팽몽의 스승이 가로되: "옛 도인, 무엇이 옳다고도 그르다

---

16 "덩어리(塊)"의 의미에 대해서는 8-4절의 관련 해설을 참조할 것.

고도 하지 않음에 이르러 그만이었던 것. 그 가르침이 역풍 소리 같으니, 어찌 말로 할 수 있겠는가?" 늘 다른 사람에 반하면, 살핌을 받지 못하니, 억지로 맞춰지고 끊기는 것을 면하지 못한다. 이들이 도라고 하는 것은 도 아니요, 이들이 옳다 하는 것은 그름에 다름 아니다. 팽몽·전변·신도는 도를 알지 못했다. 그래도, 대개는 모두 이미 들은 바가 있는 자이다.

公而不當, 易而無私, 決然無主, 趣物而不兩, 不顧於慮, 不謀於知, 於物無擇, 與之俱往, 古之道術有在於是者。彭蒙、田駢、慎到聞其風而說之。齊萬物以為首, 曰:「天能覆之而不能載之, 地能載之而不能覆之, 大道能包之而不能辯之。」知萬物皆有所可, 有所不可, 故曰:「選則不遍, 教則不至, 道則無遺者矣。」是故慎到, 棄知去己, 而緣不得已, 泠汰於物以為道理, 曰:「知不知, 將薄知而後鄰傷之者也。」謑髁無任而笑天下之尚賢也, 縱脫無行而非天下之大聖, 椎拍輐斷, 與物宛轉, 舍是與非, 苟可以免, 不師知慮, 不知前後, 魏然而已矣。推而後行, 曳而後往, 若飄風之還, 若羽之旋, 若磨石之隧, 全而無非, 動靜無過, 未嘗有罪。是何故? 夫無知之物, 無建己之患, 無用知之累, 動靜不離於理, 是以終身無譽。故曰:「至於若無知之物而已, 無用賢聖, 夫塊不失道。」豪桀相與笑之曰:「慎到之道, 非生人之行而至死人之理, 適得怪焉。」田駢亦然, 學於彭蒙, 得不教焉。彭蒙之師曰:「古之道人, 至於莫之是、莫之非而已矣。其風窢然, 惡可而言?」常反人, 不見觀, 而不免於魭斷。其所謂道非道, 而所言之韙不免於非。彭蒙、田駢、慎到不知道。雖然, 概乎皆嘗有聞者也。

도道를 정확히 알지는 못해도 그에 대해 들은 바는 있다는 상대 인정으로 끝나는 위 대목에 대해서는 우선, 도에 관해 누구에게 무엇을 들었다는 것이냐는 물음을 제기할 수 있겠다. 이 물음과 관련한 단서는 이들이 스승과 제자의 대를 이어 가르쳤다는 "가르치지 않음(不敎)"에서 찾을 수 있겠는데, "백서본·죽간본 노자"에도 나오는 '불언지교不言之敎', 즉, '무엇도 없기(無有)' 때문에 저항도 없어 틈 없는 데로도 스며들어 작용하는, 최고로 강한 것을 무너뜨리는 가장 부드러움이 환유하는 '도'의—현행본 **도덕경** 43장에 의하면 달한 이가 천하에 드문—'말없는 가르침'에 관해 듣고 이를 자신들의 핵심적 교리로 삼았을 것이다.

다음으로는, **장자** 내편에 있는 표현을 상기시키는 표현이 여럿이라는 점을 지적할 수 있다. 제물론 편 서두를 연상케 하는, 옛 도인이 가르침을 싣는, 말소리와는 다른 역풍 소리를[17] 비롯하여 말과 앎의 가치에 대한 폄하나 현상계 만물에 그래도 되는 바 있고 그러면 안 되는 바가 있다는 주장 등등이 그러한데, 그러나 타자의 상식을 살피기보다는 우선 들이받고 본다는 이들과 일견 상식을 초월한 논리를 펼치는 장자 사이에는 엄연한 차이가 있다. 무엇보다도 장자는, 죽은 듯이 살기보다는 만물을 살리자는 쪽이다.

단적으로, 대종사 편의 이야기를 재차 인용하건대, 물 밖에 처해 서로 살리려고 안간힘을 쓰는 물고기들보다는 물 속에 처해 유유자적 서로를 잊고 사는 물고기들이 백배 낫다는 것인데, 보다 근본적으로는, 이런 처지 차이가 유래하는 데를 원인론(aitiology)적으로 묻고 있는 저술이 "장자"다. 그리고 여기가 우언 편 해설 마지막에 이야기한 대로, 평화로 난 길에 대한 장자의 설득을 철학적인 설득으로 화하게 하는, 특유

---

17 "기풍획연(其風窢然)"의 "획窢" 자를 '역풍 소리(逆風聲)'로 푼 것은, 관련하여 곽상의 주註를 인용한 **강희자전**을 따른 결과다.

의 형이상학이 난 자리인데, 여기에서 나온 장자 형이상학은 신도 등의, 현상계 만물에 안 되는 바가 있다는 앎을 부정한다. 저 앞의 우언 편 독해에서 목격한 대로, 현상계에는 이를테면 그래도 되는 것만 있고 안 되는 것은 없다는 것이다. 그리고 바로 이 엇갈림이, 상식 선에 가만히 머물러서는 닿지 못할, 상식의 전제를 흔드는 장자의 이원론적 형이상학에 닿는 열쇠 중 하나라는 것이 졸견인데, 여기에 대해서는 이다음의 관윤·노담을 평가한 대목의 한 구절을 거쳐 제물론 편에서 본격적으로 살펴본다.

덧붙여, 이 대목에서 색다르게 번역한 구절이—뒷부분의 "견見"을 수동형 문장을 만드는 허사로서 주목하여 전후 문맥에 들어맞게 번역한 "늘 다른 사람에 반하면, 살핌을 받지 못하니(常反人, 不見觀)"도 있지만—신도가 앎을 버린 이유를 설명한 말로 인용한 다음 구절, "알고 알지 못하는데, 조금 안 다음 연이어 상할 것이기 때문이다(知不知, 將薄知而後鄰傷之者也)"인데, 이 가운데 "알고 알지 못한다(知不知)"는 노자 **도덕경**의 "알고 알지 못하는 것은 윗길, 알지 못하고 아는 것은 병(知不知上, 不知知病)"이라는 구절에 등장하는 표현이다. 그리고 '알고 알지 못함'과 '알지 못하고 앎'을 은유적 반대항으로 놓은 도덕경 이 구절을 참조하면 "알고 알지 못한다(知不知)"의 숨은 초점은, 알고 모름에 이어지는, 알고 모름을 자기가 알고 모름에 있다. 자연스럽게도 후속 구절은, 앎에 '재귀적으로 모름'이 이어지는 이유를 설명하는데, 졸역에 따르면 이는, 대상만을 '얕게(薄)' 앎이, 여기에 '이웃한(鄰)' 재귀적 검토로 두터워지는 과정에서 '상해서(傷之)'다. 그런데 여기에서 '상하다'로 옮긴 "상지傷之"의 '傷상'은 '상하다'는 뜻의 자동사로도 '상하게 하다'는 뜻의 사역 타동사로도 쓰이는 일종의 '능격동사(ergative verb)'로, 문제의 구절에서는 어기사 "지之"가 사역 타동사의 목적어 자리를 채워

"상지傷之" 전체로는 자동사의 의미를 갖게 되었다고 보았다. 다음은 **순자**에서 볼 수 있는 '상지傷之'의 같은 용례다.

모든 사람이 앓는 바는, 한쪽으로 기울어 상하는 것이다(모든 사람들이 앓는 바는, 한쪽으로 기욺이 이들을 상하게 하는 것이다).

凡人之患，偏傷之也 (불구 편)

천하가 함께 앓는 바는, 어지러워서 상하는 것이다(천하가 함께 앓는 바는, 어지럽힘이 이것을 상하게 하는 것이다).

天下之公患，亂傷之也。 (부국 편)

위 번역 가운데 괄호 속은 "지之"가 어기사로 '허화虛化'되지 않고 대(명)사로 기능한다고 보았을 때의 번역이다. 덧붙여, '상傷'과 통사적으로 같은 종류인 동사 '죽다/죽게 하다(亡)'가 같은 방식으로 쓰인 예로는 다음과 같은 것이 있는데, 괄호 속의 번역은, 앞의 예들에서와 마찬가지로, "지之"를 어기사가 아닌 대(명)사로 볼 때의 번역이다.

죽는구나(이 사람을 죽게 하는구나), 명이겠지!

亡之，命矣夫! (논어 옹야 편)

남의 군대에 꾀를 주어, 패하면 죽고(꾀를 준 그를 죽게 하고); 남의 통치 권역에 꾀를 주어, 위기에 빠지면 죽는다(꾀를 준 그를 죽게 한다).

謀人之軍師，敗則死之；謀人之邦邑，危則亡之。**(예기** 단궁 상)[18]

그런데 사역 타동사로도 자동사로도 쓰일 수 있는 '상傷'이나 '망亡' 같은 능격동사에 붙은 '지之'를 대(명)사로 볼 수 없는, 따라서 어기사로 보아야만 할 용례가, 사실, 다름 아닌 천하 편에서 되풀이되고 있는데, 그것은 사상적 유파들이 각각 계승한 개별 전통의 소개 다음에 늘 나오는 "…이런 유의 이야기를 듣고 기뻐했다[…聞其風而說(悅)之]"의 '열지說之/悅之'다. 즉, '이런 유의 이야기를 듣고 그를 기쁘게 했다'고는 옮길 수 없는 이런 예에 준하여 문제의 "상지傷之"를 '상했다'로 옮긴 것이다. 덧붙여, 방금 나열한 능격동사들에 붙는 '지之'는, 다른 언어들의 사례를 참조할 때, 재귀대명사로 보는 것이 가장 깔끔한 해결이 되리라는 졸견을 밝혀 둔다.

3-5

비롯한 본본을 알맹이라 여기며, 현상을 쭉정이라 여기고, 쌓아 두는 것을 부족함이라 여기며, 고요히 홀로 신명神明과 머문다, 이런 입장이 옛 도술에 있었다. 관윤·노담이 이런 유의 이야기를 듣고 기뻐했다. 여기에 세운 것이 '있는 무엇이 늘 없음'이고, 여기에서 으뜸 삼은 것이 태일이니, 느릿함과 유약과 겸손과 낮춤을 써서 겉으로 표를 냈고, 텅 비워 만물을 훼손하지 않음을 속 알맹이 삼았다.

以本為精，以物為粗，以有積為不足，澹然獨與神明居，古之道術有在於是者。關尹、老聃聞其風而悅之。建之以常無有，主之以太一，以濡弱謙下為表，以空虛不毀萬物為實。

---

18 한문 인용 출처는 도널드 스터전 Donald Sturgeon 박사가 편집한 온라인상 "중국철학서전자화계획中國哲學書電子化計劃(https://ctext.org/zh)"에 수록된, 무영전십삼경주소武英殿十三經注疏본 **예기**정의禮記正義를 디지털화 저본으로 한 **예기**. 이하의 **예기** 인용 출처도 같다.

천하 편에 보이는, 장자의 타자에 대한 묘사도 자신의 입장에서 보아 두드러지는 특색을 부각하는 쪽으로 되어 있을 것이라는 점에 유의하면서 읽을 때 얻는 해석상의 이득이 있다. 예컨대 저 앞의, 묵가 입장을 요약하고 평한 부분에서 **묵자**에서 높여야 마땅하다고 한 선왕들 가운데 유독 우임금을 부각한 대목은 **묵자** 텍스트와 조화시키기가 쉽지 않다. 거꾸로 말해 저 묵가 요약은 장자 자신의 입장을 감안하고 읽는 것이 온당하겠다는 것인데, 천하 편 전체를 바로 이렇게 읽을 때, 장자가 평가 대상으로 삼은 타자를 인정한 것이, 갈등을 회피하거나 평화를 구하려 했기 때문만이 아니라, 상대의 주장을 뜯어 읽어 자신의 입장을 세우는 데 활용하거나 경계할 점을 가린 결과이기도 했던 것임을 보다 분명하게 파악하게 된다. 나아가 이런 파악을, 2장 말미에 거론한 텍스트 회임의 맥락에 비추면, 당대의 논쟁적 정치 담론들을 특유의 형이상학 속으로 자리를 매겨 넣어 철학적 설득을 꾀한 홉스의 **리바이어던**과 유사하게, 장주의 "장자"도 당대 담론들에 대한 메타(상급) 차원의 은유를, 방금 살핀, 팽몽·전변·신도의 설에 대한 장자의 요약과 **장자** 내편의 호응 관계에서 볼 수 있는 바와 같이, 자신의 형이상학 속으로 자리를 매겨 품은 결과임이 분명해진다. 그래서, 천하 편은 장주 아니고는 쓸 수 없었으리라는 이야기도 되는 이 같은 해석의 관점에서 이 대목을 읽으면, 관윤·노담이 계승한 선왕지도先王之道 전통에 대한 요약 역시 장자 형이상학의 주 요지와 겹칠 가능성에 유의하게 된다. 하여 '현상계의 포로가 된 사람들과 멀리 떨어져 홀로 신명神明과 함께한 덕분에, 껍데기로 가득한 현상계에서 축적한 부가 알맹이 본질에 입각할 때는 부족함임을 깨닫는다'고 하는 상대 입장 요약이 장자 자신의 형이상학적 입장에 이어질 가능성에 유의하게 된다. 위의 요약과 장자 형이상학이 일치하는 정도는 이하에서 내편을 본격적으로 검토하면서 확인하게 될 것이지만, 이 대목의 관윤과 노담이 겉으로 표방한 슬로건이라고 한 바는 우언 편 말미에서 짚어본, 장자의 평화 지향 권고와 일치하고, 이들의 주장에서 속 알맹이를 이룬다고 한 바는 응제왕 편 말미를 비롯한 내편 여러 대목에서 부합하는 진술을 발견할 수 있다.

앞에서 팽몽 등을 평가한 대목을 풀면서 이들의 주장과 어긋나는, 현상계에는 (그래도) 됨만 있고 안 됨은 없다는 장자의 주장을 이들의 관련 주장과 대조했는데, 이 대조와 더불어 천하 편 서두에 나오는 '성인과 왕의 권능이 모두 거기서 나온 하나'를 상기시키는 구절이 위의 "여기에 세운 것이 '있는 무엇이 늘 없음'이고, 여기에서 으뜸 삼은 것이 태일이니(建之以常無有，主之以太一)"다. 이 중 "太一태일"을 한국어 '태일'로 번역한 것은 국립국어원의 **표준국어대사전**의 "중국 철학에서, 천지 만물이 나고 이루어진 근원 또는 우주의 본체를 이르는 말"이라는 풀이를 적용해도 별 무리가 없다고 여겨서다. 옛 고전에 '태일'이 나오는 다른 경우로 **공자가어** 예운 편 다음 구절을 들 수 있는데, 한국어 사전의 저 풀이와 잘 통한다.

> 예는 반드시 태일을 본으로 하는데, 나뉘면 하늘과 땅이 되고, 바뀌면 음양, 변하면 사시, 벌이면 귀신들이 된다.
>
> 夫禮、必本於太一，分而為天地，轉而為陰陽，變而為四時，列而為鬼神。[19]

무영전십삼경주소武英殿十三經注疏본 **예기** 예운 편의 유사 구절에는 "大一"로 되어 있는 '태일'을 으뜸 삼았다는 이야기를 장자식으로 하

---

19 한문 인용 출처는 도널드 스터전 Donald Sturgeon 박사가 편집한 온라인상 "중국철학서전자화계획中國哲學書電子化計劃(https://ctext.org/zh)"에 수록된 **공자가어**孔子家語 예운 편.

면 태일을 원인론적으로 제일 앞선 것이라 여겼다는 말이 되는데, 방금 상기한 천하 편 서두는 장자가 노담·관윤에게 빌린 관용구 한 가지가 무엇이었는지를 알려 준다. 덧붙여, 천하 편 이 대목에서 "大一" 아닌 "太一"을 선택한 것은 혜시를 평하는 천하 편 끝 부분에 등장하는, 바깥 없는 "대(태)일(大一)"과의 혼동을 피하려는 뜻도 있었을지 모르겠는데, 중국 호북성에서 1993년에 "죽간본 노자"와 함께 발견된, "태일생수太一生水"로 시작하여 "태일생수"라 칭해지는 죽간 자료에서 제일第一 원인으로 제시된 것이 '태일'이고 또 바로 이 태일에서 물, 하늘, 땅, 신神·명明, 음·양, 사시四時, 차가움·뜨거움 등이 꼬리를 물고 생겨 사시 순환의 한 단위인 '(한) 해'가 이루어진다고 이야기되어 있다.

"태일생수"는 기원전 4세기 중엽에서 3세기 초엽 사이의 시기에 생산된 전국시대戰國時代 중기 자료인 것으로 여겨지는데, 사변적인 자사 계통 유학을 이은 맹자가 살았던 시기, 그리고 **장자** 내편, 특히 제물론 편에서 보는 것과 같이 독특한 형이상학을 구상한 장자가 살았다고 여겨지는 시기에 유통된, 역시 만유의 존재를 다룬 형이상학적 문헌이라 할 수 있겠다. 특기할 것은, "태일생수"와 함께 발견된 다른 죽간 문헌들에서 "역易"이 육경의 하나로 언급된 사실인데, 이는 **역경**이 천하 편에[20] **시·서·예·악·춘추**와 함께 언급되었다는 이유로—보다 구체적으로 말하면, **역경**이 확립되어 **시·서·예·악·춘추**와 더불어 육경의 하나가 된 시기를 한대漢代로 보고, 따라서, 천하 편의 집필 연대를 내려 잡아—천하 편은 장자 자신의 저작일 수 없다고 보는 견해의 토대를 허문 발견이라 하겠다. 흥미로운 것은 저 죽간 문헌들의 육경 배열 순서까지 천하 편과 일치한다는 점이다—하나는 **시, 서, 예, 악, 역, 춘추**의 순이고 **서경**

---

20 구체적으로는 3-1절에서 검토한 천하 편 본문.

에 대한 언급이 누락된 또 다른 하나는 **시, 예, 악, 역, 춘추**의 순이다. 다른 한편, 한대의 육경 나열 순서는 이와 달라져서 **역경**이 수위에 오게 된다.

이제 장자가 노담·관윤에게 빌린 관용구의 관점에서 뜯어보아야 할 구절로 남은 것이 "여기에 세운 것이 '있는 무엇이 늘 없음'이고(建之以 常無有)"인데, 이 구절의 "지之"는 '세우는(建)' 장소로서 "이런 유의 이야기(其風)"를 지시하는 대(명)사로 보았고, 그 다음의 "이以"는 그 바로 다음의 "상무유常無有"가 '세움(建)'의 대상임을 표시하는 개사介詞 내지 전치사로 보았다. 이와 동일한 유형의 구문으로는 **맹자** 양혜왕(상) 편에 있는 "다섯 무 규모의 농가, 여기에 뽕나무를 심는다(五畝之宅, 樹之以桑)"의 후반부를 들 수 있겠는데, 물론, 문제의 구절과 짝을 이루는 "여기에서 으뜸 삼은 것이 태일이니 (主之以太一)"도 동일한 문법적 구조로 되어 있는 구절이라고 보았다. 한편, 이런 분석에 따라 '세우는 바의 내용'으로 본 "상무유常無有"에 대한 해석은 설이 갈리지만, 과문한 필자가 옮긴 것처럼 푼 예는 본 적이 없다.

물론, "있는 무엇이 늘 없음"으로 풀어 옮긴 근거는 앞에서 이야기한, 신도 등의 입장과 묘하게 어긋나는 장자 특유의 형이상학에 있다. 따라서, 이렇게 옮긴 이유에 대한 해명은 장자의 형이상학을 본격적으로 조명할 제물론 편 해설로 미루는 것이 경제적이겠다. 그러나, 그 이전이라도 할 수 있는 이야기가, 동사 '유(有)'를 부정할 때 '불(부)不' 대신 '무無'를 쓰면 '유'의 주어가 가리키는 바의 '있음'을 부정하여 '없다'는 뜻이 된다는 것이다.[21] 예컨대, 귀신이 있느냐 없느냐 하는 문제를 논

---

21 명령문은 고려 대상에서 제외한 이 주장의 예외로서, 궁극적으로는 '있다'는 뜻이 되는 수사적 의문문에 '불(부)不'이 '유有'의 부정어로 쓰인 용례가 **논어** 양화 편에 있다: 바둑 장기 놀이가 있지 않느냐, 이들 놀이라도 하는 것이 다 그만두는 것보다는 낫다(不有博弈者乎, 爲之猶賢乎己).

하는 **묵자** 명귀 편에서도 용례를 찾을 수 있는 '유有'의 부정형 '무유無有'는 내편 곳곳에서 보는 바와 같이 장자도, 그와 비슷한 시대를 살았다고 여겨지는 맹자도, 그리고 이들보다 후대인 한비자도 '없다'는 뜻으로 쓴 것을 볼 수 있다. 그리고 이런 뜻의 '무유'를 바로 그 앞의 '떳떳할 상(常)'이 수식한다고 보면 '늘 없음'이라는 뜻으로 "상무유常無有"를 풀게 된다. 그런데 여기서 검토해야 할 문제가 "상무유"의 "무無"가 바로 그 앞의, 이 문맥에서는 '늘 그러함'을 뜻하는 "상常"이 한정하는 동사인가, 아니면 바로 그 뒤의 "유有"를 부인하는 부정어인가 하는 것이다.

그리고 전자의 입장을 취할 때 동사 "무無"의 주어는 "유有(있음/있는 무엇)"가 되고 졸역과 같은 번역이 나온다. 생각할 수 있는 또 다른 대안은 "무無"와 "유有" 사이의 '이而'가 생략되었다고 보는 것이다. 그리고 이렇게 볼 경우, '늘 없는데도 늘 있음', '늘 없고 늘 있음' 등등의 번역 가능성이 열리는데, 관윤·노자의 관점과 입장이 장자의 그것들과 크게 다르지는 않다고 할 수 있으나, 8-3절에서 이야기하는 바와 같이, 꼭 일치하지는 않는다는 점까지 고려하여 '있는 무엇이 늘 없다'로 "상무유常無有"를 옮긴 것이다. 덧붙여 이런 해석상 선택은, 동일한 문법적 구조를 가졌다고 해도 좋을, 응제왕 편 마지막 대목에 나오는, '혼돈 홀로, 사람들에게 있는 7개의 구멍이 없다'는 문맥의 "독무유獨無有"도 고려한 결과다.

한편, 이상에서 뜯어본, 노자 계통의 전통에 대한 장자 나름의 개관에 곧바로 이어지는 것이 관윤의 가르침을 인용하는 대목이다. 관윤은 대개, 노자의 성명을 성姓은 이李이고 이름은 이耳이며 자字는 담聃이라 밝힌 **사기** 노자한비열전에 나오는, 주나라가 쇠하는 것을 보고 나라 밖으로 사라지려는 노자에게 가르침 남기기를 그가 청한 덕분에 **도덕경**이 나왔다는, 국경의 관문 관리 윤희를 지칭하는 것으로 통하나, 여기 천하 편에서는, 노자와 동일시되는 노담의 조연이 아니라 그와 위상이 대등한 거물로 나오고, 나아가, 여기 소개된 그의 발언이 환유하는 바가 장자에게 끼친 영향은 **장자** 여러 곳에서 짚어 볼 수 있다.

관윤 가로되: "자기에게 있되 머무는 입장은 없으니, 현상 만물을 조형함이 스스로 드러난다. 그 움직임은 물과 같고, 그 멈춤은 거울과 같고, 그 응함은 메아리 같다. 희미하니 죽은 것 같고, 조용하니 맑은 물 같고, 그것과 같아지면 화합하고, 그것에서 취하면 잃는다. 타인을 앞선 적 없고 늘 타인을 따른다."

關尹曰: 「在己無居，形物自著。其動若水，其靜若鏡，其應若響。芴乎若亡，寂乎若淸，同焉者和，得焉者失。未嘗先人而常隨人。」

이 대목은 한 덩어리의 환유적 연쇄로 이루어져 첫 구절부터 마지막 구절까지 단단히 물려 있다. 첫 구절에서 화제로 삼은 것은 현상을 좌우하는 원인 그대로를 드러내도록 자기 입장을 없앤 자기인데, 흘러가는 데의 고저를 있는 그대로 반영하여 흐르는 물처럼, 비추어지는 것의 꼴을 그대로 비추는 거울처럼, 그리고 발해진 음향을 그대로 되돌려주는 메아리처럼 자신을 비우고 죽은 듯이 고요한 허정의 상태에서, 만물의 꼴을 좌우하는, 이를테면, 도道를 그대로 드러낸다. 나아가 이런 객관적이기 그지없는, 현상의 진상 드러냄에 동의할 때는 세계와 조화로운 관계를 맺지만, 이렇게 드러난 진상을 이용하여 취할 때는 잃게 된다는 것이다. 결론적으로, 물, 거울, 메아리처럼 자기를 텅 비워 대상을 주어진 그대로 드러내는 존재는 타자와의 관계에서도 물, 거울, 메아리에 공통되는 수동성을 유지하기 때문에 따를 뿐 이끌지 않는다는 것인데, 관윤의 이처럼 꽉 짜인 발언에서 장자가 취한 바를 확인할 수 있는 대표적 대목으로는 인간세 편에서 공자를 등장시켜 "심재心齋(마음 재계)"를 설하도록 한 곳이나 '지인至人'의 마음 쓰는 방식을 거울에 비유한 응제 왕 편 끝부분을 들 수 있겠다.

관윤 인용에 이어 노담의 가르침은 다음과 같이 요약하고 있다.

노담 가로되: "그 남성성을 알고, 그 여성성을 지키니, 천하의 파여 흘러 드는 데가 된다; 그 깨끗함을 알고, 그 욕됨을 지키니, 천하의 골짜기가 된다." 다른 사람들은 모두 앞서려는데, 자기만 홀로 뒤를 취하여, 가로 되: "천하의 [더러운] 때를 받아들인다." 사람들은 모두 알맹이를 취하 는데, 자기만 홀로 텅 빔을 취하니, 감춰 두는 것이 없어 여유가 있고, 혼 자라서 여유가 있다. 그 몸을 바르게 움직여 원하는 것을 추구할 때는, 느리면서 낭비함이 없어, 하는 것이 없는데 작위의 공교로움을 비웃는 다. 사람들은 모두 복을 구하나, 자기만 홀로 구부려 온전하니, 가로되: "비난을 면하기를 바랍니다." 깊이로 뿌리를 삼고, 간소함으로 기강 삼 아, 가로되: "굳으면 부서지고, 날카로우면 꺾인다." 늘 현상에 대해 너 그럽고, 사람들에게 각박하지 않으니, 이들을 일러 지극하다 하겠다. 관 윤·노담이여! 옛날의 너르고 위대한 참 사람들!

老聃曰:「知其雄, 守其雌, 為天下谿; 知其白, 守其辱, 為天下 谷。」人皆取先, 己獨取後, 曰:「受天下之垢。」人皆取實, 己獨 取虛, 無藏也故有餘, 巋然而有餘。其行身也, 徐而不費, 無為也 而笑巧。人皆求福, 己獨曲全, 曰:「苟免於咎。」以深為根, 以約 為紀, 曰:「堅則毀矣, 銳則拙矣。」常寬容於物, 不削於人, 可謂 至極。關尹、老聃乎! 古之博大真人哉!

노자 도덕경에서 비슷한 구절을 발견할 수 있는 노담 인용이 많은데, 특히 중간에 있는 "곡전曲全"을 '구부려 온전하다'로 옮긴 것은 현행본 **도덕경** 22장에 거듭 나오는 "곡즉전曲則全"을 참조한 번역이다. 나아가, 도덕경 현행본의 원형을 보여 주는 "백서본 노자"에는 "곡전曲全" 그대로가 나오는데, 이 대목만 따서 옮기면 다음과 같다.

> 구부려 온전함이라고 옛날 일컬었던 것, 도에 가까운 말이로다! 진실로 온전하면 여기에 쏠린다.
>
> 古之所胃曲全者，幾語才！誠全歸之。[22]

다음은 현행본 **도덕경** 22장의 해당 대목인데 방금 본 백서본의 그것과 큰 차이가 없다.

> 구부리면 온전함이라고 옛날 일컬었던 것, 어찌 허언이겠는가! 진실로 온전하면 여기에 쏠린다.
>
> 古之所謂曲則全者，豈虛言哉！誠全而歸之。[23]

현행본 **도덕경**과 죽간본·백서본에서 비슷한 구절을 찾기 어려운 인용이 전혀 없는 것은 아니지만, 천하 편 위 대목의 노담 인용이 대부분, 유사한 대응 구절을 죽간본·백서본에서도 찾을 수 있다는 점은 천하 편의

---

22 한문 인용 출처는 도널드 스터전 Donald Sturgeon 박사가 편집한 온라인상 "중국철학서전자화계획中國哲學書電子化計劃(https://ctext.org/zh)"에 수록된 **노자을도경**老子乙道經.

23 한문 인용 출처는 도널드 스터전 Donald Sturgeon 박사가 편집한 온라인상 "중국철학서전자화계획中國哲學書電子化計劃(https://ctext.org/zh)"에 수록된 **도덕경**道德經으로, 디지털화 저본은: 정통도장正統道藏본 **왕필주도덕진경**王弼註道德真經. 이하의 노자 **도덕경** 인용 출처도 같다.

노담을 '도덕경을 남긴 노자'와 동일시할 근거가 된다.

방금 한 추론에 따르면 "노담왈老聃曰" 다음부터 현행본 **도덕경**과 그 죽간본·백서본에서 유사 구절을 찾아 비교할 수 있는 "날카로우면 꺾인다(銳則拙矣)"까지의 모든 인용은 장자 당대에 노담의 것으로 유통된 발언이라고 보게 되는바, 관윤·노담 관련 대목 서두에 있는, 이들이 이은 옛 전통 전체에 대한 개괄적 서술에 호응하는 결론부 총평은 "늘 현상에 대해 너그럽고(常寬容於物)"에서 시작한다고 끊어 읽게 된다. 그런데 여기서 주목할 것이, 매사에 관용적이었다는 총평과 여기에 근거한 예찬과 감탄이 두 사람의 설에 대한 요약의 결말이라는 점이다. 이 점에 주목하는 이유는 무엇보다도, 이런 결말이 묵가를 그 첫 번째 대상으로 한 당대 지적 지형의 개관을 지금껏 꿰뚫고 있는 주제가 '갈라져 반목하는 천하'임을 상기하게 만들어서다. 앞에서 살펴본 관윤 인용의 결말도 자기를 텅 비운 이들은 남들과의 관계에서 이끌지 않고 따른다는 것이었는데, 이 역시 관용으로 끝나는 평화 지향의 결말을 예비한 선택적 인용이었다고 하겠다.

또 하나 주목할 것은, 관윤·노담이, 묵적을 위시하여 지금까지 검토한 사상가들과는 달리, 공자 이후 새로 나타난 사상가는 아니라는 점을 시사하고 있는, 저 감탄 속의 '옛 사람들'이라는 표현인데, 이 표현은, 관윤·노담의 설이, 곧이어 다루게 될 장자 자신의 설과 비상하게 조화로운 관계라는 점을 암시하고 있다. 즉, 천하 편에서 거론하면서 천하 분란을 조장하고 있다고 전제한 파당적 백가와는 장자가 길을 달리하고 있어 이들 백가의 설에 대해서는 천하 조화를 희원하는 관용적 입장에서도 어느 정도 비판적인 자세를 취할 수밖에 없지만, 백가의 분란 조장 이전에 출현하여 관용의 태도를 강조한 관윤·노담의 설에 대해서는 크게 수용적인 자세라는 것을 암시하고 있다.

끝으로, 위의 노담 인용은, 실로 암되고도 한가하게도 자기를 낮추고 뒤로 물리고 늦추고 비우고 구부리는 무르고도 둔한 관용 실천자의 정치적 의의를—한마디로 하면, '관용적인 지도자 곁으로 흘러 들어 모이는 천하'를—은근히 부각하고 있는데, 장자의 노담 인용이 하필 이 측면을 시종 부각한 것은, 졸견으로, 특히 응제왕 편에서 집중적으로 설하는 장자식 정치적 이상과 긴밀히 연계돼 있다. 다음은 이런 맥락에서 참고할 만한 노자 **도덕경** 78장:

천하에 물보다 유약한 것이 없는데, 굳고 강한 것을 치는 데 물보다 나은 것이 없음, 이를 아마 바꿀 수는 없을 것이다. 약함이 강함을 이기고, 부드러움이 굳음을 이긴다는 것, 이를 모르는 이가 천하에 없지만, 아무도 행하지는 [즉, 스스로 물처럼 유약해지지는] 못한다. 이래서 성인이 말씀하시기를: 나라의 [더러운] 때를 받아들이면, 이를 일러 사직의 주인이라 하고; 나라의 상서롭지 못함을 받아들이면, 이를 일러 천하의 왕이라 한다. 바른 말은 뒤집혀 보인다.

天下莫柔弱於水, 而攻堅強者莫之能勝, 其無以易之。弱之勝強, 柔之勝剛, 天下莫不知, 莫能行。是以聖人云: 受國之垢, 是謂社稷主; 受國不祥, 是謂天下王。正言若反。

3-6

희미하고 아득함은 [이름 붙일 만한] 꼴이 없고, 변화는 무상, 죽는 것이냐 사는 것이냐? 하늘과 땅은 나란한 것인가? [우리에게 왕림했던] 신명은 가는 것인가? 어디로 가는지 어지럽고, 갈 데가 어딘지 황홀한데, 만물이 다 펼쳐져 있으나, 무엇도 돌아갈 데로 삼을 만하지 않다, 이런 입장이 옛 도술에 있었다. 장주가 이런 유의 이야기를 듣고 기뻐했다. 광언 같고 또 우원한 수사, 황당한 말, 끊긴 끝이 없는 [즉, 맺어짐·결론 없는] 말을 쓰는데, 늘 멋대로이되 파당적이지 않아, 한쪽 치우침으로 [톡톡 튀는 말로] 내보이지 않았다. 천하가 본모습을 잃고 혼탁하다고 여겨, 말을 엄숙하게는 하지 못했다. 치언을 끊임없다 여겼고, 중언을 참이라 여겼으며, 우언을 넓다고 여겼다. 홀로 천지와 순수한(精) 신神의[24] 내왕이 있었으나, 현상 만물을 오연하게 척도에 꿰맞추지는 않았고, 시비를 꾸짖지 않았으며, 세속에 안주했다. 그의 책은 비록 진기한 옥들이 잇닿아 서로 따라 돌고 있으나 어디에도 상함이 없고, 그 말은 비록 보통의 말과 다르지만 익살과 기이함이 볼 만하다. 그는 속이 꽉 차서 그만둘 수 없었으니, 위로는 조물자와 놀고, 아래로는 생사 밖 종시 없는 자와 벗했다. 현상이 비롯한 본本을 두고는, 광대하게 트여 있고, 깊고 속 넓게 자유로웠다; 현상이 나온 줄기를 두고는, 조화롭고 적절하게 높은 데 도달했다고 이야기될 수 있다. 그럼에도, 그가 화함에 응하고 현상에서 풀려나는 데서, 그가 이치에서 다하지 못함, 그가 허물 벗지 못할 것임은, 어지럽고 어둡도다, 이를 [즉, 화함에 응하고 현상에서 풀려남을] 이루 다하지 못했음이다.

芴漠無形，變化無常，死與生與？天地並與？神明往與？芒乎何之，忽乎何適，[25] 萬物畢羅，莫足以歸，古之道術有在於是者。莊周聞其風而悅之。以謬悠之說，荒唐之言，無端崖之辭，時恣縱而不儻, 不以觭見之也。以天下為沈濁, 不可與莊語。[26] 以巵言為曼衍, 以重言為真, 以寓言為廣。獨與天地精神往來, 而不敖倪於萬物, 不譴是非, 以與世俗處。其書雖瑰瑋而連犿無傷也, 其辭雖參差而諔詭可觀。彼其充實不可以已, 上與造物者遊, 而下與外死生、無終始者為友。其於本也, 宏大而辟, 深閎而肆; 其於宗也, 可謂稠適而上遂矣。雖然, 其應於化而解於物也, 其理不竭, 其來不蛻, 芒乎昧乎, 未之盡者。

천하 편을 쓰는 자신을 장주라고 부르며 천하 편 다른 대목과는 달리 인용문 없이 직접 자신의 설을 요약하고 있어 장자의 생각을 이해하는 지름길로 삼을 만한 대목이라는 것이 졸견인데, 이런 관점에서 우선 주목한 것이 자기 설을 설하는 데 동원하거나 동원하지 못한 말의 종류에 대한 이야기가 전체에서 차지하는 분량이 많고 다채롭다는 사실이다. 단적으로, 지금까지 거론한 백가가 각각 이은 옛 전통에 대한 개관을 끝낼 때 되풀이한 표현, "이런 이야기를 듣고 기뻐하였다(聞其風而悅之)"에 이어지는 본격적인 설 소개를 '설득(인용 본문의 "說說")'에 동원한 수사의 특징을 묘사하는 것으로 시작하고 있다. 나아가, 설하는 데 구사하거나 구사하기를 삼간 말의 종류를 열거한 끝에, 우언 편 서두에서 자신의 말 열 마디 중 아홉을 차지한다고 밝힌 '우언寓言'에 대한 소견을 밝히는 데 이른다. 이어, 위에서 내려 받았을 '순수한(精) 신神'을 온전히 보존하여 천지와 교감하는 독보적 경지에 있으면서도 오히려 세속에 동화되어 묻힌 자화상을 그린 다음, 다시 수사학적 측면으로 눈길

---

26 "중국철학서전자화계획中國哲學書電子化計劃"에 수록된 대로라면 "以天下為沈濁, 不可與莊語 ; "이어야 한다. 쌍반점을 구두점으로 대체한 것은 우언 편에서 논한 우언, 중언, 치언으로 화제가 바뀐다는 점을 감안해서다.

을 돌려, 자신이 특유의 언어로 쓴 책의 구성적 특색을 부각한다. 여기에 덧붙여, 자신의 언어가 보통의 말과는 다르지만—따라서, 이해하자면 상당한 지적 수고가 요구될 것이지만—기이함과 익살스러움 때문에 볼 만한 것이 되었다고 부연한다. 결론적으로, 이 책 서론 장에서 거론한 언어 기술技術과 그에 대한 재귀적 인식의 진전을 반영하는, 자신이 쓰는 언어에 대한 장자의 비상한 자의식이 확연히 드러나는 곳이 천하 편 이 대목이다. 하여 특히 주목하는 구절이 '진기한 옥의 은유들이 말의 환유적 질서 속에서 서로 충돌하여 상하는 일이 없도록 연이어 배열된 **장자**'를 이야기하는 것으로 이 책에서 이해한 다음이다: "그의 책은 비록 진기한 옥들이 잇닿아 서로 따라 돌고 있으나 어디에도 상함이 없다(其書雖瑰瑋而連犿無傷也)."

　　방금 인용한 구절은, 이 책 서론 장에서 조명한, 언어의 보편적 양 축인 은유와 환유의 두 축을 틀로 하여 풀 때, 나아가, 같은 맥락에서 거론한 공자의 '능근취비能近取譬'를 잇는 것으로 자리를 매길 때 최상의 해석을 얻을 수 있다는 것이 졸견인데, 여기에서 더 나아가, 주옥 같은 은유들의 환유적 연쇄로—전작 **논어와 데이터**에서 주요 주제로 설하고 이 책 서론에서도 거론한 '말 길' 같은—'사람의 길'을[27] 내서 천하와 함께 달하려 했던 목적지가, 순수한 정신의 신적인 높이가 아니면 조망이 불가능할 정도로 새로운 차원의 천하 화합이라는 것이 또한 졸견이다. 한 마디로, 장자 특유의 형이상학이 발굴해낸 심층적 차원에 뿌리를 둔 보편적 평화가 "장자"를 쓴 근본적인 뜻이라는 것이다. 덧붙여, 천하 편 이 대목에서 보는 대로, 이런 평화 도모의 핵심적 조건이 천하를 저 아래에 두는 높이에서 나오는 심오한 겸손이다. 그리고 이렇게 볼 때, 앞에서 "장자" 전체의 서문을 이루는 두 편 중 한 편으로 천하 편보다 먼

27　우언 편에서 '중언重言'을 이야기하는 부분에 나오는 표현, "人道인도"의 번역이다.

저 검토한 우언 편의 결말이 평화 지향의 겸손에 대한 강조였던 것도 우연일 수 없겠다.

장자 특유의 형이상학은 제물론 편 해설에서 본격적으로 논할 것이거니와, 그의 형이상학을 낳은 질문은, 이 대목 서두의 서술에 따르면 장자가 이은 옛 전통에서 온 것으로, 목적지도 없이 방황하는 변화무상한 현상을 다 살펴도 궁극적으로 의지할 만한 데를 모르겠다는 암담한 상황을 둘러싼 것이다. 즉, 장자가 이은 전통의 선인들은 "희미하고 아득함은 [이름 붙일 만한] 꼴이 없고, 변화는 무상"하다는 것을 깨닫는 바람에 죽음과 삶, 하늘과 땅에 관한 기초적인 분별도 자신할 수 없게 되어 여기에 대해서조차 묻게 되는 불명 상태에 빠졌고, 이에 따라, 불명한 바를 밝히는 것이 그 소임이라 할 신명神明이 나온 데로 되돌아가 없어지는 것 아니냐는 생각까지 하게 되었다는 것인데, 결론적으로는, 현상계 만물을 다 펼쳐 보아도 생과 사, 천지를 분별하는 데 출발점이 될 만한 의지처를 발견할 수 없었다는 것이다. 그런데 이런 상황인데 평화의 진정한 기초는 어찌 찾겠는가? 그러나 그럼에도 불구하고 평화의 형이상학적 기초를 찾는 이가 장자다.

한편, 천지만물에 대한 앎과 그 가운데의 영위의 바탕이 될 만한 존재가 현상계에는 없다는 설을 지적 유산으로 물려받은 장자는, 우선, 이 유산을 정리하여—자유분방한 가운데서도 이런 경우 흔히 보는 '내보이려는 욕심'에 치우쳐 균형을 잃는 일은 없게끔—놀린 나름의 결과를 공유하는 데 시대 상황에 적합한 언어를 가려 사용했다는 것이고, 우언 편을 참조하건대, '치언'을 이런 설득의 토대로 삼고 권위 있는 '중언'과 객관적인 '우언'을 사용하여 설득력을 높였다는 것이다. 그런데 우언의 언급 다음에는 돌연 '홀로 천지와 순수한(精) 신神의 왕래를 가졌다'는 이야기로 전환하여, 이를테면 '천지를 손바닥에 두는 경지'에 들었음도 불구하고 이를 기준으로 현상을 재단하거나 현상계의 시비에 관여하지는 않음으로써 세속에 자신을 묻었다는 이야기를 하고 있는데, 이는 가령, 플라톤의 대화편 "국가"에 나오는, 동굴 밖으로 나가 얻은 앎을 가지고 돌아와 설득하는 철학자의 그것과는 정반대의 태도다. 그리고 이 같은 비교의 관점에서 좀 더 놀라운 것은 저술도 삼갔더라면 좋았을 것이라는 암시를 하는 구절이다. 즉, 자신의 책에 대해, 볼 만하다는 자평을 한 다음에는 변명의 어조로 "그는 속이 꽉 차서 멈출 수 없었던 것(彼其充實不可以已)"이라고 하고 있다.

장자 자신이 천지와 '신神'을 왕래하여 알게 된 바를 기준으로 세속의 시비에 관여하는 것을 삼갔던 경위에 비추어 저술도 삼가는 것이 바람직했으리라는 것인데, 그 다음을 보면 과연 그랬겠다. 즉, "조물자造物者"와 노는 장자, 생사 밖의, 끝도 시작도 없는 이들과 벗하는 장자가 과연 어떤 독자를 대상으로 쓸 수 있었겠는가? 그가 신을 천지와 왕래하여 꽉 차게 된 속을 풀어 쓴다 한들, 불사의 신적 존재에게는 필요 없는 저술일 터이요, 죽을 수밖에 없는 인간에게도—무엇보다도, 이해할 수 없을 것이므로—소용없는 저술일 터이다. 그래도 속이 꽉 차는 바람에 부득이 쓴 것인데, 속을 꽉 채운 그 경지를 장자는 이렇게 이야기한다: 현상이 비롯한 본本에 대한 탐구에서는 널리 열려 트인 동시에 깊고 속 넓게 자유로웠으며, 3-1절의 천하 편 해설에서 장자 이해의 주요 전제라고 한 '현상 만물이 나온 줄기인 하늘'에 대한 탐구에서는 조화롭고 적절하게 높은 데로 오르는 성과를 거두었다고 이야기될 만하다. 한편, '위로는 조물자와 놀고 아래로는 끝도 시작도 없는 이들과 벗했다'는 이런 장자 자화상에 깃든 보편성을 붙들어 이해하는 데 도움이 되는 것이 구약 창세기의 다음 구절인데, 에녹이 대홍수 이전의 아담과 그 후손들이 평균적으로 산 기간의[28] 반도 되지 않는 365년을 살고 이승을 떠난 이유가 제시되어 있다.

> 에녹은 하느님과 함께 살다가 사라졌다. 하느님께서 그를 데려가신 것이다. (**성경**, 창세기 5장 24절)
>
> 에녹은 하느님과 동행하다가 사라졌다. 하느님이 그를 데려가신 것이다. (**성경전서 새번역**, 창세기 5장 24절) [29]

그러나, 그토록 심오하고 고원한, '조물주와의 동행 내지 동거'라고 할 수 있을 만한 경지에 달했음에도, 죽음이 생과 교대하게 마련인 현상계 내지 '플라톤의 동굴 속'은 장자도 벗어날 수 없었던 모양이다. 하여, 이 대목을 맺는 문장이 '현상계의 변화에 응하여 거기서 풀려나는 데'는 미진했다는 취지의 고백이다. 그런데 이런 해석은, 미진했다는 고백의 서두에 있는 "그럼에도(雖然)"를 십분 살려 읽은 결과이기도 하다. 즉, "그럼에도"를 그 직전에 제시된 성취의 폭과 높이에 대비되는 성취의 한계를 환유하는 표식으로 본 결과이기도 하다. 여기에 곧이어, 성취의 한계가 드러난 경우를 일러 "그가 화함에 응하고 현상에서 풀려날 때는(其應於化而解於物也)"이라 하고, 이런 때에 드러난 한계를 일러 "그가 이치에서 다하지 못함, 그가 허물 벗지 못할 것임(其理不竭, 其來不蛻)"은 "이를 이루 다하지 못했음이다(未之盡者)"라 하고 있는데, 여

---

28 이들은 대개, 소요유 편 등에 등장하는 팽조彭祖가 살았다는, 대종사 편에 이야기된 바로는 더 길게 살았다고 보아야 하겠지만, 800보다 100년 정도 더 산 것으로 되어 있다.

29 이 책에서 성경을 인용할 때 우선적으로 활용한 **공동번역 성서**의 인용보다, '공동번역' 이후에 나온 한국어 직역 성경의 인용이 뜻 전달에 유리한 면이 있다고 판단되는 경우, 가톨릭과 개신교에서 쓰는 성경을 나란히 인용했다.

기서의 "이(之)"는 앞에서 이 반성적 고백의 화제로 제시한 '화함에 응하고 현상에서 풀려남(應於化而解於物)'을 가리키는 것일 터이다. 나아가, 이 고백 문장의 서술어 직전에 다시 '어지럽고 어둡다'는 한탄을 삽입하여 극적 효과를 꾀하고 있는데, 이런 한탄이 부각하고 있는, 성취의 한계의 요점은, 이를테면 '플라톤의 컴컴한 동굴'에서 벗어나지 못했고 못할 것이라는 점이다.

그러니까, 앞에서 이야기한 고도의 겸손은, 인간인 한에서는 "어지럽고(芒) 어두운(昧)" 현상계의 '동굴 속'을 벗어날 수 없다는 객관적 한계 인식에 뿌리를 둔 것이기 때문에 형이상학적 겸손이다—다 동굴 속에 갇힌 처지인데 누가 누구를 재단하겠는가; 다만 동굴 속 사태의 원인을 찾아 동굴 밖을 원인론적으로 탐구하는 데까지 나간 것이 다를 뿐! 한편, 장자 특유의 형이상학이 펼쳐지는 제물론 역시 이런 한계와 그 근거를 이야기하고 극복할 길을 모색하는 것으로 시작하는데, 이 대목을 포함한 천하 편이, 장자의 업적 전체를 대상으로 평가하고 있는 위 본문에서 암시된 대로, 제물론 편 저술 이후에 나온 것이라면, 이 대목은 이런 모색의 불가피한 한계를 적시하고 있는 셈이 된다. 사실, 플라톤의 저 동굴 밖으로 나가지 않고는 해결되지 않을 형이상학적 문제에 대한 장자의 인식은 2-6절의 우언 편 해설에서 언급한 바 있는데, 천하 편 이 대목까지 종합해서 말하면, 제물론 편에서 보다 선명하게 부각하면서 "조궤弔詭(불가사의한 속임수)"라 부른 이 난문에 대한 부정적인 대답을 자신의 저술을 종합적으로 조감한 이 대목에서 결론 격으로 내놓았다는 것이 된다. 그리고 바로 여기서, **장자** 본문의 독해를 통해 접할 것으로 기대하게 되는 장자의 성취는 이런 암울한 대답에 담긴 진실에도 불구하고—나아가, 여기에 대하고 응하여—인간이 택할 수 있는 보다 나은 길, 이를테면 죽음이 시시각각 다가오고 있음에도 택하는 것이 나을, 평화로 난 '사람의 길'을 특유의 형이상학을 바탕으로 하여 그려낸 데 있을 터이다.

끝으로, 천하 편 이 대목에서 특히 분명한, 장자 자신의 저술에 대한 반성적 이해의 깊이와 **장자** 내편과의 공명이, 이상에서 짚어 본 우언 편과의 호응과 더불어, 이 대목을 포함한 천하 편은 장자 자신이 아니고는 쓰기 어려웠을 글임을 확인해 주고 있는 가운데, 다른 무엇보다도, 천하 편 다른 대목과는 달리 이 대목에는 인용문이 없다는 사실이, 천하 편 저자는 장자 자신일 수밖에 없음을 입증하고 있다.

3-7

다음은 앞 절에서 이야기한 장자의 첨예한 언어 의식이 덕분에 벼려진 혜시에 관해 이야기하는 대목인데, 첫 문장에서 이미 드러나는, 재능 출중했던 혜시의 부족함은, 그의 말이, 말싸움이 그 안에 갇혀 있기 때문에 끊이지 않는 현상계의 바깥으로 뻗쳐 말싸움이 그에 근거하여 종식될 무엇에 가닿도록 해야 마땅했는데 그렇게 하지 않았다는 데 있다.

혜시는 꾀가 많고, 책이 다섯 수레, 그 도가 공격적이고 잡스러워, 그 말은 적중하지 못했다. 현상을 주욱 풀어, 가로되: "지극히 큰 것은 밖이 없으니, 일러 '큰 하나'라 한다; 지극히 작은 것은 안이 없으니, 일러 '작은 하나'라 한다. 두께가 없어 쌓을 수 없으나, 그 크기가 천리다. 하늘이 땅과 더불면 낮고, 산이 연못과 더불면 평평하다. 해는 방금 중천이었는데 곧 기울고, 현상의 존재는 방금 났는데 곧 죽는다. 크게 같음과 작게 같음은 다른데, 이를 일러 '작은 같음·다름'이라고 하고; 현상계 만물이 다 같고 다 다른데, 이를 일러 '큰 같음·다름'이라고 한다. 남방에 끝없다면 끝이 있고, 오늘 월나라로 간다지만 어제 왔다. 연결된 고리는 풀 수 있다. 나는 천하의 중앙을 알고 있는데, 연나라의 북쪽, 월나라의 남쪽이 중앙이다. 널리 만물을 사랑하면, 하늘과 땅은 한몸인 것이다."

惠施多方，其書五車，其道舛駁，其言也不中。歷物之意，曰：
「至大無外，謂之大一；至小無內，謂之小一。無厚不可積也，其大千里。天與地卑，山與澤平。日方中方睨，物方生方死。大同而與小同異，此之謂小同異；萬物畢同畢異，此之謂大同異。南方無窮而有窮，今日適越而昔來。連環可解也。我知天下之中央，燕之北，越之南是也。氾愛萬物，天地一體也。」

대일大一에 대해서는 관윤·노담 관련 대목에서 이미 언급한 바 있거니와, 첫 두 명제에서 주목해 둘 것이 '하나(一)'의 크기를 극한 개념으로 놓았다는 점인데, 이는 **장자** 내편에서 중요한 역할을 한다. 그 다음 세 번째 명제는 자명하게 옳아 보인다. 예컨대 넓이로는 크지만 두께가 영零이면 아무리 쌓아도 두께가 생기지 않는다. 그 다음도 필자처럼 옮기면 불가해한 문장은 면한다. 즉, 하늘이 땅과 더불면 땅처럼 낮아지고 산이 못과 더불면 못처럼 평평해진다는 뜻으로 새기면 불가해한 수수께끼가 되는 것은 면한다. 물론, 이런 번역에서도 과연 언제 하늘이 땅과 더불게 되느냐는 의문은 남아 있으나, 혜시의 일차적 관심은 이런 일이 벌어지는 실제 사태가 아니라 이런 사태와 겉돌 수도 있는 말 자체의 내적 형식이다. 예컨대 앞에서 이야기한 대일과 소일도 무한대의, 밖이 없는 크기와 무한소의, 안이 없는 크기를 목전에 대할 수 있는 어떤 실상으로서 가리키는 것이 아니다. 그래서 혜시의 불가해한 명제들이 이해되는 것은 현상이나 그 너머의 실상에 주목할 때가 아니고 무엇인가 가리킬 수 있는 말의 현상에 주목할 때이다. 단적으로, '끝없다(無窮)'는 말에 '끝(窮)'이 들어가 있으니까 "'남방이 끝없다면 끝이 있다"

는 식이다.

　좀 더 분석적으로 말하면, '남방에 끝없다, 이것에는 끝이 있다(南方無窮, 此有窮)'의, '남방에 끝없다(南方無窮)'는 말을 가리키는 "차此"처럼 '이것'이라는 뜻도 가졌으나 흔히 병렬 접속사로 쓰는 "이而"로 방금 제시한 문장(南方無窮, 此有窮)의 "차此"를 대체하여 만든 역설이 "남방에 끝없다면 끝이 있다(南方無窮而有窮)"라 하겠다. 같은 관점에서, "오늘 월나라로 간다지만 어제에서 왔다(今日適越而昔來)"를 풀면, '오늘 월나라로 간다'는 명제가 당연히 전제하는 사실 하나가 '어제가 있어 오늘이 있다'는 것이므로, '오늘 월나라로 감'은 어제가 있어 할 수 있는 행위 내지는 그에 관한 말이라는 의미로 '어제에서 온다.' 그런데, 혜시의 이 명제가 제물론 편에서는, 목적어를 거느린 개사介詞 '어於'를 수반하는 경우에 그 목적어로 표현되는 목표 지점으로 이동한다는 뜻을 가진 동사 "래來"를 목표 지점으로의 이동이 완료되었음을 뜻하는 동사 "지至"로 대체한 "오늘 월나라로 갔는데 어제 도착했다(今日適越而昔至)"로 바뀌는데, 이렇게 바뀐 문장은 오늘 출발한 누군가가 도착한 상태를 어제 이미 성취했다고 해석될 수밖에 없어서, 제물론 편의 표현으로는 '없는 것이 있다'가 무엇을 의미하는지를 이해해야 하는 것과 같은, 해결 불가능한 해석상 곤란을 야기한다. 그리고 이 곤란은 지금 천하 편에서 보고 있는 '세계와 겉돌 수 있는 말'이, 세계와 겉돌지 않아 그것이 가리킬 수밖에 없는 실제를 염두에 두고 이해해야 하는 말로 변했기 때문에 생기는 곤란이다.

　제물론 편에서 보게 되는 것과 같은, 장자의 말은 겉돌 수도 있는 말이 아니기 때문에 없는 것은 없다고, 있는 것은 있다고 해야 마땅하지만, 천하 편 말미에 소개된 혜시의 말은 그 말이 관계하는 세계를 성립시키는 전제가 바뀜에 따라 겉돌 수 있는 말이라서 '없는 것이 있다' 같은 말도 일단 말로서는—말로 가리키는 실제와는 무관하게, 말 자체의 법칙을 따라—성립한다. 따라서 '없는 것이 있다'는 말처럼 실제와 관련시켜 들을 때는 억지스럽게 들리는 '오늘 월나라 운운'에 이어지는 "연결된 고리는 풀 수 있다"도 이 말이 어떤 사태를 가리키느냐는 문제를 혜시처럼 차치하고 나면 말로서는 일단, 하자 없이 성립하므로 그 중의 "연결된 고리"도 어법상으로는 풀 수 있다. 나아가, 이런 말이 실상을 실제 가리키는 말로 이해되자면, 그것이 가리키는 사태가 참이 되는 세계를 성립시키는 전제가 무엇인지가 드러나야 할 것인데, 졸견으로, 장주가 혜시와의 대화에서 두드러지게 배운 것이 바로 이렇게 전제를 문제 삼는 법이고, 자신을 혜시와 차별화한 지점 또한 바로 여기다.

즉, 장자는 말과 세계에 대해, 이럴 수도 저럴 수도 있는 현상적 여럿을 혜시처럼 상정하는 대신, 이런 여럿을 단 하나로 성립시키는 근원으로서 도道를—그 정情을 알 수 없는 가운데—상정하고 있다. 반면에 혜시는, 도를 전제하지 않는 말이 상식을 벗어날 때 주는 충격에 탐닉하는 경향이 있어서 장주의, 아래에서 곧 보게 될 비판을 부른다. 사실, 천하의 중앙이 북쪽 연나라의 북쪽이면서 남쪽 월나라의 남쪽이라는 이야기도, 그 무엇의 테두리 위의 한 점 한 점으로부터 쟀을 때의 거리들의 차이가 최소화되는 지점을 중앙이라고 할 때, 무한히 커서 "바깥이 없는 (無外)" 천하에서는 어디든 중앙이 될 수 있다는 이야기로 풀 수 있겠는데, 이는, 이런 천하의 모든 지점에서, 어불성설의 상상만 할 수 있을 뿐일 테두리까지의 거리가 공히 무한대일 것이기 때문이다.[30] 그러니까 '천하의 중앙이 연나라 북쪽이면서 월나라 남쪽이다'가 참이 되도록 하는 전제는 '바깥이 없을 정도로 무한히 큰 천하'다.

---

30 무한대에 대소의 등급을 둘 수 있으나 이는 논외로 한다.

한편, 방금 '세계'라고 한 바는, 일종의 전제로 취급할 수 있을 '취하는 관점'에 따라 달라지는 세계이기도 한데, 단적으로, 살아 있는 것을 보는 관점을 삶의 종말에서 취하면 매 순간이 죽어 가는 순간이 되므로 사는 것이 곧 죽는 것이 된다. 비슷한 예로, 서울에서 보면 기운 해가 카트만두에서는 중천이다. 조금 달리 말해, 억겁의 시간에서 보면 중천의 해와 기운 해의 차이, 삶과 죽음의 차이는 간발일 것이다. 또 다른 예로, 보편적 사랑의 관점에서 보면, 예컨대 만물이 같고 또 다른 '큰 동이(大同異)'와 크게 같은 것과 작게 같은 것을 가르는 '작은 동이(小同異)' 사이의 동이同異까지도 다 사라질 터이니 천지만물은 한몸이 된다. 위에서 '장주가 혜시와의 대화에서 배웠을 법한 바'를 이야기했는데, 이렇게 관점을 달리 취할 때 변하는 세계는 **장자** 내편 가운데서도 특히 소요유 편에서 두드러지게 부각돼 있다.

앞에서 혜시의 명제들에서 두드러지는 특징으로 이들이 세계와 내용적으로 겉돌 수 있는 말로 돼 있다는 점을 부각했는데, 바로 이런 말의 형식적 전제들을 논리적으로 조작해서 도출한 결론 문장들에 다름 아닌 것이 혜시의 기이해 보이는 명제들이라 하겠다. 그런데 발화하는 개개인이 거기에서 세계를 경험하는 구체적 지점·시점의 맥락에서 떠난 '경험적으로 주어진 세계와 겉돌 수 있는 말'로 하는 사고 가운데 대표적인 것이 수리적 사고다. 혜시의 경우, 방금 본 대로, 영零과 극한, 무한대, 무한소에 얽힌 수리적 개념들을 구사하고 있는데, 이다음 단락에 나오는 명제들 중 '화살의 빠른 움직임에는 가지도 서지도 않는 때가 있다', '유한한 것을 반으로 쪼개는 과정이 끝없이 계속될 수 있다'도 동류다. 실생활에서 보는 바퀴의 움직임과 구멍에 박힌 쐐기를 추상화한 '바퀴는 땅에 닿지 않는다'와 '구멍은 쐐기를 둘러싸지 않는다'도 비슷한 유類다. 되풀이하건대, 그 자체로 바깥 세계와 겉돌 수 있는 말을 논리적으로 놀리면 연나라 북쪽도 월나라 남쪽도 천하의 중앙이라는, 광언처럼 황당해[31] 보이지만 경험적으로 주어진 세계와 대조하여 거짓이라고 단언할 수는 없는, 그 논리를 이해하고 나면 틀렸다고 거부하기가 오히려 매우 어려운 혜시류 명제가 나온다는 것이다. 나아가, 장자 역시 혜시의 이런 수리적 사고에 빈번히 노출됨으로써 특유의 형이상학을 꾸밀 사유의 힘을 길렀을 것이다. 수리적 사고가 떠받치는 혜시의 궤변에 대한 장주의 소개는 다음과 같이 이어진다.

> 혜시는 이 말들이 천하를 크게 깨우친다고 여기고 변사들을 계몽하였고, 이들을 천하의 말 잘하는 이가 함께 즐겼다. 알에는 털이 있고, 닭은 다리가 셋, 영 땅에 천하가 있고, 개는 양이 될 수 있으며, 말에는 알이 있고, 두꺼비는 꼬리가 있고, 불은 뜨겁지 않으며, 산이 입을 내고, 바퀴는 땅에 닿지 않으며, 눈은 보지 않고, 가리키는 손가락은 이르러 닿지 않는데, 닿으면 끊어지지 않고, 거북이가 뱀보다 길고, 곱자는 네모지지 않고, 그림쇠는 원을 그릴 수 없고, 구멍은 쐐기를 둘러싸지 않고, 나는 새의 그림자는 움직인 적이 없고, 화살의 빠른 움직임에는 가지도 서지도 않는 때가 있고, 강아지는 개가 아니며, 누런 말과 검은 소는 셋이고, 하얀 개는 검고, 어미 없는 망아지는 어미가 있었던 적이 없고, 채찍 길이가 한 자라도, 하루에 그 반을 취하면, 만세가 지나도록 없어지지 않는다. 말 잘하는 이들은 이런 말로 혜시와 대거리하며, 종신토록 끝이 없었다.

> 惠施以此為大觀於天下而曉辯者，天下之辯者相與樂之。卵有毛，
> 雞三足，郢有天下，犬可以為羊，馬有卵，丁子有尾，火不熱，山

---

31 직전 대목에서 장주는 자신이 구사한 수사를 가리켜 광언 같고 우원하다고 했고, 또 자신이 쓴 말을 가리켜 황당하다고 했다.

出口, 輪不蹍地, 目不見, 指不至, 至不絕, 龜長於蛇, 矩不方,
規不可以為圓, 鑿不圍枘, 飛鳥之景未嘗動也, 鏃矢之疾而有不行
不止之時, 狗非犬, 黃馬‧驪牛三, 白狗黑, 孤駒未嘗有母, 一尺
之捶, 日取其半, 萬世不竭。辯者以此與惠施相應, 終身無窮。

시제를 표시하지 않는 중국어 동사의 특징을 상기하면 알에는 털
이 있고 두꺼비는 꼬리가 있다는 혜시의 말을 이해하기 쉽다. 즉, 알에
서 깬, 예컨대, 새에게는 털이 있을 것이고 두꺼비의 어린 시절에는 꼬
리가 있었으니, 혜시의 저 말 가운데 '털이 있다'는 '털이 있을 것이다'
로 '꼬리가 있다'는 '꼬리가 있었다'로 바꾸면 이해가 수월해진다는 것
이다. 그런데 여기서 간취할 점 하나는 혜시가 이런 문법적 특징을 파악
하지 않았다면 놓기 어려웠을 말 놀음의 결과가 저런 명제라는 것이다.
그리고 바로 이런 문법적 특징을 포함하는, 혜시가 파악했을 '말 자체
의 논리'로, 경험적 세계와 분리된 말을 놀려 닭 다리를 센 결과가 '닭의
다리는 셋'이다. 즉, 닭 다리 둘에 더하여, 경험적으로 세는 다리에서 자
체적으로 분리된 '다리'를 또 다른 하나로 세면, 닭 다리는 모두 셋이 된
다. '천하天下'를 이 단어가 가리키는 경험적 실체와 분리해서 자체로 뜻
을 풀면 '하늘 아래'이고 영 땅 위에 하늘이 있으므로 거기에도 하늘 아
래, 즉 천하가 있을 수밖에 없다. '어미 없는 망아지는 어미가 있었던 적
이 없었다'는 명제 역시 '어미 없는 망아지'를 경험적 세계와 분리할 때
당연하게 할 수 있는 말이다. 즉, '어미 없는 망아지'를 그것이 가리키는
바가 속한 세계를 잊은 채 문자로만 새기면 어미가 결코 있을 수 없다.
'불이 뜨겁지 않다' 역시 불에 대한 통상의 경험과 분리된 '불'을 떠올리
고 있다. 같은 맥락에서 '개'를 '개'가 가리키는 바에서 분리해 보면, '개'
와 '양'의 언어적 차이를 어떻게 활용할 것이냐는 관습이 결정할 문제

다. 하여, 언어적 관습이 바뀌기 전의 '개'가 가리키던 동물은 관습이 바뀐 후의 '양'이 가리키는 동물이 될 수 있다—'개'라 부르던 동물을 '양'이라 부를 수 있다.

소개된 혜시의 궤변들 가운데 난해한 것이 '하얀 개가 검다'인데, 지금까지 이야기한 겉돌 수 있는 말의 또 다른 층위를 가리키는 것으로 보면 이해가 쉬워진다. 즉, 기호로 이해된 '백구白狗'가 검다는 뜻으로 새길 수 있겠다는 것. 물론 '기호가 검다'는 말은 '검은 색 한자 기호'의 경험적 세계를 참조해야 하는 이야기이긴 해도, 앞에서 본 논리적 조작의 사례들을 감안하면, 검은 색 기호에 대한 주목에서, 규칙적으로 배열된 기호의 규칙적 연산 체계로 요약할 수 있을 기호 논리학으로 난 수리적 사고의 길은, 졸견으로, 그렇게 멀지 않다. 실제 혜시와 그의 지적 동료들의 수리적 사고가 기호 논리학까지 갈 가능성이 전혀 없지는 않았음은 이들이 종신토록 이를테면 '논리학'을 나누는 재미에 빠졌다는 기술에서 짚어 볼 수 있으나, 그들이 종신토록 누린 즐거움은, 수사학과 함께 체계적 논리학을 지적 유산으로 남긴 고대 희랍의 경우와는 달리, 확고한 유산으로 정착하지 못했는데, 다음 단락은 혜시의 후계가 끊긴 이유를 짐작케 해준다.

환단·공손룡은 변사 무리, 사람들 마음을 현혹하고, 사람들 뜻을 바꾸어, 사람들 입은 이겨내도, 그들 마음은 이겨내지 못했으니, 변사의 한계다. 혜시는 날마다 제 앎을 써서, 다른 이들의 언술과 함께, 오직 천하의 변사들과 함께 괴이한 것을 만드니, 이것이 그 근본이다.

桓團、公孫龍辯者之徒，飾人之心，易人之意，能勝人之口，不能服人之心，辯者之囿也。惠施日以其知，與人之辯，特與天下之辯者爲怪，此其柢也。

특기해 둘 것은 여기서 변사의 한계라고 한 '입은 이겨내도 마음은 이겨내지 못함'은 우언 편에서 이미 만난 적이 있다는 점이다. 구체적으로는, 2-2절에서 검토한, 공자가 매년 입장을 바꾼 점을 놓고 장자와 혜자가 나눈 대화 가운데에 '입으로 복종하도록 할 뿐인 설득과, 마음으로 복종하게 하여 천하의 중심重心을 안정시키는 큰 정치의 천양지차'가 나오는데, 공히 **장자**의 서문이라고 여겨져 온 우언 편과 천하 편이 서로 연관되어 있음을 보여주는 또 다른 증좌다. 한편, 본 대목에 이어지는 천하 편 마지막 대목은, 위에서 설명한 대로, 괴이한 것을 논리적 조작으로 만들어 내는 데 근본을 두어 혜시가 스스로에게 초래한 후과를 논한다.

[근본이] 이런 혜시의 구변이나, 스스로는 가장 현명하다고 여겨, 가로되: "천지가 [나만큼] 장할까!" 혜시는 우뚝한 자신을 드러냈지만 방술이 없다. 남쪽에 기인이 있어, 황료라 했는데, 하늘이 떨어지지 않고 땅이 꺼지지 않는 까닭, 바람과 비와 벼락 천둥의 원인을 물었다. 혜시는 사양하지 않고 응하며, 생각 없이 대거리하였으니, 만물에 관해 두루 말하였다; 말하는데 쉬지 않고, 많이 하고도 멈추지 않고, 아직 적다 여겨, 이에 더하여 괴이해졌다. 다른 사람들을 거스르는 것으로 내용을 삼고, 다른 사람들을 이겨 이름을 내려고 하니, 이래서는 사람들과 함께하지 못한다. 덕에는 약하고, 현상에는 강하니, 그 길은 구부러진 것이다. 천지의 도를 기준으로 하여 혜시의 능력을 살피면, 이것은 한 마리 모기·등애의 노고에 불과한 것이다. 현상에 대한 그의 접근이 어찌 늘 마땅한 것이겠는가! 하나를 충실히 채우는 것은 지금도 괜찮고, 일러 '유귀愈貴(더욱 귀함)'라 하는 것이니, 도가 가까워진 것. 혜시는 이에 스스로 만족하지 못하여, [하나를 충실히 채우는 대신] 만물에 걸쳐 별의별 것에

주목하기를 싫증내지 않으니, 마침내 말 잘하는 것으로 이름을 냈다. 안타깝도다! 혜시의 타고남, 헤프게 낭비하여 이루지 못하고, 현상계 만물을 좇아 가서 돌아오지 않으니, 이는 목소리로 메아리를 궁구하는 것이요, 몸이 그림자와 다투며 달리는 것이라. 슬프도다!

然惠施之口談, 自以為最賢, 曰:「天地其壯乎!」施存雄而無術。南方有倚人焉, 曰黃繚, 問天地所以不墜不陷, 風雨雷霆之故。惠施不辭而應, 不慮而對, 遍為萬物說; 說而不休, 多而無己, 猶以為寡, 益之以怪。以反人為實, 而欲以勝人為名, 是以與眾不適也。弱於德, 強於物, 其塗隩矣。由天地之道觀惠施之能, 其猶一蚊一虻之勞者也, 其於物也何庸! 夫充一尚可, 曰愈貴, 道幾矣! 惠施不能以此自寧, 散於萬物而不厭, 卒以善辯為名。惜乎! 惠施之才, 駘蕩而不得, 逐萬物而不反, 是窮響以聲, 形與影競走也。悲夫!

이 천하 편 마지막 대목을 간단히 요약하면, 세계와 겯돌 수 있는 말 자체의 기술을 연마하더라도, 혜시처럼 말이나 말로 가리는 승부에 탐닉하는 위험에 빠지는 대신, 연마된 말로 한층 날카롭고 근본적인 방식으로 포착하고 표현할 수 있게 된 인간의 근본 문제로 돌아오는 것이 바람직하다는 이야기다. 하여, 장자 자신은 타고난 재능을 낭비한 혜시의 경우를 경계 삼으면서, 앞에서 이야기한 수리적 사고의 기술을 인간의 근본 문제로 되돌려, 도술에 가까운 초월적 정치술을 평화의 초석으로 그려내는 데 힘썼다 하겠다. 이제 곧, 그의 이런 노력을 소요유 편과 제물론 편을 위시한 **장자** 내편으로 들어가 본격적으로 음미하고 검토하면서, 장자가 그가 간 길과 비슷한 길로 빠질까 경계했을 혜시와는 종종

재회하게 될 것이거니와, 끝으로 한마디 덧붙이면, 천하 편의 이 마지막이 '**장자** 내편의 서문'에 썩 잘 어울리는 결말이라는 것이다. 단적으로, 천하 편 내내 삼간 것이 남을 이겨 이름을 내는 것 아니었던가? 겸손한 태도를 견지하는 가운데, 최대한 도道 가까이에서 천하의 분열과 반목을 살펴 근본적 치유의 길을 내자는 것 아니었던가. 결국은, 잘 연마된 말로 이런 길을 내자는 것이 아니겠는가.

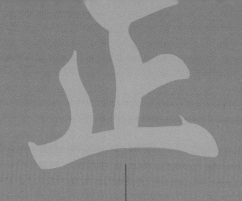

제 4 장

소요유편

4

4-1

천하 편의 혜시 관련 대목에서 이야기한 대로, '보는 관점에 따라 다른 세계'가 시종 두드러지는 소요유 편의 시작이다.

북쪽 바다에 물고기가 있는데, 이름하여 곤이다. 곤의 크기, 몇 천 리인지 모른다. 변하여 새가 되니, 이름하여 붕이다. 붕의 배면, 몇 천 리인지 모른다; 박차고 날아오르니, 그 날개가 하늘에 드리운 구름 같다. 이 새, [큰 바람에] 바다가 움직이면 남쪽 바다로 갈 것이다. 남쪽 바다, 천지다. 제해란 자, 괴이한 것들을 기록했다. [제]해가 이를 말하여 가로되: "붕이 남쪽 바다로 갈 때, 물을 쳐서 물이 3천 리를 튀고, 회오리를 타고 올라 9만 리, 6개월을 가서야 쉰다." 아지랑이, 먼지 자욱함, 생물들이 이들을 숨쉬어 번갈아 부는 것이다. 하늘이 파랗고 파란 것, 원래의 색이라서인가? 그 먼 것이 닿는 끝이 없어서인가? 하늘을 내려다볼 때도 이렇다면, 그로 그만이다. 나아가 물이 쌓여 두텁지 않으면, 큰 배를 감당할 힘이 없다. 잔에 있는 물을 움푹한 곳에 부으면, 지푸라기는 배가 되지만, 거기에 잔을 놓으면 바닥에 붙는데, 물은 얕고 배는 크기 때문이다. 바람이 쌓여 두텁지 않으면, 큰 날개를 감당할 힘이 없다. 그래서 9만 리를 날아오르면 바람을 아래에 두게 되니, 이후 비로소 바람을 탄다; 푸른 하늘을 등에 지고 거칠 것 없어질 때, 이후 비로소 남으로 향할 것이다. 매미가 작은 비둘기와 함께 이를 비웃어 가로되: "나는 용을 써서 느릅나무·다목으로 날지만, 때로는 이르지 못하고 땅에 떨어지고 마는데, 어찌 9만리나 날아올라 남으로 가는가?" 근교에 가면 세 끼면 돌아오는데, 배가 불룩하다; 백 리 가는 자는 전날 밤 식량을 찧는다; 3천리를 가는 자는 석 달 치 식량을 모은다. 이 두 벌레가 또 무얼 알까? 작은 것의 앎은 큰 것의 앎에 미치지 않고, 짧은 생은 긴 생에 미치지 않는다. 그런 것을 어찌 알겠는가? 하루살이 버섯은 해 뜨고 지는 것을 모르고, 매미는 봄 가을을 모르는데, 이는 생이 짧아서이다. 초나라 남쪽에 명령이 있는데, 5백 년을 봄 삼고, 5백 년을 가을 삼는다; 오랜 옛날에는 대춘이 있었는데, 8천 년을 봄 삼고, 8천 년을 가을 삼았던 나무다. 지금은 팽조가 오래 산 것으로 특히 유명한데, 뭇사람들이 그와 짝한다면, [훨씬 빨리 죽게 마련이니] 또한 슬프지 않으랴!

北冥有魚, 其名為鯤。鯤之大, 不知其幾千里也。化而為鳥, 其名為鵬。鵬之背, 不知其幾千里也; 怒而飛, 其翼若垂天之雲。是鳥也, 海運則將徙於南冥。南冥者, 天池也。齊諧者, 志怪者也。諧之言曰:「鵬之徙於南冥也, 水擊三千里, 摶扶搖而上者九萬里, 去以六月息者也。」野馬也, 塵埃也, 生物之以息相吹也。天之蒼蒼, 其正色邪? 其遠而無所至極邪? 其視下也亦若是, 則已矣。且夫水之積也不厚, 則負大舟也無力。覆杯水於坳堂之上, 則芥為之舟, 置杯焉則膠, 水淺而舟大也。風之積也不厚, 則其負大翼也無力。故九萬里則風斯在下矣, 而後乃今培風; 背負青天而莫之夭閼者, 而後乃今將圖南。蜩與學鳩笑之曰:「我決起而飛, 槍(搶)榆、枋, 時則不至而控於地而已矣, 奚以之九萬里而南為?」適莽蒼者三飡而反, 腹猶果然; 適百里者宿舂糧; 適千里者三月聚糧。之二蟲又何知! 小知不及大知, 小年不及大年。奚以知其然也? 朝菌不知晦朔, 蟪蛄不知春秋, 此小年也。楚之南有冥靈者, 以五百歲為春, 五百歲為秋; 上古有大椿者, 以八千歲為春, 八千歲為秋。而彭祖乃今以久特聞, 眾人匹之, 不亦悲乎!

내편 첫 대목부터, 천하 편에서 이야기된 장주 특유의 언어가 그 특질을 드러내고 있는데, 천하 편의 장주 이야기로는, 이렇게 밑도 끝도 없는 이야기를 격식에 구애되지 않고 자유롭게 하는 데는 이유가 있다고 했다. 그가 언급한 이유 하나는 천하가 본모습을 잃고 혼탁하다고 여겨서다. 그런데 필자가 여기에 더해 생각하는 다른 이유는, '혼탁한 천하' 같은 현상에서 보듯 도道와의 관계가 틀어진 근본적 원인을 찾아 현상 바깥을 그가 더듬고 있기 때문이다. 단적으로 하늘의 참 색깔을 묻는 대목부터가 그러한데, 하늘의 색깔이 파래 보이는 원인에 대한 가설 둘을 제시하고는 하늘을 내려다보는, 당시로서는 도달할 수 없었을 높이에서의 해결을 상상한다. 즉, '하늘을 위에서 내려다볼 때의 하늘 색깔이 아래에서 올려다볼 때와 같으면 그만'이라는 것이다. 그런데 이는, '플라톤의 동굴' 밖으로 나가 태양을 보는 것과 같은, 현상계를 초월한 실상 직관을 상상한 것이라기보다는, '동굴 속'이라는 한계를 어찌어찌 극복해 보려는 '동굴 속 더듬기'에 가깝다. 나아가 하늘 색깔 이야기에 이어지는 것이 거대한 물체가 비행하기 위해 충족되어야 할 조건을 논하는 대목인데, 붕 새가 하늘을 나는 데 필요한 조건을 큰 배가 물에 뜨기 위해 필요한 조건에서 유추하는 것도 현상계 내의 관찰을 지렛대로 써서 현상계 밖의 진상을 더듬어 보려는 시도에 지나지 않는다. 그런데, 이런 유추로 발전한 화제를 앞에서 찾으면, 그것은 아지랑이와 자욱한 먼지가 나타나는 이유에 관한 것이다.

앞에서 이야기된 아지랑이와 자욱한 먼지가 나타나는 이유와 이어 이야기된 하늘 색깔이 파란 이유의 차이는, 전자에 대한 물음은 그에 대한 답변이 현상계를 떠나지 않아도 가능해 보임에도 실로 떠나지 않으면 장자가 제시한 것과 같은 답변은 불가능하지만, 후자에 대한 물음은 하늘을 그 아래에서 올려다봐야 하는 존재에게만 그렇게 보이는 것인지를 검토하면, 달리 말해 올려다보는 관점 대신 내려다보는 관점을 취했을 때는 색깔이 변하는지를 보면 답할 수 있다는 데 있다. 그래서 이 대목은, 특정 관점을 바꾸어 취해 보면 답할 수 있는 물음과 그렇게 해도 답할 수 없는 물음의 차이를 아마 장자 자신도 모르게 부각한 대목이라고도 평가할 수 있겠는데, 붕 새가 9만 리나 되는 높이로 날아오르지 않고는 비행하지 못할 이유에 대한 설명도 '아리랑이와 먼지'의 예처럼 관점을 떠난 설명에 가깝기는 가깝다. 즉, 관점을 떠난 이치에 입각한 설명에 가깝다. 그러나 이 설명이, 관점을 완전히 떠난 이치에 입각한 설명이라고까지는 할 수 없는데, 이는 그 이치가, 방금 이야기한 바와 같이, 현상계 내의 관찰을 지렛대로 써서 도출한 것이기 때문이다. 그래서 이야기는, 슬프지만, 현상계 안에서 하는 이상적 극한에 대한 탐색마저도, 예컨대 팽조처럼 오래 살 수 없는 존재에게는, 불가능하지 않다면, 매우 어렵다는 쪽으로 흐른다.

근본적으로, 현상계 안의 경험을—천하 편 혜시 관련 대목에서 부각한 수리적 사고에서 보는 것처럼—극한으로 밀어붙여 현상계 밖을 더듬거나 유추하는 것은 실패 확률이 큰 모험이다. 그럼에도 불구하고 이런 모험을 하지 않을 수는 또 없는 것이, 장자가 붙든 문제가, 천하 편에서 본 송견 등이 붙든 '전쟁과 평화'의 문제에 다름 아니기 때문이다. 반드시 해결해야 할 문제이기 때문이다. 나아가, 바로 이 문제를 현상계 내의 현상에 수반되기 마련인 관점을 떠난 이치로 풀 방도에 대한 탐사를 통해, 상이한 관점들 간의 불가피한 투쟁 너머의, 이치가 그 위에 선 형이상학적 토대를 가진 근본적 평화를 모색한 사상가가 장자라 하겠는데, 장자 내편의 첫 대목인 본 대목에 벌써 그의 이런 모색에 내재한 지적 긴장의 구도가 제시되어 있다는 것이다. 관점에 따라 변하는 현상을 극한으로 밀어붙일 때 도출되는 이상형을 통해 관점을 초월한 현상계 바깥의 실상에 접근하여 그것으로 현상계를 되비추고 정돈할 길을 과연 열 수 있겠느냐는 의문에서 오는 긴장을 소요유 편 첫 대목에서부터 느낄 수 있다는 것이다.

4-2

탕이 극에게 물었던 것이 바로 이것이다. 궁발의 북쪽, 명해가 있는데, 천지다. 거기에 물고기가 있어, 그 너비가 수천 리이고, 그 길이는 아는 자가 없는데, 이름을 곤이라 한다. 거기에 새가 있는데, 이름을 붕이라 하고, 등은 태산 같고, 날개는 하늘에 드리운 구름 같아, 회오리를 타고 양 뿔 모양으로 올라가니 9만 리, 구름 너머로, 푸른 하늘을 지고는, 이후 남쪽을 향하는데, 장차 남쪽 바다에 가려는 것이다. 척안이라는 새가 이를 웃어 가로되: "저것은 어디로 가려는 것인가? 나는 뛰어올라도, 몇 길 지나지 못하고 떨어져, 쑥 풀 사이 날아다니는데, 이 또한 날기의 극치다. 그런데 장차 어디로 저것은 가려는 것인가?" 이는 작은 것이 큰 것의 시비를 가린 것이다.

湯之問棘也是已。窮髮之北, 有冥海者, 天池也。有魚焉, 其廣數千里, 未有知其脩者, 其名為鯤。有鳥焉, 其名為鵬, 背若泰山, 翼若垂天之雲, 摶扶搖羊角而上者九萬里, 絕雲氣, 負青天, 然後圖南, 且適南冥也。斥鴳笑之曰:「彼且奚適也? 我騰躍而上, 不過數仞而下, 翱翔蓬蒿之間, 此亦飛之至也。而彼且奚適也?」此小大之辯也。

작은 새 척안의 관점에서 본 거대한 붕 새의 행태는—플라톤의 동굴 속 거주자의, 동굴 밖 실상을 목격한 철학자의 이야기를 이해할 수 없음과 비슷하게—불가해한 것이다. 그런데 문제는, 3-6절에서 짚어 본 장자의 결론적 반성을 환기하건대, 플라톤의 동굴 밖으로 나갈 길이 없다는 것. 전 절의 비유로는, 하늘의 객관적 본색을 밝히려면 달해야 할 높이에 달할 길이 없다는 것이다. 달리 말해, 척안의 세계와 붕 새의 세계를 붕 새와 척안에게 동일한 현상으로 나타나게 할 수가 없다는 것이다. 그러나 이렇기 때문에 서로 다른 동굴에 갇힌 생물들 사이의 정연한 소통은 천하 편에서 이야기된 천하의 분열과 반목을 근본적으로 치유할 평화의 핵심적 조건일 터인데, 그 실현은 동굴 속 가상을 궁극에서 좌우하는 것으로 상정된 저 동굴 밖 실상 내지 도道가 참조되느냐, 혹은 관점에 따라 다르게 나타나는 현상의 동일성이 파악되느냐에 달려 있을 것이다. 하여, 이런 참조 내지 동일성 파악이 어떻게 가능할 것인지로 평화를 향한, 장자의 천하 분열과 반목에 대한 처방 문제가 좁혀지는 것인데, 직전 대목의 해설은 이 문제에 대한 장자의 모험을 일컬어 '현상을 극한으로 밀어붙여 여는 길'이라고 한 바 있다.

4-3

방금 본 척안과 붕 새의 비교는, 지극하여 순수한, 말하자면 '극한'의 다스림과 현상계 내 비근한 다스림의 대조로 옮겨 가는 디딤돌인데, 바로 이 대목에서 현상계의 한계에서 아주 벗어난 것은 아닌 붕 새에 가까운 시야를 가진 인물로 송영자, 나아가 열자가 등장한다. 참고로, 여기 등장하는 송영자는, **한비자** 현학 편의 송영자 언급을 참조하건대, 천하 편에서 거론된 송견이다.

그래서 한 자리 맡아 잘 해낼 수 있고, 행함이 한 고을을 감당하고, 덕이 한 군주와 맞아떨어져 그 나라를 다스리는 자, 스스로를 보는 것이 이와 [즉, 척안의 말과] 같을 것이다. 그런데 이를 송영자는 느긋한 모습으로 비웃었다. 게다가 온 세상이 칭송해도 의기양양하지 않고, 온 세상이 비난해도 의기소침하지 않으니, 안팎의 가름이 안정되고, 영욕의 경계를 가리면, 이것으로 그만인 것. 그의 세상 대하는 태도, 급급하지 않다. 그럼에도, 아직 확고히 서지 못함이 있다. 열자는 바람을 조종해서 가는데, 서늘한 태도로 즐겨, 보름에 돌아온다. 그가 복이 이르도록 할 때의 태도, 급급하지 않다. 이이는 바른 추구의 의무는 면했으나, 아직 기대는 데 있다. 혹시 천지의 바름을 타고, 여섯 가지 기氣를 가리는 말을 제어하여 본다, 하여 노는 데 끝이 없는 자, 저이는 또 어디에 기댈 것인가! 하여 가로되: 지인至人에게는 자기가 없고, 신인에게는 공이 없고, 성인에게는 이름이 없다.

故夫知效一官, 行比一鄉, 德合一君而徵一國者, 其自視也亦若此矣。而宋榮子猶然笑之。且舉世而譽之而不加勸, 舉世而非之而不加沮, 定乎內外之分, 辯乎榮辱之竟, 斯已矣。彼其於世, 未數數然也。雖然, 猶有未樹也。夫列子御風而行, 泠然善也, 旬有五日而後反。彼於致福者, 未數數然也。此雖免乎行, 猶有所待者也。若夫乘天地之正, 而御六氣之辯, 以遊無窮者, 彼且惡乎待哉! 故曰: 至人無己, 神人無功, 聖人無名。

이 대목에 따르면, 현상계 밖과 현상계 안의 경계는 실천이 기대는 곳이 있느냐 없느냐다. 달관의 태도에도 불구하고 송영자나 열자의 실천은 공을 세워 이름을 얻게 되는 쪽으로 향하는 자기의 '행함(行: 바른 추구)'이 전제로서[32] 아직 기대는 바가 있어 현상계를 벗어나지 못한 미흡함이 있다. 전작 **논어와 데이터**에서는 서恕를 공자 특유의 어디에도

---

32 '행行'과 '바른 추구'에 대해서는 2-2절의 관련 해설 참조.

기대지 않는 실천적 전제로 보았는데, 이 대목에서 이야기된 "천지의 바름(天地之正)"을 동류로 보아도 좋겠다. 여기가 기대는 것 없는 자의 운동이 시작되는 지점이기 때문이다. 달리 말해, 천지의 바름이 다시 어떤 전제에 기대고 있는 시작이냐는 질문이 무의미하겠다는 것.

이어, 천지의 바름을 타고 하는, 여섯 가지 기氣의 제어가 그 결과에 대해 무관심하다는 점을 이야기하는데, 이는 **논어와 데이터**에서 최상의 부사어 중심 정치라고 한 무위이치無爲而治와 일치하는, 즉 행함의 목표와 결과의 달성이 아니라 행함의 실천적 전제를 대표하는 '바르게' 같은 부사어에 초점을 맞추는 통치 노선에 다름 아니다. 즉, 성인이 '바르게' 천지의 기운을 제어하는 것은, 공과 이름을 포함하여, 어떤 결과를 얻으려는 것이 아니다. 성인의 이런 제어는 오히려, 목적 없이 놀기라는—장자의 어휘를 그대로 쓰면, "유遊"라는—것이다. 그리고 이다음 대목은 이 놀이의 주재자를 제의에서 귀신을 대신하는 "시尸", 그리고 제사상에서 축문을 머리에 이고 있는[33] "축祝"으로 은유하고 있다. 덧붙여, 이런 시·축이 주재하는 제의적 제어가 '치언卮言'을 높이라는 것이 졸견인데, 이는 "여섯 가지 기氣를 가리는 말을 제어하여 몰다(御六氣之辯)"의 "변辯"을, 통상의 경우처럼 '변화(變)'로 읽는 대신, 우언 편 서두에서 이야기된 "치언"에 결부시켜 "가리는 말"로 푼 필자 나름의 해석에서 나온 것이다. 또, 방금 나름으로 해석했다고 한 구절의 "어御"를 '제어하여 몰다'로 옮긴 것은 그 앞의 "천지의 바름을 타다(乘天地之正)"의 "타다(乘)"와의 호응을 고려한 결과다.

4-4

---

[33] "제사상에서 축문을 머리에 이고 있는"은 시라카와 시즈카(2021, 635쪽)의 '축祝' 자 풀이를 원용한, 시尸의 제의적 역할에 상응하는 축祝의 역할을 부각한 '축' 묘사.

요임금이 천하를 허유에게 물려주며, 가로되: "일월이 나왔는데, 횃불이 쉬지 않는다면, 빛으로 역할하는 데 있어, 어찌 어렵지 않겠습니까! 때맞춰 비가 왔는데, 관개수로를 여전히 적신다면, [관개의] 혜택을 주는 데 있어, 어찌 힘들지 않겠습니까! 선생께서 서시면 천하가 다스려지는데, 여전히 제가 그 주인 노릇을 한다면, 저는 스스로가 모자란 모습을 봐야 하니, 천하를 바치고 싶습니다." 허유가 가로되: "그대가 천하를 다스려, 천하가 이미 다스려졌소. 그런데도 내가 당신 대신이 된다면, 내가 이름 때문에 그리 하겠소? 이름이란, 알맹이의 객이니, 내가 객이 되려 하겠소? 뱁새가 깊은 숲에 둥지를 틀어도, [나무의] 한 가지에 지나지 않고; 두더지가 강을 마신들, 배 채우는 데 지나지 않소. 돌아가 쉬시오 그대! 나에게는 천하가 어디 쓸 데가 없다오. 요리사가 주방을 다스리지 못한다 해도, [제사에서 귀신을 매개하는] 시·축이 제상을 넘어가서 그를 대신하지는 않소."

堯讓天下於許由, 曰: 「日月出矣, 而爝火不息, 其於光也, 不亦難乎! 時雨降矣, 而猶浸灌, 其於澤也, 不亦勞乎! 夫子立而天下治, 而我猶尸之, 吾自視缺然, 請致天下。」許由曰: 「子治天下, 天下既已治也。而我猶代子, 吾將為名乎? 名者, 實之賓也, 吾將為賓乎? 鷦鷯巢於深林, 不過一枝; 偃鼠飲河, 不過滿腹。歸休乎君! 予無所用天下為。庖人雖不治庖, 尸祝不越樽俎而代之矣。」

허유가 수행하고 있는 역할이 무엇이길래 요임금은 자신이 권력을 쥐고 있어야 할 이유가 해와 달이 나온 뒤의 횃불과 비가 충분히 온 다음의 관개수로의 존재 이유처럼 바랬다고 하는 것일까? 이 의문을 제의에서 귀신을 매개하는 "시尸·축祝"에 자신을 비긴 허유의 발언에서 풀면, 그의 역할은, 만물을 기르는 도道에서 벗어나 천지가 캄캄해지거나 가물거나 하는 일이 없도록 비는 제사장의, 신과 통하지 않고는 맡지 못할 역할인데, 그가 요임금의 통치 권력에 대해 보유한 신적 권위는 여기에서 나오는 것이겠다. 이에 비해 요임금의 천하 경영은 허유가 맡은 제사장 역할을 보조하는, 이를테면 '제물의 요리'를 총괄하는 일에 지나지 않는다. 그래도 이런 일로 공을 세우고 이름을 얻을 수는 있을 것이나, 전 절에서 본 대로, 세운 공으로 이름을 얻을 자기가 없는 '지인·신인·성인'에게는 즉 허유에게는 무가치한 것이 천하 요리에 쓰는 권력이다. 나아가, 이런 권력이 제대로 쓰이지 않는다고 허유와 같은 신적 권위가 개입할 일은 아예 없다는 것이다. 요임금이 다스리는 천하와 허유가 노는 공간 사이에는 넘지 못할 벽이 있다는 것이다.

4-5

견오가 연숙에게 물어 가로되: "내가 접여에서 들은 말, 커서 비길 데가 없고, 가서 돌아오지 않는 것이었소. 내가 그 말에 크게 놀랐는데, 은하수가 끝없는 것과 비슷하고, 너무 달라서, 상식적인 인정과는 거리가 있었소." 연숙 가로되: "그 말이 무엇에 관한 것이었소?" 가로되: "막고야의 산, 거기 신인神人이 사는데, 피부는 마치 얼음 눈 같고, 유약하기가 처녀 같았으며, 오곡을 먹지 않고, 바람을 호흡하고 이슬을 마신다 했소. 구름을 타고, 나는 용을 조종하여, 세상 밖에서 노닌다고 하오. 그 신神이[34] 뭉치면, 현상계가 상하거나 앓지 않고 곡식이 익는다 했소. 나는 이를 광언이라 여기고 믿지 않았소." 연숙 가로되: "허나, 장님에게 무늬의 볼 만함이 상관없고, 귀머거리에게 종소리 북소리가 상관없소. 어찌 육체에만 멂이 있겠소? 앎에도 있소. 이 말이 금언, 그대를 기다린 것 같소. 이 [막고야의 산] 사람들, 이 덕, 현상 만물 뒤섞기를, 하여 하나로

---

[34] "신神"의 뜻은 3-1절의 해설을 참조.

만들기를 혼란한 온세상이 바랄 것이나, 어찌 낑낑거리며 천하를 일로 삼겠소! 이 사람들, 현상의 어떤 일에도 손상되지 않고, 큰 홍수에 하늘까지 차올라도 물에 빠지지 않고, 큰 가뭄에 쇠와 돌이 흐르고 흙과 산이 타는데도 뜨거워지지 않소. 이들은 먼지·때·쭉정이·겨만 있으면, 요임금·순임금까지 빚을 것인데, 현상계 문제로 일 삼을 마음을 내겠소! 송나라 사람이 장보라는 [머리에 쓰는] 관을 밑천 삼아 월나라로 들고 갔지만, 월나라 사람들은 머리칼을 잘라내고 문신을 하는지라, 이를 쓸데가 없었소. 요임금이 천하의 백성을 다스려, 세상 정치를 안정시켰는데, 네 분을 막고야 산에 가서 뵙고는, 분수 북쪽에서, 망연자실한 모습으로 자신의 천하를 잊었소."

肩吾問於連叔曰: 「吾聞言於接輿, 大而無當, 往而不反。吾驚怖其言, 猶河漢而無極也, 大有逕庭, 不近人情焉。」連叔曰: 「其言謂何哉? 」曰: 「藐姑射之山, 有神人居焉, 肌膚若冰雪, 淖約若處子, 不食五穀, 吸風飲露。乘雲氣, 御飛龍, 而遊乎四海之外。其神凝, 使物不疵癘而年穀熟。吾以是狂而不信也。」連叔曰: 「然, 瞽者無以與乎文章之觀, 聾者無以與乎鍾鼓之聲。豈唯形骸有聾盲哉? 夫知亦有之。是其言也, 猶時女也。之人也, 之德也, 將旁礴萬物, 以為一世蘄乎亂, 孰弊弊焉以天下為事! 之人也, 物莫之傷, 大浸稽天而不溺, 大旱、金石流、土山焦而不熱。是其塵垢粃糠, 將猶陶鑄堯、舜者也, 孰肯以物為事! 宋人資章甫而適諸越, 越人斷髮文身, 無所用之。堯治天下之民, 平海內之政, 往見四子藐姑射之山, 汾水之陽, 窅然喪其天下焉。」

장자의 우언寓言과 중언重言은 계속되는데, 그가 천하 편에서 설득에 채용했다고 스스로 이야기한 것과 같은 '황당한 말'에 대한 견오의 말이 사실 상식의 관점에서는 정곡을 찌르고 있다: "나는 이를 광언이라 여기고 믿지 않았소." 그러나 이런 상식적 반응에 대한 연숙의 대답인즉, 송나라 사람이 판매용으로 만들었을 장보관이 월나라에서 무가치해진 것은 그 가치를 뒷받침하는 전제가 달라졌기 때문이라는 것이다. 상식도 전제가 달라지면 뒤집힌다는 것이다. 하여, 막고야 산의 신인에 관한 놀라운 이야기 역시, 요임금이 잘 다스린 천하 쪽에서 평가하면 광언에 불과하겠으나, 관점이나 평가 기준을 달리하는 천하 너머에서 눈과 귀 같은 감각 기관 대신 앎의 접수를 담당하는 정신 기관을 써서 평가할 때는 같은 이야기의 가치가 달라진다는 것이다. 또, 요임금이 분수汾水 유역을 근거로 잘 다스린 천하가 신인들이 사는 막고야의 산에서 볼 때는 무가치해진다는 것인데, 이는 이 산이 천하를 잘 다스렸다 일컬어지는 요임금·순임금 같은 존재를 먼지·때·쭉정이·겨 같은 재료로도 빚어 낼 수 있는 신적인 덕이 있는, 아마도 조물주가 직접 관장하는 곳이기 때문일 것이다. 비유하자면 '주의 도성 예루살렘'이기 때문일 것이다. 그리고 이 대목의 이런 이야기를 우언 편과 천하 편을 서문으로 하는 **장자** 내편 전체와의 환유적 연관 속에서 미리 풀면, 송나라의 장보관이나 요임금의 다스림 같은 것들은 이들이 그 안에 자리한 세계를 성립시키는 전제가 바뀜에 따라 의미와 가치가 변한다는 것이고, 바로 이런 전제들의 바뀜에서 시작하는, 세계 전체를 바깥도 짝도 없는 하나로 대하는 변화가, 절기와 같은 천시에 근거해서가 아니라, 앎에 근거해서 이루어질 때, 도술의 분열에서 비롯된 천하 분열과 반목이 근원적으로 해결되리라는 이야기가 된다.

그러나 막고야 산 바깥의 현상계에 거주하는 인간이 언제 현상계 너머의 앎을 얻어 저런 극히 아득해 보이는 변화를 도모할 수 있을 것인가? 허유 같은 '지인·신인·성인'이 이런 놀라운 앎에 대한 가르침을 주더라도 이승의 누가 받을 수나 있을까? 나아가, 변혁을 꿈꾸는, 타고난 재질의 누군가가 받는 데 성공하여 앎이 지극해지더라도 천하를 전제부터 바꾸는 근본적 변혁을 제 일 삼아 애쓸 마음이 이전처럼 계속 날까? 즉, 위 대목에 이야기된 대로, 막고야 산 신인의 지극한 앎을 갖게 되면 '금강불괴'로 화하여 걱정이 사라지는 대로 천하는 방기하기 십상이지 않을까? 이 모든 질문에 대한 장자의 대답, 필자가 듣기에는, 부정적이고 비관적이다. 그렇다면 이런 이야기를 굳이 하는 이유는 무엇인가? 흥이 나서 재미로 하는 것인가? 하여 묻는다.

장주는 천하 편에서 스스로가 엄하게 비판한 혜시와 얼마나 다른가? 오십보백보 아닐까? 그러나, 필자가 '플랫폼' 논쟁이라고 파악하는, 이 다음 대목에서 시작하는 대화는 오십보백보라 하기 어렵다는 것을 보여준다. 과연, 3-7절의 천하 편 해설에서 언급한 대로, 장주는, 스스로가 그와의 대화에서 많은 것을 배운 혜시가 밝은 길과 같은 길로 빠질까 경계하였던 것이다—아닐까? 한편, '플랫폼'으로 이 책에서 필자가 뜻하는 바는 이 책의 전작에서 쓴 '플랫폼'의 뜻과 동일한데, 구체적으로, **논어와 데이터** 66쪽의 각주에서, 한국어 사전에 있는 '플랫폼'의 뜻이 아니라, 영어 'platform'이 가진 두 가지 의미를 종합한 뜻으로 썼다고 하면서, '플랫폼'을 이 책 1장 서두에서도 해설한 '데이터'로 정의했는데, 이 책에서도 역시 같은 뜻으로 썼다. 즉, '이루어지기를 바라는 일 내지 더 큰 만족을 위한 언행들의 전제로서 공인받거나 공인받으려는 데이터, 또는 이런 데이터가 공적으로 우뚝해지는, 추상적일 수도 있는 장소'라는 뜻으로 썼다.

4-6

혜자가 장자를 일러 가라사대: "위왕이 나에게 큰 박의 씨를 주었는데, 내가 그것을 심어 키워 열매가 닷 석이나 되었지만, 마실 것을 채우면, 그대로 들 만큼 단단하지 않았네. 그것을 갈라 바가지로 만들면, 바가지가 평평해서 담을 것이 없었네. 헛되이 크기만 해서, 내 이를 쓸모없다 여겨 깨뜨렸다네." 장자 가라사대: "선생은 큰 것 쓰는 데 꽉 막히고 서투르시네. 송나라 사람 가운데 손이 트지 않게 하는 약을 잘 만드는 이들이 있어, 대대로 솜 세탁을 일 삼았었네. 객이 이를 듣고, 약방을 금 백 근에 사고 싶다고 했네. 일족을 모아 도모하여 가로되: '우리는 세세로 물에 솜 빠는 일을 해왔는데, [수입이] 금 몇 근에 지나지 않았다; 이제 하루 아침에 기술을 팔아 금 백근이니, 이것을 줍시다.' 객이 이것을 얻어, 오나라 임금에게 유세했네. 월나라에 난리가 있자, 이자를 오왕이 장수 삼았네. 겨울, 월나라 사람들과 수전을 했는데, 월나라 사람들을 크게 물리치니, 땅을 갈라 그를 봉했네. 손을 트지 않게 할 수 있음은 한가지이나, 어떤 이는 제후가 되고, 어떤 이는 물에 솜 빠는 일을 면하지 못하니, 그 용도가 다르기 때문이네. 지금 그대가 닷 석짜리 박을 가지고, 어찌 큰 술통으로 여겨 강호에 띄울 생각을 하지 못하고, 그 평평함으로 담을 것 없음을 걱정하는가? 이러니 선생은 여전히 [척안이 그 사이로 날아다니는] 쑥 풀의 마음을 가지신 것이 아닐지!"

惠子謂莊子曰:「魏王貽我大瓠之種, 我樹之成而實五石, 以盛水漿, 其堅不能自舉也。剖之以為瓢, 則瓠落無所容。非不呺然大也, 吾為其無用而掊之。」莊子曰:「夫子固拙於用大矣。宋人有善為不龜手之藥者, 世世以洴澼絖為事。客聞之, 請買其方百金。聚族而謀曰:『我世世為洴澼絖, 不過數金; 今一朝而鬻技百金, 請與之。』客得之, 以說吳王。越有難, 吳王使之將。冬, 與越人

水戰，大敗越人，裂地而封之。能不龜手一也，或以封，或不免於
洴澼絖，則所用之異也。今子有五石之瓠，何不慮以為大樽而浮乎
江湖，而憂其瓠落無所容？則夫子猶有蓬之心也夫！」

이 대목은 관심 대상이 놓이는 플랫폼이 달라짐에 따라 그 가치가
달라진다는 것을 이야기하고 있다. 더 큰 만족의 열쇠는 기존 플랫폼을
대체하는 새로운 플랫폼을 그리거나 발견하는 것이다. 구체적으로는,
솜 세탁에 쓰던 약방문을 나라 간 투쟁의 플랫폼에 놓아 훨씬 더 큰 만
족을 얻게 된, 즉 제후가 된 자에 대한 '우언寓言'을 통해 혜시의 좁은 시
각을 비판하고는, "쑥 풀의 마음(蓬之心)"이라는 표현을 통해, 소요유
편 저 앞에서 이야기된, "쑥 풀 사이(蓬蒿之間)"에서 나름의 만족을 찾
는 작은 새 척안의 관점을 상기하고 있다. 덧붙여, 혜시와 장주 자신을
혜자와 장자로 존칭함으로써 우언 편에서 설명되고 천하 편에서도 언급
된 '중언重言'을 '우언'에 겹쳐 구사한 대목임을 암시하고 있다.

4-7

혜자가 장자를 일러 가라사대: "내게 큰 나무가 있는데, 사람들이 일러
가죽나무라 하네. 그 큰 줄기는 혹투성이라 먹줄을 칠 수 없고, 그 작은
가지는 구부러져 규와 곱자를 댈 수 없으니, 길에 심어도, 목수가 돌아
보지 않네. 지금 그대의 말, 크고 무용하니, 사람들이 하나같이 외면할
바야." 장자 가라사대: "그대만 유독 살쾡이와 족제비를 보지 못했는가?
몸을 낮추어 엎드려, 나가 노는 놈을 노리는데; 동서로 날뛰며, 높은 데
낮은 데 피하지 않다가; 함정에 빠져, 덫 그물에서 죽네. 그런데 털 긴
소, 그 크기가 마치 하늘에 드리운 구름 같지. 이것이 큰 일은 해내도, 쥐

는 잡지 못해. 지금 자네가 큰 나무를 가지고, 그 쓸 데 없음을 근심하나, 어찌 근심할 것 없는 고장에 심지 않으며, 넓디넓어 거칠 것 없는 들, 이리저리 그 곁에서 아무 하는 일 없이, 건들건들 그 아래 누워 자지 않는가? 도끼에 요절하지 않고, 해되는 것이 현상계에 없는데, 쓰일 수 있는 데 없음, 어찌 곤란해 하고 괴로워할 바이겠나!"

惠子謂莊子曰：「吾有大樹，人謂之樗。其大本擁腫而不中繩墨，其小枝卷曲而不中規矩，立之塗，匠者不顧。今子之言，大而無用，眾所同去也。」莊子曰：「子獨不見狸狌乎？卑身而伏，以候敖者；東西跳梁，不避高下；中於機辟，死於罔罟。今夫斄牛，其大若垂天之雲。此能為大矣，而不能執鼠。今子有大樹，患其無用，何不樹之於無何有之鄉，廣莫之野，彷徨乎無為其側，逍遙乎寢臥其下？不夭斤斧，物無害者，無所可用，安所困苦哉！」

혜시와 장주의 대화는 이제 이 대목에서 본격적인 플랫폼 논쟁으로 변한다. 이렇게 변했다고 하는 것은, 4-5절 말미에서 밝힌 '플랫폼'의 뜻에 비추어 볼 때 '보다 큰 만족 추구의 전제로 공인됨'의 측면이 빠지면 본격 플랫폼이라고는 할 수 없을 것인데, 이제는 혜자가 장자의 거창한 만족 추구 플랫폼을 둘러싼 언쟁에 '뭇사람의 공적 인정'이라는 차원을 명시적으로 더했기 때문이다―혜시의 말을 플랫폼 중심으로 해석하면, 장주의 '크고 무용함'은 사람들의 인정을 받지 못해 플랫폼다운 플랫폼은 되지 못한다는 것이다. 장주는 여기에 대해 당신만 공지의 사실을 모르느냐고 응수한다. 즉, '크고 무용함'을 대극에서 은유하는 '살쾡이와 족제비'의 만족 추구 플랫폼은 이들을 관심 대상으로 올린 또 다른 만족 추구 플랫폼에서 파국적으로 와해되기 십상이라는 공지의 사실을 당신만 모르느냐는 것. 이것이 공지의 사실인지에 대해서는 의문이 제기될 수 있겠으나 하여튼 이를 반대편 은유의 축으로 활용하여, 이런 취약함이 있을 수 없는, 그 반대의, 쥐는 잡지 못해도 큰 일은 해내는 "털 긴 소"의 플랫폼을, 소요유 편을 마무리하는 대화의 주인공이 된 스스로의 입으로 제시한 장자는 여기에서 환유된, 그 위에서 '금강불괴'의[35] 평안을 포함하는 보다 큰 만족을 저 거대한 나무와 함께 누리게 될 "이리저리(彷徨)·건들건들(逍遙)" 플랫폼의 옹호로 '건들건들 놀기[36] 편'이라고 옮길 수 있을 '소요유逍遙遊 편'을 마무리하고 있다.

4-8

소요유 편에서 한 장자의 논의를 간단히 종합하면, 플랫폼에 치명적 약점이 있는 관습적 만족 추구를 지양하자는 것이다. 이를 지양하여 죽음이 어른거리는 "살쾡이와 족제비"의 만족 추구 플랫폼에서 "건들건들(逍遙)" 플랫폼으로 옮겨 가자는 것이다. 그리고 바로 이것이 소요유 편에서 결론적으로 제시한, 천하 분열과 반목의 극복 문제에 대한 장자 나름의 처방이다—이렇게 이야기할 수 있는 것은, 붕 새를 비웃는 쑥 풀 사이 작은 새처럼 혹은 가죽나무의 예를 든 혜시가 거론한 뭇사람들처럼 "크고 무용함"을 비웃거나 외면하는 대신 크고 무용한 것을 십분 활용하는 "건들건들" 플랫폼이 근본적으로 보장하는 가치가, 소요유 편 다음 편인 제물론 편 이하 응제왕 편까지의 논의를 전체적으로 조망할 이 책 결론에서 보다 자세히 논하겠지만, 바로 평화이기 때문이다. 달리 말해, 소요유 편 마지막 대목의, 쥐 잡는 것과 같은 작은 일에는 서툰 '큰

---

35 '금강불괴'는 4-5절의 해설에서 도입한 표현으로, **장자** 전반에서 되풀이되는 주요 동기, '어떤 현상에도 해를 입지 않음'을 독자의 눈에 돋보이도록 축약한 것이다.
36 '놀기'는 4-3절 해설에서 선보인 "유遊"의 번역이다.

소'가 맡아 해내는 큰 일 중의 큰 일이 진정한 평화를 이룩하는 일이라는 것. 그런데, 소요유 편 해설을 마무리하면서 보다 깊은 장자 이해를 위해 소개해 두고 싶은, '크고 무용함'에 대한 선진先秦 시대의 논평이 있다.

> 논하는 것이 멀고 깊고 넓고 큰 것은 쓰는 것이 아니니, 외·진·첨·차·상이 설한 것은 다 귀신이다;
>
> 論有迂深閎大非用也，故畏震瞻車狀皆鬼魅也;[37]

이 구절은, 대개 도가 계열의 위모魏牟 · 장로자長盧子 · 첨하瞻何(詹何) · 진병陳駢(전변田駢) · 장주莊周를 일컬어 한 비평이라고 고쳐—즉, 후반부를 '故魏長瞻陳莊皆鬼魅也고위장첨진장계귀매야'로 고쳐—읽는, **한비자** 외저설(좌상) 편의 한 대목인데, 이들이 '다 귀신'이라고 한 뜻은, 같은 편에서 다음과 같은 일화로 풀고 있다.

> 객 중에 제나라 임금을 위해 그림 그리는 자가 있었는데, 제나라 임금이 물어 가로되: "그리기가 제일 어려운 것이 무엇인가?" 가로되: "개와 말이 제일 어렵습니다." "무엇이 가장 쉬운가?" 가로되: "귀신이 제일 쉽습니다. 개와 말은 사람들이 아는 것이고, 아침 저녁으로 앞에 보이는데, [그림이 실물과] 같아질 수가 없으니, 고로 어렵습니다. 귀신은 꼴이 없고, 앞에 보이지 않으니, 고로 쉽습니다."
>
> 客有為齊王畫者，齊王問曰：「畫孰最難者？」曰：「犬馬最難。」

---

37 한문 인용 출처는 도널드 스터전 Donald Sturgeon 박사가 편집한 온라인상 "중국철학서전자화계획中國哲學書電子化劃(https://ctext.org/zh)"에 수록된 **한비자**韓非子로, 디지털화 저본은: 사부총간초편四部叢刊初編본 **한비자**韓非子. 이하의 **한비자** 인용 출처도 같다.

「孰最易者?」曰：「鬼魅最易。夫犬馬、人所知也，旦暮罄於前，不可類之，故難。鬼魅、無形者，不罄於前，故易之也。」

2-1-1절에서 한비자의 스승인 순자의 '물物' 논의가 이를테면 경험론적이라는 점을 거론한 바 있지만, 한비자의 이 도가道家 비판에서도 경험론적 경사가 두드러진다. 요는 감각 경험 바깥의 이야기는 믿을 수 없다는 것. 그런데 한비자가 여기에 등장시킨 화가가 멋대로 그려도 된다고 한 귀신 같은 초경험적 존재를 전제하지 않을 때 어떤 정치가 가능할 것인가? 정치는커녕 경험을 서로 나누는 일조차 가능할 것인가? 여기에 대해 장자는, 소요유 편 서두 해설에서 밑줄을 쳐 둔 '아지랑이와 먼지'의 원인론을 상기하건대, 불가능하다고 답했을 것이다.

방금 본 대로 도가 계통이라고 불릴 만한 일군의 사상가들에게 있는 허황함을 비판한 한비자 자신이, '멀고 깊고 넓고 큰데 무용한(迂深閎大而無用)' 것을 이야기했다고 해도 좋을 노자에 대한 나름의 해석을 **한비자** 해로 편과 유로 편에 남기고 있다는 사실은, 경험을 경험으로 성립시키는 초경험적 존재를 전제하지 않고는 그가 내세운 이상적 통치 플랫폼 역시 작동할 수 없다는 점을 암시하는 것이 아닐까? 경험과 초경험적 존재의 경계는 앞에서 이야기된 '신인神人'의 영역인 막고야의 산과 요임금의 영역인 분수汾水 유역 사이의 경계, 허유와 요임금 사이의 경계가 나란히 은유하는 바라 하겠거니와, 소요유 편 마지막의 플랫폼 논의는 앞에서 제기한 관련 난문을 해소할 길을 보여준다. 즉, '플라톤의 동굴 속'이 은유하는 현상계에서 풀려날 길이—특히, 천하 편에서 살펴본 장자의 최종적 입장에 따르면—없음에도 불구하고 현상계 너머의, '기대는 데 없는 자(無所待者)'의 최종적 실상 내지 도道를 참조하지 않을 수 없다는 인간 조건을 인간의 언어로 어떻게 다룰 때, 천하 분열과 반목의 역사적 조건에서 항구적 평화의 실천으로 난 길을—천하 편의 "성인聖人" 묘사에 나오는 표현을 빌리건대, "도를 문 삼아(以道爲門)"—열 수 있을지를 보여주고 있다는 것이다. 달리 말해, 장자의 말로 된 귀신 그림이—천하 편 관련 묘사대로—멋대로 그려진 듯해도, 꿈을 멋대로 꿀 수 없는 이유도 되는 은유와 환유의 논리를, 그림 성립의 전제로 적극 활용한 결과라는 것.

한편, 순자의 장자 비판을 한마디로 요약한 **순자** 한 구절을 꼽으라면 혜폐 편의 "장자는 하늘에 가려 사람을 알지 못했다(莊子蔽於天而不知人)"를 들 수 있을 것인데, 같은 맥락에서 본, 한층 안정적인 만족 추구 플랫폼으로 옮겨 가자는 소요유 편의 결론적 제안은 인간사가 대체로 그 위에서 전개된다고 할 수 있을, 순자 역시 그에 입각하여 장자를 비판했다고 할 수 있을 상식적인 경험론적 플랫폼의 치명적 약점에 대한 원인론적 진단에서 나온 것이다. 나아가, 이런 진단에 따르면 살자고 하면서 실은 죽음을 부르고 있을 상식적 관념과 가치 체계의 대안으로 장자가 제시한 것이 바로, '감각에 바탕한 경험적 현상계, 그 바깥'을 은유하는 '하늘'을 나온 줄기로 하는—천하 편의 "성인聖人" 묘사에 나오는 표현을 빌려 쓰건대—"이천위종以天爲宗"의 형이상학이라 하겠다. 그런데, 원인론(aitiology)을 중심으로 장자를 이해하는 이 같은 접근이 전례 없이 새로운 시도냐 하면, 결코 아니다. 이런 접근이 매우 오래된 것임은, 순자가 혜폐 편의 저 유명한 장자 비판을 곧바로 부연하여 "하늘로 도를 말한다면, 원인에 골몰하게 된 것이다(由天謂之道, 盡因矣)"라고 한 데서 단적으로 확인할 수 있다. 달리 말해, 순자가 보기에 하늘에 가린 장자는 원인에 집착하여, 3-1절의 천하 편 해설에서 인용한 대로의 위험성을 갖는 '한 구석(一曲)의 앎'에 그쳤다는 것이다. 장자 자신은, '원인에 골몰함'은, 얼핏 보기와는 달리, '어느 한 구석도 빼놓지 않고 다 살핌'을 함축한다고 응수했을 법한데, 실은 **순자** 대략 편에서, 모를 때 요순에게 묻는 것은 '선왕지도先王之道' 하면 요순이기 때문이고, 요순한테도 답이 없는 문제를 '천부天府(하늘 창고)'에 묻는 것은 만유의 변화를 다루는 "육이六貳(6개의 둘)"처럼—즉, 음양陰陽의 둘 중 하나를 6번 선택하여 이루는 64(=2^6)괘처럼—취급 범위가 넓디넓은 것이 하늘 창고이기 때문이라고 하고 있어("不知而問堯舜, 無有而求天府。曰 : 先王之道, 則堯舜已 ; 六貳之博, 則天府已"), 방금 한, 장자가 이런 응수를 했음 직하다는 이야기의 신빙성을 더하고 있다. 하여튼, 순자도 알아본 장자의 원인론 내지 형이상학은 다음에서 검토하는, '하늘 창고' 이야기도 나오는 제물론 편에서 본격적으로 펼쳐진다.

제 5 장

제물론 편

5

5-1.

남곽자기가 자리에 기대 앉아, 하늘을 우러러 탄식하되, 정신 나간 모습이 짝을 잃은 듯했다. 안성자유가 앞에 서 모시며, 가로되: "어찌 이러고 계십니까? 본시 모습은 고사목처럼 보이도록 할 수 있고, 본시 마음은 죽은 재처럼 보이도록 할 수 있는 것입니까? 지금 자리에 기대신 모습, 지난날 기대신 모습이 아닙니다." 자기 가로되: "언, 훌륭하지 않은가 너의 질문이! 지금 내가 나를 잃었는데, 너는 이를 아느냐? 네가 사람들의 피리에서 나는 소리는 들었겠지만 땅 피리 소리는 듣지 못했거나, 땅 피리 소리는 들어도 하늘 피리 소리는 듣지 못했겠지!" 자유 가로되: "[그것을 들을] 방도를 여쭙습니다." 자기 가로되: "큰 덩어리가 기氣 뿜으면, 그 이름을 바람이라 한다. 이것은 일어나지 않고만 있다가도, 일어나면 온갖 구멍이 성내어 흥분한 소리가 난다. 홀로 너만 그 폭풍 같은 소리를 듣지 못했느냐? 산림의 무섭도록 우뚝함, 큰 나무 백 아름에 구멍 나 패인 공간, 코 같고, 입 같고, 귀 같고, 두공 같고, 둥근 잔 같고, 절구통 같고, 깊은 웅덩이 같도다, 진흙탕 같도다; 물결치는 소리로다, 화살 나는 소리로다, 꾸짖는 소리로다, 숨 소리로다, 부르짖는 소리로다, 외치는 소리로다, 바람이 굴 지나는 소리로다, 구슬픈 소리로다, 앞에서 소리를 우웅 메기면 뒤에서 위잉 받는다. 부드러운 바람은 작게 어울리고, 거센 바람은 크게 어울리니, 억센 바람이 자면 뭇 구멍이 빈다. 너만 홀로 잎들이 바람에 사납게 흔들리는 것을 보지 못했느냐 살랑거리는 모습을 보지 못했느냐?" 자유 가로되; "땅 피리 소리인즉 떼 구멍인 것이 맞고, 사람 피리 소리인즉 대나무를 붙여 놓은 피리가 맞습니다. 하늘 피리 소리를 여쭙습니다." 자기 가로되: "구멍 난 피리를 불어

나는 수많은 소리가 다 다르되, 그것이 나온 데를 쓰는 것일 뿐이니, 모두 그 나온 데 따라 취한다면, [성난 구멍을] 성내게 한 자는 누구겠느냐!"

南郭子綦隱几而坐, 仰天而噓, 嗒焉似喪其耦。顏成子游立侍乎前, 曰:「何居乎? 形固可使如槁木, 而心固可使如死灰乎? 今之隱几者, 非昔之隱几者也。」子綦曰:「偃, 不亦善乎而問之也! 今者吾喪我, 汝知之乎? 女聞人籟而未聞地籟, 女聞地籟而未聞天籟夫!」子游曰:「敢問其方。」子綦曰:「夫大塊噫氣, 其名為風。是唯无作, 作則萬竅怒呺。而獨不聞之翏翏乎? 山林之畏佳, 大木百圍之竅穴, 似鼻, 似口, 似耳, 似枅, 似圈, 似臼, 似洼者, 似污者; 激者, 謞者, 叱者, 吸者, 叫者, 譹者, 宎者, 咬者, 前者唱于而隨者唱喁。泠風則小和, 飄風則大和, 厲風濟則眾竅為虛。而獨不見之調調、之刁刁乎?」子游曰:「地籟則眾竅是已, 人籟則比竹是已。敢問天籟。」子綦曰:「夫吹萬不同, 而使其自己[38]也, 咸其自取, 怒者其誰邪!」

방금 읽은 소요유 편을 상기하면, 나아가 천하 편, 대종사 편, 응제왕 편 등과 함께 보면 그 풍부함을 보다 가까이에서 파악할 수 있는 것이 제물론 편 첫 대목이다. 우선, 대화의 주인공 남곽자기가 기대어 앉아 탄식하되 순자가 장자를 일러 거기에 가려 사람을 알지 못했다고 비평한 '하늘'을 우러르며 했다는 것인데, 이후의 대화 역시 하늘로 귀결되

---

38 장자의 표준적 텍스트로 널리 읽히는, 왕효어王孝魚가 구두점을 찍고 교감한 **장자집석莊子集釋**(상上 권 55쪽)에는 "이已" 자가 "기己" 자로 돼 있다. 이 책에서는 "중국철학서전자화계획中國哲學書電子化計劃 (https://ctext.org/zh)"의 디지털화 저본인 속고일총서續古逸叢書본 **남화진경**을 따랐다. 이는 물론, 본문에서 전개한 새로운 이 대목 해석에 결부된 선택이다.

고 있다. 다음으로는 대화 중간의, 이 책 결론 장에서 그 속뜻에 대한 졸견을 밝힐 '고사목처럼 보이는 겉모습과 죽은 재처럼 보이는 속마음'이 나오는 구절에서 **장자**에 친숙한 독자면 상기할 법한 대목이 정나라 점술사 계함에게 열자의 스승 호자가 여러가지 모습을 번갈아 내보여 결국, 혼비백산, 도주하게 만드는 응제왕 편 한 장면인데, 거기 나오는 호자는 남의 미래를 훤히 아는 점쟁이의 눈에 자신이 어떤 모습으로 현상할지를 뜻대로 조절하는 초능력자다. 여기 나오는 남곽자기도 그와 유사한 능력의 보유자인 것으로 보이는데, 이런 능력은 특히 자기를 잃어 보유하게 된 것이다─스스로의 몸과 마음이 고사목과 죽은 재처럼 현상하도록 하는 능력을 가질 수 있는 것이냐는 제자의 질문에 대한 대답이 "내가 나를 잃었다"는 남곽자기의 고백이다. 한편, 앞에서 본 소요유 편에 나오는 이야기로, "자기가 없으면(無己)" 지인至人이고; 천하 편에 나오는 이야기로, 이런 지인은 "참에서 떨어지지 않는다(不離於眞)"; 여기에 더하여, "진인眞人(참 사람)"은 대종사 편을 시작하는 화두다. 그런데, 이렇게 장자의 이 대목 저 대목을 연쇄적으로 환유하는 이 모든 이야기가 4-8절에서 언급한 "이천위종以天爲宗"의 형이상학 내지 '하늘을 나온 줄기로 하는' 원인론으로 향하고 있다. 즉, '내가 나를 잃었다는 것을 너는 아느냐'는 남곽자기의 물음은 곧 '사람이 내는 피리 소리가 아닌 땅이 내는 피리 소리, 하늘이 내는 피리 소리를 너는 듣느냐'는 물음으로 화하고, 이 물음은 다시, 피리 소리가 결국 어디에서 왔다고 해야 할 것이냐는 원인론적 문제로 발전한다.

　　땅에서 나는 여러가지 피리 소리에 대한 저 현란한 묘사의 요지도 결국 어떤 소리가 나는 데가 어찌 생겼느냐가 그 소리의 특성을 좌우한다는 것이다. 그리고 이런 요지를 복선으로 깐 소리 묘사를 듣고 난 안성자유는, 현상계 안이라고 할 수 있을 사람과 땅의 피리 소리와 이들의 얽힘은 이해하겠는데 그 바깥이라고 해야 할 하늘의 피리 소리는 아직 모르겠다며 묻고, 남곽자기는, 미리 깔아 놓은 저 복선에 따라, 피리 소리들이 서로 어울리되 각기 다른 것은 소리가 나오는 출처의 서로 다름을 취했기 때문이라고 하면서 사람과 땅의 다양한 피리 소리를 내는 서로 다른 원인들을 자극하여 결과로 이끄는 최종 원인은 결국, 순자가 장자를 일러 여기에 가려 사람을 알지 못한다고 한 '하늘'에 있음을 암시한다. 여기서 이 새로운, 필자 나름으로 한 해석의 단서를 밝히면, 그것은 피리 소리 묘사 서두에서 바람이 일면 구멍들이 성난다고 할 때의 '성낼 노怒' 자와 이 대목 말미의 질문에 있는 "노자怒者"를 함께 놓고 본 데 있다.

즉, 앞에서 '성내는 것은 구멍들'이라고 했으니 뒤의 질문을 '성내는 자가 누구인가'로 해석하는 것은 이미 답을 이야기한 질문을 새삼 하는 것이 되어 불합리하므로 "노자怒者"의 능격동사[39] "노怒"가 여기서는 사역의 의미를 띠는 것으로 보아 '성내게 하는 자는 누구인가?'로 해석하는 것이 온당하겠다는 것이다. 나아가 그 직전의, '수만 가지 소리가 다 다름은 나온 데에—달리 말해, 원인에—따라 다른 것이다'는 말에 주의하여 '성난 구멍들이 성내도록 하는 자는 누구인가?'로 해석하는 것이 온당하겠다는 것이다. 다시 정돈해서 말하면, 피리 소리의 서로 다른 꼴을 좌우하는 피리 소리 나는 데를 자극하여 수만 가지 소리가 나도록 하는 최종 원인은 어디 있느냐는 물음으로 해석하는 것이 온당하겠다는 이야기가 되고, 나아가, 이 원인론적 물음에 대한, "하늘을 우러러(仰天)"가 있는 처음부터 주욱 암시된 대답이 다름 아니라 '하늘(天)' 내지 '하늘 피리 소리(天籟)'이겠다는 것이다. 이상의 추론은 전 장 말미에 **순**

---

39 능격동사에 대해서는 3-4절의 관련 해설 참조.

자 혜페 편에서 인용한, 하늘과 원인을 결부시킨 장자 비평에 주목할 때 한층 강화되는데, 이런 인과 관계가, 앞에서 매기는 소리와 뒤에서 화답하는 소리 사이의 조화로운 관계와는 전혀 다른 것임은, 현상의 바탕을 이루는 원인론적 관계의 원천인 "큰 덩어리(大塊)"의 기氣 뿜기가 멈추고, 바람으로 찼던 '뭇 구멍이 비면', 매기고 화답하던 소리들 사이의 관계도 사라질 것임을 시사하는 묘사를 통해 암시되어 있다. 그리고 이 점에 대한 조명은 이다음 대목에서 계속된다. 끝으로, 남곽자기의 제자 안성자유는 공자의 제자 자유와 그 이름이 "언偃"으로 같은데, 이런 사실의 함의는 이를 지적한 3-2절 각주 14의 관련 본문에서 이미 이야기한 바 있다.

5-2.

큰 앎은 널찍하여 대범하고, 작은 앎은 작은 틈도 놓치지 않는다; 큰 말은 그 아름다움이 성대하고, 작은 말은 수다스럽다. 잠이 들면 혼이 교섭하고, 깨면 몸이 열려, 접하여 합치느라, 날마다 마음은 싸운다. 너그럽다, 깊다, 정밀하다. 작은 두려움은 초조한 모습이고, 큰 두려움은 넋 놓은 모습이다. 당긴 시위의 발사대 화살처럼 발한다, 이 말 이르는 것이 시비 가리기 하는 마음이다; 맹세처럼 움직이지 않는다, 이 말 이르는 것이 이기기를 고집하는 마음이다; 가을과 겨울처럼 쇠한다, 이 말 이르는 것이 날로 쇠하는 마음이다; 마음이 위하는 바에 마음을 빠뜨려, 이것을 다시 건질 수 없게 된다; 마음을 빠뜨려 젖게 하는 것이 봉함과 같다, 이 말 이르는 것이 그것의 낡아 망가진 수로 같음이다; 죽음이 가까운 마음, 무엇도 다시 양양하게 할 수 없다. 희로애락, 걱정·한탄·변덕·고집, 조증·안일·솔직함·꾸밈; [피리 같이 속이] 빈 데서 음악이 나오고, [텅 빔처럼 일정 형태가 없는] 증기가 버섯을 키운다. [명백히 서로 다른] 낮과 밤이 앞에서 교대하는데, 이들이 나온 데를 아무도 모른다. 두어라 두어라! 일출과 일몰이 낮과 밤의 교대를 얻지만, 이들이 말미암 는 바로써 생기는도다!

大知閑閑, 小知閒閒; 大言炎炎, 小言詹詹。其寐也魂交, 其覺也 形開, 與接爲構, 日以心鬪。縵者, 窖者, 密者。小恐惴惴, 大恐 縵縵。其發若機栝, 其司是非之謂也; 其留如詛盟, 其守勝之謂 也; 其殺如秋冬, 以言其日消也; 其溺之所爲之, 不可使復之也; 其厭也如緘, 以言其老洫也; 近死之心, 莫使復陽也。喜怒哀樂, 慮嘆變熱, 姚佚啟態; 樂出虛, 蒸成菌。日夜相代乎前, 而莫知其 所萌。已乎已乎! 旦暮得此, 其所由以生乎!

이 대목의 화제는 '마음(心)'이다. 서두의 앎과 말도 마음의 앎이고 마음의 말이다. 이런 앎과 말의 크기는 곧 마음의 크기이다. 바로 이 점 을 염두에 두고 원문에 긴박돼 있는 졸역을 느슨하게 푼 것이 다음이다: 앎의 주체인 마음이 크게 알 때는 예컨대 '남녀유별'에 있는 규범적 차 이에 대해 대범하지만 작게 알 때는 작은 차이에 집착하여 꼬치꼬치 가 불가를 따진다; 큰 마음이 말을 내면 아름다움이 흘러 넘치는 말이 되지 만 작은 마음이 말을 내면 수다스럽다; 마음은 잠을 잘 때나 깨어 있을 때나 대상과 얽혀 있어 늘 싸운다; 마음의 본성은 너그럽고 깊고 정밀하 다; 그렇다고 하더라도 작게 두려워할 때는 초조하고 크게 두려워할 때 는 넋을 잃는다; 발사되려는 화살 같다 함은 시비를 가릴 때의 마음을 이른다; 맹세처럼 굳다 함은 이기기를 고집하는 마음을 이른다; 가을과 겨울 같다 함은 쇠해 가는 마음을 이른다; 한번 어디에 꽂힌 마음은 되 돌이킬 수 없으니; 되돌릴 수 없게 젖어버렸다 함은 낡아 망가진 수로의 형국에 이른 마음을 이른다; 한번 죽으면 되살릴 수 없고 죽는다는 것은 결국 마음이 죽는 것이니, 죽음에 가까운 마음은, 젖어버린 마음을 원래로 되돌리는 것이 불가능한 것과 마찬가지로, 양양한 생으로 되돌릴 수 없는 것이다; 기쁨과 노여움에서 깨치고 의도함에 이르는 여러 양태가 마음에 있는데; 마음의 여러 양태에 상응하는 음악은, 피리 소리가 그런 것처럼, 빈 데서 나오고; 증기처럼 일정 형태가 없는 빈 것이, 버섯 같이 형태가 있어 공간을 채우는 것을 이룬다; 낮 다음에는 정반대인 밤이 나타나고 그 다음에는 다시 낮이 나타나지만, 낮과 밤이 어디에서 나는지, 그 원인은 아무도 모른다; 사실 알 수도 없는 것이니, 원래 빈 데서 나온 소리 같은, 마음에 나타나는 현상의 원인은, 파악되지 않는 무형의 존재로 마음에 짚힐 것이기 때문이다; 낮과 밤의 교대가 이루어지는 일출·일몰은, 서로 정반대인 낮과 밤이 우리에게 나타나기 직전에 나타나는 현상임에도 그 직후에 나타나는 낮과 밤이 생기도록 하는 원인일 수는 없다. 달리 말해, 원인이 결과에 선행한다는 논리로는 낮과 밤 같은 현상의 참 원인을 찾지 못한다.

일출과 일몰이 낮과 밤의 생성 원인일 수 없는 것은, 직전의 유사 대목을 상기하건대, 앞에서 매기는 소리가 뒤에서 화답하는 소리의 원인일 수 없는 것과 같다. 이 책에서 장자가 뜻한다고 보는 원인은 현상 형태에 따라 이름할 수 있는 것이 아니다. 그것은 그것을 그것이라고 알아볼 수 있는 형태가 없어서, 형태와— 8-4절에서 설명하는—형形·명名의 짝을 이룰 이름 역시 없는 것이다. 반면, 시비를 가릴 때의 마음, 이기기를 고집하는 마음, 쇠해 가는 마음, 어디에 꽂혀 젖어버린 마음 등은 모두, 위에서 본 것처럼, 이름을 써서—비유로라마 말로—이를 수 있는 것이고, 따라서 상응하는 형태도 가진 것이어서 그것이 나온 자리의, 무엇이라 꼬집어 말할 수 없는 텅 빔과는 전혀 다른 것이다. 달리 말해, 이렇게 말로 이를 수 있거나 희喜·노怒·애哀·락樂 같은 이름을 가진 마음의 양태는, 텅 빈 같은, 이름할 수 없는 존재로 인因하여 나타나는 '마음의 현상'에 불과하므로 원인이 결과에 대해 갖는 능동적 힘이 없다. 그래서 이 대목에서 거론한 죽음에 이르는 숙명적 행로에 대해서도 선택의 여지가 없이 수동적으로 겪을 뿐이다. 그리고 이것이 제물론 편 이 대목에서 원인론적으로 개진된 마음 현상학의 요지다.

5-3.

저것 아니면 나는 없고, 나 아니면 취함의 대상은 없다. 이 또한 가깝다 해도, 이렇게 되도록 하는 존재는 모른다. 진실로 사주하는 주재자가 있어도, 그 조짐은 파악이 외려 안 된다. [그이는] 따르면 돼서 벌써부터 믿고는 있으나, 그 모습은 만나지 못하니, 있다는 정은 있으나 형形은 없다. 백 개의 뼈/ 아홉 개의 구멍/ 여섯 개의 장기, 갖춰져 있으니, 나는 누구와 친할까? 너(안성자유)는 모두 좋으냐? 혹은 특별히 좋은 쪽이 있겠지? 이렇다면 모두가 또한, 섬기는 역할을 하는 셈인지 모르겠는데, 섬기는 자들이 스스로 다스리기에는 아마 부족하지 않겠는가. 서로 돌아가며 군주와 신하가 되는 것인지 모르나, 아마 참 군주가 있어 이들을 보존할 것이다. 관련 실정을 구해서 구할 수 있다 해도 없다 해도, 그 진상에서 더하거나 빼는 것은 없다. 한번 그 된 모습 내지 형形을 받으면, 다할 때까지 죽지 않는다. 현상계에서 서로를 베고 서로를 닳도록 하여, 그 역정 다하기를 내닫는 것 같이 하므로, 누구도 이를 막을 수 없음, 슬프지 않은가! 종신토록 역할을 다하고도 공 이루는 것은 보지 못하고, 그 역할에 지쳐 피로한 모습임에도 돌아갈 데를 모르니, 아니 슬플 수 없다! 사람이 이를 일러 죽지 않았다고 해도, 무슨 이득인가? 그 모습 바뀌고, 그 마음도 이와 같으니, 크게 슬프다 말해지지 않을 수 있겠는가? 사람 생이란, 원래 이렇게 어둑어둑한 것인가! 나만 이렇게 어두운가, 다른 사람들 중에는 어둡지 않은 이가 있을 것인가!

非彼無我，非我無所取。是亦近矣，而不知其所為使。若有真宰，而特不得其朕。可行己信，而不見其形，有情而無形。百骸、九竅、六藏，賅而存焉，吾誰與為親？汝皆說之乎？其有私焉？如是皆有，為臣妾乎，其臣妾不足以相治乎。其遞相為君臣乎，其有真君存焉。如求得其情與不得，無益損乎其真。一受其成形，不亡以待盡。與物相刃相靡，其行盡如馳，而莫之能止，不亦悲乎！終身役役而不見其成功，苶然疲役而不知其所歸，可不哀邪！人謂之不死，奚益？其形化，其心與之然，可不謂大哀乎？人之生也，固若是芒乎！其我獨芒，而人亦有不芒者乎！

그것 없으면 없을 "내(我)"가 없으면 또한 나타날 데 없는 "저것(彼)" 내지 '저 현상'의 세계를 낳아 다스리는 원인은 그것이 작용한다는 것은 알 수 있지만 파악은 할 수 없다는 위의 이야기 가운데 눈에 띄는 것이 현상계를 이루는 요소들이 일종의 민주 체제를 형성하여 자치할 가능성인데, 이것이 실제 그런가 하는 문제를 화자는, 장자 당대에도 지배적인 정치적 참조항으로 군림했을 '군주와 신하의 차이'를 거론하면서, 참 군주가 실제 있는지 없는지는 알아도 진상에 영향이 없다는 말로 제쳐 둔다. 그리고 여기에 이어, 제물론 편 처음에 등장한 남곽자기라고 봐야 할 이 대목 화자는, 앞에서 "백 개의 뼈, 아홉 개의 구멍, 여섯 개의 장기"가 다 좋으냐고 그에게 물었던 청자를 두고, 한번 "된 꼴(成形)"을 받고 나면 이후에는 선택의 여지 없이, '참 군주'에 비유된 '원인'이 설정한 숙명의 슬픈 길을 따라 종막을 향해 치닫는데도 바로 이 '원인'은 모르니 근본적으로 캄캄한, 죽음보다 나을 것 없는 무지의 삶을 사는 것이 예외 없이 다 그런 것이냐고 묻는다. 여기에 이어, 자신만 그런 것이냐, 사는 것들 중에는 이렇게 캄캄하지 않은 예외도 있는 것이냐며 안타까워하고 있다. 한편, 이어지는 대목에서는 바로 이렇게 예외적으로 캄캄하지 않은 이에게만 시비 판단의 자유가 있는 것은 아니잖느냐고 하면서, 시비 판단은 이 대목에서 이야기된 "된 모습(成形)"에 상응하는 "된 마음(成心)"을 가진 누구나가 하는 것이라고 이야기하는데, 바로 그래서 천하가 찢어지고 도道는 숨은 것이라는 이야기이겠다.

덧붙여, 특이하게 번역한 구절이, 접속사 "이而"로 이어진 다음 구절("不見其形")과 암묵적 주어(나: '我')를 공유하는 것으로 본 "[그이는] 따르면 돼서 벌써부터 믿고는 있으나(可行已信)"인데, 형용사 '가可'에 곧장 붙은, 목적어 없는 타동사는 수동의 의미로 해석한다는 점을 고려하여 "가행可行"을 '[내(我)가] 이끌어질 수 있다'로 새긴 다음, 번역이 매끄럽도록 다듬은 결과다. 즉, '내가 그에 의해 이끌어질 수 있으니 벌써부터 그를 믿고 있으나'를 다듬은 결과이다.

5-4.
그 된 마음을 따르고 스승 삼으니, 누가 유독 따르는 스승이 없겠는가? 어찌 반드시 [낮과 밤의 교대 같은 현상의] 교대를 [원인론상으로] 알고 마음 나온 데 따라 취한 자라야 스승이 있겠는가? 멍청해도 있다. 마음은 아직 되지 않았는데 시비의 분별을 한다, 이는 '오늘 월나라로 갔는데 어제 도착했다'는 말과 같다. 이는 없는데 있다 하는 것이다. 없는데 있다 하면, 신령스러운 우임금이라 해도, 어찌할 바 모른다. 나라고 어찌할 것인가! 말함은 피리 부는 것이 아니다. 말하는 자에게는 하는 말이 있는데, 헛되게도 그 말하는 바는 정해놓지 않았다 한다. [그렇다면] 과연 말이 있는 것인가? 아니면 말은 결코 있어 본 적이 없을 것인가? 이것이 새끼 새 소리와 다른 것이라 하면, 또한 그로써 가리는 말이 있는 것인가, 가리는 말이 없는 것인가? 도는 무엇에 숨겨져 진위가 있나? 말은 무엇에 숨겨져 시비가 있나? 도는 어디로 가고 보존되지 않겠는가? [도와 함께 보존되는] 말은 어디에 보존되고 아니 되겠는가? 도는 작은 이룸에 숨겨지고, 말은 이름 드날림에 숨겨진다. 그래서 유묵의 시비가 있어, 그 부정하는 바를 긍정하고, 그 긍정하는 바는 부정한다. 그 부정하는 바를 긍정하고 그 긍정하는 바를 부정하기를 원하는 것, 이명以明 (밝음에 의함)만 하지 못한 것이다.

夫隨其成心而師之, 誰獨且無師乎? 奚必知代而心自取者有之? 愚者與有焉。未成乎心而有是非, 是今日適越而昔至也。是以無有 爲有。無有爲有, 雖有神禹, 且不能知, 吾獨且奈何哉! 夫言非吹 也。言者有言, 其所言者特未定也。果有言邪? 其未嘗有言邪? 其 以爲異於鷇音, 亦有辯乎, 其無辯乎? 道惡乎隱而有眞僞? 言惡乎 隱而有是非? 道惡乎往而不存? 言惡乎存而不可? 道隱於小成, 言 隱於榮華。故有儒、墨之是非, 以是其所非, 而非其所是。欲是其 所非而非其所是, 則莫若以明。

우선, 이 대목의 "'교대(代)'를 알고 마음 나온 데에 따라 취한 자(知 代而心自取者)"는 직전 대목에서 있느냐고 물었던 '예외적으로 캄캄하 지 않게 사는 자'이고, 저 "교대(代)"를 단서로 제물론 편 앞으로 좀 더 거슬러 올라가면, 5-2절에서 마음을 화제로 했다고 해설한 대목의 "낮 과 밤이 앞에서 교대하는데, 이들이 나온 데를 아무도 모른다(日夜相代 乎前, 而莫知其所萌)"의 예외다. 그런데 이 같은, 낮과 밤의 교대 같은 '현상의 교대'에 관련된 이야기는, 졸견으로, 제물론 편 맨 처음에 등장 한 남곽자기의 두 번째 대답 속에 있는 '다양한 바람 소리들 사이의 관 계와 그것이 기대고 있는 원인'에 대한 이야기의 변주이다. 그러니까 이 대목에서도 남곽자기를 화자로 내세운 우언寓言 내지 중언重言이 계속되고 있다는 것인데, 제물론 편을 하나의 전체로 이해하는 데도 유리한 이런 해석에 따른다면, 현상의 '원인'을 파악했거나 파악하지 못했거나 간에 모든 이가 스승 삼는다고 한 마음은, 5-2절에서 다룬 대목에서 본 대로, 당겨진 화살처럼 시비 가리는 일에 뛰어 들어 이기려는 충동에—원인 파악이 안 되는 대부분의 경우—휘둘릴 것이다. 따라서 유묵의 시비도 근본적으로는 시비 가리는 일에 앞뒤 가리지 않고 관여하여 이기기를 고집하는 마음에서 비롯한 현상에 다름 아닌 것일 터인데, 이 대목에서는 이런 인과를 조금 다른 측면에서 풀고 있다.

예컨대 시비 가리는 논쟁에서의 "작은 이룸(小成)"에 도道가 숨겨지고 "이름 드날림(榮華)"에 말이 숨겨지는 바람에 진위와 시비의 구분이 생겼다고 이야기하고 있다는 것. 구체적으로는, 상대가 긍정하는 것은 부정하고 상대가 부정하는 것은 긍정하는 유묵의 시비가 생겼다고 이야기하고 있는데, 이 대목의 "작은 이룸(小成)"을 대극에서 반대로 은유할 '큰 이룸(大成)'은 서로 찢겨 시비를 다투기 전의 천하를 회복하여 도를 다시 드러내는 이룸일 터, 여기에 비하면, 예컨대 논변술 분야의 전문적 이룸은 그 휘황함에도 불구하고 작은 이룸일 수밖에 없다. 같은 맥락에서, "이름 드날림(榮華)"은 이런 작은 이룸이 도가 숨겨진 상황에서도 수반하는—예컨대 5-7절에서 다루는 대목에 나오는, 각자 탁월한 전문성을 성취한 소문, 사광, 혜자의 경우에 보는 것과 같은—명예라고 풀게 된다. 그런데 이 '이름 드날림'이 숨긴 말은, 이 대목에서 잡음과 다름 없다 한, 유묵의 시비를 다투는 말과는 다른 말이다.

방금 유묵의 시비에 얽힌 말과는 다른 말이라 한 바는 우선, 이 대목의 표현으로는 '작은 새 소리와 달리 말은 특정하는 바가 있는지 없는지'를 문제 삼을 때의 말과 같은 유類이니, 천하 편 말미에서 살펴본 혜시의, 세계와 겉돌 가능성에 대해 무관심한 말과는 유가 다르다. 반대로, 이 말은 이 대목의 "도는 어디로 가고 보존되지 않겠는가? [도와 함께 보존되는] 말은 어디에 보존되고 아니 되겠는가?(道惡乎往而不存？言惡乎存而不可)?"에서 보는 것처럼 도道가 도처에서 존재를 펼칠 때마다 자신과 함께 맞물려 펼쳐지도록 '되고 안 되고'가 제어되는 말이다. 즉, 4-3절에서 주목한 "여섯 가지 기氣를 가리는 말을 제어하여 놂(御六氣之辯)"을 환유하는 말, 한마디로 하면, '치언卮言'이다. 달리 말해, '채워지면 비워지고 비워지면 채워지는 잔인 '치(卮)'의 말'이라고도 풀 수 있을 '치언'처럼 자신이 특정하는 바가 함께 움직이도록 제어된 말이다. 4-3절에서 이야기된 대로, 이런 말을 제어한다면 '놂(遊)'이 '건들건들(逍遙)' 무궁할 것이다.

　　방금 부각한 '치언卮言'류와 같은 차원에 속하되 일응 구분되는 소리가, 제물론 편 처음에 언급된 저 "하늘 피리 소리(天籟)"일 터인데, 다른 한편, 이런 말·소리가 속한 차원과는 다른 차원에 속하여 죽음을 향해 치닫게 마련인 인간의 진실된 복은, 스스로에게는 들리지도 않기 십상인 이런 말 및 하늘 피리 소리와—되고 싶어도 되기가, 불가능하지 않다면, 지극히 어려운—하나가 되는 것이 아니라, 운 좋게 접한다 해도 특별한 도움 없이는 이해 못할 저 말·소리가 유래한 차원에서 베풀어진 도道 플랫폼에 근거한 자유와 생명을 잘 누리는 데 있을 터이다. 그리고 이렇게 다른 차원에서 베풀어진 가능성을—무엇보다도, 자유로운 가운데 누리는 진정한 평화의 가능성을—주어진 여건과 함께 명철하게 데이터로 파악하는 능력, 이를 장자는 "밝음(明明)"이라 한 것일 터인데, 이 밝음을 천하 편 서두에서 일러 말하기를, 자신과는 나온 데가 다른 신神과 짝지어져 '신명(神明)'이 되었다고 했다. 나아가, 3-6절에서 그에 대한 장자의 결론적 대답을 살피고 4-8절에서 그의 접근법을 살핀, 그의 원인론에 도사린 핵심적 난문의 해결사 하나가, 이 대목 마지막에 등장한 "밝음(명明)", 이다음 대목의 성인이 하늘에 비추어 보는 '밝음'이다. 하여 이 밝음이, '저(彼)' 묵가가 부정하는 것은 긍정하려고 하고 긍정하는 것은 부정하려고 하는 '이(是)' 유가 같은 존재들 간의 시비도 지양하여, 찢어진 천하를 치유할 밝음이라는 이야기는 계속된다.

5-5.
현상계에는 저것 아닌 것이 없고, 이것 아닌 것이 없다. 저것에서부터인즉 보이지 않고, 앎에서부터인즉 안다. 그래서 이르기를: "저것은 이것에서 나오고, 이것은 또한 저것에 달렸다. 저것·이것, 다 함께 생긴다는 설이다. 그럼에도, 방금 났는데 곧 죽고, 방금 죽었는데 곧 산다; 방금 [그래도] 됐는데 곧 안 되고, 방금 안 된다 했는데 곧 된다; 옳음으로 인함은 그름으로 인하고, 그름으로 인함은 옳음으로 인한다. 이래서 성인은 [생사, 되고 안 되고, 시비에] 말미암지 않고, [종잡을 수 없는] 이들을 하늘에 비추지만, 이 또한 이것(옳음)으로 인한 것이다. 이것이 또한 저것이고, 저것이 또한 이것이다. 저것이 또한 하나의 옳음·그름(是·非)인 것이고, 이것이 또한 하나의 옳음·그름인 것이다. 과연 저것 이것이 있는 것인가? 과연 저것 이것이 없는 것인가? 저것 이것이 짝을 얻지 못한다, 이를 일러 도의 축이라 한다. 축이 그것의 둥근 고리에 들어맞기 시작하면, 그러면 응함이 무궁이다. 시비是非의 옳음도 하나의 무궁이고, 시비의 그름도 하나의 무궁인 것이다. 그래서 가로되: "이명以明(밝음에 의함)만 한 것이 없다."

物無非彼, 物無非是。自彼則不見, 自知則知之。故曰: 彼出於是, 是亦因彼。彼是, 方生之說也。雖然, 方生方死, 方死方生; 方可方不可, 方不可方可; 因是因非, 因非因是。是以聖人不由, 而照之于天, 亦因是也。是亦彼也, 彼亦是也。彼亦一是非, 此亦

一是非。果且有彼是乎哉? 果且無彼是乎哉? 彼是莫得其偶, 謂之
道樞。樞始得其環中, 以應無窮。是亦一無窮, 非亦一無窮也。故
曰「莫若以明」。

'물物'의 번역 문제를 2-1-1절에서 다루면서 이 책에서 잠정적으로
택한 '현상'이라는 역어로는 그 뜻을 전하는 데 부족하다는 이야기를 했
는데, 편의상 이를 시각적 경험으로 좁혀 풀면, 우선 물은 보이는 것이
라 하겠다. 그런데 '보이는 것'이라 함은 보는 자를 전제하는 말이고, 보
이는 것과 보는 자가 가까울 때는 '이것(是), 멀 때는 '저것(彼)이라 이
를 터이다. 나아가, 화자가 '이것'이라 이르는 것의 객관적 위치를 이를
테면 '삼각측량법'으로 잡아줄 청자 쪽 '그것'에 해당하는 어휘가 장자의
고대 중국어엔 없어서, 상식이 전제하는 객관적 세계를 뒤엎는 형이상
학을 쌓는 벽돌이 됐다고도 할 '장자의 물'은, 보이는 것뿐 아니라 보이
는 것과 보는 이의 관계까지 포괄한다. 그리고 이런 관계가 거리를 기준
으로 바뀜에 따라—예컨대, 보는 이의 상대적 관점에 따라—저것이 이
것 되고 이것이 저것 되지만, 이들이 과연 무엇인지는 저것·이것(彼是)
의 현상계에서는 드러나지 않는다. 그 정체는 앎에 의해서만 알 수 있
다. 바로 이런 이유로 "저것에서부터인즉 보이지 않고, 앎에서부터인즉
안다(自彼則不見, 自知則知之)"라고 한 것이겠는데, 여기서 엿볼 수
있는 그림자가 혜시의 그림자다.

구체적으로는, 3-7절에서 해설한 천하 편 혜시 관련 대목에 나오는
"해는 방금 중천이었는데 곧 기울고, 현상의 존재는 방금 났는데 곧 죽
는다(日方中方睨, 物方生方死)"가—보는 관점을, 예컨대, 억겁의 시간
에서 취하면 중천의 해와 기운 해 사이의 차이, 삶과 죽음의 차이가 간
발에 불과한 것이 된다는 점에 착안하면 이들 역설이 쉽게 풀린다고 한

이 책의 해석을 상기하건대—어떤 현상을 대상 삼는 이가 현상과 맺는, 관점 같은 관계까지 함축적으로 뜻하는 '물物'을 묘사한 전형적인 예이다. 사실 혜시의 "물이 방금 났는데 곧 죽는다(物方生方死)"는 이 대목에 거의 그대로 인용돼 있는데, 장주가 혜시와 갈라지는 지점은, 앞에서도 몇 번 이야기된 바이지만, 장주는 관점과 같은 발언의 숨은 전제를 지금 혜시의 명제에서 보는 것처럼 논의의 전경으로 끄집어내는 데 그치지 않고, 발언 대상 너머의 하늘을 원인론적으로 추적했다는 데 있다. 아니나 다를까, 이어지는 이야기가, 성인은, '종잡을 수 없는 현상'을 통하기보다는, "하늘에 비춘다(照之于天)"는 것이다. 즉, 하늘에 비추어, 저것·이것(彼是)의 정체가 무엇인지를 파악하는 이가 성인인데, 그러나, 성인의 이런 정체 파악도 파악하는 주체와 파악되는 대상의 관계를 전제하는 한 여전히 저것·이것의 논리에 긴박되어 있다. 하여 이 "또한 이것으로 인한 것이다(亦因是也)." 그런데 바로 이 구절에서 미묘한 전환이 일어난다.

방금 주목한 '성인의 파악'을 이야기할 때의 "이것(是)"은 저것·이것(피彼·시是)의 '저것(彼)'을 반대로 은유하는 동시에 옳음·그름(시是·비非)의 '그름(非)'도 반대로 은유하여—즉, 저 "또한 이것(是)으로 인한 것이다(亦因是也)"는 "또한 옳음(是)으로 인한 것이다"도 뜻하여—결국 '이것에 다름 아닌 저것도 하나의 시·비요, 저것에 다름 아닌 이것도 하나의 시·비'라는 구절을 환유하는 고리가 된다. 그런데 이렇게 환유된 구절에서의 '이것'은, '저것(彼)'과 '이것(是)'의 은유 쌍으로 된 '피彼·시是'의 대립항과 '옳음(是)'과 '그름(非)'의 은유 쌍으로 된 '시是·비非'의 대립항을 겸할 수 있는 '이것(시是)'이 아니라 이렇게 겸할 수 없는 "이것(차此)"으로 표현되어, 하늘에 비추는 성인의 등장으로 지양 대상이 되는 지점까지 전개된 논의의 핵심적 논리가 다음과 같은 것임을 확인

해 주고 있다: 파악되는 대상과 파악하는 주체의 관계가 거리를 기준으로 달라져서, 달리 말해 운동에 따른 변화에 따라 달라져서, '이것은 저것'인데도 여전히 '이것은 이것'이라 함은 그르다. 즉, 이것이 저것이 되고 저것이 이것이 되면, '이것은 이것이다'가 옳고 '이것은 저것이다'는 그른 말이었지만 이제는 전자가 그른 말이 되고 후자가 옳은 말이 되는 식으로 옳음이 그름을—밤이 정반대인 낮을 대체하듯이—대체하고 그름이 옳음을 대체하는, 시비의 상대화에 따른 혼동에 끝이 없게 된다는 것이다. 그래서 "옳음으로 인함은 그름으로 인하고, 그름으로 인함은 옳음으로 인한다(因是因非, 因非因是)"에서 보는 바와 같은 혼동이 끝 없어지는 사태를 면하는, 하늘에 비추는 "밝음(明)"에 의하는 쪽이 낫다는 것이다. 종합하면, 성인처럼 대상을 하늘에 비출 때, 파악하는 주체와 파악되는 대상의 상대적 저것·이것(彼是) 관계에서 풀려난, 대상과 주체 그 자체의 무엇임을 드러내는 옳음(是)에 조회할 수 있게 된다는 것이다. 그런데 어떻게 풀려난다는 것인가?

"장자" 전체를 놓고 간단히 말하면, 홀로 멈춤으로써 풀려나는데, 이 대목에서는 이렇게 풀려난 존재를 일러 "도의 축(道樞)"이라고 하고 있다. 즉, '저것(彼)'과 '이것(是/此)'이 서로의 반대 "짝(偶)"으로서 서로를 내적으로 은유하는 것과 같은 현상적 관계에서 해방되어 자기 동일성을 모종의 부동 상태에서 유지하는 것이 도의 축이다. 사실, 제물론 편 서두에서 시작돼 지금도 계속되고 있는 남곽자기와 안성자유의 긴 문답을 촉발한 것이 바로 전자의 "짝(耦)"이 없는 듯한 모습이었던 것이다. 한편, 여기서 "도의 축"으로 옮긴 "도추道樞"는 '도의 수지도리'라고 옮기는 것이 더 나은 측면이 있다.[40] 즉, 그 다음에 나오는 "그것의 둥근 고리

---

40 시라카와 시즈카(2021, 941쪽)의 해설에 따르면, '추樞'는 '축문이 담긴 그릇을 많이 놓고 기도하는 숨겨진 장소(區)'의 출입문 회전축을 의미한다.

에 들어맞음(得其環中)"의 "둥근 고리(環)"를 암지도리로 읽어 이들 표현이 포함된 문장들을 전체적으로는 암지도리에 수지도리가 제대로 끼워져 '도道에 다름 아닌 문'을[41] 쉽게 여닫을 수 있게 된 구체적 모습을 그린 것으로 선명하게 이해할 수 있게 되는 이득이 있다. 그러나 이런 이득에도 불구하고 최종적으로는, '짝이 없는 다른 한편으로 암지도리를 짝으로 가진 수지도리'라는 모순도 '정치적 올바름'과 관련한 시비의 가능성도 피할 수 있으면서 많은 독자들에게 '도의 수지도리'보다는 친숙할 '도의 축'을 택한 것이다.

덧붙이건대, 5-7절의 해설에서 소개하는 '경계 없는 하나' 역시 이 대목의 "도의 축(道樞)"처럼 짝 없이 '홀로(獨)'인 존재다. 즉, 반대로 은유하는 바가 없는 자체적 존재다. 나아가, 어떤 물物이, 짝이 없는 듯한 모습의 남곽자기가 스스로를 일러 말한 것처럼 "자기를 잃고(喪我)" 홀로된 '도의 축'으로서—이 대목에서 이야기된 바와 같이—변화에 무궁히 응應하여 만사를 주재할 때, 그를 일러, 장자가 내편 마지막 편의 제목으로 삼은 '응제왕應帝王'이라 부를 것인데, 이는 장자 자신도 완전히 해명해내지는 못했다고 고백한 경지다. 다음은 천하 편에 있는 문제의 고백: "그가 화함에 응하고 현상에서 풀려나는 데서, 그가 이치에서 다하지 못함, 그가 허물 벗지 못할 것임은, 어지럽고 어둡도다, 이를 [즉, 화함에 응하고 현상에서 풀려남을] 이루 다하지 못했음이다(其應於化而解於物也, 其理不竭, 其來不蛻, 芒乎昧乎, 未之盡者)."

한편, 위에서 이야기한 '미묘한 전환'은, 저것과 이것의 대립쌍을 삶과 죽음, 그래도 됨과 안 됨, 그리고 옳음과 그름의 대립쌍으로 치환하여 예비한 수순의 일부다. 이런 치환을 통해 저것·이것(彼·是)의 대립쌍

---

41 '도道에 다름 아닌 문'이라는 표현은, 천하 편 서두의 성인聖人 묘사에 있는 '도를 문 삼는다(以道爲門)"에서 온 것이다.

의 은유가 된 죽음·삶(死·生)의 대립쌍은 또한 "저것·이것, 다 함께 생긴다는 설이다(彼是, 方生之說也)"의 "생김(生)"에 가까워 환유되었을 것이거니와, 생사를 가르는 경계와 가까워 환유된 '됨(可)'과 '안 됨(不可)'의 경계는, 여기에 이웃한 옳음과 그름의 경계로 재차 환유된다. 그리고 이런 환유적 연쇄의 마지막 대립쌍인 '옳음과 그름(시是·비非)'의 "시是"를 후속 환유의 핵심적 고리로 정위함으로써 위에서 이야기한 미묘한 전환은 그야말로 천의무봉의 전환이 되었다 하겠다. 나아가, 홀로 불변인 '도의 축'과는 달리, 자신과 은유 쌍을 이루는 짝으로 화하는 저것과 이것의 자리에 치환될 수 있는 대립쌍의 열거가 삶과 죽음, 됨과 안 됨, 옳음과 그름에 그치지 않고 언어의 은유/환유 축을 따라 더 연장될 수 있음은 '저것·이것(彼是)'에 가까워 환유된, 저것과 이것을 가리키는 손가락이 초두에 언급된 이다음 대목에서 확인할 수 있다.

5-6.
손가락의 손가락 아님을 손가락으로 이르는 것, 이는 손가락 아님으로 손가락의 손가락 아님을 이르는 것만 못하고; 말(馬)의 말 아님을 말로 이르는 것, 이는 말의 말 아님을 말 아님으로 이르는 것만 못하다. 천지, 하나의 손가락인 것이고; 만물, 한 마리 말인 것이다. [그래도] 됨에 의해 되고, [그러면] 안 됨에 의해 안 된다. 도道는 행하면 이루고, 현상계의 물物은 일러 말하면 그러하다. 어찌 그러한가. 그러함 때문에 그렇다. 어찌 그렇지 않은가? 그렇지 않음 때문에 그렇지 않다. 본시 현상에 그러한 데 있는 법이고, 본시 현상에 [그래도] 되는 데 있는 법, 현상이 없으면 그렇지 못하고, 현상이 없으면 [그래도] 되지 못한다. 그래서 [그런 데 있고 그래도 되는 데 있는 현상의] 풀 줄기와 기둥, 문둥이와 서시, [그러함인] 너름과 위태함과 교묘함과 괴이함, 다 도로 인해 하나가

된다. 이들의 갈라짐, 이룸이고; 이들의 이룸, 무너짐이다. 현상 전체로
는 이루어지고 무너지는 것이 없어, 다시 다 하나다. 다 하나임은 달자
만이 알아, 그래서 쓰지 않고 '늘 마땅함'에 머문다. 늘 마땅하다 하는 것
은, [마땅하여] 씀이고, 쓴다 하는 것은, 통함이다; 통한다 하는 것은 득
함이다. 알맞게 득하면 가까워진 것이다. 이것 때문일 뿐. 뿐인데도 그
런 줄 모르면, 이를 일러 도라 한다. 신명神明을 피곤하게 부려서 하나
로 만들고도, 그 같음을 모른다, 이를 일러 '아침에 셋'이라고 한다. '아
침에 셋'은 무슨 말인가? 가로되 원숭이 사육사가 도토리를 주는데, 말
하길: "아침에 셋 저녁에 넷." 원숭이 떼가 모두 성냈다. 말하길: "그렇
다면 아침에 넷 저녁에 셋." 원숭이 떼가 모두 기뻐하였다. 명실에 손상
이 없는데, 기쁨과 화가 작용하니, 또한 이것 때문인 것이다. [즉, 또한
도道 때문인 것이다.] 이래서 성인은 조화시킴으로써 시비하고, 하늘의
저울에서 쉬니, 이를 일러 '양행兩行(둘 다 됨)'이라 한다.

以指喻指之非指，不若以非指喻指之非指也；以馬喻馬之非馬，不
若以非馬喻馬之非馬也。天地，一指也；萬物，一馬也。可乎可，
不可乎不可。道行之而成，物謂之而然。惡乎然？然於然。惡乎
不然？不然於不然。物固有所然，物固有所可。無物不然，無物不
可。故為是舉莛與楹，厲與西施，恢恑憰怪，道通為一。其分也，
成也；其成也，毀也。凡物無成與毀，復通為一。唯達者知通為
一，為是不用而寓諸庸。庸也者，用也；用也者，通也；通也者，
得也。適得而幾矣。因是已。已而不知其然，謂之道。勞神明為
一，而不知其同也，謂之朝三。何謂朝三？曰狙公賦芧，曰：「朝
三而莫四。」眾狙皆怒。曰：「然則朝四而莫三。」眾狙皆悅。名
實未虧，而喜怒為用，亦因是也。是以聖人和之以是非，而休乎天
鈞，是之謂兩行。

이전 대목 해설 말미를 상기하건대, 첫 구절, "손가락의 손가락 아님을 손가락으로 이르는 것, 이는 손가락 아님으로 손가락의 손가락 아님을 이르는 것만 못하고; 말의 말 아님을 말로 이르는 것, 이는 말의 말 아님을 말 아님으로 이르는 것만 못하다"는 '이것의 이것 아님을 이것으로 이르는 것, 이는 이것 아님으로 이것의 이것 아님을 이르는 것만 못하고; 저것의 저것 아님을 저것으로 이르는 것, 이는 저것의 저것 아님을 저것 아님으로 이르는 것만 못하다'의 은유적 변용이라 하겠다. 혹은 '이것의 저것임을 이것으로 이르는 것, 이는 저것으로 이것의 저것임을 이르는 것만 못하고; 저것의 이것임을 저것으로 이르는 것, 이는 저것의 이것임을 이것으로 이르는 것만 못하다'의 은유적 변용이라 할 수 있겠는데, 이렇게 보는 것은 직전 대목의 화제였던 '저것·이것(彼是)'이 환유한 '이것저것 가리키는 손가락'을 저것(彼)과 이것(是)의 대립쌍을 치환하는 '무엇(임)'과 '무엇 아님(非)'의 대립쌍에 대입하여 도출한 '손가락(임)'과 '손가락 아님'에서 비롯한 이야기이기 때문이다. 덧붙여, 고대 중국어에서 사라졌던, '무엇임'의 '임'에 해당하는 명시적 계사 '唯(惟/維/隹)유'와 그 앞에 붙는 '不불(부)'의 합음사合音詞에서 유래했을 법한 '非비'와 은유 쌍을 이루어 대립하고 있는 '是시'는 중국어에서 곧 부활할 명시적 계사의 자리, 즉 '무엇임'의 '임'에 해당하는 자리를 차지하게 될 터이다.[42]

한편, '무엇(임)'과 '무엇 아님'의 은유적 대립쌍이 중축 역할을 하는 손가락/말 이야기는, '손가락'이 환유하는 전체로서는 천지를 제시하고, 그것이 태우거나 끄는 이의 손가락이 가리키는 '저것(彼)'은 '이것(是)'

---

42 "唯유와 '不불(부)'의 합음사合音詞에서 '非비'가 유래했을 것이라고 추정하는 풀리블랭크(2005, 64쪽)가 같은 책에서 지적한 바에 따르면, 중국어에서 '是시'를 계사로 쓰기 시작한 것은 한대漢代의 구어口語에서부터다(같은 책, 54쪽).

으로 또 '이것'은 '저것'으로 바뀌게끔 움직이는 '말(馬)'이 환유하는 전체로서는 만물을 제시하는 데 이른다. 그런데 직전 대목에서 짝을 이뤘던 '이것'과 '저것'은 모종의 간격을 두고 서로 떨어져 있는 것이지만, 손가락의 손가락임이 부인되어 '손가락 아님(非指)'이 시작되는 지점을 손가락을 기준으로 상상해 보면 손가락과 손가락 아님이 서로 떼려야 뗄 수 없을 지경으로 연속되어 있음을 깨닫게 되고, 결국 이 대목의 손가락/말 이야기가 주로, 근접성을 원리로 하는 환유의 논리에 의해 조직되어 있다는 점을 깨닫게 된다. 하여, 손가락과 말이 환유하는 전체를 제시하는 데 이른 이야기 전개가 얼마나 자연스러운 것인지를 깨닫게 된다. 그리고 이렇게 환유된 '전체'가, 조삼모사의 유명한 우화로 이어지는 이 대목을 관통하는 핵심 개념이다.

특히 이 대목은 환유적 연쇄와 은유적 대칭의 기교가 두드러지게 구사된 곳으로, 여기 제시된 천지와 만물이 환유하는 것이 이들을 이루고 운용하는 도道고, 이 도의 은유적 반대항이 물物이다. 이런 도와 물의 은유적 대칭이 다시 행함(行)과 말함(言/謂)의 은유적 대칭을 환유하여, '도'는 '행함'으로 이루고 '물'은 '일러(謂)' 그러한(然) 것이 된다는 진술에 달하고; 이는 다시, 행함의 경계를 이루는 '됨(可)'과 '안 됨(不可)'의 경계와 말로 일러 가르는 '그러함'과 '그러하지 않음'의 경계를 환유하여, 그래도 되는 것은 그래도 됨에 의해 되고 그러한 것은 그러함에 의해 그러하다는 진술로 맺어진다. 나아가 모든 현상이 이런 원인론적 인과의 경계에 의해 규정되므로, 현상은, (그래도)됨으로 인하거나 안 됨으로 인하거나 둘 중 하나이고, 동시에, 그러함으로 인하거나 그러하지 않음으로 인하거나 둘 중 하나이다. 그리고 바로 이런 형이상학적 경계 때문에, 어떤 현상이 허용되는 것이면 허용됨으로 인해 허용되는 것일 수 있을 뿐이고, 어떤 현상이 그러한 것이면 그러함으로 인해 그러한 것일 수 있을 뿐이다. 하여, 3-4절의 천하 편 해설에서 '현상이 없으면 그러할 수 없고, 현상이 없으면 허용되는 것이 불가능하다(無物不然, 無物不可)'가 우언 편 초두에 나오는 구절임을 상기하면서 신도 등의 주장과 갈라지는 지점으로 주목한 바가 설명된다.

즉, 그러함과 그래도 됨은 '그러한 데(所然)'와 '그래도 되는 데(所可)'를 본디 갖는 물物이 있어서 현상계의 '그러한 것'과 '그래도 되는 것'을 말미암지만, 그렇지 않음과 안 됨은 '그렇지 않은 데(所不然)'나 '안 되는 데(所不可)'가 있는 물이 없어서 현상계에서 배제된다는 것이다. 달리 말해, 물 이전에는 '그러함/그러하지 않음'과 '(그래도)됨/안 됨'이 있으나, 물 이후의 현상계에는 그러한 것과 그래도 되는 것이 있을 뿐, 그러하지 않은 것과 안 되는 것은 없고, 다만, 어떤 그러한 것이 아닌 것들과 어떤 그래도 되는 것이 아닌 것들은 있겠다는 것. 나아가, 그래도 되는 것은 그래도 됨으로 인하고 그러한 것은 그러함으로 인함을 이끄는 근본 원인이라고 할 도道가 "풀 줄기와 기둥, 문둥이와 서시, 너름과 위태함과 교묘함과 괴이함"을 포함하는 모든 현상을 동일한 인과의 그물에 엮인 하나의 전체로 통튼다는 것이다.

한편, 도道가 하나로 통트는 전체의 분화가 개물들을 개물로서 성립시키지만 이들은 낮과 밤의 교대에서 보는 것처럼 이루어졌다 무너진다. 그럼에도 불구하고 이런 개물들이 환유하는 '전체'는 이루어짐도 무너짐도 없다. 바로 이 점을 밝힌 구절이 "현상 전체로는 이루어지고 무너지는 것이 없어, 다시 다 하나다(凡物無成與毀, 復通為一)"이고, 여기에 이어지는 구절, '도를 따라 통틀어 볼 수 있는 달자는 늘 마땅함에 머문다'가 일견 난해하지만 이어지는 조삼모사 우화를 통해 뜻이 분명해진다. 즉, '늘 마땅함(庸)'을, 변하게 마련인 현상들로—5-2절에서 해설한 앞 대목에서 거론한 현상적 기쁨과 분노가 작용하게 마련인 효용상 차별에 따라—쪼개어 나누지 않는 이가 성인이라는 것. 그리고 이렇게 '가르지(分)' 않으니 이룸이 없고 따라서 무너질 것도 없는 이가 성인이다. 한편, 저 늘 마땅한 바는 그 마땅함 때문에 현상적 효용 증진에 마땅하게 활용되는 것인데, 이렇게 늘 마땅함을 '근거로 써(用)' 효용상 이득을 얻는 존재를 은유하는 것이, 역시 5-2절에서 다룬 대목 말미에 등장하는, 낮과 밤을 통通하여 낮·밤의 교대를 늘 "얻는(得)" 일출과 일몰이다. 나아가, 일출과 일몰처럼 "적절히 득하면(適得)" 이미 "가깝다(幾)"는 것인데, 무엇에 가까워졌다는 것인가? 그 다음에 나오는 도道 이야기에 비추면, 도에 가까운 상태가 됐다는 말이겠다.

그런데 이 대목에서 이야기된 바와 같이, 도道라는 것은 그 덕에 일이 이미 됐는데도 그 덕에 일 된 줄 모르는 원인이다. 즉, '도가 추구하는 대로 추구하면 이루어지지만(道行之而成)' 또한 이렇게 바르게 이룸을 낳는 원인이 자신임을 너무나도 잘 숨기는 것이 도인데, 이를 이 대목의 장자는 남곽자기의 입을 빌려 다음 두 문장으로 표현하고 있다.

이것 때문일 뿐. 뿐인데도 그런 줄 모르면, 이를 일러 도道라 한다.

因是已。已而不知其然, 謂之道。

첫 문장의 "시是"가 내용상 두 번째 문장 맨 끝의 "도道"를 가리킨다는 것인데, 이 대목 후반부에 나오는 "역인시야亦因是也"도 이 두 문장의 되풀이라고 보아 '또한 도道 때문인 것이다'로 새긴다. 즉, 기쁨과 분노로 갈리는 둘이 실은 하나임에도 그런 줄 모름 또한 도 때문에 일어나는 현상이라는 이야기로 새긴다. 하여, 도에 따라 이미 그렇게 된 줄 모르기 때문에 조삼모사 우화에서 보는 바와 같이 기쁨이나 화가 작용하는 '효용의 많고 적어 보임' 혹은 '이룸에서 멀고 가까워 보임'의 차이가 생기는데, 이 또한 도 때문에 나타나는 불가피한 현상이라는 것이다. 그러나, 이렇게 불가피한 효용상 차별을 조화시키는 것이 성인이다.

성인이 하늘의 지극히 고른 저울질로 시비를 종식시키니, 아침에 셋이건 저녁에 셋이건 전체를 달아 보면 합은 변함없이 일곱이라, 이를 일러 "양행兩行(둘 다 됨)"이라 한다는 것인데, 이 '양행'은 둘 중 어느 한쪽을 굳이 택하지 않아도 좋음을 잘 알기 때문에 기쁨이나 분노의 작용이 자기에게 닿지 못하게 하는 달자가 머무는 늘 마땅함의 상태를 제 곁으로 환유한다. 거꾸로, 이런 경지의 달자에게 보이는 천지와 만물은 하나의 손가락과 한 마리 말에 다름 아닐 터, 이 현상과 저 현상이 하늘에 비춰질 때 이들을 통틀어 하나로 엮는 '도道'로 환유되는, 나뉘어 이루어지고 이루어졌다가 무너지는 일 없이 늘 마땅한 하나의 전체를 기준 삼아 일희일비하지 않는 이가 달자요 성인이라는 것이다.

5-7.

옛 사람은, 그 앎이 지극하게 다다른 데가 있다. 어디에 다다랐나? 있음이 현상이 있기 전이라 여기는 경우라면, 다다를 대로 다 다다른 것이고, 더할 나위 없다. 그 다음은 현상은 있는데, 일정 경계는 있기 전이다. 그 다음 단계는 일정 경계는 있는데, 시비는 있기 전이다. 시비를 뚜렷하게 함은, 도가 이지러지는 소이다. 도가 이지러지는 소이, 차별적 사랑이 이루어지는 소이다. 과연 이루고 이지러짐이 있는가? 과연 이루고 이지러짐이 없는가? 이루고 이지러짐이 있다, 하여 소씨의 북과 금 연주가 있다; 이루고 이지러짐이 없다, 그러므로 소씨가 북과 금을 연주하지 않는다. 소문의 북과 금 연주, 지팡이에 기대어 하는 사광의 음악 감상, 자리 기대어 하는 혜자의 논변, 이 세 분을 안다면 [경지에] 가깝다! 모두 탁월한 경우일 것이니, 지고 가기를 인생 말년까지 계속했다. 다만 이들이 이것들을 좋아한 것은, 저것과는 다르니, 이들이 좋아한 것은, 바라서 밝힌 저것이었다. 밝힐 바가 아닌데 밝혔으니, 그래서 굳음과 흼의 몽매로 끝났다. 그 후손도 역시 소문의 금 줄로 끝났으니, 종신토록 이룬 것이 없다. 이와 같은데 이루었다고 일컬어질 수 있다면, 나까지도 이룬 것이다. 이와 같은데 이루었다고 일컬어질 수 없다면, 현상계 어느 것도 나도 이룬 것이 없는 것이다. [밝힐 것을 바라는 데서 시작된, 예컨대, 이룸과 이루지 못함을 가르는 경계에 대한] 의문을 흐트러뜨리는 빛은 이래서, 성인이 표적 삼는 바다. 이래서 쓰지 않고 '늘 마땅함'에 머무는 것이니, 이를 일러 '이명以明(밝음에 의함)'이라고 한다.

古之人, 其知有所至矣。惡乎至? 有以爲未始有物者, 至矣盡矣, 不可以加矣。其次以爲有物矣, 而未始有封也。其次以爲有封焉, 而未始有是非也。是非之彰也, 道之所以虧也。道之所以虧, 愛之所以成。果且有成與虧乎哉? 果且無成與虧乎哉? 有成與虧, 故昭氏之鼓琴也；無成與虧, 故昭氏之不鼓琴也。昭文之鼓琴也, 師曠之枝策也, 惠子之據梧也, 三子之知幾乎! 皆其盛者也, 故載之末年。唯其好之也, 以異於彼, 其好之也, 欲以明之彼。非所明而明之, 故以堅白之昧終。而其子又以文之綸終, 終身無成。若是而可謂成乎, 雖我亦成也。若是而不可謂成乎, 物與我無成也。是故滑疑之耀, 聖人之所圖也。爲是不用而寓諸庸, 此之謂以明。

무에서 유가 났다는 말이 노자 **도덕경**의 현행본, 백서본, 죽간본에 다 있지만, 이와 반대의 입장에 서 있다고 할 수 있는 묵가처럼 장자는, 없다는 것은 '있는 무엇'이 없다는 것이라는 입장을 취한다. 그리고 현상계의 물物 가운데서는 그 예를 찾을 수 없다는 의미로 '없다' 할 수 있는 그 무엇들이 각각 경계 없는 하나로 있는 곳이, 5-10절에서 해설하는 대목에 나오는 '하늘 창고(天府)'이고, 여기에서 온존하는 '경계 없는 하나'는 5-12절에서 해설할 터인데, 본 절 이 대목에서는, '물'이 아예 나타나지 않았던 현상계 이전 단계까지 소급한 옛 사람의 지극한 앎을 이야기하고 있다. 다른 한편, 경계 없는 하나하나가 개개의 '물'로 현상하되 이 물과 저 물이 함께 들어갈 연속적 공간이 아직 정립되지 않아 개물 각각을 구별하는 고유한 이름으로 이르지 않을 때의 이 물과 저 물을 구분하는 경계를 일러 장자는 '두둑 같은 경계(畛)'라고 부른다. 나아가 이들 경계는, 5-10절에서 다룰 대목에서 여덟 가지 '두둑 같은 경계'들을 열거하고 "여덟 가지 덕(八德)"이라 부른 것으로 보아, 사람 같은 생명체가 내면에 정립한다면 바라는 바를 득得하는 데 효과적일 기준이다. 다른 한편, 본 절에서 해설하고 있는 대목에서는, 이런 경계보다 추상적이고 일반적인, 그 덕분에 수많은 개물들을 구분하고 각각을 고유한 이름으로 이르게 해 주는 경계를 "일정 경계(封)"라 칭하고 있는데, 여기서 한 걸음 더 나아가 이런 '일정 경계'가, 예컨대 좌표와 좌표를 잇는 선과도 같이, 그 속에서 성립하는 연속적 공간을 일러 '봉토封土'라 할 수 있을지 모른다.

사실, 방금 5-6절에서 해설한, 이것과 저것을 구분하여 가리키는 손가락이 환유하는 천지가 방금 이야기한 바와 같은 봉토 전체를 이른다고 할 수 있을 것인데, 이런 의미의 천지를 달리 말하면, 말(馬)과 같은 개물들을 수용하여 각각이 점하는 서로 다른 위치를 상이한 좌표 값으로—원문의 비유를 계속하건대, '나(我)'의 손가락을 원점 삼는, 이것과 저것의 상이한 벡터로—표시할 수 있게 해주는 시공간이다. 그리고 이런 맥락에서의 시비란 상이한 좌표 값 내지 시공간 벡터로 표시되는, 개물의 연속적 영역이 천지의 빈 시공간 어디에서 시작하고 끝나는지에 대한 시비에 다름 아니겠다. 예컨대 말(馬)과 말 아님이 도道로 연속되어 있음에도 이 둘을 서로 다른 이름을 가진 둘로 끊어 주는 경계를 정하자는 시비에 다름 아니겠다. 말과 말 아님이 모든 현상을 하나로 통트는 도道로 연속돼 있음에도 불구하고 긋는 이런 '일정 경계'를 뚜렷하게 하자고 시비한다면 둘을 하나로 이어주는 도는 이지러지게 마련 아닐까? 실로 그렇다는 점을 명확히 밝힌 구절이 위의 "시비를 뚜렷하게 함은, 도가 이지러지는 소이다(是非之彰也, 道之所以虧也)"이고, 여기에 이어 "도가 이지러지는 소이, 차별적 사랑이 이루어지는 소이다(道之所以虧, 愛之所以成)"라 하고 있다.

어떤 것을 다른 것보다 유독 좋아하여 이룸, 즉 전문적 이룸은, 5-4절에서 해설한 "작은 이룸(小成)"을 상기하건대 도道를 은폐하게 되고 이에 따라 진위가 생겨 이지러지게 마련일 것이나, 그래도 이런 이룸이 특출하여 명성을 얻은 이들이 있으니, 소문, 사광, 혜자가 그들이다. 그리고 이들 셋이 대상화한 "저것(彼)"은 5-3절에서 해설한 대목의 이야기대로 "나(我)"의 존재 조건이면서 그것을 대상으로서 취하는 '나'에게 그 존재를 의존하는 "저것(彼)"을 "바라서 밝힌(欲以明)" 것이다. 즉, 이들이 조명한 대상은 '어떤 것을 다른 것보다 먼저 밝힐 것을 바람'에 의지하여 성립하는 대상이다. 그러나, 그래도 되는 것은 '됨(可)' 때문에 그래도 되고, 그러한 것은 '그러함(然)' 때문에 그러한 것과 마찬가지로, 밝힐 바는 '밝힐 바이기(所明)' 때문에 밝힐 수 있는 것이지 밝히기를 바란다고 밝혀지는 것이 아니다. 결론적으로, 밝힐 바 아닌데 밝혀 '굳음과 흼'의 몽매로 끝났다는 것이다. 그런데 여기에서 굳음과 흼의 몽매, 견백동이 이야기를 굳이 꺼낸 이유가 있을까? 있다면 무엇일까?

2-1-1절에서 거론한 순자의 정명론에 비추어 볼 때, 굳음과 흼의 몽매란, 이들이 빈 공간에서 배타적으로 차지하는 위치의 서로 다른 좌표값으로 달리 이름할 존재가 아닌데 그런 것처럼 상정하여 생기는 역설

이다. 즉 이들 둘은, **묵자**에서의 논변대로, 같은 위치에 동시에 있을 수 있음에도—하나의 돌은 굳은 동시에 흴 수 있음에도—그럴 수 없는 것처럼 취급하는 데서 생기는 역설이다. 따라서 이 '견백동이의 몽매'는, 앞의 해설에서 조명한, 각각의 공간 벡터를 각각의 외연 표시 부호로 쓸 수 있는 공간의 '일정 경계'에 관한 이야기를 반대로 은유하는 동시에, 이런 공간에서 경계를 시비해서는 밝힐 수 없을 무엇을 환유하고 있다 하겠다. 그리고 바로 이런 방향에서 최종적으로 소환된 표현이, 방금 해설한 욕이명欲以明(바라서 밝힘)을 반대로 은유하는, '무엇을 바라거나 원함'이 전제되지 않는 무조건적인 '이명以明(밝음에 의함)'이다. 그리고 이런 환유적 소환 과정에서 확인된 바, 대상에 대한 바람이나 지향 같은 것이 전제된 밝힘으로 이룰 수 있는 최대치는—심지어, 이 대목에 등장한 소문의 경우에서 보는 바와 같이, 부자 2대에 걸친 추구라도—화자인, 제물론 편 처음의 피리 소리 이야기를 여기까지 끌고 온 남곽자기 자신이 현상계에서 달할 수 있는 최대치와 다르지 않다는 것이니, 결론적으로는 하늘에 비추는 무조건적인 '밝음에 의함(以明)'만 못하다는 말이다. 나아가 이 대목 마지막에 "이명以明"이 이르는 바라고 한 것은, 지금까지의 이야기를 종합해 보건대, '일정 경계'로 끊어진 이 물物보다 저 물을, 또는 저 물보다 이 물을 나름의 조건적 알음을 기준으로 선택하기보다는 만물을 통트는 도道로 이 물과 저 물이 연속돼 있는, 조건적 알음의 이면에 머묾, '늘 마땅함(庸)'에 머묾에 다름 아니겠다.

5-8.
이제 여기에 말이 있으니, 알지 못할 바는 이 말이 [여기] 이것과 같은 유類인지? 같은 유 아닌지? 유와 유 아님, 더불어 함께 유가 된다, 하면 [말로 이것이라 한 것이] 저것과 다를 것 없게 됐다. 그렇지만, 한번 말해 보겠습니다. 처음이 있다는 것은, 처음이 있기 전이 있다는 것이고, 처음이 있기 전이 시작하기 전이 있다는 것이다. 뭔가 있다고 한다거나, 뭔가가 없다고 한다면, 있고 없음이 시작하기 전이 있다는 것이고, [따라서] 있고 없음이 시작하기 전이 시작하기 전이 있다는 것이다. 갑자기 (俄) 있고 없게 됐는데, 있고 없는 것 가운데 과연 무엇이 있고 과연 무엇이 없다는 것인지 모른다. 지금 "나(我)"인즉 일컫는 것이 이미 있다는 것이나, 아직 모르는 바가 나의 이러니저러니 하는 바에 일러 말하는 것이 과연 있는지, 일러 말하는 것이 과연 없는지?

今且有言於此, 不知其與是類乎? 其與是不類乎? 類與不類, 相與為類, 則與彼無以異矣。雖然, 請嘗言之。有始也者, 有未始有始也者, 有未始有夫未始有始也者。有有也者, 有無也者, 有未始有無也者, 有未始有夫未始有無也者。俄而有無矣, 而未知有無之果孰有孰無也。今我則已有謂矣, 而未知吾所謂之其果有謂乎, 其果無謂乎?

우선, '옳음'이 아니라 '이것'으로 옮긴, 이 대목의 "시是"도 5-5절과 5-6절에서 해설한, 대상과의 원근을 바꾸는 운동의 논리에 따라 '저것과 다를 것 없게 되고 만다(與彼無以異矣).' 보다 정확히는, 만물을 환유하는 말(馬)의 운동에 따라 천지를 환유하는 손가락이 가까이 가리키던 이것이 저것 되고 멀리 가리키던 저것이 이것 된다는 문제의 운동 논리를 이 대목에서는 역시 5-5절 등에서 해설한, 대립적 은유 쌍의 논리로 변주하여 '이것'을 '저것과 다름없는 것'으로 환유한다―서로를 은유하는 대립쌍은 그것이 공유한 바에 의해 하나의 유가 되므로 "유와 유 아님, 더불어 함께 유가 된다(類與不類, 相與為類)." 한편, "여기에서(於此)" 발화된, 여기 '이것'에 관한 말을 그와 같은 유로 봐야 할지 달리 봐야 할지 모른다는 진술로 시작하는 이 대목의 화제는 말이다.

이어, 말도 '저것과 다름없어진 이것' 같은 현상과 다를 것이 없을 것임에도 불구하고, 겸손한 어조로, 한번 말해보겠노라고 시작한 말(言) 이야기는 세계가 시작된 원점을 도입하는데, 이야기인즉, 원점이 있다면 원점 이전이 상정되지 않을 수 없고 원점 이전의 이전을 상정하지 않을 수 없어서, 무엇이 있느니 없느니 한다는 것은 '있고 없고'의 원점 이전을 전제하는 것이고, 이는 다시 '있고 없고'의 원점 이전의 이전이 있음을 전제한다. 그런데 이런 이전의 이전에서 돌연, 있고 없는 상황이 되었다면, 있고 없고 간에 과연 무엇이 있는 것이고 무엇이 없는 것인지를 알 수 없다고 한다. 알 수 없으되 상황 변화가 돌연하여 원인론적으로 알 수 없다는 뜻으로 이해해야 할 이 진술은 사실 이 대목 맨 앞의, '이것'을 두고 하는 말이 '이것'과 같은 유인지 아닌지 알 수 없다는 발언의 예비적 변주인데, 이를 잇는 본격적 변주가, 지금 '나'라 한즉, 자신일 수도 있는 이것에 대對하는 내가 이미 있다는 말인데, 이렇게 갑자기 있는 내가 이러쿵저러쿵할 때 '이것(是)'으로 가리킨—따라서 저것(彼)일 수도 있는—대상을 일러 말함이 있는지 없는지 알 수 없다는 언명이다. 즉, '이것'이 이것과 같은 유인지 아닌지는 곧 '갑자기(俄) 있어 원인론적 미지수인 내(我)가 말로 일컫는 것이 있느냐 없느냐'는 문제로 변주된다.

특기할 것은, 방금 해설한 변주들의 주제로 부각된 언어적 무정부 상태가 장자 특유의 형이상학 내지 원인론과 맺는 관계인데, 이는, 5-10절에서 다루는 대목 서두의, '도에 일정한 경계가 있기 전(夫道未始有封)'이라는, 5-7절에서 다룬 대목의 옛 사람의 앎이 원인론적으로 소급한 원초적인 형이상학적 단계와 '말에 늘 그런 바가 없는(言未始有常)' 언어적 무정부 상태를 한데 엮는 남곽자기의 발언을 통해 엿볼 수 있다. 한편, 이 대목에서 변주된 문제가 이다음 대목에서는 보다 구체적으로 예시되는데, 문제의 상황은, 저 본격 변주가 분명히 드러낸 대로, '나(我)'와 '저것·이것(彼是)'이 서로 대하는 상황이다. 나아가 이 모든 이야기를 관통하고 있는 것이, '나'와 가까운 이것은 '이것'이라 하고 먼 저것은 '저것'이라 일컫는 말의 무상함인데, 이 대목은, 이런 원근 측정의 원점, 즉 '내(我)'가 원인론적 미지수임을 부각해, 새로운 차원의 '말의 무정부성'을 드러내고 있다.

덧붙여, 장자에게 무엇이 없다 함은 천지 밖에 늘—이를테면 '세계 내지 존재의 원점', 그 이전의 이전부터도—있어 온 것이 천지天地 속 현상계에는 없다는 뜻이다. 3-5절의 천하 편 노자 관련 대목 해설에서 "상무유(常無有)"를 "있는 무엇이 늘 없음"으로 옮긴 것도, 지금 해설하고 있는 바와 같은 장자 특유의 형이상학을 염두에 둔 번역이라 하겠는데, 같은 맥락에서 주목하게 되는 것이, '없음에서 있음이 나왔다'는 식의 노자풍 이야기가 있을 법한 대목이 이 대목인데도 그런 이야기가 전혀 보이지 않는다는 사실이다. 오히려 있음이, '있고 없음' 이전의 있음, 그리고 다시 그 이전의 있음을 함축한다는 이야기가 있을 뿐이다. 그리고 이는 장자가, 앞에서 지적한 대로, 무에서 유가 나온다는 입장을 취하지 않고 대신, '없다' 함은 '있는 무엇이 없다'는 말이라는 묵가 계통의 입장을 취했음을 보여준다. 하여, 그가 '없다'는 말을 할 때는 늘 '있는 무엇이 없다'는 뜻임을 새기게 된다. 나아가, 이런 장자 해석은 '(무엇) 없음'에서 '있음'으로 진행할 때보다 '있음'에서 '있음'으로 진행할 때 세는 것이 더 어렵다고 이야기하는 이다음 대목이 뚜렷하게 지지해 준다.

5-9.
천하가 가을 터럭 끄트머리보다 크지 않다, 그러니 큰 산이 작다 한다;

요절한 어린아이보다 더 장수하는 이가 없다, 그러니 팽조가 요절한 것이라 한다. 천지가 나와 더불어 생겼으니, 현상계 만물이 나와 하나라한다. 이미 하나되었다, 그런데도 말(言)이 [따로] 있을 수 있겠는가? 이미 그것이 하나라 말했다, 그런데도 [이미 한] 말이 없어질 수 있나? 하나와 말이 둘 되고, 둘이 하나와 셋이 된다. 여기에서 나아가면, 셈을 아무리 잘 해도 계산이 안될 터, 평범한 사람들이야 어떻겠는가! 그러므로 없음에서 있음으로 가서, 많음에 이르렀다면, 더욱이 있음에서 있음으로 간다면 어떻겠는가! 이리하여 이른 데 없음, 이 때문일 뿐이다.

天下莫大於秋豪之末, 而大山為小; 莫壽乎殤子, 而彭祖為天。天地與我並生, 而萬物與我為一。既已為一矣, 且得有言乎? 既已謂之一矣, 且得無言乎? 一與言為二, 二與一為三。自此以往, 巧歷不能得, 而況其凡乎! 故自無適有, 以至於三, 而況自有適有乎! 無適焉, 因是已。

이 대목은 직전 대목의 화자가, 있는 것을 일컫는 말임이 '이미' 보증됐다고 한 '나(我)'로 지칭된 화자가 구체적 상황에서 하는 말이, 있는 것을 두고 하는 것인지, 아니면 없는 것을 두고 하는 셈이라서 '무엇을 일러 말함(謂)' 자체가 성립하지 않는 것인지를 모르겠다고 할 법한 경우 셋을 나열하는 것으로 시작한다: 첫째, 천하가 가을 터럭 끄트머리보다 크지 않다면 큰 산이 작다고 해야 한다; 둘째, 요절한 어린아이보다 더 장수하는 이가 없다면, 팽조도 요절한 것이라고 해야 한다; 마지막으로, 큰 산이나 팽조도 그중 하나인 만물을 담은 시공간인 천지가 나와 더불어 생겼다면, 그 속의 만물은 나와 더불어 하나라고 해야 한다. 특히 마지막 경우는 지금까지의 해설에 의거하여, 천지라는 시공간의 원점이 '나'인즉, 내가 보는, 한 마리 말(馬)에 다름 아닌 저 만물이 모두,

나의 이 한 손가락에 다름 아닌 천지의 시공간 벡터로—단순화하면, 저 것(彼)이냐 이것(是)이냐로—정의된다는 이야기로 해석할 수 있겠는데, 이는 직전 대목이 원인론적 미지수로 드러낸 '갑자기(俄) 있는 나(我)'의 나비 꿈 이야기에 대한 5-14절 해설에서 더 분명해질 것이다.

그런데 직전 대목에서 거론한 말(言)의 문제는 '천지라는, 무無의 빈 시공간을 채운 만물이 하나'라는 말 자체에 대한 주목을 새로운 계기로 하여 새롭게 펼쳐진다. 즉, '속에 아무것도 없는 천지를 채운 만물이 하나'라는 말이 이 말로 일컬어진 천지 만물이 속한 것과는 다른 수준에 있다는 점에 착안한 장자는 만물과 '만물'을 각각 하나로 세는 데로 나아가는데, 이런 논리는 사실 혜시에게서 배운 것이다. 즉, 3-7절에서 다룬 혜시의 역설 중 "닭은 다리가 셋이다(雞三足)"는 닭 다리를 대상으로서 일컫는 '닭 다리'를 실제의 닭 다리 둘과 따로 떼어 하나로 센 결과다. 그런데 실제의 닭 다리 둘과 구분되는 '닭 다리'를 하나로 세게 해주는 것이, 실제의 닭 다리가 속한 대상 수준과는 다른 메타(상급) 수준으로의 시점 이동이다. 하여 메타 수준의 '만물'을 대상 수준의 만물과 구분되는 하나라고 세는 새로운 차원에서 하나와 '하나'는 둘이 된다. 그리고 이 둘을 대상으로서 세는 말을 세어진 대상과 수준을 달리 하는 별도의 하나로 다시 세면 둘은 셋이 되고, 이런 과정은 무한히 되풀이될 수 있으므로 최종 결과에 도달하는 것은 사실 계산을 아무리 잘 해도 불가능하다. 그런데 여기에 더해 묻고 있는 것이, 천지라는 빈 시공간—즉, 무無—이전의 있음에서 출발하면 과연 누가 셀 수 있겠느냐는 물음이다. 그리고 이다음 대목은 바로 이 물음이 환유하는, 원초적 상황에 가까운 세계의 덕을 그리는 데서 시작한다. 덧붙여, 말미의 "없음에서 있음으로 가서, 많음에 이르렀다면(故自無適有, 以至於三)" 가운데 "삼三"을 '셋' 대신 "많음"으로 옮긴 것은 한문 고전에서 '삼三'이나

'구九' 등이 하나하나 셈의 결과가 아니라 막연히 많음을 뜻한다고 해석되는 용례를 고려한 번역이다.

5-10.

"도에 일정 경계가 있기 전, 말에 늘 그런 바가 있기 전이면, 이로 인해 너(안성자유)는 두둑 같은 경계를 갖는다."[43] "그 두둑 같은 경계를 말해 주십시오." "왼쪽이 있으니, 오른쪽이 있고, 도리가 있으니, 의義가 있고, 법으로 가름이 있으니, 그에 따라 시비를 가림이 있고, 경쟁이 있으니, 싸움이 있어, 이들을 일러 여덟 가지 덕이라 한다. 사방과 상하의 한계 밖, 성인은 보살필 뿐 논하지 않는다; 사방과 상하의 한계 안, 성인은 논할 뿐 [논한 것을 입법 대상으로서] 숙의하지 않는다. 춘추의 경세, 선왕의 기록이니, 성인은 [입법을] 숙의할 뿐 [사법司法적으로] 가리지 않는다. 그러므로 [입법으로] 가른다 함에는, 가르지 못함이 있고; [사법으로] 가림에는, 가리지 못함이 있다." 가로되: "왜입니까?" "성인은 대상을 품는데, 대개 사람들은 사법적으로 가려 서로 보인다. 그러므로 가로되: 사법적으로 가림에는 드러나지 않음이 있다. 위대한 도道는 일컬어지지 않고, 위대한 사법의 변은 말이 없으며, 위대한 어짊은 어질지 않고, 위대한 청렴은 겸손해 보이지 않고, 위대한 용기는 고집불통이 아니다. 도가 [일컬어지게끔] 밝게 드러나면 도가 되지 않고, 말이 사법적 변이 되면 미치지 못하고, 어짊이 늘 그러하면 이루지 못하고, 청렴함이 순수하면 믿음직하지 않고, 용기가 고집불통이면 이루지 못한다. 다섯 가지가 둥글게 깎이면 네모에 가까워지고 만다. 그러므로 알지 못하는 데서 멈출 줄 안다면, 지극한 것이다. 누가 말없는 사법의 변을 알고,

---

43 이 대목이, 제물론 처음부터 여기까지 계속된 남곽자기·안성자유 간 대화의 일부임을 분명히 하기 위해, "중국철학서전자화계획中國哲學書電子化計劃" 원문에 없는 인용부호를 번역문에 첨가했다.

[기려야 할] 도로 여겨지지 않는 도를 능히 알까? 능히 앎이 혹시 있다면, 여기를 하늘 창고라 이른다. 채우는데 차지 않고, 비우는데 마르지 않는데, 그 온 데를 알지 못하면, 이를 일러 '보광葆光(빛의 갈무리)'이라고 한다. 옛날에 요임금이 순에게 물어 가로되: '내가 종·회·서오를 치고자 하는데, 남면하고 석연치 않다. 왜 이런가?' 순이 가로되: '이들 셋, 쑥 풀 사이에서 목숨 부지하는 존재들과 같습니다. 석연치 않으시다, 왜 이겠습니까? 과거에 열 개의 해가 동시에 나와, 만물이 다 비춰졌는데, 하물며 해보다 더 나아간 덕의 경우는 어떻겠습니까!'"

夫道未始有封, 言未始有常, 為是而有畛也。請言其畛。[44] 有左, 有右, 有倫, 有義, 有分, 有辯, 有競, 有爭, 此之謂八德。六合之外, 聖人存而不論; 六合之內, 聖人論而不議。春秋經世, 先王之志, 聖人議而不辯。故分也者, 有不分也; 辯也者, 有不辯也。曰: 何也? 聖人懷之, 眾人辯之以相示也。故曰: 辯也者, 有不見也。夫大道不稱, 大辯不言, 大仁不仁, 大廉不嗛, 大勇不忮。道昭而不道, 言辯而不及, 仁常而不成, 廉清而不信, 勇忮而不成。五者园而幾向方矣。故知止其所不知, 至矣。孰知不言之辯, 不道之道? 若有能知, 此之謂天府。注焉而不滿, 酌焉而不竭, 而不知其所由來, 此之謂葆光。故昔者堯問於舜曰: 「我欲伐宗、膾、胥敖, 南面而不釋然。其故何也?」舜曰: 「夫三子者, 猶存乎蓬艾之間。若不釋然, 何哉? 昔者十日並出, 萬物皆照, 而況德之進乎日者乎!」

우선, 이 대목 시작 부분의 "도에 일정 경계가 있기 전(道未始有封)"

44 "중국철학서전자화계획中國哲學書電子化計劃"에 수록된 대로라면 "請言其畛 : "이어야 한다.

은 5-7절에서 다룬 대목에 나오는, 옛 사람의 지극한 앎이 다다른 극단의 경지인 '물物이 있기 전'의 바로 그 다음 경지에 대한 묘사 일부를 반복한 것이다. 그리고 이를 포함한 첫 문장이 도입한 이 대목의 주요 화제는, 경계 이면에서 경계가 가르는 바를 잇는 도道, 그리고 5-4절에서 해설한 대로 도가 거기 맞물린 치언卮言과 같은 유동적인 말이고, 여기에 이어 그 하위 화제로 도입된 것이 "두둑 같은 경계(畛)"이다. 나아가, 이 대목 첫 문장은, 치언의 경우처럼 말이 도道와 함께 움직이는 한에서 옛 사람의 앎을 모방하여 다다를 수 있는 원인론적으로 원초적인 경지가, 도는 '일정 경계가 있기 전(未始有封)'이면서 말은 "늘 그런 바가 있기 전(未始有常)"이라는 뜻을 풍기고 있는데, 이 대목에서도, 5-7절과 5-8절에서 차례로 다룬, 옛 사람의 원인론적 앎이 달한 형이상학적 원초 상태를 최고의 경지부터 순서대로 나열한 대목 및 말에 늘 그런 바가 없는 언어적 무정부 상태를 주제로 변주하는 대목에서와 마찬가지로, "未始有미시유"는 '있기 전'으로 옮겼다.

선진 문헌 가운데 '미시유未始有'라는 표현을 아마도 가장 빈번히 사용하고 있는 문헌이 **장자**인데, 이 표현 중의 "시始"를 '상嘗'과 같은 부사로 보면 그 뜻은 '있어본 적이 없다' 내지 '결코 없었다'가 된다. 그러나, 3-7절에서 살펴본 것과 같은 혜시류 논리에 친숙한 장자는 '시始'의, 이렇게 보면 부사가, 저렇게 보면 동사가 되는 모호성을 활용하여, 도에 일정 경계가 없고 이런 도와─5-4절에서 설명한 대로─짝을 이루는 말에는 늘 그러함이 없는 앎의 경지를 옛 사람들의 지혜를 참조한 원인론적 추적의 결과로 제시하고 있는데, 이런 장자는 '채워지면 비워지고 비워지면 채워지는 잔(卮)의 말'이라고도 풀 수 있을 '치언卮言'에 가까운 언어를 개발하여, 심지어 '없는 것'에 대해서도 그 원인을 찾아 '그것의 없음 이전의 그것'으로 거슬러 올라가는 장자다. 하여 도달한 데를 한마디로 하면 도道라 할 것인데, 여기에 대해서는 대종사 편 관련 대목에서 본격적으로 해설한다. 한편, '미시유未始有'의, 방금 이야기한 바와 같은 의미상 진동을 한국어 번역에 반영하기가 쉽지 않아, 아쉽지만, 궁여지책으로 '있기 전'으로 옮긴 것인데, 인간세 편과 대종사 편에 재차 나오는 같은 표현도 같거나 비슷하게 옮겼다.

다른 한편, 남곽자기가 안성자유를 상대로 시작한 제물론 편 서두의 대화가 아직 계속되고 있다는 것은 '도道에는 경계가 없고 말에는 늘 그러함이 없어서 그대는 두둑 같은 경계를 갖는다'고 한 첫 문장에 들어 있는 "너(而)"와 그 다음의 청유형 문장, "그 두둑 같은 경계를 말해 주십시오(請言其畛)"의 첫 글자 "청請"의 호응을 통해 명확히 알 수 있다. 그리고 이것이, 번역문 서두의 각주에서 밝힌 대로, 인용한 한문 원문에는 없는 따옴표를 졸역에 첨가한 근거인데, 사실, 도에 일정 경계가 없고—5-8절에서 해설한 대목에서 말에 관해 이야기된 것과 비슷하게—말에 늘 그러함이 없는 혼돈 상태를 이유로 두둑 같은 경계를 자신이 갖는다는 말을 처음 듣는 안성자유가 그것이 무엇이냐고 묻는 것은 매우 자연스럽다. 나아가 이런 원초적 혼돈에 대처하려면 좌표로 삼을 만한 어떤 기준 내지 능력이 필요할 터인데, 안성자유처럼 영민한 청자라면 '두둑 같은 경계'를 바로 그런 기준 내지 능력을 뜻하는 것으로 짐작할 터이다.

방금 두 사람 간 대화의 행간에서 읽어낸 바와 같은, '두둑 같은 경계'의 함의에 대한 짐작이 적중한 것임은, 남곽자기가 여덟 가지 두둑 같은 경계를 일러 여덟 가지 덕이라고 한 데서 확인할 수 있다. 즉, 5-7절에서 해설한 대목에 나오는, 옛 사람의 앎이 미친 원초적 혼돈 상태나 5-8절에서 해설한 대목에 나오는 언어적 무정부 상태에—달리 말해, 천하 편의 장자 관련 대목에서 개관한 바와 같은 형이상학적 암흑 상태의 실상에—접근해 있기 때문에 안성자유와 같은 개인이 보유해야 할 덕 내지 능력이기도 한 것이 "두둑 같은 경계(畛)"다. 나아가 안성자유 같은 개인이, 덕충부 편의 구분을 미리 끌어오건대, '몸 속'으로 보유하는 덕인 만큼, 이 '두둑 같은 경계'는 그 덕분으로, 5-7절에서 해설한 대로 '나(我)'에게 무상하게—저것(彼)으로, 또 이것(是)으로, 또 저것으로… 또 이것으로—변하는 외적 현상에도 불구하고, 바라는 바를 이룰 수 있게 되는 내적 기준이라고도 하겠는데, 그 첫 번째 짝으로 거론된 '좌우'부터가 내적이다. 좌우는 전후와 마찬가지로, 그러나 동서남북과는 반대로, 개체가 지향하는 방향에 따라 변하는 것이기 때문이다. 여기에 더해, 4-3절에서 해설한 소요유 편의, '내적인 것을 외적인 것으로부터 분명하게 가르고(定乎內外之分)' 모욕을 욕으로 여기지 않음으로써 '영욕의 경계를 가린(辯乎榮辱之竟)' 송견에 대한 긍정적 묘사에 나오는 '가름(分)'과 '가림(辯)'이 여덟 가지 기준의 세 번째 짝으로 열거되어 있다는 데서도 외부의 변덕스럽기 쉬운 칭찬이나 비난에 흔들리지 않는 내면의 덕을 가리킨다는 점을 확인할 수 있다.

한편, 두둑 같은 경계를 여덟 가지 덕으로 열거한 다음에는, 5-7절에서 해설한 대목에 나오는 옛 사람들의 앎이 달한 지극한 경지 가운데 두 번째 경지와 유사한 "도에 경계가 있기 전(道未始有封)"에 달한 안성자유의 앎보다 지극한, "있음이 현상이 있기 전이라 여기는(有以為未始有物)" 데 달한 앎이 있을 성인의 경지에 대한 묘사로 나아가는데, 이 대목의 성인 이야기는 말, 그리고 정치의 언어가 이치와 관련하여 어디에서 시작하는지에서 시작한다. 우선, 어디엔가 비긴다면 소요유 편에 있는 '하늘을 내려다보는 지점'에 비길 수 있을 "사방과 상하의 한계 밖(六合之外)"은 성인의 시선은 미칠 수 있으나 말은 미치지 못하는 곳이다. 말이 여기에 미치지 못하는 것은, 말(馬)이 환유하는 만물을 손가락이 그 속에서 가리키는 시공간이 아직 없기 때문일 터, 이런 시공간에 펼쳐진 환유 축 없이는 작동할 수 없을 언어가 만물의 이치와 관련하여 작동을 시작해서 '만물을 가지런히 하는 논함(齊物論)' 같은 '논함(論)'의 언어 연쇄를 낳는 것은, 5-7절에서 본 옛 사람들의 앎이 달한 "있음이 현상이 있기 전이라 여기는(有以爲未始有物)" 최고 경지, 그 다음이나 그 다음다음 경지부터 전제되는 시공간이라 할 "사방과 상하의 한계 안"부터이지만, 이 안보다 좁을, 그 속에서 선왕들이 자취를 남긴 정치 영역에서도 성인의 말은, 입법적 숙고에서 멈추어, 숙고된 법을 적용하는 사법司法적 판단에는 관여하지 않는 것으로 돼 있다. 그리고 이는 소요유 편의 허유가 한 다음과 같은 말을 상기하게 만든다: "요리사가 주방을 다스리지 못한다 해도, 시·축이 제상을 넘어가서 그를 대신하지는 않소(庖人雖不治庖, 尸祝不越樽俎而代之矣)."

번역의 일관성에 관해 밝혀둘 한 가지 사실은, 애초 형이상학적 혼돈의 문맥에 속했던 저 여덟 가지 덕 중 셋째 짝인 "가름(分)"과 "가림(辯)"이 선왕들의 통치 기록 관련 언급과 남곽자기·안성자유의 긴 문답을 맺는 요임금·순임금의 대화 등으로 형성된 정치적 문맥에 듦에 따라, 전자는 3-1절에서 다룬 천하 편의 이상적 옛 정치에 대한 묘사 중 "법으로 직분 같은 분수를 가르고(以法爲分)"를 참조하여 '입법으로 가름'으로 새기고 후자도 문맥에 맞게 '가르는(分) 법을 적용하여 가림'으로 새겼다는 것. 이렇게 새긴 것은, 제물론 편 해석에 같은 저자가 쓴 천하 편을 참조하는 것이 당연하다는 전제 위에서, 탁월한 정치는 형이상학에서 나온다는 생각이 짙게 깔린 문맥에 맞추어 "분分"과 "변辯"을 해석했기 때문인데, 같은 관점에서 성인의 "의議"는 '입법적 숙고'로, 성인이 피하는 "변辯"은 '사법의 변'으로 풀었다.

그런데, 성인이 **춘추**의 경세를 두고, 통치 기준의 제정에 대한 숙고

(간단히, 입법적 숙고)는 하지만 제정된 기준을 구체적 사안에 적용한 판단(간단히, 사법司法적 판단)은 하지 않는다는 언명을 근거로 '입법으로 가르고 사법으로 가리면, 가르고 가리는 일이 제대로 되지 않는다'는 명제로 옮겨 가자, 이 명제가 어떻게 참인지를 안성자유가 묻는다. 남곽자기의 설명인즉, 성인은 품고 성인이 아닌 자들은 대개 스스로의 사법적 판단을 서로 내보인다는 것인데, 이 해석하기 어려운 구절도, 내편의 다른 사례들과 마찬가지로, **장자**의 서문이라 할 천하 편의 관련 구절에서 해석의 실마리 찾을 수 있다. 특히 본 편 제목인 "제물론"의 기원이라 할 "제만물齊萬物(만물을 가지런히 함)"이 나오는 것으로도 주목할 만한 천하 편 한 대목은 다음과 같은 실마리를 제공해 주고 있다.

> 만물을 '가지런히 함(齊)'을 으뜸으로 하여, 가로되: "하늘은 덮어줄 수 있으나 실어줄 수는 없고, 땅은 실어줄 수 있으나 덮어줄 수 없고, 큰 도는 포용하나 말로 [시비 등을] 가릴 수 없다."
>
> 齊萬物以爲首，曰：「天能覆之而不能載之，地能載之而不能覆之，大道能包之而不能辯之。」

5-6절에서도 언급한 신도 등의 주장을 다룬 대목인데, 제물론 편과 천하 편 사이의 이처럼 긴밀한 관계는 천하 편이 **장자** 내편 이해에 얼마나 중요한지를 보여주는 동시에 천하 편의 저자와 내편의 저자가 같으리라는 이 책의 추정을 다시 한번 뒷받침한다. 다른 한편, 신도 등이 말하는 "큰 도(大道)"의 담지자일 성인도 '만물을 사법적으로 판단할 수 없어서(不能辯之)', 방금 인용한 허유가 선언한 대로, 만물을 재단하는 정치를 자기 일 삼지 않는 것일 수도 있겠는데, 하여간 성인은, 숙고 끝에 세운 원칙에 따라 만물을 가린 결과에—즉, 숙고된 법에 기초한 사법

적 판단의 결론에—남다른 지혜가 담겼다며 뭇사람들처럼 뽐내는 대신,
저 "큰 도(大道)"처럼 만물을 품는다. 왜? 5-6절에서 해설한 대목에 따
르자면, '가름(分)은 곧 이룸(成)이나 이런 이룸은 곧 무너짐(毀)'이기 때
문이다. 하여, '갈라진(分)' 것을 '가리는(辯)' 대신 품을 성인의 대덕이
곧이어 환유된다.

　'사법의 변을 완벽하게 구사해도 가려지지 않는 데가 있다'는 언명으
로 시작한 이야기는 도道·말·어짊·청렴함·용기의 다섯 가지 덕에 관한
것으로 확대되는데, 요지인즉, 이들 다섯을 순수한 형태에 가깝도록 둥
글게 깎아, 도는 칭송되도록 눈에 띄게 밝히고, 말은 사법의 변으로 다
듬고, 어짊은 늘 어짊이 되도록 하고, 청렴은 그 순도를 극도로 높이고,
용기는 주변 경고를 겁 없이 무시할 정도로까지 극단화하면 다섯 가지
덕의 위대한 경지에서는 물론이고 이끌고 미치고 이루고 믿게 하는 이
들 본연의 권능에서도 멀어진다는 것이다—비유하여 말하기를, '둥글게
깎자고 시작하여 네모에 가까워진다.' 하여 다섯 가지 덕 이야기의 결론
으로, 덕의 보다 큰 효용에 대한 욕심으로 이들을 극단으로 밀어붙일 때
진입하게 될 '갈라(分) 이루었다가(成) 무너지는(毀)' 경로를 피해 멈출
줄 안다면 지극한 앎이라고 이야기한 데 이어, 이 대목 첫 문장에서 화
제로 제시된 도와 말의, 극단적 분별지 추구 너머의 이상理想으로 '도로
여겨지지 않는 도(不道之道)'와 '말없는 사법의 변(不言之辯)'을 언급한
남곽자기는, 이들 둘이 앎으로서 온존될 만한 장소로 인간의 접근은 아
마 불가능할 "천부天府(하늘 창고)"를 지목한다. 그리고 여기에 '치언巵
言'에 있는 '채워지면 비워지고 비워지면 채워지기를 끝없이 계속하는
잔, 치巵'의 이미지를 끌어와, 원인론적 추적의 한계 너머에 있는, 순수
의 극단적 추구를 지양하고 영구히 지속되는 고차원적 덕의 특징을 "보
광葆光(빛의 갈무리)"이라 부른다는 말로 자신의 말을 맺는다. 여기서

"보광"을 '빛의 갈무리'로 새긴 것은 물론 그 앞의 "천부(하늘 창고)"와의 환유적 연관을 고려해서다. 한편, 제물론 편 저자는 여기에 요임금과 순임금의 대화를 덧붙임으로써, 남곽자기와 안성자유의 긴 문답을 마무리하고 있다.

제물론 편 처음부터 지금까지 살핀 남곽자기와 안성자유의 긴 문답을 마무리하는, 요임금의 질문에 대한 순임금의 대답을 장자가 동원한 비유로 풀면, 쑥 풀 사이의 세계가 붕 새가 볼 때는 석연하지 않을 것이나 석연하지 않음을 제거하고 세계를 극히 순수한 곳으로 정화하여 효율적 통치를 도모한다면 열 개의 해가 동시에 나와 만물을 밝혔으나 그중 하나만 남기고 나머지 아홉 개를 떨어뜨리지 않을 수 없었던 때와 같이 모진 시기를 초래하게 되리라는 것이다. 해보다 더한 덕으로 권력자의 석연치 않음을 해소하려 한다면 그때보다 심한 재난을 초래하지 않겠느냐는 것이다. 순임금의 대답은 또, 세계의 석연치 않음을 끝까지 밝혀 효율적 통치를 기하려는 것은 남곽자기가 직전에 이야기한, '빛을 갈무리하는(葆光)' 데 이른 덕의 지극한 포용 능력에는 미달한 때문이라는 비판도 겸하는 대답으로, 권력이 자신의 빛나는 '갈라 가림(分辯)'으로 세계를 재단하려는 경향에 대한 심오한 통찰을 보여준다. 하여, 소요유 편 첫 대목 해설에서 조명한, "관점에 따라 변하는 현상을 극한으로 밀어붙일 때 도출되는 이상형을 통해 관점을 초월한 현상계 바깥의 실상에 접근하여 그것으로 현상계를 되비추고 정돈할 길을 과연 열 수 있겠느냐는" 문제에 대한 답을 겸하고 있다.

그런데 순임금의 대답으로 맺어진 이 대목의 보광葆光(빛의 갈무리) 이야기의 뜻은, '하늘 창고'에서 늘 있는 그대로 보존하는 '경계 없는 하나하나'를 변화무상한 현상에 적용하여 뭇 생명을 성인이 바루어 살릴 때라도 반드시 허용해야 할, '치언巵言'의 비유를 계속하건대, '채워지고 비워지는 잔의 출입出入'을 강조하는 데서 그치지 않는다. 이야기는 여기에서 그치지 않고 더 나아가, 세상을 초토화한 열 개의 해처럼 빛을 내뿜기만 하는 대신 빛을 갈무리해 둘 수 있다면 빛을 갈무리해 둔 그곳이 바로, 매일 온 생명을 궁하지 않도록 해주는 마술적 '치언'이 흘러나오는, 직전에 언급한 '하늘 창고'와도 같은 형이상학적 원천에 다름 아니게 될 것임을 시사하고 있다. 이런 시사가 저자 본의인지는 알 수 없으나 졸견으로는 하여간, 순임금의 저 답변을 포함하는 보광 이야기는, **장자**에서 발견하는, '하늘 창고'를 환유하는 '무유無有(무엇 없음)'의 여백을 넘치지도 마르지도 않는 항구적인 고전적 시원으로서 가리키고 있다.

5-11.

설결이 왕예에게 여쭈어 가로되: 선생님께서는 현상계에서 하나같이 옳다고 여기는 바를 아십니까?" 가로되: "내가 어찌 그것을 알겠느냐!" "선생님께서는 선생님의 알지 못하는 바를 아십니까?" 가로되: "내가 어찌 그것을 알겠느냐?" "그렇다면 현상계에는 앎이 없습니까?" 가로되: "내가 어찌 그것을 알겠느냐! 그럼에도, 한번 이야기해보겠다. 내가 안다 하는 바가 알지 못함이 아님을 어찌 알겠느냐? 내가 알지 못한다고 하는 바가 앎이 아님을 어찌 알겠느냐? 나아가 내가 너에게 한번 물어보자: 사람들이 축축하게 자면 허리가 아프고 몸 반쪽이 죽을 터이나, 뱀장어도 그렇겠느냐? 나무에 처한 즉 덜덜 떨지만, 원숭이 잔나비도 그렇겠느냐? 셋 중 누가 바른 처소를 아는 것이냐? 사람들이 풀 뜯는 짐승과 곡식 먹는 짐승을 먹지만, 사슴류는 꼴풀을 먹고, 지네는 뱀을 달게 먹고, 올빼미와 까마귀는 쥐를 좋아하는데, 넷 중 누가 바른 맛을 아느냐? 원숭이를 개의 머리를 가진 원숭이가 암컷 삼고, 순록은 사슴과 짝짓고,

미꾸라지는 물고기와 논다. 모장·여희, 사람들이 아름답다고 여기나, 물고기들이 보면 깊이 들어가고, 새들이 보면 높이 날고, 순록과 사슴이 보면 펄쩍 뛸 것이다. 넷 중에 누가 천하의 진정한 미인을 아는가? 나로부터 보건대, 인의의 단서, 시비의 길, 뒤섞이고 혼란스러워, 내가 어찌 이들을 가려 판단할 줄을 능히 알겠는가!" 설결 가로되: "선생님께서 이로움과 해로움을 모르시면, '지인至人'은 본시 이로움과 해로움을 모릅니까?" 왕예가 가로되: "지인은 신神처럼 된 것: 큰 호수가 타도 뜨겁게 할 수 없고, 황하·한수가 얼어도 춥게 할 수 없고, 벽력이 산을 깨고 바람이 바다를 뒤흔들어도 놀라게 할 수 없다. 이런 자는, 구름 기운을 타고, 해와 달에 올라타서, 세상 밖에서 놀 터. 죽느냐 사느냐에도 변함 없는 자기인데, 더욱이 이로움·해로움 같은 말단에 대해서랴!"

齧缺問乎王倪曰:「子知物之所同是乎?」曰:「吾惡乎知之!」「子知子之所不知邪?」曰:「吾惡乎知之!」「然則物無知邪?」曰:「吾惡乎知之! 雖然,嘗試言之。庸詎知吾所謂知之非不知邪? 庸詎知吾所謂不知之非知邪? 且吾嘗試問乎女:民溼寢則腰疾偏死,鰌然乎哉? 木處則惴慄恂懼,猨猴然乎哉? 三者孰知正處? 民食芻豢,麋鹿食薦,蝍且甘帶,鴟鴉耆鼠,四者孰知正味? 猨猵狙以為雌[45],麋與鹿交,鰌與魚游。毛嬙、麗姬,人之所美也,魚見之深入,鳥見之高飛,麋鹿見之決驟。四者孰知天下之正色哉? 自我觀之,仁義之端,是非之塗,樊然殽亂,吾惡能知其辯!」齧缺曰:「子不知利害,則至人固不知利害乎?」王倪曰:「至人神矣:大澤焚而不能熱,河、漢沍而不能寒,疾雷破山、風振海而不能驚。若然者,乘雲氣,騎日月,而遊乎四海之外。死生无變於

---

45 중국철학서전자화계획中國哲學書電子化計劃에 수록된 대로라면 "猨, 猵狙以為雌"이어야 한다.

己，而況利害之端乎！」

5-5절 해설의 초두에서 '물物'의 번역 문제를 재론하면서, 시각적 경험 중심으로 풀어, 보는 이의 관점까지 포괄하는 말이 장자의 '물'이라고 했지만, 한국어에서는 물건이나 사물에 가까운 어감을 가진 '물'이라는 말을 장자가 쓸 때는—2-1-1절에서 인용한, 장자와 비슷한 시기를 산 맹자의 언명이나 혜시의 '났는데 곧 죽는 것이 물(物方生方死)'이라는 언명에서 보는 것처럼—대개 생물을 뜻한다는 점을, 특히 장자의 경우에는 자신이 처한 환경을 재귀적으로 인지하는 생물을 뜻한다는 점을, 이 대목 첫 질문, 그리고 세 번째 질문이 잘 보여준다. 그래서 이 질문들은 5-5절에서 해설한 대목의 첫 문장, "현상계에는 저것 아닌 것이 없고, 이것 아닌 것이 없다(物無非彼，物無非是)"에 있는 "이것(是)"이 생물이 자신을 가리키는 말일 수 있음을, 나아가 이 첫 문장이 '저것(彼)' 내지 '저 대상'과 '내(我)'가 서로 기대도록 하는 도道를 암묵적으로 화제 삼은, 5-3절에서 해설한 대목의 첫 문장, "저것 아니면 나는 없고, 나 아니면 취함의 대상은 없다(非彼無我，非我無所取)"에서 환유된 것임을 암시한다. 사실, 자상한 장자 이해를 위해 검토해야 할 사안 하나가 장자 내편의 '물'이 모두 '생물'일 가능성인데, 일견 '물'과는 구분되는 '생물生物'이 소요유 편과 인간세 편에 명시적으로 등장하지만, 특히 전자의 문맥을 살피면 장자가 이야기하는 물의 세계가 생물의 세계에 다름 아니라는 점을 짚어볼 수 있다: "아지랑이, 먼지 자욱함, 생물들이 이들을 숨쉬어 번갈아 부는 것이다(野馬也，塵埃也，生物之以息相吹也)."

아지랑이, 먼지 자욱함과 같은 물리적 현상이 생물의 활동으로 설명되고 있는데, 그 근원을 좇으면, 고대의 컴컴한 수혈식 주거의 유일한 창문으로 들어오는 빛에서 유래한 단어 '신명神明'에 내포된 신적인 밝음이 아니면 아니면 잘 보이지 않을 생명 활동으로 여타의 변화를 설명하는 선인들의, 신이 발출한 번개를 모방한 글자 '신申'에서 유래한 '신神'으로 지칭되는 바가 만물에 깃들어 이들을 움직이는 물활론적 세계에 닿는다.[46] 자연스럽게도, 이런 세계에서 죽음은 '신'이 '나온(出)' 데로도로 '들어감(入)'을 의미할 터이고, 장자의 물활론적 '물物'이 함축하는 이상적 관점은 '명明(밝음)'과 짝하여 신명神明이 되는 '신'의 관점일 터이다. 하여 설결의 저 첫 물음을 '생물'이 모두 하나같이 옳다고 하는 바를 아느냐는 뜻으로 새긴 것인데, 구체적으로, 이런 생물의 세계가 '나(我)' 혹은 '이것(是)'이 '저것(彼)'에 대하는 현상계와 완전히 겹친다는 전제를 깐 저 첫 질문 졸역이 "선생님께서는 현상계에서 하나같이 옳다는 바를 아십니까(子知物之所同是乎)?"이다. 직역은 '생물들이 하나같이 옳다는 바를 아십니까?' 정도가 될 터이다. 한편, 제물론 편의 주제는 이제 앎과 꿈으로 바뀌어 끝까지 유지되는데, 우선, 이 대목의 화제는 앎이다. 양생주 편이 제물론 편에 이어 배치된 것 역시 이런 흐름에 따른 것일 수 있겠는데, 이럴 수 있겠다고 보는 것은 양생주 편 첫 대목의 화두가 바로 앎 추구의 한계이기 때문이다.

이 대목 문답의 주인공인 설결과 그의 스승 같아 보이는 왕예王倪는 응제왕 편 서두에 다시 언급되는데, 전자가 네 번 물어 네 번 모른다고 답한 것으로 되어 있다. 그런데 후자의 이름은, 우언 편에서 마주친 바 있지만 이다음 대목에도 나오는, "하늘의 척도"라고 옮긴 "천예天倪"와 비슷하다. 특히 '예倪' 자는 천하 편에서 장자 자신을 묘사하는 대목의 "오연하게 척도에 꿰맞추지는 않았고(不敖倪)"에도, 9-6절에서

---

46 신(神)과 명(明), 두 글자의 유래에 대해서는 3-1절에서 인용한 시라카와 시즈카(2021)의 관련 풀이 참조. 덧붙여, '신'을 불어넣어 물활론적 세계를 창조한 도道는 9-3절의 대종사 편 본문에 나옴.

해설하는 대종사 편 한 대목에도 등장하는데, 이 대목들을 함께 고려하여 왕예라는 이름으로 우의했을 법한 추상적 이미지를 추출해 보면 '이름하기 어려운 대상도 척도에 따라 재서 분류하고 정리하는 으뜸 덕' 정도가 되겠다. 그러나 자신의 이름이 풍기는 이런 인상에도 불구하고 왕예는 설결의 질문에 대해 '내가 어찌 알 수 있겠느냐'는 반문을 되풀이하고 있다.

특히, '앎이 현상계의 생물에게는 없다는 말씀이냐'는 물음에 대해서는, '내가 어찌 알 수 있겠느냐'는 되풀이해온 반문에 더해, '자기가 안다거나 알지 못한다고 하는 것이 실로 안다거나 알지 못하는 것인지를 어찌 알 수 있겠느냐'는, 5-8절에서 해설한 대목의 언어적 혼돈을 상기시키는 반문을 한 뒤, 처소와 맛과 미美의 '올바름(正)'에 대한 앎을, 아는 주체가 누구냐에 따라 달라지는 혼란스러운 사례로 들고, 이런 사례에서 보는 대로 '바르게 가려냄(辯)'의 기준이, 상이한 생물 종의 상이한 관점에 따라 달라진다는 점을 이유로, 천하가 그에 따라 다스려져야 할, 말로 된 기준에 따라 대상들을 '바르게 가릴(辯)' 방도를 어찌 자신의 관점에서―본문의 표현으로는, "나로부터 보건대(自我觀之)"―알 수 있겠느냐는 반문을 하고 있다. 이를 5-5절에서 해설한 대목의 두 번째 문장을 상기하며 뒤집어 보면, 이(是) '나(我)'나 저(彼) 다른 생명체로부터 접근하지 않고 앎으로부터 접근해야 알게 된다는 말이기도 하겠는데, 문제는 '나(我)'나 '저것(彼)'이 아닌 앎 자체로부터의 접근은 성인도 저것·이것(彼是) 관계에 긴박되어서 하기 어려우리라는 데 있다. 달리 말하면, 현상계 밖으로 탈출할 길이―5-4절에서도 언급한 대로, 이를 둘러싼 물음이 장자의 핵심적 난문인데―없다는 데 있다.

설결의 질문에 대해 적극적 입장 선택을 회피하는 왕예는 이 같은 노선을, 첫 대답부터 마지막 대답까지 시종 유지하는데, 그의 회피 노선을 뒤집어 한마디로 긍정하면, 5-6절에서 해설한, 달라 보이는 둘이 실은 하나임을 전제하는 "양행兩行(둘 다 됨)"이나 5-10절에서 해설한, 극단의 분명함을 유보하는 "보광葆光(빛의 갈무리)"이 될 터이고, 이런 노선의 일관된 고수는 5-7절에서 해설한 "이명以明(밝음에 의함)"에 다름 아니겠다—5-7절의 '이명以明' 관련 해설을 되풀이하면, "'일정 경계'로 끊어진 이 물物보다 저 물을, 또는 저 물보다 이 물을 나름의 조건적 알음을 기준으로 선택하기보다는 만물을 통트는 도道로 이 물과 저 물이 연속돼 있는, 조건적 알음의 이면에 머묾, '늘 마땅함(庸)'에 머묾에 다름 아니겠다." 결론적으로 말해, 왕예의 대답은 직전 대목까지 이어진 안성자유와 남곽자기의, 방금 그에 대한 5-7절의 해설을 단편적으로 인용한, 긴 문답이 준비해 놓은 것이라 하겠는데, 본 대목 해설을 시작하며 "선생님께서는 현상계에서 하나같이 옳다는 바를 아십니까(子知物之所同是乎)?"로 번역한 경위를 해명한 첫 질문에 대한 대답부터 차근차근 뜯어보자.

다른 생명체가 하나같이 옳다고 여기는 바를 아느냐는 질문에 '어찌 알 수 있겠느냐'고 하자 설결은 "선생님께서는 선생님의 알지 못하는 바를 아십니까?"라고 물어 같은 대답을 듣는다. 그러자 '현상계에는 앎이 없는 것이냐'고 묻는 설결에게, 왕예는 또다시 '내가 어찌 알겠느냐'고 답한 뒤 앎의 유무 문제를 '내가 안다고 하는 바가 과연 아는 것인지 알지 못하는 것인지 어찌 알 수 있겠느냐'는 문제로 바꾸어 되묻는다. 이는 역시 5-8절 해설에서 '이것(是)과 이를 이르는 말이 동류인지를 모른다'는 문제의 변주라고 본 '내가 말로 이르는 것이 있느냐 없느냐를 모른다'는 문제의 변주다. 여기서 첫 번째 문답으로 돌아가 보다 자세히 살피건대, 만물이 하나같이 옳다는 바를 아느냐는 설결의 물음이 제기하는 문제는 이른바 '사회적 진실(social truth)'에 관련된 물음이다. 남들이 하나같이 그렇다고 안다면 그렇게 아는 그것이 곧 진리라고 할 수 있다는, 참인지 아닌지를 이를테면 '절대다수가 결정하는 방식'으로 결정할 수 있다는 사회적 진실의 논리를 암묵적으로 깔고 있는 설결의 물음에 대한 왕예의 대답을, 그가 나중에 한 긴 대답까지 참조해 두 가지 대답으로 나누면: 첫째, 남이 하나같이 옳다고 여기는 바가 옳은지 그른지를 자신이 안다고 해도 이것이 과연 아는 것인지 의심스럽다는 것이고; 둘째, 서로 다른 개물 혹은 종의 입장과 관점에 따라 갈리게 마련인 것이 옳음에 관한 의견인 만큼 과연 일치하여 옳다고 하는 바, 즉 '사회적 진실'이 있을지 의심스럽다는 것이다. 그리고 이 두 가지 대답은 장자 형이상학 속에서 사실상 하나의 대답이 된다. 즉, 그 속에서 첫 번째 대답은, 옳다고들 여기는 것이 실은, 그렇게 여기게끔 만드는 존재로서의 도道가 그렇게 여기게끔 안배했기 때문에 그렇게 여겨지는 것일 뿐이라서 그 옳음을 아는 것과는 거리가 있다는 이야기가 되고, 두 번째 대답은, 이 같은 도가 낳은 만물은 도의 안배에 따라, 각자 처한 위치가 다른 개물로 갈라져 서로 다른 입장에 입각해 시비하게끔 돼 있기 때문에, 처소와 맛과 미美의 옳음에 대한 생물들의 극명하게 서로 다른 의견에서 보는 것처럼, 무엇인가를 모두가 옳다고 여기는 일은 있기 어렵다는 이야기가 된다.

두 번째 질문은 '어찌 내가 알겠느냐'는 왕예의 대답을 빌미 삼아 '자기에 관한 앎'을 물은 것인데, 요는 '최소한 자기가 무엇을 모른다는 것은 아는 것 아니냐'는 것이다. 여기에 대해서도 왕예는 '내가 어찌 알겠느냐'고 답한다. 이 대답의 뜻 역시 그의 나중 대답까지 참조하여 풀면, 내가 알지 못한다고 하는 것이 내가 아는 것인지 모르고, 안다고 하는 것이 알지 못하는 것인지 모르기 때문에, 내가 모른다는 것을 내가 안다고 해도 이 역시 내가 알지 못하는 것인지 알 수 없다는 것이다. 5-9절에서 접한 "하나를 대상으로 이르는 말인 '하나'"가 속한 것과 같은 메타(상급) 수준에서 성립하는, **논어** 위정 편에 공자가 자로에게 가르쳐 준 것으로 나오는, 아는 것을 안다고 하고 모르는 것은 모른다고 할 때 충족되는, 앎의 고전적 기준에 따르면, 모른다는 것을 앎도, 모른다는 것을 앎이, 과연, 모른다는 것을 앎인지 알지 못함인지를 메타 수준에서 알지 못하면 앎으로 성립되지 않는다. 달리 말해, 무지의 자각이라는 것도 그에 대한 메타 수준의 앎 없이는 진정한 자각이 아니다. 물론, 방금 검토한 첫 번째 질문에 대한 대답에도 적용되는 것으로 해석할 수 있는 것이 메타 수준의 앎에 관한 이런 논의다.

설결의 첫 두 질문은, 타인이 아는 것이건 자신이 모르는 것이건 이에 대한 대상적 앎이 질문 상대에게 있느냐는 물음인데, 왕예는 이들 질문을 대상 수준의 앎과 모름을 판단하는 메타 수준에 있는, 무지의 자각까지 포함하는 앎에 대한 물음이라고 해석한 것이다. 나아가, 설결이 지인至人이라고 여기는 왕예에게 스스로 안다 할 수 있는 앎은 물론이고 무지의 자각 같은 앎까지 없다면, 생물 모두에게, 따라서 물物 모두에게 앎은 없을 터인데, 바로 이런 연유로, 방금 본 것처럼 질문자와 답변자의 해석이—장자의 형이상학에 따르면, 서로 다른 개물의 해석이므로 당연히—어긋나는 첫 두 질문은, 앎이 물에게 없는 것 아니냐는 세 번째 질문을 가까이 당겨 환유하고 있는 셈이다. 동시에 장자가 이야기하는 생물의 앎은 모두 '재귀적'이라 해야 할 것인데, 이는 이를테면 안다는 것을 안다고 하고 모른다는 것을 모른다고 하는 진술이 메타 수준의 재귀적 관점에 입각한 것이기 때문이다. 하여 화제는 재귀적 이해利害 관심으로 넘어간다.

설결의 마지막 물음은 재귀적 이해利害 관심에 관한 것으로, '제가 지인至人이라고 여기는 선생님도 이해를 모른다 하시니, 지인이 이해를 모른다는 말씀이냐'는 이 물음을 문맥에 비추어 풀면, '선생님께서 예로 든 세 가지 옳음에 대한 앎이 결국은, 아는 주체 그 자신에게 이로우냐 해로우냐에 따라 달라지는 것이니, 선생님의 모르신다는 대답은 이해를 모르신다는 말씀에 다름 아니겠고, 따라서 지인 역시 이해를 모르지 않겠느냐는 것'이다. 여기에 대한 왕예의 대답이, 4-5절의 해설에서 쓴 표현을 다시 쓰건대, '금강불괴'인 지인이라면 생사에 좌우되지 않을 터인데 기껏 이해 정도에 좌우되겠느냐는 것이다. 즉, 지인의 앎은 이해에 따라 달라질 수 없는 앎이라는 것. 이는, 근본적으로는, 4-3절에서 해설한 소요유 편에 따르면 '자기(己)'가 없을 지인의 앎은 재귀적인 이해 관심에 얽힐 일이 아예 없기 때문일 터인데, 나아가, 자기가 아는 것이 실로 앎인지를 메타(상급) 수준에서 재귀적으로 확인하느라, 자신이 아는 것이 앎인지 아닌지 모른다는 왕예의 대답이나 3-4절에서 주목한 '알고 알지 못하는' 이유에 대한 신도의 언명에서 보는 것처럼, 대상적 앎이 불확실해지는 일도 지인에게는 일어나지 않을 터이다.

한편, 이 대목의 이해利害 이야기는 이다음 대목에서도 계속되어 두 대목을 잇는 교량 역할을 하고 있는데, 사실, 이 대목에서 지인至人의 이해와 관련해 구사된 수사법은 2-3절의 우언 편 한 대목에서 본 것과 유사한 것으로, 같은 2-3절의 해설에서 양생주 편과 대종사 편에 정의되어 있음을 상기한, 본 절에서도 언급한 '현상계 탈출의 길'로 장자가 그려 놓은 것이라 해도 좋을 '현해縣解'를 환유하고 있다 하겠다. 다른 한편, 이 대목의 앎 이야기는 이다음 대목의, 꿈과 각성에 대한 이야기로 발전한다.

5-12.
구작자가 장오자에게 물어 가라사대: "나는 선생님께 이렇게 들었네,

성인은 힘써 일에 종사하지 않고, 이익되는 일에 착수하지 않으며, 해를 피하지 않고, 구함을 기뻐하지 않고, 도에 집착하지 않고, 이름이 없는데 이르는 것이 있고, 이름이 있는데 이르는 것이 없으며, 먼지구덩이 같은 세상 밖에서 논다. 스승은 이를 허무맹랑한 말이라 여기셨지만, 나는 현묘한 도의 올바른 추구라고 여겼네. 그대는 어떻게 생각하는가?"

장오자 가라사대: "이는 황제가 들었어도 혼란스러웠을 것인데, 하물며 구丘(공자)가 어찌 족히 알겠나! 게다가 그대는 또한 너무 서둘러 파악하느라, 알을 보며 밤에 때 알리는 새를 구하고, 탄환을 보며 비둘기 구이를 구하는 격이네. 내가 그대를 위해 그에 대한 헛소리를 해볼 테니, 그대는 그에 대한 헛소리를 들은 것으로 하게, 무슨 소리냐? [성인은] 해와 달을 옆에 두고, 온 시공간을 끼고, 그 입술 다물리며, 그 어지러운 어둠에 자리를 주고, 자신을 낮추어 우리를 존중하네. 사람들은 맡은 일에 지치지만, 성인은 매우 어리석어, 만세에 참여하고도 한결같이 변함이 없네. 만물의 각기 그러함이 더할 나위 없다면, 이로써 서로 온존하지. 내 어찌 삶을 좋아함이 혹함이 아님을 알겠는가! 죽음을 싫어함이 어려서 실향하고 돌아갈 줄을 모르는 것임을 내 어찌 알겠는가! 여희, 애봉 사람 자식이네. 진나라가 애초에 그녀를 얻었을 때, 앞자락을 눈물로 적셨으나; 왕의 처소에 갔을 때, 왕과 호화 침대를 함께 쓰고, 곡물 먹은 짐승의 고기를 먹고, 이후에는 울었던 것을 후회했네. 죽은 이가 애초에 살기 바랐던 것을 후회하지 않는다고 내 어찌 알겠는가! 술 마시는 꿈을 꾼 자, 아침이 되면 울고 눈물 흘리며; 꿈에 울고 눈물 흘린 자, 아침이 되면 사냥을 가네. 꿈을 꾸면서도, 꿈임을 모르네. 꿈 가운데서 심지어는 그 꿈 해몽도 하나, 깨고 나서야 꿈임을 아네. 나아가 큰 각성 이후에야 이것이 큰 꿈임을 아는 것이니, 멍청한 자는 스스로 깨어 있다고 여겨, 무엇 알기를 이미 아는 것을 주의 깊게 살피는 양으로 하네. 임금이

니, 목자니, 꽉 막혔도다! [그대의 선생] 구丘는, 그대와 더불어 다 꿈; 내가 그대를 꿈이라 이르는 것, 역시나 꿈. 이 말이 금언이니, 그 이름을 조궤(불가사의한 속임수)라 하네. 만세가 지난 후, 큰 성인을 결국 만나 이를 풀 수 있게 된다면, 이는 이이를 아침 저녁으로 만나는 것이나 같네. 이왕 내가 너와[47] 시비를 가리게끔 한 상황이니, 네가 나를 이기고, 내가 너를 이기지 못하면, 과연 네가 옳은 것인가? 내가 과연 틀렸나? 내가 너를 이기고, 네가 나를 이기지 못하면, 과연 내가 옳은가? 과연 그대는 틀린 것인가? 우리 둘 중 누군가는 옳고, 누군가는 틀린 것인가? 둘 다 옳은 것인가, 둘 다 틀린 것인가? 나와 너는 번갈아 알 수 없는 것, 하여 사람들은 이런 캄캄함을 본래 수용하지. 내가 누구로 하여금 이를 바로 잡도록 하겠나? 너에게 동의하는 자가 이를 바로잡는다면, 너와 이미 동의한 상태인데, 어찌 이를 바로잡을 수 있겠나! 나에게 동의하는 자가 이를 바로 잡는다면, 나와 이미 동의한 상태인데, 어찌 이를 바로잡을 수 있겠나! 우리와 다른 자가 이를 바로잡는다면, 우리와 이미 다른 상태인데, 어찌 이를 바로잡을 수 있겠나! 우리와 동의하는 자가 이를 바로잡는다면, 우리와 이미 동의한 상태인데, 어찌 이를 바로잡을 수 있겠나! 그러니 너와 나와 제삼자가 다 함께 번갈아 아는 것이 불가능한 것, 하여 저것에 의존하는 것인가?" "하늘의 척도로 조화됨은 무엇을 이르는가?" 가로되: "옳다 옳지 않다, 그러하다 그러하지 않다. 옳음이 혹시 과연 옳다면, 이는 곧 옳음이 옳지 않음과 다름에 판가름이 없다는 것; 그러함이 혹시 과연 그러하다면, 이는 곧 그러함이 그러하지 않음과 다름에 판가름이 없다는 것. 변하는 소리들의 서로 기댐, 서로 기대지 않음과 같네. 하늘의 척도로 조화되면, 이로 인해 중간에 끊기지 않고, 덕분

으로 끝까지 가는 것이네. 나이도 의로움도 잊고, 경계 없는 데로 떨쳐 나서, 경계 없는 데 머무네."

瞿鵲子問乎長梧子曰:「吾聞諸夫子, 聖人不從事於務, 不就利, 不違害, 不喜求, 不緣道, 无謂有謂, 有謂无謂, 而遊乎塵垢之外. 夫子以為孟浪之言, 而我以為妙道之行也. 吾子以為奚若?」長梧子曰:「是黃帝之所聽熒也, 而丘也何足以知之! 且女亦大早計, 見卵而求時夜, 見彈而求鴞炙. 予嘗為女妄言之, 女以妄聽之, 奚? 旁日月, 挾宇宙, 為其脗合, 置其滑涽, 以隸相尊. 眾人役役, 聖人愚芚, 參萬歲而一成純. 萬物盡然, 而以是相蘊. 予惡乎知說生之非惑邪! 予惡乎知惡死之非弱喪而不知歸者邪! 麗之姬, 艾封人之子也. 晉國之始得之也, 涕泣沾襟; 及其至於王所, 與王同筐床, 食芻豢, 而後悔其泣也. 予惡乎知夫死者不悔其始之蘄生乎! 夢飲酒者, 旦而哭泣; 夢哭泣者, 旦而田獵. 方其夢也, 不知其夢也. 夢之中又占其夢焉, 覺而後知其夢也. 且有大覺而後知此其大夢也, 而愚者自以為覺, 竊竊然知之. 君乎, 牧乎, 固哉! 丘也, 與女皆夢也; 予謂女夢, 亦夢也. 是其言也, 其名為弔詭. 萬世之後, 而一遇大聖知其解者, 是旦暮遇之也. 既使我與若辯矣, 若勝我, 我不若勝, 若果是也? 我果非也邪? 我勝若, 若不吾勝, 我果是? 而果非也邪? 其或是也, 其或非也邪? 其俱是也, 其俱非也邪? 我與若不能相知也, 則人固受其黮闇. 吾誰使正之? 使同乎若者正之, 既與若同矣, 惡能正之! 使同乎我者正之, 既同乎我矣, 惡能正之! 使異乎我與若者正之, 既異乎我與若矣, 惡能正之! 使同乎我與若者正之, 既同乎我與若矣, 惡能正之! 然則我與若與人俱不能相知也, 而待彼也邪?」「何謂和之以天倪?」曰:「是不是, 然不然. 是若果是也, 則是之異乎不是也亦

無辯；然若果然也，則然之異乎不然也亦無辯。 化聲之相待，若
其不相待。和之以天倪，因之以曼衍，所以窮年也[48]。 忘年忘義，
振於無竟，故寓諸無竟。」

이 대목은 성인의 경지에 달하지 못한 이들과 성인 사이의 격차를
강조하는 것에서 시작하는데, 이는 소요유 편 한 대목에 등장하는 신인
神人이 사는 막고야 산과 요임금의 근거지인 분수汾水 유역 사이의 아득
한 격차에 다름 아니다. 4-5절에서는 이 격차를 풀어 '막고야 산의 신적
인 앎이 이승에 주어진다 해도 아무도 받지 못할 정도'라 했는데, 장오
자는 이런 격차가, 구작자가 현묘한 도를 행한다고 여긴, 공자 전언 속
의 성인과 구작자 사이에 있다고 말한다. 한편 4-5절의 저 대목에서는,
막고야 산의 신인에 관한 이야기를 접여에게 들어 연숙에게 전하고 그
의 의견을 듣게 되는 견오가 신인 이야기를 듣고 광언이라 여겼는데, 이
대목에서는, 문제의 성인 이야기를 장오자에게 들려 주고 의견을 구하
고 있는 구작자에게 같은 이야기를 다른 이에게 들어 전해 준, 구작자의
스승 공자가 허무맹랑하다고 평한다. 그런데 소요유 편과 제물론 편의
이런 상응 관계를 통해 다시 한번 상기하게 되는 것이 3-6절에서 다룬
천하 편 장자 관련 대목에 나오는, 장자가 쓴 언어의 특징이고, 나아가,
여기서 보는 바와 같은 황당한 말을 써서 이루려 했던 장자의 실천적 목
적이다. 이 책에서는 특히 원인론적 근거를 가진 참 평화의 실현을 촉진

---

48 "중국철학서전자화계획中國哲學書電子化計劃"에 수록된 대로라면, "而待彼也邪？" 「何謂和之以天
倪？」" 이하 이 문장까지는 "化聲之相待，若其不相待。和之以天倪，因之以曼衍，所以窮年也。 何謂和
之以天倪？曰：是不是，然不然。是若果是也，則是之異乎不是也亦無辯；然若果然也，則然之異乎不然
也亦無辯"이어야 한다. 그런데, 이렇게 수록된 대로의 원문을 고친 결과는 장자의 표준적 텍스트로 널리 읽히
는, 왕효어王孝魚가 구두점을 찍고 교감한 **장자집석**莊子集釋(상上권 114쪽)의 텍스트와 일치한다. 덧붙여,
이렇게 고친 결과, 아래 해설에서 이야기하는 대로, 장오자의 대답을 맺는 "하여 저것에 의존하는 것인가(而
待彼也邪)"의 "저것(彼)"이 뜻하는 바가 분명해진다.

하는 것이 장자의 주된 집필 목적이라고 보았는데, 구체적으로 이 대목에서는 장오자의 '헛소리'를, 그것을 참조하지 않고는 참 평화의 실현이 무망할 '성인의 진상'에 이르는 사다리로 쓰고 있다.

저 엄청난 격차에 대한 이야기로 시작하는 이 대목 서두에서는 또한 전 절에서 이야기한 앎의 메타(상급) 차원을 부각해 그 함의를 살필 수 있겠다—구작자의 현묘한 앎에 대한 '재귀적' 이해가 너무 급하다는 장오자의 평이 그것인데, 우선은, 플라톤의 동굴에서 밖으로 나와 햇빛을 처음 보는 동굴의 수인처럼, 현묘한 앎에 익숙해지는 데는 시간이 걸린다는 의미로 해석할 수 있겠다. 그리고 여기에 메타 차원의 분석을 더하면, 공자에게 들어 알게 된 성인의 경지가 어떠하다는 것을 구작자가 파악했다고 하지만 그것이 왜 그런지를 알아야 실로 아는 것인데, 메타 차원의 이런 판단을 적절히 하기에는 너무 이르다는 이야기가 되겠다. 그런데 이렇게 해석하고 나면 5-9절에 이야기된 논리에 따라 성인의 현묘한 도에 대한 앎은 영원히 연기될 수 있다는 문제가 생긴다. 즉, 현묘한 도에 대해 자신이 아는 것을 안다고 하고 자신이 모르는 것을 모른다고 하자면 현묘한 도에 대해 자신이 아는 것을 안다고 하고 자신이 모르는 것을 모른다고 할 줄 알아야 하는데, 이를 위해서는 다시 현묘한 도에 대해 자신이 아는 것을 안다고 하고 자신이 모르는 것을 모른다고 할 줄 앎을 자신이 안다고 할 수 있어야 할 것이기 때문이다. 그런데 대상 수준에서 자기가 아는 것이 실로 아는 것인지를 알 수 없게 만드는 이런 무한 후퇴의 문제는, 전 절에서 본 성인처럼 재귀적 앎의 필요에서 해방된다면—즉, 4-3절에서 해설한 소요유 편 한 대목의 말미에서 묘사된 지인至人처럼, 앎의 대상에 대한 지향이 재귀할 '자기(己)'가 없어서, 무엇을 안다고 하자면 자기가 아는 것이 자기가 아는 것임을 메타 수준에서 알아야 할 자기도 없다면—전 절의 해설에서 지적한 대로, 생길 수가 아예 없는 문제다. 그런데 여기서 막상 화제가 된 문제는 '지인'과는 달리 '자기'가 엄연히 있는, 따라서 그 앎이 자기 이해에 좌우되는 재귀적 성격을 갖게 마련인 생물들이, 과연, 막고야 산 '신인神人'의 확고부동한 불퇴전의 앎에 접근이라도 할 수 있을 것이냐는 문제인데, 소요유 편에서 본 것과 마찬가지로 제물론 편에서도 이 문제에 대한 답은 부정적이다. 구체적으로, 이런 부정적 대답을 이 대목의 장오자는 먼저 꿈의 비유를 통해 제시하고 있다.

단적으로 말해, 꿈 속에서 헤매는 자들에 대해 자신을 깬 사람이라 여겨 임금이니 목자니 하는 이를 일러 꿈을 고집한다고 비판하는 이마저 아직 꿈 속이라는, 따라서 꿈 밖으로 탈출할 길이 어디에도 보이지 않는다는 문제를 일러 "조궤弔詭(불가사의한 속임수)"라 한다 하고는, 이 문제를 풀게 해 줄 큰 성인을 만날 확률은 극히 희박하다는 취지의 이야기를 한다. 즉, "만세가 지난 후, 큰 성인을 결국 만나 이를 풀 수 있게 된다면, 이는 이이를 아침 저녁으로 만나는 것이나 같네"라고 했는데, 이를 쉽게 풀어 말하면 다음과 같다: 가령 성인이 십 년에 한 번 난다면, 그 기간 안에 천 명 정도의 성인을 기대할 수 있을 만 년의 기간 중의 하루에 아침 저녁으로 성인을 만날 것이라는 기대는 만 년이 지나면 결국은 성인을 만날 것이라는 기대와는 큰 차이가 있으나; 무한히 긴 세월에 한 번 성인이 난다면 아침 저녁으로 성인을 만날 것이라는 기대나 만 년이 지나면 결국은 만날 것이라는 기대나 크게 다르지 않을 것이다. 그리고 이런 이야기가 결론적으로 의미하는 바는 물론, 성인의 도움으로 현상계를 탈출해 막고야의 산에 오를 확률이 극히 희박하다는 것이다.

성인의 도움을 기대할 수 없다면 인간들 스스로가 현상계 탈출의 길을 열 수 있지 않을까? 아니나 다를까 꿈 이야기를 통해 극히 부정적으로 답한 물음과 종국적으로는 궤를 같이하는 유사한 물음을 제기하고는 역시 부정적 결론에 도달한다. 즉, 앞의 '꿈이' 은유하는 착오를 사람들 사이의 시비를 통해 말로 교정하는 것이 불가능하다는 것인데, 이는 시비하는 말이, **장자**의 서문이라 할 우언 편 서두에서부터 문제가 된 '편가르기'의 논리가 유래하는 유아론적 관점에 좌우되는 말이기 때문이다. 하여 '나(我)'의 입장과 관점에 의해 정의되는 '이것(是)'에 대하는 '저것(彼)'에 의존하는 것이냐는 물음으로, 이 대목의 구체적 문맥 속에서는 나와 너, 그리고 타인을 포함하는 '우리들 사람'에 대하는 "저것(彼)"에 착오의 교정을 의존하는 것이냐는 물음으로 대답을 맺는 장오자에게 구작자가 마지막으로 묻는데, 장오자가 꿈 속인 '우리들 사람'에 대하는 "저것(彼)"으로 뜻한 바가 "하늘의 척도(天倪)" 내지 "하늘의 척도로 조화됨(和之以天倪)"이었음을 알려주는, 구작자의 바로 이 마지막 물음에서 장자 형이상학의 핵심을 드러냈다고 할 만한 대답이 비롯한다: "하늘의 척도로 조화됨은 무엇을 이르는가(何謂和之以天倪)?"

우선 이 질문은, 장자가 자신의 언어를 일인칭 관점에서 서술하고 있는 우언 편 서두와 치언卮言 관련 대목에서 되풀이된 표현이 "치언이 날마다 나오는데, 하늘의 척도로 조화시키니(卮言日出, 和以天倪)"라는 점을 상기하게 만든다. 치언 관련 대목은 곧이어 "인하여 중간에 끊기지 않고, 덕분으로 끝까지 간다(因以曼衍, 所以窮年)"로 발전하는데, 장오자의 대답 역시 "하늘의 척도로 조화되면, 이로 인해 중간에 끊기지 않고, 덕분으로 끝까지 가는 것이네(和之以天倪, 因之以曼衍, 所以窮年也)"로 거의 같다. 다만 우언 편에서는 조화시키는 주체가 치언卮言이고 여기서는 조화되는 주인공이 성인聖人이 대표하는 존재다. 그리고 이 같은, 우언 편과의 긴밀한 관계에서 추론할 수 있는 배후가, 장오자를 내세워 자신의 주장을 피력하고 있는 우언 편 저자, 즉 장자다. 달리 말해, '하늘의 척도로 조화됨'에 대한 장오자의 대답을 장자 자신의 형이상학, 그 전모를 환유하는 핵심적 단편으로 여겨도 별 무리가 없겠다는 것인데, 이제 이 대답의 졸역을 검토해 보자.

우선, 구작자의 질문에도 장오자의 대답에도 들어 있는 "화지이천 예和之以天倪"를 "하늘의 척도로 조화됨"이라고 옮긴 것은 "화지和之"의 "지之"를, 3-4절에서 "상했다"로 옮긴 "상지傷之"의 "지之"에 대한 졸견을 과감히 적용하여 재귀대명사로 보았기 때문이다—문제의 졸견은 3-4절 말미에 피력되어 있다. 둘째, "옳다 옳지 않다"로 옮긴 "시불시是不是"의 "시是"를 '저것(彼)'을 은유하는 '이것(是)'으로 옮기지 않고 '옳음'으로 옮긴 이유는 우선, 그 다음의 "그러하다 그러하지 않다(然不然)"를—장자 여기저기에 있는 비슷한 대목들의 예로 보아—가까이 환유할 것으로 기대되는 '된다 안 된다(可不可)'가 나올 자리를 "시불시是不是"가 차지하고 있기 때문이다. 즉, 규범적 허용과 불용을 뜻하는 말마디가 올 자리에 있는 '시是'라서 '이것'으로 옮기지 않고 '옳음'으로 옮겼다. 그런데 이 말마디의 문맥이 고려될 때 더욱 중요해지는 또 다른 이유는, 관점에 따라 '이것'이 '저것' 되고 '저것'이 '이것' 되는 현상계의 무無 내지 빈 시공간 이전의—달리 말해, 경계(封·畛)를 가르는 말 이전의—다름을 조명하는 논의, 예컨대 '그러함(然)'과 '그러하지 않음(不然)'의 다름을 조명하는 논의의 시작이라는 데 있다. 만물이 연속적으로 놓이는 빈 시공간의 '일정 경계(封)'와 그 이전의 '두둑 같은 경계(畛)'에 대해서는 앞에서 조명한 바 있거니와, 장오자는 이런 경계들을 "경竟"이라 통칭하고 있는데, 그의 답변 요지인즉, 천지와 더불어 생긴 '나(我)'의 손가락을 원점으로 하는 좌표 값을 명사의 외연 표시 부호로 써서 개물들을 서로 가르는 '일정 경계(封)'나 그 전의 '두둑 같은 경계(畛)'가 없는 데로 떨쳐나가 거기 머문다면, '하늘의 척도로 조화된' 존재로서, 중간에 끊김 없이, 끝까지 간다는 것.

　여기에서 '옳음이 옳지 않음과 다름에 판가름이 없다(是之異乎不是
也無辯)'와 '그러함이 그러하지 않음과 다름에 판가름이 없다(然之異
乎不然也無辯)'를 단서로 5-10절에서 해설한 대목의 '하늘 창고(天府)'
를 상기하건대, 옳음과 옳지 않음, 그리고 그러함과 그러하지 않음이 연
속될 가능성을 주는 빈 시공간으로서 천지가 생기기 전인 것은 물론이
고 좌우, 도리와 의義, 법의 가름과 이에 따른 시비 가림, 경쟁과 싸움의
경계가 생기기 이전인 곳이 하늘 창고이고, 따라서 이 곳은 '판가름하는
(辯)' 경계 이전이다. 그래서 이곳의 경계 없는 존재 하나하나의 서로 다
름은, 예컨대 옳음과 옳지 않음을 가르는 동시에 서로 이어주는 '경계'
에 의지한 다름이 아니다. 일반화하면, '저것(彼)'과 '이것(是)'을 가르는
유동적 경계에 의지한 다름이 아니다. 하늘 창고는 '경계(竟)' 이전이기
때문에 이곳의 옳음과 옳지 않음은 각각 독립적 하나로서 '홀로(獨)' 있
는 것일 수밖에 없는데, 비유컨대, 이들의 '홀로 동떨어짐'은, 동떨어진
하나하나를 함께 묶어 셀 수 없을 정도로 무한히 멀게 동떨어짐이다. 무
엇 무엇을 하나, 둘, 셋, 넷 등등으로 세는 것은 오직, 세어지는 것들이
셈의 동일한 단위(unit)를 공유하면서 동일한 공간에 속할 때 가능한 것
이므로, '경계(竟)'로 나뉘는 동일 공간에 들어올 수 없는 '경계 없는 하
나하나'는 결코 여럿으로 세어질 수 없는, 오로지 하나일 뿐인 하나하나
다. 따라서 이들의 '홀로 동떨어짐'은, 옳음과 옳지 않음이 옳음과 옳지
않음의 경계에 붙어 있기 때문에 생기는, 옳음이 옳지 않음이 되거나 옳
지 않음이 옳음이 될 가능성을 원천적으로 봉쇄하는 데 충분하고도 무
한히 크게 남을 정도로 동떨어짐이라 할 수 있겠다―현상계에서와는 달
리, 하늘 창고의 경계 없는 옳음은 늘 옳음이고, 경계 없는 옳지 않음은
늘 옳지 않음이다. 그래서 옳음과 옳지 않음을 '말로 가를(辯)' 수도 그

럴 필요도 없는 것이다. 그리고 이상의 해석을 압축해서 말하면, 옳음과 옳지 않음이 그 속에서 경계로 구분되면서 공존할 시공간이 없기 때문에 가를 수도 가를 필요도 없다는 이야기가 된다.

예컨대 현상계에서는 용기가 독단과, 심지어는 비겁과도 혼동되곤—유동적인 경계를 매개로 서로 붙어, 특히 전시 같은 혼란기에는 더더욱, 어디에서 가를지 알 수 없게 되곤—하지만, 용감함은 늘 용감함이라서 '용기 아닌 용기'마저 용기가 될 따름인 곳, 5-10절에서 본 '도道로 여겨지지 않는 도(不道之道)'나 '말없는 사법司法(不言之辯)'과 같이 온전할 따름인 어짊과 청렴과 같은 덕 자체가 한데 모여 완전한 평화의 본本까지 갖춘 곳, 여기가 바로 '하늘 창고(天府)'일 터이나, 이곳의 '경계 없는 하나하나'는, 성인 아니면 접근이 안 되리라고 보는 것이 또한 온당한 장자 해석일 것이다. 나아가, 5-10절에서 해설한 대목의 말미에 나오는 순임금의 말이 우언 편 초두에 이야기된 '중언重言'의 전형일 것이니, '경계 없는 하나'에 접근할 길이 없는 현상계 주민의 진정한 복락은 이 같은 '중언'을 좇아, 천하 편에서 이야기된 '일곡지사의 분열적 앎'을 도道로 지양한 천하의 조화 속에서, 순임금의 통치가 실현한 바와 같은, 참 평화에 가까운 평화를 자유롭게 누리는 데 있겠는데, 바로 이런 길에 다름 아닐 양생법이 6-2절에서 해설하는 양생주 편에 제시되어 있다. 또한, 2-6절에서 미리 해설한 덕충부 편 한 대목에서, 자질을 타고난 순임금에게 주어져 다행히도 덕으로서 온전히 보존되어 제대로 기능했다고 한 '바름 자체'도 방금 해설한 '경계 없는 하나하나'의 하나일 터인데, 덕충부 편 저 대목에 따르면, 바로 그 덕분으로 순임금이 세상을 바루어 살릴 수 있었다. 나아가, 이런 순임금이야말로 3-1절에서 해설한 천하 편 서두에 묘사된 '덕德을 본本 삼는 성인'의 전형일 터, 경계 없는 하나는 이런 성인의 '본'이기도 할 것이다. 한데 천하의 참 평화 실현은 바로 이런 성인을 하늘이 내기를 기다려야만 될 것인가?

제물론 편 서두에 대한 해설에서 "(하늘에서 비롯한) 인과 관계가, 앞에서 매기는 소리와 뒤에서 화답하는 소리 사이의 조화로운 관계와는 다른 것임은, 현상의 바탕을 이루는 원인론적 관계의 원천…의 기氣 뿜기가 멈추고, 바람으로 찼던 '뭇 구멍이 비면'…소리들 사이의 관계도 사라질 것임을 시사하는 묘사를 통해 암시되어 있다"고 했는데, 이 대목에 있는 '변하는 소리들(化聲)이 서로 기대는 것은 기대지 않는 것이나 같다'는 알쏭달쏭한 이야기 역시 이들 사이의 현상적 관계가 원인론적 실질을 결여하고 있다는 점을 재차 확인한 것일 뿐이다. 또 여기에 이어지는 이야기 역시, 원인론적 실질을 결여한 현상계 만물유전이 지속되는 것은—방금 인용한 해설 속의 저 소리가 원기元氣로 인한 것임과 마찬가지로—하늘의 척도로 조화시키는 원인 때문이며 또 이런 원인의 작용을 온전히 수용한 결과로 현상계의 존재가 제명을 끝까지 누리는 것이라는 이야기에 다름 아니다. 순임금의 예로 돌아가면, 그 역시 이런 원인의 작용을 온전히 수용한 결과로 참 평화에 가까운 평화를 일시적이나마 지상에 실현했던 것이었겠다. 그리고 이 같은 맥락에서, 이 대목 마지막 언명은, 순임금 같은 성인처럼 하늘의 척도로 조화된 존재라면, 사는 동안의 길이를 재는 단위인 해(年)나 앞에서 거론된 여덟 가지 '두둑 같은 경계(畛)'의 하나인 '의로움(義)'은 뒤로 하고, 경계 없는 곳으로 떠나 거기 머물 것이라는 이야기가 된다.

그런데 순임금 같은 성인이, 죽음과 삶의 경계도 의로움과 불의의 경계도 없을, 경계 없는 곳으로 떠난다면 남은 천하는 어찌 되겠는가? 성인이 실현한 천하일가의 구성원 모두가 이런 곳으로 떠나는 성인을 따라 떠날 수 있겠는가? 이런 곳에 성인 아닌 인간이 가닿을 수 있을 것인가? 사실, 이 물음들은 4-5절의 소요유 편 해설에서 제기된 질문과 궤를 같이하는, 장자가 제기한 근원적 질문인데, 이다음 대목에서 발견하는 대답은 역시나 부정적이다. 물론, 장자가 추구한 '사람의 길(人道)'은 그럼에도 불구하고 짚어낸, 하늘이 점지한 성인을 기다려 실현하는 평화가 아닌, '부득이不得已'한 도道에 의지해 실현하는 평화로 난 길이다.

5-13.

그림자의 흰 그늘이 그림자에게 물어 가로되: "언제는 가더니, 지금은 서고, 언제는 앉아 있더니, 지금은 서고, 이랬다저랬다가 어찌 그리 심한가?" 그림자 가로되: "나는 기대는 것이 있어 그런 것이다! 내가 기대는 바는 또 기대는 것이 있어 그런 것일 터! 나의 기댐은 뱀 껍데기와 매미 날개라! 그렇게 되는 까닭을 어찌 알겠는가? 그렇지 않게 되는 까닭을 어찌 알겠는가?"

罔兩問景曰: 「曩子行, 今子止, 曩子坐, 今子起, 何其無特操
與?」景曰: 「吾有待而然者邪! 吾所待又有待而然者邪! 吾待蛇
蚹、蜩翼邪! 惡識所以然? 惡識所以不然?」

전 절에서 이야기한 대로 '경계 없는 데서 나와 하늘의 척도로 조화시키는 원인'에 대한 접근이 막혀 있다는 것을 알고 있는 자를 그림자로 은유한, 나아가 이런 원인에 대해 대답 못할 질문을 던지는 자를 그림자의 그림자라 할 흰 그늘로 은유한 대목이다. 2-6절에서 해설한 우언 편한 대목도 같은 이야기를 하고 있으나, 제물론 편이 우언 편보다 단순하다. 거기서 해설한 대로 "이런 차이는 제물론 편과 덕충부 편 같은 내편을 쓴 상태에서 우언 편을 썼다는 가정을 하고 보면 쉽게 이해할 수 있는 차이"로, 내편의 저술을 통해 이룬 진전이 반영되어, 우언 편에서 보는 것처럼 이야기가 복잡해지기 전의 단순한 모습을 보여주는 것이 이 대목 그림자 이야기다. 또 그런 만큼 현상계 바깥 내지 플라톤의 동굴 바깥으로 나갈 길이 막혀 있는 중생의 처지가 보다 직절적으로 묘사되어 있다. 간단히 말해 자신의 움직임조차 원인론적으로 설명할 수 없는 처지라는 것인데, 3-6절에서 해설한 천하 편 장자 관련 대목에 나오는 '장자가 계승한 옛 전통'에 대한 묘사와 5-3절에서 해설한 대목에 나오는 어둡다는 한탄에 더하여 전 절인 5-12절에서 거론한 무한 후퇴의 문제를 상기하면 이 이야기의 "장자" 전체와의 환유적 연관이 선명하게 보인다.

덧붙여, 뒷부분의 "나의 기댐은 뱀 껍데기와 매미 날개라(吾待蛇蚹、蜩翼邪)!"의 "뱀 껍데기(蛇蚹)"와 "매미 날개(蜩翼)"가 공히, 이들이 붙어 있는 본체를 움직이는 기능을 한다는 점에 주목하여 '본체 움직이는 기능'이, "나의 기댐(吾待)"의 서술어로서 이들이 은유하는 바라고 풀면, 이 문장의 뜻은 '나의 기댐은 나를 움직이는 기능을 한다'가 되고, 여기에 이어지는 의문문 둘의 뜻은 '나의 기댐이 나를 움직이나, 내가 무엇에 기대고 있는지는 모른다'가 된다.

5-14.
옛날에 장주가 꿈에 나비가 되어, 나비답게 훨훨 날았는데, 스스로 말하길 '뜻에 맞도다!' 장주임을 알지 못했다. 갑자기 깨어, 정신 차리니 장주였다. 알지 못할 것이 장주가 꿈에 나비가 된 것인지, 나비가 꿈에 장주가 된 것인지? 장주와 나비인즉, 반드시 가름이 있다. 이를 일러 '물이 화함'이라고 한다.

昔者莊周夢爲胡蝶, 栩栩然胡蝶也, 自喻適志與! 不知周也。俄然覺, 則蘧蘧然周也。不知周之夢爲胡蝶與, 胡蝶之夢爲周與? 周與胡蝶, 則必有分矣。此之謂物化。

제물론 편을 맺는 이 유명한 호접몽 이야기 속의, 꿈에 갇힌, 장주인지 나비인지 모를 존재의 모습에서 다시금 알아보게 되는 것이 이 책에서 장자의 핵심적 화두로 부각한 '현상계 바깥의 진상으로 나아갈 길 없음'이다. 그런데, 이 대목에서 5-5절과 5-11절에 이어 다시 한번 살펴야 할 것이 2-1-1절에서 논한 물物의 번역 문제이다.

　　이 대목에서 '물이 화함' 혹은 간단히 "물화物化"라고 이른 사태는 장주라는 재귀적 관점을 가진 생물과 나비라는 재귀적 관점을 가진—하여, "뜻에 맞도다!"라고 스스로 감탄할 수 있는—생물이 서로 구분된다는 것을 전제할 때 가능한 '서로로 화함'인데, 이들이 구분된다고 할 때의 구분은 5-10절에서 해설한 대목에 나오는 여덟 가지 "두둑 같은 경계(畛)" 가운데 하나인 "가름(分)"에 따른 구분이다. 따라서 이는, 5-10절의 해설을 상기하건대, 경계 없는 도道와 늘 그러함 없는 말로 요약되는 형이상학적 난관에 대응하게 해주는 덕을 겸하는 가름인 동시에 그에 따라 나뉜 장주와 나비를 장주나 나비가 나비인지 장주인지 알 수 없도록 이어주는 가름이기도 하다. 그리고 바로 그래서 이 같은 '가름이 있음(有分)'을 일러—나비라는 재귀적 관점을 가진 (생)물과 장주라는 재귀적 관점을 가진 (생)물이 공유한, '두둑 같은 경계(畛)'의 하나인 '분分'에 의해 두 (생)물이 꽉 이어져 있음으로 인해 상호 침투하여 서로로 화하게 되므로—'물이 화함(物化)'이라 한다는 것이다. 그리고 이처럼 순탄하고 평이하게, 이 대목 마지막의 '가름이 있음을 일러 물이 화함이라 한다'가 순순히 이해되는 세계에서는, 당연히, 나비가 늘 나비일 수 없고, 늘 장주인 장주를 '장주'로 가리킬 수 없다.

　　그런데 이 장면에서 흥미로운 점이, 장주가 자기 관점에 따라 저것을 저것이라 할 때 그것이 자신에게도 저것이라거나 자신에게는 저것이 아니라 이것이라고 답할 상대가 없다는 것인데, 바로 이렇게 세계가,

적어도 마주한 둘의—이를테면, 5-5절에서 언급한 '삼각측량법'으로 측정되는—바깥으로 공유되고 있지 않다는 점이 장주가 늘 장주일 수 없고 나비가 늘 나비일 수 없는 주된 이유다. 예컨대 나비 꿈을 꾸는 장자가 자는 모습을 보고 있던 이가 있다면, 꿈에서 깨어나며 '내가 나비인지 장주인지 모르겠다'고 말하는 장자에게 '자는 것을 지켜봤는데, 그대가 장주 아닌 적은 없었다'고 응수하지 않을까? 여기에 대해 장자는 다시 어떻게 응수할까? '내가 꾼 꿈에 대한 내 말은 그대가 맞다 그르다 할 수 없는 말'이라 할까? '내가 꾼 꿈에 대해서는 오직 나만이 이러니 저러니 할 수 있다' 할까? 심지어는, 5-12절에 해설한 대목에 나오는 장오자처럼, '그대 역시 꿈을 꾸는 것'이라 할까? 그렇다면 할 수 있는 이야기가, 장자의 '물物'은, 5-11절에서 해설한 대로 '관점을 가진 생물'을 뜻할 뿐 아니라, 이런 생물이 취하는 관점이 스스로의 꿈에 대해 자연스럽게 취하게 되는 그것처럼 유아론적일 때 나타나는 세계까지 더불어 뜻하겠다는 것이다. 즉, '화함(化)'을 그 곁으로 가까이 환유하는, 장자의 '물'은 '유아론적 관점을 취하게 마련인 생물'을, 간단히는, '제 꿈에 갇힌 생물'을 뜻하는 말이겠다는 것이다.

나아가, 유아론의 굴레를 탈피할 길이 없는 꿈 속 생물에게는, 5-9절에서 해설한 대목에 나오는 '천지가 나(我)와 함께 생겼다'는 황당한 명제도, '내(我)'가 만물 가운데 어떤 것으로 "갑자기(俄然)" 화한다 해도—특히 바로 그 순간을 기준으로—할 수 있을 당연한 언명일 터이다. 나아가, 5-3절에서 해설한 대목 서두의 "저것 아니면 나는 없고, 나 아니면 취함의 대상은 없다(非彼無我, 非我無所取)"의 의미도 명확해지는 이런 접근을 취해 **장자**를 읽을 때, 본 절의 해설 서두에 다시 한번 거론한 장자의 저 핵심적 화두는 '물物이 꿈의 유아론적 굴레에서 벗어날 길이 있겠느냐'는 물음이 된다. 이는 또, 천하의 분열을 치유할 평화의 탈유아론적 '원본(本)'도 거기 있을 막고야 산에, 갈 수는 없더라도, 여하히 접근하여 그 본 하나하나를 인간 세상의 척도로 삼을 수 있겠느냐는 문제가 되고, 따라서 거기 기대거나 기대지 않거나 간에 차이가 없을, 5-12절에서 살핀 '변하는 소리(化聲)'와도 같을 현상적 평화를 원인론적으로 지양한, 기대느냐 마느냐에 실체적 차이가 있는 참 평화의 실현에 어떻게 가까이 가느냐는 문제가 된다. 하여 이 문제의 대답을 제물론 편에서 찾으면, 5-12절에서 해설한, 하늘 창고에 있는 '경계 없는 하나'에 기대면서, 안으로는 5-5절에서 해설한 '도의 축(道樞)'으로 화할 때, 장주의 나비 꿈 이야기에서 보는, 일견 굳건해 보이나 나비였다가 "갑자기 깨어(俄然覺)" 그 **있음(有)**이 나타나는—5-8절에서 '갑자기(俄)' 있어 원인론적 미지수임을 부각한—나(我)의 유아론이 해소되면서, 천하가 유아론적 개물들의 세계로 찢겨 편을 갈라 서로 시비하고 투쟁하는 일도 멈출 터이나, 이런 해결도 꿈꾸기에 그치기 십상이라는 것이 된다. 그러나 그럼에도 불구하고 제물론 편 저자는, 유아론적 굴레에 갇혀 자신의 정체가 꿈인 양 요동하게 마련인 것(物)들 내지 '변하는 소리(化聲)'들을 '하늘의 척도로 조화시킴(和以天倪)'으로써 그 각각이 양생養生하여 제명을 온전히 누리도록 스스로가 '하늘의 척도로 조화되어(和之以天倪)' 천지조화의 천명을 받들어 모시는, '양생주養生主'로서의 성인의 상을 떠올려 이어지는 양생주 편을 준비하고 있는바, 여기서도 다시 한번 느끼게 되는 것이 절묘한 내편 배열이다.

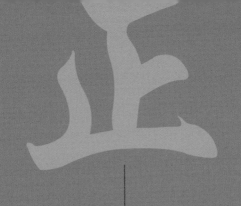

제 6 장

양생주편

6

6-1.

우리 인생은 끝이 있으나, 앎에는 끝이 없다. 끝이 있는 것으로 끝이 없는 것을 좇는 것, 위태로울 뿐; 뿐인데도 앎을 추구하는 자, 위태롭고 말게 된다. 선할 때 이름을 가까이하지 말고, 악할 때 형벌을 가까이하지 말 것. 중간으로 길을 삼으면, 몸을 지킬 수 있고, 온전히 살 수 있고, 부모를 봉양할 수 있고, 제명을 끝까지 누릴 수 있다.

吾生也有涯, 而知也无涯。以有涯隨无涯, 殆已; 已而為知者, 殆而已矣。為善无近名, 為惡无近刑。緣督以為經, 可以保身, 可以全生, 可以養親, 可以盡年。

5-5절에서 해설한 대목에 나오는 이야기로 "저것에서부터인즉 보이지 않고, 앎에서부터인즉 안다(自彼則不見, 自知則知之)"라는 말을 남곽자기의 입을 빌려 한 장자지만, 그의 비관주의는, 지금껏 보아온 대로, 물物이 물의 세계 밖으로—'저것들(彼)'의 현상계 밖으로—나갈 길이 없다고 하는 데서 그치지 않는다. 현상계의 미망을 깨 줄 앎을 찾아 '플라톤의 동굴 밖'으로 나갈 길이 없다는 데 그치지 않는다. 이 대목에 따르면 이런 길을 추구하는 것 자체가 위험하다는 것이다. 그런데도 이런 경고가 유의미할 정도로, 꿈 밖의 각성으로 이끌 앎을 굳이 추구하는 사례가 드물지 않았던 것인데, 이는, 장자의 생각을 더듬어 보건대, 이름을 내겠다는 욕심에 이런 위험을 무시하곤 했기 때문이었을 것이다. 하여 '위험'은 '이름'을 환유하여, 선한 일을 할 때 이름 내지 말라는 권고가 이어진다. 이어 선행으로 이름 내기에 도사린 위험은 악행에 따르는 위험을 반대로 은유하여, 이런 위험에 대해서는 형벌을 멀리하라는 권

고가 이어진다. 결국, 선이건 악이건 집단의 주류에서 이탈하는 데 따르는 위험을 피하고 평균적 중간을 택하면 온전한 삶, 부모 봉양에 더해 천수를 누리는 혜택을 얻는다는 것인데, 이런 권고가 붕 새의 관점을 상상하고 이해利害는 물론이고 생사에도 휘둘리지 않는 금강불괴의 성인을 그려낸 장자의 입에서 나왔다고는 믿기 어렵다.

그런데 이다음 대목 역시 본 대목의 진지함을 의심하게 만든다. 이는 거기에서 상상된, 이름은 정丁, 직명 포庖가 씨氏일 요리사의 달함이, 어중간함에 머물지 않고 계속 연마하여, '경계 없는 하나하나'를 하나로 낳았을 극한의 도道를 몸으로 알게 된 사례이기 때문이다. 관련 해설이 곧 드러낼, 이 사례 이야기의 초점이 포정庖丁의 득도에 있는 것은 아니다. 그래도, 이 이야기를 듣고 문혜군이 얻었다고 한 양생(養生)하는 법은 본 대목의 어중간한 양생법과는 질적으로 다른 것이라 해야 할 것이다. 그러므로 다시 잘 뜯어보지 않을 수 없는 것이 본 대목이다.

6-2.

도축된 소를 포정이 문혜군을 위해 바르는데, 손이 닿는 바, 어깨가 기대는 바, 발로 밟은 바, 무릎 기울인 바, 가죽에서 살이 떨어지는 소리, 춤추듯 칼을 천천히 내밀었다 거둬들이는 모습, 모두 가락에 맞아떨어졌다. 상림의 춤을 추는 것 같고, 경수의 리듬을 타는 것 같았다. 문혜군 가로되: "아! 훌륭하도다! 기술이 이런 경지에 이르는 것인가?" 포정이 칼을 놓고 대하여 가로되: "신이 좋아하는 바 도道인데, 도가 기술보다 낫습니다. 처음 신이 소를 바를 때, 소밖에 보이지 않았습니다. 3년이 지난 후부터, 온 소는 본 적이 없습니다. 방금, 저는 신神으로[49] 대했지,

---

49 "신(神)"의 뜻은 3-1절의 해설을 참조.

눈으로 본 것이 아닌데, 감각 정보를 통합하여 알아보는 것은 멈추는 대신 신神이 하자는 대로 하였습니다. 기댄 것은 천리이니, 크게 빈 데로 칼을 밀어넣고, 큰 구멍으로 가져가되, 원래 그런 바를 따른 것입니다. 교묘하게 움직여 뼈에 붙은 살과 힘줄도 건드리지 않는데, 큰 뼈야 말할 것 있겠습니까! 좋은 요리사는 해가 바뀔 때 칼을 바꾸니, 가르는 것입니다; 평범한 요리사는 달마다 칼을 바꾸니, 자르는 것입니다. 이제 신의 칼은 19년이 되었고, 해체한 소가 수천 마리지만, 칼날은 숫돌에 막 간 것 듯합니다. 저 마디에는 틈이 있고, 칼날은 두께가 없으니, 두께 없는 것이 틈으로 들어가면, 그것이 놀기에 넓고 넓어서 칼날에 여유가 있고, 그래서 19년이 지났으나 칼날이 숫돌에 막 간 것 같습니다. 그렇지만, 뒤엉킨 관절에 이를 때마다, 저는 일이 어려워질 수 있음을 깨닫고, 조심조심히 경계하며, 보는 것은 멈추고, 행하는 것은 늦추며, 칼의 움직임을 극히 작게 하니, 살이 뼈에서 분리되면서 급히 떨어지는 모습, 흙덩이가 땅에 떨어지는 것 같습니다. 칼을 쥐고 서서, 그제야 사방을 둘러보고, 비로소 느긋하게 움직이며 만족하여, 칼을 잘 닦아 그것을 보관합니다." 문혜군 가로되: "훌륭하도다! 내가 포정의 말을 듣고, 양생법을 얻었다."

庖丁為文惠君解牛，手之所觸，肩之所倚，足之所履，膝之所踦，砉然嚮然，奏刀騞然，莫不中音。合於《桑林》之舞，乃中《經首》之會。文惠君曰：「譆！善哉！技蓋至此乎？」庖丁釋刀對曰：「臣之所好者道也，進乎技矣。始臣之解牛之時，所見无非牛者。三年之後，未嘗見全牛也。方今之時，臣以神遇，而不以目視，官知止而神欲行。依乎天理，批大郤，導大窾，因其固然。技經肯綮之未嘗，而況大軱乎！良庖歲更刀，割也；族庖月更刀，折也。今臣之刀十九年矣，所解數千牛矣，而刀刃若新發於硎。彼節者有

間，而刀刃者无厚，以无厚入有間，恢恢乎其於遊刃必有餘地矣，
是以十九年而刀刃若新發於硎。雖然，每至於族，吾見其難為，怵
然為戒，視為止，行為遲。動刀甚微，謋然已解，如土委地。提刀
而立，為之四顧，為之躊躇滿志，善刀而藏之。」文惠君曰：「善
哉！吾聞庖丁之言，得養生焉。」

회남자 등에 보이는, 은나라 탕왕이 상림에서 빌어 7년 가뭄을 끝낸
비를 불렀다는 이야기에 결부된 종교적 무악인 '상림'과, 3-2절에서 다
룬 천하 편 묵가 관련 대목에서 이야기된 대로 황제가 지었다고 하나 요
임금이 지었다는 설도 있는 '함지'라는 무악의 일부인 '경수'를 배경 음
악으로 써서 포정이 수행하고 있는 직분의 격을 높임으로써 그의 도道
이야기를 자연스럽게 유도한 이 대목에서 우선 주목할 것은, 도사 같은
풍모의 요리사 정丁이, 감각으로 얻는 대상 정보를 환유하는 시각 정보
에 의존하기보다는 3-1절에서 다룬 천하 편 서두에 하늘에서 내려와 '명
明(밝음)'과 짝지어졌다고 돼 있는 '신神으'로 접수했을 천리天理 같은,
이를테면, 물자체의 데이터를 좇아 움직였다는 점이다. 감각 기관을 닫
아버리고 신기에 따른다는 식의 이런 이야기는 7-2절에서 다룰, 인간세
편의 '심재心齋(마음 재계)' 이야기에서도 볼 수 있는데, 이렇게 '신'을
따른 결과, 요리사가 쓰는 칼이 대상과의 마찰을 피해 그 속의 허공만
지나다녀서 날이 전혀 상하지 않았다는 것이 이 이야기의 핵심적 요지
이다. 그래서 이 이야기를 양생 이야기라고 한다면 양생의 주인공은 사
실 문혜군도 요리사 포정도 아닌, 포정의 칼이다. 즉 그의 칼이, 5-3절에
서 해설한 제물론 편 한 대목에서 "현상계에서 서로를 베고 서로를 닳
도록 하여, 그 역정 다하기를 내닫는 것 같이 하므로, 누구도 이를 막을
수 없다(與物相刃相靡，其行盡如馳，而莫之能止)"고 한 슬픈 숙명을

피한 것이니, 이 칼은 어떻게 이런 숙명을, 평범한 요리사나 좋은 요리사가 쓰는 다른 칼들과는 달리, 피했는지가 요리사 포정의 이야기를 듣고 문혜군이 배워 얻은 바다.

방금 제시한 해석에 따르면, 이 편 전체의 제목인 '양생주養生主'는 칼과 같은 소유 대상의 수명이 늘어나도록 양생하게 해주는, 이 대목의 요리사처럼 득도한 주主 내지 주인이 된다. 성인의 도술을 환유하는, 기술 아닌 도道를 익힌 포정이 기막히게 놀리는 칼이, 방금 인용한 제물론 편 한 대목에 묘사된 불가피한 비운을 타고나는 사람의 몸을 은유한다고 보면, 문혜군이 배웠다 한 양생법은, 감각 기관이 제공하는 데이터를 무시하는 대신, 하늘이 내려준 '신'이 바라는 대로 천리의 데이터에 의지하여 피치자의 몸을 쓰는 성인에 다름 아닐 '양생주'에게 모든 것을 맡기고 복종함으로써 저 불가피한 비운을 피하는 법이 된다. 그리고 이런 양생법은 전 절에서 본, 평균 정도만 해서 오래 살자는 양생법과는 질적으로 다른 것 아닌가? 그러므로 다시 한번 잘 뜯어보지 않을 수 없는 것이 전 절에서 해설한 양생주 편 첫 대목이다.

6-3.

공문헌이 우사를 보고 놀라 가로되: "이 사람이 누군가? 어찌 외발이 되었나? 하늘인가? 아니면 사람인가?" 가로되: 하늘 때문이지, 사람 때문이 아닙니다. 하늘이 이것을 내는데 외발이게끔 했고, 사람 [일반의] 모습에는 짝이 있습니다. 이래서 그것이 하늘 때문임을 압니다, 사람 때문이 아닙니다."

公文軒見右師而驚曰: 「是何人也? 惡乎介也? 天與, 其人與?」
曰: 「天也, 非人也。天之生是使獨也, 人之貌有與也。以是知其天也, 非人也。」

외발로 만드는 형벌의 경우에도 그것이 '플라톤의 동굴 안'에서 벌어진 일인 한, 제물론 편에서 누누이 본 것처럼, 그 원인인 양 나타나는 것이 사실은 실체를 결여한 현상일 뿐이라는 것이다. 형벌도 원인론적으로 따지면, 4-8절에서 인용한 순자의 장자 논평이 실로 정곡을 찌른 것인데, 하늘에서 비롯한다는 것이다.

6-4.
못의 꿩은 열 걸음에 한 번 쪼고, 백 걸음에 한 번 마시는데, 우리 속에서
사육되기를 원하지 않는다. 왕 노릇을 해도 신神은, [우리 속에서 사육
됨이] 언짢다.

澤雉十步一啄, 百步一飲, 不蘄畜乎樊中。神雖王, 不善也。

이 대목의 요지는, 6-2절의 요리사 소 바르는 이야기에 나오는, 감각에 따른 판단이 아닌 '신神'의 판단을 따르는 양생법의 관점에서 평가한 '우리(樊) 안에서 사육될 때의 안온함'과 '우리 밖 야생의 고단함'이다. 왕 노릇을 해도 우리 안의 안온함은 언짢다고 이야기하고 있는 만큼, 우리 밖으로 나가는 것은 위험하니 그 안의 안온함을 택하라는 듯한 이야기를 하는 양생주 편 서두의 진지함을 다시금 의심하게 만드는 대목이라 하겠다. 따라서 다시 한번 잘 뜯어보지 않을 수 없는 것이 6-1절에서 해설한 양생주 편 첫 대목이다. 그리고 이렇게 뜯어볼 때 초점이 되는, 저 첫 대목의 한자 하나가 "중간으로 길을 삼으면(緣督以爲經)"의, '중간'으로 옮긴 "督독"이다.

단적으로 말해, "독督"이, 장자 이해에 핵심적인 개념 표현이라고 할 '하늘의 척도에 의한 조화[和(之)以天倪]'를 은유한다고 보면, 제물론 편과 우언 편에서 거듭 이 핵심적 표현을 잇는 "인하여 중간에 끊기

지 않고, 덕분으로 끝까지 감(因以曼衍, 所以窮年)"을 환유하는 폭이
되어, "중간으로 길을 삼으면,……제명을 끝까지 누릴 수 있다(緣督以
爲經, ……可以盡年)"는 귀결을 납득할 수 있게 된다. 그러니까 문제
는 저 '독'을 평균치 정도의 중간이 아니라 중용의 덕 내지 하늘의 척도
에 따라 잰 무게 중심에 가까운 뜻으로 풀 수 있느냐는 것인데, 그렇게
풀기 어려움을 시사하는 것이 우리 속의 안온함과 우리 밖 야생의 고단
함을 저울질하고 있는 이 대목의 못 꿩 이야기이고, 이다음 대목에 나오
는 "현해縣解" 이야기이다. 그리고 이들 이야기는 공히, 이 책의 **장자** 독
해가 부각하고 있는, 흙덩이처럼 떨어낼 수 있는 것으로 제 육신을 간주
하는 성인의 근원적 자유를 환유하고 있다. 다만 이렇게 자유로운 경지
에서 보는 상식이 얼마나 기괴해 보일지를 고려할 때, 앎의 추구 같은,
상식이 높이 평가하는 바를 버리고 비루한 중간을 택하라는 저 몰상식
한 권유에 담긴 전복적 움직임에서 장자다움을 읽어내지 못할 바는 아
니다. 하여, 9-4절에서 해설하는 대종사 편 한 대목에서 만나는, '흐트러
뜨린 후에 이룸'을 뜻한다는 "영녕攖寧"을 떠올리며, 보기와는 다르게
실은 퇴폐적으로 삶을 침식하고 있을 상식을 해체하여 달하는 자유, 장
자류의 근원적 자유를 새삼 감지하는 것이다. 그러나 이런 해석도, 돌이
켜 보건대, 장자가 '현해'를 통해 이야기하는 근원적 자유가 종국적으로
는 기독교적 순명과 충격적일 정도로 잘 통하는 것이라는 점을 반영하
기 전까지는 아직 부족한 것인데, 순명에 다름 아닌 '현해'에 관해서는
이다음 대목과 대종사 편 해설에서 살핀다.

6-5.
노담이 죽어, 진실이 조문했는데, 세 번 호곡하고 나왔다. 제자가 가로
되: "선생님 친구 분 아니십니까?" 가로되: "그렇다." "그렇다면 이 분을

이런 식으로 조문하는 것, 됩니까?" 가로되: "된다. 처음에는, 내가 인물이라 여겼으나, 지금은 아니다. 방금 내가 들어가 조문할 때, 늙은이들이 곡을 하는데, 제 자식 두고 곡하는 것 같았다: 애들이 곡하는데, 제어미 두고 곡하는 것 같았다. 저들이 모여서 하는 바에는, 말하기를 원하지 않는데 [조문의] 말을 하고, 곡하기를 원하지 않는데 곡하는 경우가 꼭 있을 터이다. 이는 하늘을 피해 실정을 배반하는 것이고, 그 받은 바를 잊음이라, 이를 옛 사람은 하늘을 피하는 죄라고 했다. 때맞춰 오시니, 님의 때라서고; 때맞춰 가시니, 님의 순서라서다. 때 됨에 편안하고 순서에 편히 처하면, 슬픔이나 기쁨이 들어오지 못하는 것이니, 이를 옛 사람이 일러 천제가 매단 것이 풀린다 했다."

老聃死, 秦失弔之, 三號而出。弟子曰:「非夫子之友邪?」曰:「然。」「然則弔焉若此, 可乎?」曰:「然。始也, 吾以為其人也, 而今非也。向吾入而弔焉, 有老者哭之, 如哭其子; 少者哭之, 如哭其母。彼其所以會之, 必有不蘄言而言, 不蘄哭而哭者。是遁天倍情, 忘其所受, 古者謂之遁天之刑。適來, 夫子時也; 適去, 夫子順也。安時而處順, 哀樂不能入也, 古者謂是帝之縣解。」

졸견으로 이 대목 이해의 열쇠는 "말하기를 원하지 않는데 [조문의] 말을 하고, 곡하기를 원하지 않는데 곡하는 경우가 꼭 있을 터이다(必有不蘄言而言, 不蘄哭而哭者)"의, 원한다는 뜻으로 푼 "기蘄" 자가 직전 대목의 "(꿩이) 우리 속에서 사육되기를 원하지 않는다(不蘄畜乎樊中)"에도 나왔다는 사실에 주목하는 데 있다. 즉, 우리 속에서 사육됨을 바라지 않는 꿩을 우리 안에 가두어 사육하는 일과 상가에서 말과 곡을 하고 싶지 않은 사람을 하게끔 하는 것이 은유적 등가라는 것을 이해하는 데 있다. 진실秦失의 말에 따르면, 이는 모두 하늘이 내준, 본성 발양의 길을 회피하는 죄를 짓는 것이다. 전 절의 꿩 이야기로 돌아가면, 하늘에서 내려온, 3-1절과 5-11절에서 해설한 바와 같은 신神은 우리 속에 갇히는 것을 좋지 않게 여긴다.

나아가, 하늘이 가도록 섭리한 길을 가는 데는 '때(時)'와 '순서(順)'가 있는데, 그에 따라 하늘에서 나고(出) 하늘로 드는(入) '신神'을 편안히 맞고 보내면—즉, 출생出生과 죽음을 편안히 맞고 보내면—운명에 정해진 대로 가도록 되어 있는 길이 마침내 자유의 길이 된다는 것이다. 달리 말해, 6-2절에서 본, '신神'이 하자는 대로 움직이는 요리사가 의존한 물자체인 천리의 현실적 현현을 그가 쥔 칼이 수용하는 것처럼 전적으로 수용할 때 근본적으로 자유롭게 된다는 것이고, 또 이를 일러 "현해縣解"라 한다는 것인데, 현해의 이런, 기독교적 순명과도 통하는 뜻풀이는 9-5절에서 해설하는 대종사 편에도 있다.

6-6.
손가락은 땔감 만드는 데 궁해도, 불은 전해지는 것, 그 다함을 모른다.

指窮於為薪, 火傳也, 不知其盡也。

지금까지 이 책에서 죽 취해온 장자 해석을 따르면 크게 어려울 것 없는 대목이 이 대목이다. 하여, 맨 앞의, 설이 분분한 "손가락"은 유아론적 '나(我)'를 환유하는 손가락일 터, 5-9절과 5-14절에서 해설한 대로 장자의 유아론적 자기 안에는 이런 손가락을 원점으로 하는 천지가 들어 있으니, 자기와 더불어 태어난 천지다. 그리고 이렇게 '나'라는 물物이 태어나면서 시작된 세계는 '땔감 만들기'가 환유하는—전작 **논어와 데이터**에서 정의하고 이 책 1장 서두에서 거듭 정의한 '데이터'에서 결정적이라고 해야 할—'품 밖으로 나가 이룬 뭔가를 품 안으로 돌림'이 궁해지는 죽음에서 끝난다. 그러나 '땔감을 만들어 지속해 온 불'이 은유하는 생명은 자자손손 이어져 인간 세상은 지속되고, 이런 지속은 그 끝을 알 수 없다는 것이다. 그리고 이 대목에서, 본 편에서 이야기된 양생법의 초점이 본 편 서두에 이야기된 것 같은, 유아론을 탈피하지 못한 개물의 안온한 지속에서 유아론의 굴레로부터 자유로워진 생명의 지속 쪽으로 이동해 왔음을 깨닫게 된다. 나아가, 이런 환유적 이동의 축이 "현해縣解"에 함축된 것과 같은, 하늘로 거슬러 오르는 원인론이었음을 깨닫는다.

다른 한편, 대대로 이어지는 생명들이 함께 사는 데서 생기는 문제를 개인적 양생법보다는 사람 사이의 정치로 해결해야 하는 곳이 인간 세상인데, 절묘하게도, 바로 이런 집합적 생명 이야기로 끝난 양생주 편을 잇는 다음 편의 제목이 "인간세人間世"다. 하여, 5-11절과 5-14절에서도 언급한, **장자** 내편의 편 배열이—2-2절에서 언급한 각 편 내의 환유적 질서에 대해서는 더 말할 나위가 없겠거니와—이토록 절묘함은, 내편의 배열 순서를 장자 자신이 현행본의 그것처럼 결정해 놓았던 것은 아닌가 하는 생각을 하게 만든다. 덧붙여, 양생주 편이 인간세 편 앞에 배치된 또 다른—작다면 작다 할—이유는 인간세 편 해설에서 짚는다.

제 7 장

인간세 편

7

7-1.

안회가 간다는 말씀을 중니를 뵙고 드렸다. 가로되: "어디로 간다고?"
가로되: "위나라로 가려 합니다." 가로되: "거기서 뭘 한다고?" 가로되;
"제가 듣기로 위나라 임금은, 장년의 나이인데, 그 행함이 독불장군이
라, 나라 운영을 가볍게 여기고, 잘못을 깨닫지 않으며, 백성 죽는 것을
가볍게 여겨, 습지를 기준으로 나라를 헤아리면 죽은 자, [습지의 무성
한] 잡풀 같으니, 백성이 갈 데가 없습니다. 제가 일찍이 선생님께 이렇
게 들었습니다: '다스려지는 나라에서는 떠나고, 어지러운 나라에는 나
아가라, 의사의 출입문에는 병든 사람이 많다.' 들은 바를 활용하여 이
나라의 질서를 도모하길 원하오니, 바라옵건대 이 나라가 치유되기를!"
중니 가로되: "아! 네가 위태롭게 간다면 형벌을 받을 것이야! 도道는 잡
스러운 것을 원하지 않으니, 잡스러우면 많고, 많으면 혼란스럽고, 혼란
스러우면 걱정하고, 걱정하면 구하지 못한다. 옛 지인至人은, 먼저 도
를 제 안에 잘 모시고, 연후에 다른 사람에게도 그것이 잘 모셔질 수 있
게 했다. 자기가 [도를] 어찌 모시고 있는지가 불확실한데, 무슨 여유
가 있어 난폭한 사람이 행하는 것에 간여하려는가! 나아가 너는 덕이 어
찌 낭비되는지도, 앎이 어디서 나온다 하는지도 알겠지? 덕은 이름 때
문에 낭비되고, 앎은 싸움에서 나온다. 이름이라는 것, 서로 삐걱거림이
고; 앎이라는 것, 싸움의 수단이다. 둘은 흉기지, 써서 갈 데까지 갈 바
아니다. 덕이 두터운데다 주는 신뢰감이 강해도, 사람 기색에는 아직 어
둡다; 이름이 나되 싸우지 않는다 해도, 사람 마음에는 아직 어둡다. 그
런데 네가 인의를 고집하며 먹줄 같은 말로 난폭한 인간 앞에서 설하면,
이는 남이 못났으니 자신은 훌륭하다는 것이니, 이를 일러 '남에게 재

앙을 입힘(재인菑人)'이라고 한다. 남에게 재앙을 입히는 자는, 사람들이 반드시 재앙으로 되갚을 것이니, 너는 아마 다른 사람이 안기는 재앙을 입겠지. 나아가 현명한 인물을 보고 기뻐하고 못난이를 미워한다면, [너 같은 이를] 써서 목표를 구한다고 어찌 달라지겠느냐? 고하기를 아직 시작도 않았는데, 왕과 제후는 반드시 사람을 타고앉아 승리를 다투려 할 것이다. 너의 눈은 현혹되고, 너의 안색은 변하고, 입은 해명에 바쁘고, 행동거지에서 다 드러나, 곧 마음까지 그 비위를 맞출 것이다. 이는 불로 불에서 구하는 것이고, 물로 물에서 구하는 것이라, 이를 이름하여 '익다益多(많은 데 더함)'라 하니, 납작 엎드려 시작하지만 끝이 없다. 아마도 너는 불신을 만회하느라 말을 쌓겠고, 필경 난폭한 인간 앞에서 죽을 것이다. 옛날에 걸이 관용봉을 죽이고, 주가 왕자 비간을 죽였는데, 이들은 모두가 그 자신을 닦아 아랫자리에 발탁된 처지에서 구부려 남의 백성을 어루만지고, 아랫자리에서 윗사람을 거슬렀기 때문이라, 그러므로 이들의 임금들은 이들이 [자신을] 닦았기 때문에 무너뜨린 것이다. 이들은 이름을 좋아한 자들이다. 옛날 요임금이 총지·서오를 공격하고, 우임금이 유호를 공격했는데, 당한 나라는 폐허가 되어 후사가 끊기고, 육신은 벌로 도륙당했으나, 군사 행동은 그치지 않았으니, 이들의 전과 추구는 그침이 없다. 이들은 모두 이름·과실을 구하는 자들인데, 너만 이런 이야기를 듣지 못했느냐? 이름·과실이란 것, 성인도 이길 수 없는 것, 하물며 네가! 그래도, 네게 방법이 꼭 있을 터, 나한테 한번 말해 보라! 안회 가로되: "단정하고 겸허하게, 노력하되 한결같이, 이렇게 한다면 될까요? 가로되: "아! 어찌 되겠느냐? 극도로 의기양양하고, 겉모습으로 속을 짐작할 수 없어, 보통 사람은 거스르지 않는 바이니, 남 치죄하는 기분으로, 제 편한 대로 하려 한다. 이를 일러 날로 차차 이루는 덕이 이루어지지 않음이라 하는데, 하물며 큰 덕을 [어찌 이룬다고?]! 고집을 피우며 변하지 않고, 밖으로는 맞장구를 치면서 안으론 자신을 비판하지 않을 터, 그 어찌 되겠느냐!” “그렇다면 제가 안으로는 곧더라도 밖에서는 구부리고, 이루더라도 윗대에 기댑니다. 안으로 곧은 자, 하늘과 함께 무리를 이룹니다. 하늘과 함께 무리를 이루는 자, 천자가 자신과 함께 모두 하늘의 자식이라고 아는데, 유독 자기 말로 바라는 바가 자기를 좋아하는 것일까요, 사람들이 자길 싫어하는 것일까요? [남의 평가에 무심한] 이런 이, 사람들이 일러 동자童子라 하는데, 이를 일러 하늘과 함께 무리를 이룬다 합니다. 밖에서 구부리는 자, 사람들과 함께 무리를 이룹니다. 홀 받들기/무릎 꿇기/몸 구부리기, 다른 사람의 신하된 자의 예이니, 사람들이 모두 그렇게 하는데, 저만 감히 않겠습니까! 사람들이 하는 것을 하면, 사람들이 여기에 대해 흠잡는 일이 또한 없을 것이니, 이것을 일러 사람과 함께 무리를 이룬다 합니다. 제 할 말을 다 하되 윗대에 기대는 자, 옛날과 함께 무리를 이룹니다. 그의 말이 비록 가르침이거나, 비판으로 채워질 때도, 그 말의 주인은 옛날이지, 자신이 아닙니다. 이런 이들, 비록 곧아도 욕을 먹지 않으니, 이를 일러 옛날과 무리를 이룬다 합니다. 이 같으면, 되겠습니까?” 중니 가로되: “아! 어찌 되겠느냐? 너무 많은 입바른 소리, 본보기를 세우되 눈치가 없으니, 비록 꽉 막혔지만, 단지 단죄되진 않겠다. 그렇지만, 멈춤이 옳다, 어찌 변화시키는 데 이를 수 있겠느냐! [자기가 옳다고 시비하게 마련인] 마음을 스승 삼는 자와 같은 것이다.”

顏回見仲尼請行。曰:「奚之?」曰:「將之衛。」曰:「奚為焉?」曰:「回聞衛君, 其年壯, 其行獨, 輕用其國, 而不見其過, 輕用民死, 死者以國量乎澤, 若蕉, 民其无如矣。回嘗聞之夫子曰:『治國去之, 亂國就之, 醫門多疾。』願以所聞思其則, 庶幾其國有瘳乎!」仲尼曰:「譆! 若殆往而刑耳! 夫道不欲雜, 雜則多，多則擾，擾則憂，憂而不救。古之至人，先存諸己，而後存諸人。所存於己者未定，何暇至於暴人之所行！且若亦知夫德之所蕩，而知之所為出乎哉？德蕩乎名，知出乎爭。名也者，相軋也；知也者，爭之器也。二者凶器，非所以盡行也。且德厚信矼，未達人氣；名聞不爭，未達人心。而彊以仁義繩墨之言術暴人之前者，是以人惡有其美也，命之曰菑人。菑人者，人必反菑之，若殆為人菑夫！且苟為悅賢而惡不肖，惡用而求有以異？若唯无詔，王公必將乘人而鬪其捷。而目將熒之，而色將平之，口將營之，容將形之，心且成之。是以火救火，以水救水，名之曰益多，順始无窮。若殆以不信厚言，必死於暴人之前矣。且昔者桀殺關龍逢，紂殺王子比干，是皆脩其身以下傴拊人之民，以下拂其上者也，故其君因其脩以擠之。是好名者也。昔者堯攻叢枝、胥敖，禹攻有扈，國為虛厲，身為刑戮，其用兵不止，其求實无已。是皆求名、實者也，而獨不聞之乎？名、實者，聖人之所不能勝也，而況若乎！雖然，若必有以也，嘗以語我來！」顏回曰：「端而虛，勉而一，則可乎？」曰：「惡！惡可？夫以陽為充孔揚，采色不定，常人之所不違，因案人之所感，以求容與其心。名之曰日漸之德不成，而況大德乎！將執而不化，外合而內不訾，其庸詎可乎！」「然則我內直而外曲，成而上比。內直者，與天為徒。與天為徒者，知天子之與己皆天之所子，而獨以己言蘄乎而人善之，蘄乎而人不善之邪？若然者，人謂之童子，是之謂與天為徒。外曲者，與人之為徒也。擎、跽、曲拳，人臣之禮也，人皆為之，吾敢不為邪！為人之所為者，人亦无疵焉，是之謂與人為徒。成而上比者，與古為徒。其言雖教，讁之實也，[51] 古之有也，非吾有也。若然者，雖直不為病，是

---

51 "중국철학서전자화계획中國哲學書電子化計劃"에 수록된 대로라면 "讁之實也。"이어야 한다.

之謂與古為徒。若是，則可乎？」仲尼曰：「惡！惡可？大多政，法
而不諜，雖固，亦无罪。雖然，止是耳矣，夫胡可以及化！猶師心
者也。」

　　안회가 잘못된 정치를 하는 위나라 군주를 설득하여 그 백성을 구하
러 가겠다고 하자 스승 공자가 말리는 대목인데, 길다면 긴 이 문답의
잘 집약된 결론이 "멈춤이 옳다, 어찌 변화시키는 데 이를 수 있겠느냐
(止是耳矣, 夫胡可以及化)"는, 거의 마지막에 있는 말씀이다. 이런 말
씀을 정당화하는 이유도 한마디로 잘 정리되어 있는바, 안회의 설득 시
도가 "[자기가 옳다고 시비하게 마련인] 마음을 스승 삼는 자와 같은 것
(猶師心者也)"이라서다. 그런데 사실, 장자가 상대 입장에 대해 내린 거
의 같은 판단이 2-2절에서 해설한 우언 편 한 대목에서는 다음과 같이
이야기되어 있다.

　　"…규범에 맞는 소리만 하고, 본보기가 되는 말만 하며, 이로움과 의로
　　움을 앞에 늘어놓는다면, 이래서는 자신의 호오와 시비가 사람들이 입
　　으로만 따르도록 하는 데 그칠 뿐이네. 사람들이 마음으로까지 따르도
　　록 하고 감히 맞서지 못하게 하여, 천하의 중심重心을 안정시키는 것일
　　세. 여기서 그만 그만! 나 또한 그이에 미치지 못할 주제니!"

　　「…鳴而當律，言而當法，利義陳乎前，而好惡是非直服人之口而
　　已矣。使人乃以心服而不敢蘁立，定天下之定。已乎已乎！吾且不
　　得及彼乎！」

이는 우언 편과 장자 내편의 저자가 동일함을 뒷받침하는 또 하나의 방증이 아닐 수 없겠는데, 다른 한편, 이 대목에서 안회에 대해 내린 동일한 결론적 판단을 뒷받침한 '마음을 스승 삼는다'는 표현의 뜻은 제물론 편의 관련 구절에서 보다 분명하게 파악할 수 있다. 하여 5-4절의 관련 해설을 간단히 되풀이하면, '시비 가리는 일에 앞뒤 가리지 않고 간여하여 이기기를 고집하도록 되어 있는 마음을 스승 삼아서 유묵의 시비 같은 것이 생겼다는 것'이다. 물론, 이런 '된 마음(成心)'은 5-14절에서 장주의 나비 꿈 이야기에 대한 해석에서 부각한 '유아론적 굴레'에 갇히게끔 되어 있는 마음인데, 이다음 대목에 나오는 "심재心齋(마음 재계)"는 이런 마음을 유아론적 굴레에서 해방시킬 방도에 다름 아니면서, 동시에, 설득 상대가 입으로만이 아니라 마음으로까지 따르도록 하여 상대의 마음까지 유아론적 굴레에서 구해낼 길로 난 문이기도 하다. 즉, 이다음 대목의 '심재'는 상대에 대해 우위를 점하기 위해 쌓는, 혹은 그럴 목적으로 쌓는다고 여겨지는 덕이 아니라 참 평화 실현의 본이 되는 덕을 쌓는 길로 난 문이다.

이다음 대목의 '심재'가, 난세임에도 불구하고 참 평화를 정치적 설득을 통해 실현하자면 거쳐야 할 단계라는 점은 공자와 안회의 문답을 통해 분명해지고 있는데, 이 대목 공자 주장의 요지 하나는 수신으로 쌓은, 평천하 지향의 덕이나 더 나은 앎을 앞세워 이름과 전리품에 정신이 팔린 권력자를 설득하려는 시도는 권력자 자신보다 우위에 서려는 것으로 여겨져 위험하다는 것이다. 또 다른 요지는, 이런 위험을 피해 자신만 옳다 하지 않고 남의 주장과 태도 뒤로 숨는 것이나 단정하고 겸허한 태도로 일관하는 것도 공히, 설득 상대를 안회가 바라는 평천하 쪽으로 향하도록 변화시키는 데는 부족하다는 것.

끝으로, 졸역과 관련하여 밝혀 둘 사항은 둘이다. 첫째, "若唯无詔약

유무조, 王公必將乘人而鬪其捷왕공필장승인이투기첩"을 "네(若)가 고하기(詔)를 아직 시작도 않았는데, 왕과 제후는 반드시 남을 타고앉아 승리를 다투려 할 것이다"로 옮긴 것은, 그것이 가진 여러 뜻이나 문법적 기능 가운데 '이미'의 뜻으로 쓰일 때의 '유唯'가 첫 구절의 "무无"와 같은 부정사와 함께 쓰이면 '아직'을 뜻하게 된다고 봤기 때문이고, 둘째, "因案人之所感인안인지소감, 以求容與其心이구용여기심"을 "남 치죄하는 기분으로, 제 편한 대로 하려 한다"로 옮긴 것은, 사마천 **사기**의 용례를 참고하여 "안인案人"을 '남을 치죄하는 이'로 새긴 결과다.

7-2.

안회 가로되: 저는 더 방법이 없어, 그 방도를 여쭙습니다." 중니 가로되: "재계다, 내가 너에게 말하겠다! 네가 그것을 한다면, 너에게 쉬울까? 그것을 쉽게 여긴다면, 쨍쨍한 하늘이 불편해 할 것이다." 안회 가로되: "회는 집이 가난하여, 술 마시지 않고 훈채를 먹지 않은 지 이미 몇 달입니다. 이렇다면, 재계했다 할 수 있습니까? 가로되: "이는 제사 재계고, 마음 재계는 아니다." 안회 가로되: "마음 재계(심재心齋)를 여쭙습니다." 중니 가로되: "너는 뜻을 하나로 하여, 귀로 듣지 말고 마음으로 듣고, 마음으로 듣지 말고 기氣로 들어라. 귀에서 듣는 것이 멈추고, 부호에서 마음이 멈춘다. 기라는 것, 텅 비어 현상을 모시는 것이다. 오직 도道가 모으고도 텅 빈다. 비우는 것, 이것이 마음 재계다." 안회 가로되: "회가 [기를] 쓰지 못할 때는, 실로 회로부터였습니다; 이를 쓸 수 있자, 회가 있기 전입니다. 텅 비었다고 해도 되겠습니까?" 선생님 가라사대: "다 됐다. 내가 네게 말한다! 네가 이제는 그 우리로 들어가 노는데 너의 이름남에 무감하여, 들여준즉 울고, 들이지 않은즉 멈춘다. 문도 없고 다스리지도 않고, 거처를 하나로 하여 '부득이'에 머문다

면, 가까워진 것이다. 흔적을 끊는 것은 쉽지만, 땅으로 가지 않는 것은 어렵다. 사람이 시킬 때는, 거짓으로 꾸미기가 쉽지만; 하늘이 시킬 때, 거짓 꾸미기가 어렵다. 날개 있어 난다는 이야기는 들었지만, 날개 없어 난다는 경우는 듣지 못했다; 앎 있어 안다는 경우는 들었지만, 앎 없어 안다는 경우는 듣지 못했다. 저 비어 있는 자를 보면, 마음의 곳간을 비워 밝은 빛을 내는데, 상서로움이 족하여 멈춘다. 그러나 멈추지 않으면, 이를 일러 앉아 내닫는다 한다. 귀와 눈을 안으로 통하게 하고 앎을 마음에서 내보내면, 귀신도 와서 머물 것이니, 하물며 사람들은 어떻겠나! 이것이 만물을 화함이라, 우임금·순임금이 스스로를 얽맨 데고, 복희·궤거의 행함이 끝난 데니, 보통의 경우는 어떻겠나!"

顏回曰：「吾无以進矣，敢問其方。」仲尼曰：「齋，吾將語若！有而為之，其易邪？易之者，皞天不宜。」顏回曰：「回之家貧，唯不飲酒、不茹葷者數月矣。若此，則可以為齋乎？」曰：「是祭祀之齋，非心齋也。」回曰：「敢問心齋。」仲尼曰：「若一志，无聽之以耳而聽之以心，无聽之以心而聽之以氣。聽止於耳，心止於符。氣也者，虛而待物者也。唯道集虛。虛者，心齋也。」顏回曰：「回之未始得使，實自回也；得使之也，未始有回也。可謂虛乎？」夫子曰：「盡矣。吾語若！若能入遊其樊而无感其名，入則鳴，不入則止。无門无毒，一宅而寓於不得已，則幾矣。絕迹易，无行地難。為人使，易以偽；為天使，難以偽。聞以有翼飛者矣，未聞以无翼飛者也；聞以有知知者矣，未聞以无知知者也。瞻彼闋者，虛室生白，吉祥止止。夫且不止，是之謂坐馳。夫徇耳目內通而外於心知，鬼神將來舍，而況人乎！是萬物之化也，禹、舜之所紐也，伏戲、几蘧之所行終，而況散焉者乎！」

공자 수제자인 안회에게도 낯선 '심재心齋'가 도입된 문맥은, 평천하 설득의 효과 면에서 매력적인 설득 대상이지만 설득 시도에 수반되는 위험도 큰 권력자의 마음을 평천하로 향하게 바꿀 방도를 찾자는 것인데, 이런 문맥의 심재를 이해시키기 위해 공자가 동원한 비유가 시각의 비유도 촉각의 비유도 아닌 청각의 비유다. 다른 감각도 외부 자극을 받아들인다는 점에서 수동적이지만 이들에 비해서도 수동성이 두드러지는—특히, 감각 대상을 뜻하는 대로 선택하기 어렵다는 점에서 두드러지는—청각에 심재를 비유했다는 것은 심재의 수동적 성격을 짐작케 해준다. 단적으로 말해, 누군가의 말을 듣는다는 것은, 한국어뿐 아니라 여타의 언어에서도, 그 말을 따른다는 의미다. 두 번째로는, 청각이, 들린다는 측면에서 대상을 받아들이는 역할을 한다는 점에 주목할 때 심재 역시 대상을 어떤 측면에서 받아들이는 역할을 하리라는 점을 유추할 수 있다. 여기서도 과연 그러하여, 이 대목에서 심재가 최종적으로 환유한 이미지가, 바다가 어떤 강물이든 가리지 않고 받아들이는 것처럼, 만물을 다 받아들여 조화롭게 보존하는 자이다. 그런데 이를 뒤집어 추론하면, 들리는 측면만 선택적으로 받아들이는 청각처럼 대상의 어떤 측면만 받아들이는 것이 아니라, 있는 그대로의 전 측면을 차별 없이 전부 받아들이는 것이 심재의 특징일 것임을 짐작할 수 있는데, 청각의 비유로 심재를 설명하는 대목을 뜯어보면 과연 그렇다는 점을 확인할 수 있다.

이제, 매우 어렵다는 경고를 하고 제사의 재계와 구분한 후, 청각을 들어 심재心齋를 설명하는 대목을 차근차근 살펴보자. 첫째, 심재를 익히는 데 있어 가장 먼저 해야 할 일은 뜻을 하나로 하는 것이다. 심재가 도입된 문맥을 상기하건대, 평천하에 붙어 있거나 가깝지만 평천하는 아닌 것, 예컨대 평천하 실현에 수반되는 이득에 대해서는 관심을 끊고 평천하에만 집중하는 것이 심재의 첫 단계다. 나아가, 대상에 귀를 기울이지 말고 마음(心)을 기울이라고, 마음을 기울이지 말고 '기氣'를 기울이라고 하는데, 이 말의 의미는, 곧 이어지는 부연 설명을 더하여 풀건대, 귀에는 받아들이는 대상의 들리는 측면이 걸려 남고, 마음에는 '부호(符)'로 가리키는, 예컨대 견백론堅白論의 소재인 돌의 '굳음(堅)'과 같은 촉각 정보나 돌의 '흼(白)'과 같은 시각 정보가 종합된 돌 상像에 통합이 되는 측면이 걸려 남는 반면, '기'는 대상의 어떤 측면들만 걸러 이들로 대상을 대체하는 일 없이 대상을 있는 그대로 다 받아들이는 텅 빔이라는 것이다. 하여 귀가 아닌 마음으로 듣는다는 것은 청각적 정보를 지양하여 대상을 환유하는 일이요, 마음 아닌 기로 듣는다는 것은 마음이 여러 감각 정보들을 종합해서 부호로 이르는 대상을 지양하여 대상 데이터를 전부 차별 없이 받아들이는 일이겠다.

그런데 대상 전부를 받아들이는 일은 아무렇게나 해도 되는 것이 아니라, 유독 모으고도 텅 비는 도道를 좇아 해야 될 일이다. 대상을 여과 없이 온전히 모시게끔 텅 빈 기氣가, '된 마음(成心)'이 눈이나 귀 같은 서로 다른 통로로 들어오는 감각 정보들을 종합적으로 처리하기 위해 모으는 것 비슷하게, 대상의 상이한 측면을 모으되—마음과 달리—그 전 측면을 모을 수 있는 것은 그것이 귀나 마음처럼 대상의 어떤 측면을 붙들도록 되어 있는 형식을 가진 대신 텅 비어 있기 때문이다. 비유하자면, 물자체를 형식 없이 파악하는 데 쓰도록 생긴 것이 '기'다. 그래서, 이어지는 안회의 고백, "회가 [기를] 쓰지 못할 때는, 실로 회로부터였습니다; 이를 쓸 수 있자, 회가 있기 전입니다(回之未始得使, 實自回也 ; 得使之也, 未始有回也)" 중의 "이(之)"가 바로 이런 기를 가리킨다고 보아 '기를 쓴다'는 뜻으로 푼, 안회의 고백 속 "使之사지"를 '이를 쓰다'로 옮긴 것은 또한, 노자 **도덕경** 현행본(55장)은 물론이고 백서본과 죽간본에도 있는 "마음이 기를 쓰면 강하다 한다(心使氣曰強)"의 용례도 참작한 결과다. 나아가, 안회의 대답 가운데 두 번 나오는 "사使"를 모두 '쓰다'로 옮긴 이런 번역을 바탕으로 안회의 고백을 정리하면, 자신의 마음이 기氣를 쓰지 못할 때는 '회回'라는 부호(符)에 상응하는 아상이 만사의 출발점이었으나, 일단 그 마음이 '기'를 쓸 수 있게 되자 이런 아상이 있기 이전의 마음이 되었는데, 이를 '텅 비었다'고 해도 되겠느냐는 뜻이 된다. 이 물음에 대해 공자는 '되었다'고 하면서 심재心齋를 바탕으로 한 평천하 설득의 전략을 제시하는데, 이는 장자의 현실 참여 전략이라 해도 좋을 것이다─이렇게 봐도 좋다는 점은 특히 '우리(樊)로 들어간다'는 표현에 단적으로 드러나 있다.

방금 거론한 '우리(樊)'는 6-4절에서 다룬, '우리 밖의 고단함'과 '우리 안의 안온함'을 '신神'의 관점에서 평가하는, 양생주 편 한 대목에 나온 바로 그 '우리'로, 이 같은 상호 참조를 돕고 있는 것이 인간세 편 바로 앞에 양생주 편을 배치한 내편 편집이다. 한편, 거기에서는 우리 밖의 자유의 고단함이 낫다고 했으나, 본 대목은, 이렇게 우리 밖이 나음에도 불구하고 우리 안으로 들어가 평천하 설득에 성공하게 될 길을 그리고 있다. 그리고 이 길의 선택이 우리 안의 안온함을 바라기 때문이 결코 아닌 것은, 이 선택이 오직 평천하 하나만 바라는 데서 출발하는 심재心齋의 성취 다음에 하는 선택이기 때문이다. 나아가 이 길은 현상계 밖의 '하늘의 척도(天倪)'를 지상의 척도의 본으로 삼는, 우언 편에서 "중언重言"을 이야기하는 부분에 나오는 "사람의 길(人道)"에 해당하는데, 현상계 밖으로 나갈 수 없다는 비관적 결론에 달해 회의론으로 빠지거나 혜시가 간 길로 갈 수도 있었을 장자가 '그럼에도 불구하고' 개척하여 제시한 이런 길이 보이느냐의 여부를 우언 편과 천하 편이 환유하는 원본 "장자"에 포함되는 텍스트인지를 판별하는 기준으로 삼을 수 있다는 점에 관해서는 2-2-1절에서 시사한 바 있다.

본 대목에서 장자가 공자로 하여금 그리게끔 한, 평천하를 향한 '사람의 길(人道)'은 결론적으로 '부득이不得已'에 머물면 평천하 설득의 성공에 가까워진다는 것이다: "거처를 하나로 하여 '부득이'에 머문다면, 가까워진 것이다(一宅而寓於不得已, 則幾矣)." 이 인용문 중의 '가깝다'를 '평천하 설득의 성공에 가깝다'로 푼 것은, 물론, 심재가 소개된 문맥을 고려해서다. 나아가, 여기 등장한 '부득이' 역시 '제물론'과 마찬가지로, 3-4절에서 다룬 천하 편 한 대목에서 유래를 찾을 수 있는데, '제물론'이 거기서 유래했을 법한 당대 유행 담론을 5-14절에서 적시한 것처럼 구체적으로 적시하면, 이는, 신도에 대한, 다음과 같은 묘사다: "이런 이유로 신도, 앎을 포기하여 스스로에게서 제거하고, 대신 '부득이'에 의지하여, 현상에 대해 냉정한 것을 도리로 삼았다(是故慎到, 棄知去己, 而緣不得已, 冷汰於物以為道理)." 그리고 이 묘사에서 이야기하는 "이런 이유"는, "선별하면 두루 아우르지 않고, 가르치면 지극하지 않으나, 도道라면 남기는 것이 없다(選則不遍, 教則不至, 道則無遺者矣)"는 신도 등의 믿음이다. 대상을 가려 이를 가르치는 앎과는 달리, 가르치면 불완전해지는 '도'는 만물을 남김 없이 포용한다는 믿음인데, 이 대목의 "심재心齋"가 최종적으로 환유하는 "만물을 화함(萬物之化)"의 이미지는, 바로 이런, 무엇도 포용을 거부하지 못하는 도에 대한 주목을 경유하여 도달한 것이라 하겠다. 그리고 이런 '어쩔 수 없음(不得已)'에만 의지하는 모습이, 빼어난 설득으로 떨칠 이름에는 무감한 채로, 받아주면 설득하고 그렇지 않으면 멈추는 모습이다. 또한, 문 빼고는 외부와의 소통이 차단된 통치 권력을 상징하는 성곽 같은 집들 대신 '부득이' 하나에 거하는 모습이다. 덧붙여, 이 '부득이'는 7-3절에서 해설하는 이 다음 대목에도 거듭 등장한다.

그런데 장자가 신도 등의 주장을 그대로 답습한 것은 아니다. 제물론의 경우에—구체적으로는, 5-6절의 제물론 편 해설에서 살핀 대로—그랬던 것처럼 이 대목에서도 신도 등과 거리를 두고 있다는 점은 '부득이不得已'에 머무는 것이 목표에 가깝기는 하지만 목표에 달하는 데 충분하지는 않다는 암시에 이어지는, 그들에 대한 반론에서 분명한데, 장자의 반론인즉, 세상에서 물러나 흔적을 없애는 것은 가능하나 자신을 실어주는 땅과 단절하는 것은 불가능하고, 사람들이 시키는 것에 대해서는 속일 수 있어도 자신을 덮어주는 하늘의 명命에 대해서는 속일 수 없다는 것이다. 세상은 저버린다 해도, 땅에서 행行하며—전작 **논어와 데이터**의 '행行' 풀이에 따르면, 더 큰 만족을 바르게 추구하며—하늘이 준 명을 수행할 의무는 저버릴 수 없다는 것이다. 여기에 이어지는 '날개 없이 나는 것이 불가능한 것과 마찬가지로 앎 없이 안다는 것이 불가능하다'는 이야기 역시, '앎에는 세계를 망칠 위험이 있다며, 앎이 없으면서도 도를 잃지 않는 땅을 본받아, 앎이 없는 것처럼 되자'고 한 신도 등의 주장을 의식한 원인론적 언명일 것인데, 간단히 말해, 앎은 앎에서 나오는 것이니, 앎 없이 안다 함은 괴이한 소리라는 것이다. 달리 말해, 인간 앎의 본本인 성현의 앎을 신도 등이 주장한 것처럼 부정해서는 인간의 앎이 불가능하고—성현의 앎을 부정해서는, 장자의 원인론적 논리에 따르면, 신도 등의, 도道에 관한 주장도 안다는 주장은 되지 못할 터인데—따라서 신도류의 평천하 설득도, 그것이 앎에 근거한 것일 수밖에 없는 한, 허무한 추구가 되리라는 것이다.

따라서, '앎 없이 안다'면 평천하 설득을 위한 심재心齋도 의미를 잃게 되겠는데, 아니나 다를까, 이어지는 이야기인즉 심재心齋를 성취하여 마음을 텅 비운 자는 '사람의 길(人道)'을 밝힐 빛을 내다가도 충분히 상서로우면 멈춘다는 것이다. 5-10절에서 해설한 제물론 편에서 "보광

葆光(빛의 갈무리)"이라 부른, 순수의 극단적 추구를 지양한 고차원적 덕이 바로 이렇게 멈출 줄 아는 덕이었는데, 반면, 마음을 비운다 해도 이렇게 멈추지 못하는 자를 일러, 5-3절에서 해설한 제물론 편에 나오는 "현상계에서 서로를 베고 서로를 닳도록 하여, 그 역정 다하기를 내닫는 것 같이 하므로, 누구도 이를 막을 수 없다(與物相刃相靡, 其行盡如馳, 而莫之能止)"고 한 숙명적 행로를 "앉아 내닫는다(坐馳)"고 한다는 것이다. 그리고 이렇게 다시 한번, 신도 등의, 천하 편에서 이야기된 바와 같은, 세상을 거슬러 극단으로 내닫는 입장을 경계한 다음 제시한 평천하 설득 왕도는, 이미 앞에서 권유한 '외부와의 소통이 막힌 통치 권력을 상징하는 성곽 같은 집 대신 부득이 하나에 거하기'를 새롭게 반복한 것에 다름 아니다. 즉, 바깥으로 통하는 '문'을 은유하는 '귀'와 '눈'을 안으로 통하게 하여 성곽처럼 굳게 닫힌 마음을 차지했던 앎을 마음 밖으로 내보낸 자리에 만백성을 포함하는 만물이 몰려와 이룬 대세로 달성하는, 위대한 선인들이 그 구체적 본을 보인 바 있는 평천하의 평화를, 심재에서 시작하는, 권력자에 대한 성공적 유세를 통해 부득이 다시 한번 실현해 볼 수 있겠다는 것. 그리고 이것이, '심재' 이후, 마음에서 내보낸 앎을 대체하는, 선현의 앎이 들어 있는 '중언重言'을 근거로 새롭게 얻게 되는, '앉아 내닫는(坐馳)' 대신 9-9절에서 해설하는 대종사 편의 안회처럼 '앉아 잊음(坐忘)'을 가능하게 해주는 '마음 비우기도 멈출 줄 아는 새 앎'의 내용이다.

7-3.

섭공 자고가 제나라에 사신으로 가게 되자, 중니에게 물어 가로되: "왕이 저 제량을 사신으로 보내는 일은 매우 중하나, 제나라의 사신 대접이, 대개 매우 정중하면서도 급하지 않습니다. 필부도 움직여질 수 없는

데, 제후는 어떻겠습니까! 제가 매우 두렵습니다. 선생님은 늘 저 제량에게 일러, 가라사대: '대개 일은 크든 작든, 말하지 않음으로 기쁘게 이루는 경우가 드물다. 가령 일이 이루어지지 않으면, 사람의 길에 관련된 고통이 꼭 있고; 일이 어쩌다가 이루어지면, 음양의 고통을 꼭 겪게 된다. 일이 이루어지고 말고 간에 후환이 없음, 오직 덕 있는 자만이 그렇게 할 수 있다.' 제가 먹을 때는, 거친 것을 택하고 특식을 하지 않고, [요리로 불 땔 일이 드문] 부뚜막에는 시원해지기를 원하는 사람이 없습니다. 이제 제가 아침에 명을 받아 저녁에 얼음물을 마시지만, 제 속은 뜨겁습니다! 제가 일의 실무에 아직 이르지 않았는데, 이미 음양의 고통을 겪게 된 것입니다; 일이 안될 때는, 반드시 사람의 길에 관련된 고통을 겪게 될 것입니다. 이렇게 고통이 거듭됨은, 남의 신하 된 자로 맡은 일에 부족해서니, 선생님의 방도를 제게 말씀해 주십시오." 중니 가로되: "천하에 큰 계율이 둘 있습니다: 그 하나는, 명命; 다른 하나는 의義입니다. 자식이 부모를 사랑하는 것, 명이니, 마음에서 풀려날 수 없습니다; 신하가 임금 섬기는 것, 의인데, 어디를 가도 임금 아닌 데가 없으니, 천지간에 도망칠 데가 없습니다. 이들을 일러 큰 계율이라 합니다. 그래서 부모를 섬길 때, 처지를 가리지 않고 편안하면, 효의 극치입니다; 임금을 섬기는 자, 일을 가리지 않고 편안하면, 충성의 극치이고; 스스로 제 마음을 섬기는 자, 기쁨과 슬픔이 그 앞에 쉽게 펼쳐지지 않으며, 그 어쩔 수 없음을 알아 명인 양 편안하면, 덕의 극치입니다. 자신 아닌 이의 신하·자식이 된 자, 본시 부득이不得已한 바가 있고, 일의 실정에 맞추며 자신은 잊는 것인데, 사는 것은 좋아하고 죽는 것은 싫어할 틈이 어찌 있겠습니까! 귀하는 제 길을 가도 좋습니다! 저 구丘가 들은 바를 되풀이하겠습니다: 무릇 사귐이란, 가까우면 믿음으로 서로 닿고, 멀면 이를 말로 충실하게 만들어야 하나, 말은 누군가가 반드시 전해야 하는 것이다. 들 다 기쁘게 하거나 둘 다 화나게 하는 말을 전하는 것, 천하의 어려운 일입니다. 둘 다 기뻐한다면 반드시 넘치게 고운 말이 많을 것이고, 둘 다 화낸다면 반드시 넘치게 미운 말이 많을 것입니다. 무릇 넘치는 유類는 헛되니, 헛된 자는 믿는 이가 아무도 없을 것이고, 아무도 없다면 말 전하는 자에게는 재앙입니다. 그래서 격언에 가로되: '그 실정을 전하고, 넘치는 말을 전하는 일이 없을 때, 온전함에 가깝다.' 나아가 기교로 힘을 다툴 때, 시작은 밝으나, 늘 어둠에서 끝나니, 극단으로 가면 기이한 기교가 많아집니다; 예에 따라 술을 마실 때, 시작은 정연하나, 늘 어지러움에서 끝나니, 극단으로 가면 기이한 즐거움이 많습니다. 무릇 일 또한 그러합니다. 점잖게 시작하나, 늘 비천하게 끝나니; 시작할 때엔 별것 아니나, 끝낼 때에는 반드시 거합니다. 말은, 바람에 이는 파도이고; 실천은, 알맹이가 없어지는 것입니다. 바람에 이는 파도는 그로써 움직이기 쉽고, 알맹이 없음은 그로써 위태롭기 쉽습니다. 그러므로 분노가 일어섬에 원인은 없고, 공교로운 말은 치우치게 한 말입니다. 짐승이 죽을 때 가락을 가리지 않으니, 그 숨이 가빠, 여기에서 나란히 생기는 마음이 사납습니다. 누군가의 속까지 탈탈 터는 것은, 못난 마음의 털린 쪽 대응이 있기 마련인데도, 이를 모른다는 뜻입니다. 이를 모른다면, 누가 그 끝나는 데를 알겠습니까! 그래서 격언에 가로되: '영을 바꾸지 말고, 이룸에 힘쓰지 말라.' 정도를 지나침은, 넘침입니다. 영을 바꾸거나 이룸에 힘쓰는 것은 일을 위태롭게 하고, 아름답게 이룸은 오래 걸리나, 졸렬하게 이룬 것은 고치는 데 이르지 못하니, 신중하지 않을 수 없습니다! 나아가 현상을 타고앉아 마음을 놀리고, '부득이'에 기대어 상황에 적절함을 키운다면, 지극합니다. 어찌 부러 전언을 꾸미겠습니까! 명 그대로를 실행하는 것이 최고입니다. 이것이 제일 어렵습니다."

葉公子高將使於齊，問於仲尼曰：「王使諸梁也甚重，齊之待使者，蓋將甚敬而不急。匹夫猶未可動，而況諸侯乎！吾甚慄之。子常語諸梁也，曰：『凡事若小若大，寡不道以懽成。事若不成，則必有人道之患；事若成，則必有陰陽之患。若成若不成而後無患者，唯有德者能之。』吾食也，執粗而不臧，爨無欲清之人。今吾朝受命而夕飲冰，我其內熱與！吾未至乎事之情，而既有陰陽之患矣；事若不成，必有人道之患。是兩也，為人臣者不足以任之，子其有以語我來！」仲尼曰：「天下有大戒二：其一，命也；其一，義也。子之愛親，命也，不可解於心；臣之事君，義也，無適而非君也，無所逃於天地之間。是之謂大戒。是以夫事其親者，不擇地而安之，孝之至也；夫事其君者，不擇事而安之，忠之盛也；自事其心者，哀樂不易施乎前，知其不可奈何而安之若命，德之至也。為人臣子者，固有所不得已，行事之情而忘其身，何暇至於悅生而惡死！夫子其行可矣！丘請復以所聞：凡交，近則必相靡以信，遠則必忠之以言，言必或傳之。夫傳兩喜兩怒之言，天下之難者也。夫兩喜必多溢美之言，兩怒必多溢惡之言。凡溢之類妄，妄則其信之也莫，莫則傳言者殃。故法言曰：『傳其常情，無傳其溢言，則幾乎全。』且以巧鬥力者，始乎陽，常卒乎陰，大至則多奇巧；以禮飲酒者，始乎治，常卒乎亂，大至則多奇樂。凡事亦然。始乎諒，常卒乎鄙；其作始也簡，其將畢也必巨。夫言者，風波也；行者，實喪也。風波易以動，實喪易以危。故忿設無由，巧言偏辭。獸死不擇音，氣息茀然，於是並生心厲。剋核大至，則必有不肖之心應之，而不知其然也。苟為不知其然也，孰知其所終！故法言曰：

『無遷令，無勸成。』過度，益也。遷令、勸成殆事，美成在久，惡成不及改，可不慎與！且夫乘物以遊心，託不得已以養中，至矣。何作為報也！莫若為致命。此其難者。」

설문해자에 "단번에 (예상대로) 달함을 일러 도라고 한다(一達謂之道)"는 이야기가 있는데, '길 도道'의 본질적 뜻이 이런 것이라면, 그것을 통해 바라는 결과에 이르게 될 예상 경로에 다름 아닌 것이 도일 터, 하여 우언 편 서두에서 '중언重言'을 풀면서 "사람이 앞장설 바가 없으면, 사람의 길이 없는 것(人而無以先人，無人道也)"이라 한 것인지 모른다. 그리고 이런 관점에서 이 대목의 "사람의 길에 관련된 고통(人道之患)"을 풀면, 이는 인간사를 성사로 이끌 예상 경로가 어그러지거나 틀렸거나 보이지 않거나 해서 생기는 고통이 된다. 그러니까 자고는 자신이 맡게 된 사신 일을 성사로 이끌 예상 경로가 보이지 않아 속이 뜨거워지는 고통을 겪는 것인데, 이렇게 내적 균형이 무너져 겪는 고통이 "음양의 고통(陰陽之患)"이다. 그리고 이런 '음양의 고통'에 더해 '사람의 길에 관련된 고통'까지 겪게 될 것이라고 걱정하는 자고가 공자에게 청한 바는, 결국, 문제의, 말로 하는 사신 일을 성사로 이끌 '공자의 예상 경로'를 알려 달라는 것이겠다.

그런데 이 대목에서 공자의 입을 통해 이야기된 성사 예상 경로는, 목적지에 경제적으로 달할 길이라고는 할 수가 없다—무엇보다도 우선, 바른 길이어야 하기 때문이다. 보다 구체적으로 말해, 이 대목에서 공자가 가거나 행할 것을 권한 '도道'는 무엇보다도 우선 자식 된 도리와 신하 된 도리라는 두 가지 큰 규범을 준수하는 길이다. 그리고 여기에서 자기를 잊고—자신의 생사마저 도외시한 채로—맡겨진 사신 일의 데이터에만 집중하라는 요구가 나온다. 달리 말해, 성사에 자신의 안위가 달렸음을 의식할 때 생기는 감정까지도 원천적으로 제어하여, 임금을 섬기자면 부득이 해야 할 일의 객관적 조건에만 주의를 집중하라는 요구가 나온다. 나아가, 이 대목 공자 말씀에 따르면, 자신의 마음을 주인으로 섬기는 자는 슬픔이나 기쁨과 같은 감정이 틈입하는 것을 쉬이 허용하지 않는, '현해縣解'의 경지에 가까운 자유인일 것인데, '부득이' 해야 할 바를, 천명을 받아들이는 것처럼, 편안히 받아들이는 것이야말로 이런 자유인의 지극한 덕이다.

한편, 이런 개괄적 권유에 이어지는, 공자의, 사신 일과 관련한 구체적 권유는 말 전하는 일을 일로서 성립시키는 전제를 살피는 데서 시작한다. 그의 분석에 따르면, 사신이 필요한 것은 서로 소통해야 할 사람이 멀리 떨어져 있어 불신이 가로놓인 그 사이를 메울 말을 전할 사람이 필요해서다. 그리고 이것이 사신이 하는 일인데, 이를 잘 감당해 내기 위해 써야 할 언어는 사신이 중계하는 이들을 기쁘게 하거나 분노하게 하는, 결국 불신을 야기할 넘치는 말이 아니라 실정을 전하는 객관적인 말이다—이것이 공자의 첫 번째 구체적 권유 사항이다. 달리 말해, 말의 기교를 피하고 데이터 지향 언어를 쓰라는 것인데, 반대로, 기교를 부려 공교롭게 하는 말은 효과적이고 빠른 성사 쪽으로 상대를 뜻대로 움직이려는 것이므로 '공교로운 말은 말하는 목적에 치우치게 말했다는 표식(巧言偏辭)'이다. 또 이에 앞서, 설득의 기교를 써서 빚은 말이 분노를 촉발한 것처럼 보여도, 알맹이는 없고 기교가 부른 풍파가 있을 뿐이라: "그러므로 분노가 일어섬에 원인은 없다(故忿設無由)."

두 번째 구체적 권유는 신중해야 한다는 것이다. 말로 이루는 일은 특히 신중해야 한다는 것이다. 사신으로서 말 전하는 일도, 상대를 이기겠다고 기교를 부리는 경우나 술을 곁들인 사교에서 보는 것처럼, 사소한 시작이 감당 못할 결과로 번지기 십상이니 신중해야 한다는 것이다.

공자가 전에 섭공 자고에게 일러준 대로, 인간의 일 중에 '말을 않고 기쁘게 이루는 경우가 드물지만(寡不道以懽成)' 특히 사신 일의 주축을 이루는 말이란 것이 풍파와 유사하여 제 주변을 뒤흔들기 십상이고, 사신 일의 또다른 주축을 이루는 실천은—전작 **논어와 데이터**에서 푼, '실천'에 다름 아닌 '행行'의 뜻을 상기하건대, 더 큰 만족을 바르게 추구함은—그 알맹이가 되는 부사어 '바르게'는 잊고 만족만 추구하느라 위태로워지기 십상이니 신중해야 한다는 것이다. 여기에 이어, 처음 예상과 달리 어찌 끝날 줄 모르게 되는 것은 특히 상대를 궁지로 몰아넣어 그로 하여금 언행이 거기에서 이탈하지 말아야 할 도道를 통째 잊고 짐승처럼 울부짖게 하는 경우에 그렇게 된다는 경고를 곁들이면서, 욕심을 부려, 받은 영을 바꾸거나, 이루겠다고 힘써서 일을 위태롭게 만들지 말고 어디까지나 신중하게 임할 것을 권유하고 있다.

공자의 대답 마지막에 이르러서는, 신중하라는 권유에서 더 나아가 "현상을 타고앉아 마음을 놀리고, 부득이함에 기대어 상황에 적절함을 키운다면, 지극하다(乘物以遊心, 託不得已以養中, 至矣)"는 이야기를 한 뒤, 받은 명命을 그대로 전달하는 것이 가장 좋은 길인 동시에 어려운 길임을 역설하고 있는데, 방금 인용한 졸역 가운데, 원문의 "양중養中"을 "상황에 적절함을 키운다"로 옮긴 것은, 이 대목 초두에 자고가 거론한 "사람의 길에 관련된 고통(人道之患)"의 "도道"를 반대로 은유하는 도를 공자가 제시하고 있기 때문이다. 즉, 공자는 기교를 부려 빨리 효과적으로 바라는 결과에 달하기보다는 신중에 신중을 기하며 달할 것을, 심지어는 달하지 못하더라도, 예컨대 '남의 신하된 도리'를 지키며 주어진 일에 '바르게' 임할 것을 요구하고 있다는 것인데, 4-3절의 소요유 편 해설을 상기하건대, 저 졸역 속의 "마음을 놀리다(遊心)"는 일의 성공과 실패에 대해 걱정하기는커녕 아예 무심함을 함축한 표현이다. 나아가, '바르게'라는 부사어에 충실할 뿐 바라는 결과의 성취에 대해 무심하기는 매우 어렵기 때문에, 바로 이 때문에, 사신으로서 받은 명을 비틀지 않고 그대로 전하는 것이 가장 어렵다는 이야기가 이 대목을 맺는 결론으로 도출된 것이다. 또 바로 이런 어려움을 극복한 경지가 저 졸역 속의 '규범에 비춘 상황에 적절함(中)'을 키워 달하게 될 지극한 경지일 터이다.

결론적으로 이 대목에서 확인하는 것이 전작 **논어와 데이터**에서 푼 행함(行)의 뜻이 장자의 경우에도 썩 잘 적용된다는 사실이다. 즉, 보다 큰 만족을 바르게 추구하는 것이, 보다 큰 만족을 성공적으로 얻는 것보다 훨씬 중요하다는 점을 공자뿐 아니라 장자 역시 강조하고 있다는 것인데, 이런 뜻의 행함이 진정한 평화의 기초를 이룬다는 점에 대한 장자의 인식이 특히 인상적으로 드러난 곳이 상대를 막다른 곳으로 몰아 '바르게'를 몰각한 채, 죽음 앞에서 울부짖는 짐승 같은 언행을 하게끔 하지 말라고 경계하는 구절이다. 평화의 기초를 상실한 사태가 어떻게 끝날지 모르게 된다고 경계하는 구절이다.

7-4.
안합이 위령공 태자의 스승이 될 것이라, 거백옥에게 물어 가로되: "여기 어떤 사람이 있는데, 그 덕은 하늘이 죽임입니다. 이자와 함께하는 데서 무도하면, 내 나라가 위험하고; 이자와 함께하는 데서 도道를 지키면, 제 몸이 위험합니다. 그 앎은 다른 사람의 잘못을 아는 데는 족하나, 자신이 어떻게 잘못하는지는 모릅니다. 이런 자라면, 제가 어찌해야 할까요?" 거백옥 가로되: "좋도다 질문이! 경계하고 신중하시게, 그대의 몸을 바르게 하시게! 몸가짐은 순순한 것이 제일이고, 마음은 화친하는 것이 제일이네. 그렇지만, 이 둘에는 고통이 있다네. 순순한데 들기를 원하지 않고, 융화하는데 나기를 원하지 않는다네. 몸이 순순하여 안으로 들면, 넘어지게 하고 멸하게 하고, 넘어뜨리고 쓰러뜨린다네. 마음으로 융화함이 밖에 나면, 소리 내고 이름 내자는 것이라 하여, 요망하고 불길하다 한다네. [그러니] 저 자가 애 같이 굴면, 역시 함께 애가 되시게; 저 자가 칸막이가 없는 듯 굴면, 역시 함께 칸막이 없는 듯 구시게; 저 자가 한계가 없는 듯 굴면, 역시 함께 한계 없는 듯 구시게. 여기에 통달하면, 안에 들어도 흠잡을 데 없음에 든다네. 그대는 사마귀를 모르는가? 성내어 그 팔로 수레바퀴를 당한다 하지만, 해낼 수 있는 일이 아님을 모르니, 이는 제 재질을 과대평가하는 것이네. 경계하고 신중하시게! 자랑거리를 쌓고 과대평가하여 거스르면, [사마귀에] 가까워진 것이네. 그대는 호랑이 사육을 모르는가? 생물은 호랑이에게 주지 않는데, 먹이를 죽일 때 나는 분노 때문이네; 먹이를 온전한 채로 주지 않는데, 이를 죽일 때의 분노 때문이네; 먹이를 온전한 채로는 주지 않는데, 이를 찢어발길 때의 분노 때문이네. 그것이 배고플 때를 기다려 배불리고, 그 성난 마음에 통달해야지. 호랑이는 사람과 유類가 다른데 저 기르는 자에게 아양 떠는 것, [이런 사육의] 도를 따랐기 때문이네; 고로 그것이 죽이는 자, 도를 거스른 것이네. 말을 아끼는 자, 광주리에 말똥을 채우고, 조개 껍질에 말 오줌을 채우지. [이렇게 아끼던 중] 마침 모기와 등에가 말 몸에 붙었는데, 이들을 탁 치는 것이 때에 맞지 않으면, 재갈을 부수고 머리를 상하고 가슴을 깨뜨린다네. [멋대로] 뜻함에는 결과가 있고, 아낌에는 잊는 바가 있으니, 신중하지 않고 되겠는가!"

顏闔將傅衛靈公大子, 而問於蘧伯玉曰: 「有人於此, 其德天殺。 與之為無方, 則危吾國; 與之為有方, 則危吾身。 其知適足以知 人之過, 而不知其所以過。 若然者, 吾奈之何?」 蘧伯玉曰: 「善哉問乎！戒之慎之，正汝身也哉！形莫若就，心莫若和。雖然，之二者有患。就不欲入，和不欲出。形就而入，且為顚為滅，為崩為蹶。心和而出，且為聲為名，為妖為孽。彼且為嬰兒，亦與之為嬰兒；彼且為無町畦，亦與之為無町畦；彼且為無崖，亦與之為無崖。達之，入於無疵。汝不知夫螳蜋乎？怒其臂以當車轍，不知其不勝任也，是其才之美者也。戒之慎之！積伐而美者以犯之，幾矣。汝不知夫養虎者乎？不敢以生物與之，為其殺之之怒也；不敢以全物與之，為其決之之怒也。時其飢飽，達其怒心。虎之與人異類而媚養己者，順也；故其殺者，逆也。夫愛馬者，以筐盛矢，以蜄盛溺。適有蚉虻僕緣，而拊之不時，則缺銜、毀首、碎胸。意有所至，而愛有所亡，可不慎邪！」

이 대목 역시 직전 대목과 비슷하게 신중해야 한다는 것이 요지지만, 직전 대목이 말을 전하는 사신 일이었다면 이번 대목은 권력자의 후계자를 교육하는 일이다. 보다 구체적으로, 거백옥에게[52] 조언을 청한 안합이 훈육을 맡게 된 위나라 태자는 그 성질이 이야기의 후반부에 나오는 호랑이 비슷하게 사나워, 그와 함께하여 무도하면 안합 자신은 무사하겠으나 나라가 위태롭고 그와 함께하여 도道를 고수하자니 자신이 위태롭다고 한다. 훈육 목적과 관련하여 보다 근본적으로는 태자가 남의 잘못만 보고 자기의 잘못은 살필 줄 몰라서 그에게는 나라를 그에 따라 조화시킬 보편적인 척도를 기대하기 어렵다는 문제가 있다. 즉, 안합이 도를 고수하여 나라를 구하려고 해도 목적 달성이 어렵다는 것인데, 이런 진퇴양난에 대한 거백옥의 조언을 간단히 종합하면 '상황에 맞는 도에서 이탈하지 않도록 경계하고 신중하라'는 것. 흥미롭게도, 이런 요

---

52 거백옥에 대해서는 2-2-1절의 해설 참조.

지의 조언을 거백옥은 네 가지 차원으로 나누어 지극히 분석적으로 설명한다.

직전 대목에서처럼 이 대목에서도 도道는 '효율적'이라기보다는 '바른' 경로다. 즉, 도를 행行함은 보다 큰 만족을 추구하여 달성하되 바르게 달성함이다. 하여 경계하고 신중할 것을 이야기하면서, 다른 무엇보다도 먼저, 바른 몸가짐을 권하고 있다. 여기에 이어 거백옥은, 이 바른 몸가짐을 네 가지 차원으로 분석하여 설명하는데, 그 첫 번째 차원이 상황에 맞는 바름 내지 도의 파악이다. 하여 하는 이야기가, 일반적으로는 순순한 몸가짐과 융화하는 마음이 바람직하다고 하지만, 이런 태도는, 비유컨대, 호랑이 우리에 들었을 때는 취하면 안 될 태도라는 것. 즉, 호랑이 우리 같은 궁정에서 순순하면 짓밟히고, 융화하여 인기가 높아지면 이름 때문에 나댄다고 비난받을 뿐 아니라 나대는 동기가 불순하다고—인간세 편 서두에 예거된 관봉용과 비간처럼—의심받는다는 것이다. 따라서 순순한 몸가짐과 융화하는 마음가짐은 거백옥이 권하는 바가 아니다. 오히려 상대가 유치하게 굴면 덩달아 유치하게 구는 것이 그가 안합에게 권하고 있는, 호랑이 우리 속과 같은 상황에 처했을 때의, 도에 충실한 태도이다.

거백옥이 부각한 바른 몸가짐의 두 번째 차원은 자기 자신을 객관화해야 한다는 것이다. 구체적으로는, 나라를 구한다는, 태자 훈육의 큰 목적을 꼭 이루겠다고 자신의 객관적 능력을 잊고 멋대로 힘쓰는 것도, 언제나 순순하고 융화하려는 것과 마찬가지로, 상황에 맞는 도道로부터의 일탈인데, 거백옥은 이런 일탈의 모습을 '수레바퀴를 팔로 막고 나선 화난 사마귀'에 비유하고 있다.

세 번째 차원은 자신이 대한 대상에 대한 정확한 파악이다. 거백옥은 예컨대 호랑이가 자신과 유類가 다른 사육사를 해치기는커녕 그에게 아양까지 떠는 것은 사육사가 도道에 머물러 있기 때문이라고 결론 내리는데, 이런 결론에 이른 과정을 살피면 사육 대상인 호랑이의 성질을 정확히 파악하고 그에 맞추어 대응하는 데 이야기의 초점이 있음을 알수 있다.

네 번째 차원은 처한 상황을 비추는 바름 내지 도道에, 객관적으로 파악된 자신과 대상의 데이터를 대입하여 나오는 '구체적 행위 준칙 (方)'을 잊지 않고 따르도록 늘 경계하는 것이다. 구체적으로는 이런 준칙을 훈육 대상을 아낀다고 잠시나마 잊고 '제 뜻대로(意)'—준칙대로가 아니라 자의적으로—다루면, 말을 아껴, 말 피 빠는 벌레를 잡는다고 덤비다가 말에게 치명적으로 채이는 것처럼, 바라지 않는 결과가 기다린다는 것이다. 그러니 신중하지 않을 수 없다는 것이다.

7-5.

직명 장匠이 씨氏일 석石이라는 대목이 제나라로 가는데, 곡원에 이르러, 땅귀신 나무가 된 상수리나무를 보았다. 그 크기는 수천 마리 소를 덮었고, 그 둘레는 백 아름이었으며, 그 높이는 산을 내려다보는 열 길 높이보다 높은 곳에 가서야 가지가 나 있었는데, 배를 만들 만한 가지가 대략 수십 개였다. 구경하는 사람들이 장터 같았는데, 장백(석石의 자字)은 돌아보지 않고, 가던 길을 끝내 멈추지 않았다. 제자는 구경을 실컷 하고, 달려가 장석에게 이르자, 가로되: "제가 도끼를 들고 선생님 따라다닌 이래로, 이렇게 훌륭한 재목을 본 적이 없습니다. 선생은 보려 하지 않으시고, 가던 길을 멈추지 않으시니, 왜입니까?" 가로되: "됐다, 그 얘기는 그만! 쓸 데없는 나무이니, 배를 만들면 가라앉고, 관곽으로 쓰면 빨리 썩고, 그릇 재료로 쓰면 빨리 부서지고, 문호에 쓰면 나뭇진이 나오고, 기둥으로 쓰면 좀먹는다. 이는 재목이 아닌 나무라서, 쓰일 수 있는 데가 없고, 따라서 이렇게 오래 살 수 있다." 장석이 돌아갔는데, 상수리나무 땅귀신이 꿈에 나타나 가로되: "너는 어찌하여 나를 욕하려느냐? 네놈이 나를 유용한 나무에 비교하려느냐? 산사나무·배나무·귤나무·유자나무·과실수·과실풀 종류란, 열매가 익으면 벗겨지고, 벗겨진즉 욕이며, 큰 가지는 부러지고, 작은 가지는 휜다. 이들은 제 능력으로 제 삶을 괴롭히고, 그래서 제 수를 다 누리지 못하고 중도에 요절하니, 스스로 세속에 얻어맞는 것들이다. 현상계의 모든 것들이 다 이렇다. 그러나 나는 쓰일 수 있는 데가 없기를 구한 지 오래, 거의 죽었다가, 이제야 이를 얻어, 나를 위해 크게 쓰고 있다. 만일 내가 유용했다면, 이렇게 커질 수 있었겠느냐? 나아가, 네놈이 나와 더불어는 나란히 현상계인데, 어찌 [너만 메타(상급) 수준인 양] 나를 대상 취급하느냐? 죽음에 가까운 쓸데없는 인간이, 또 쓸데없는 나무를 어찌 알겠는가!" 장석이 깨어 해몽했다. 제자가 가로되: "무용을 취하고 있는 것이라면, 땅귀신이 된 것은 뭡니까?" 가로되: "쉿! 너는 말을 말아라! 또한 저이는 단지 거기에 기대고 있을 뿐이니, 자신을 모르는 자가 욕하며 미워한다고 여긴다. 땅귀신이 되지 않았다면, 잘릴 뻔했겠지! 나아가, 저이가 자신을 보존하는 방식은, 보통의 무리와는 다르니, 의義로 이를 예찬함, 또한 멀리 빗나간 것 아니겠나!"

匠石之齊, 至乎曲轅, 見櫟社樹。其大蔽數千牛, 絜之百圍, 其高臨山十仞而後有枝, 其可以為舟者旁十數。觀者如市, 匠伯不顧, 遂行不輟。弟子厭觀之, 走及匠石, 曰:「自吾執斧斤以隨夫子, 未嘗見材如此其美也。先生不肯視, 行不輟, 何邪?」曰:「已矣, 勿言之矣! 散木也, 以為舟則沈, 以為棺槨則速腐, 以為器則速毀, 以為門戶則液樠, 以為柱則蠹。是不材之木也, 無所可用, 故能若是之壽。」匠石歸, 櫟社見夢曰:「女將惡乎比予哉? 若將比予於文木邪? 夫柤、梨、橘、柚、果、蓏之屬，實熟則剝，剝則辱，大枝折，小枝泄。此以其能苦其生者也，故不終其天年而中道夭，自掊擊於世俗者也。物莫不若是。且予求無所可用久矣，幾死，乃今得之，為予大用。使予也而有用，且得有此大也邪? 且也，若與予也皆物也，奈何哉其相物也? 而幾死之散人，又惡知散木! 」匠石覺而診其夢。弟子曰: 「趣取無用，則為社何邪? 」曰: 「密! 若無言! 彼亦直寄焉，以為不知己者詬厲也。不為社者，且幾有翦乎! 且也，彼其所保，與眾異，以義譽之，不亦遠乎! 」

별도의 해설 없이도 이해하는 데 큰 어려움은 없어 보이는 대목이다. 그럼에도 먼저, 상수리나무의 말 가운데 "네놈이 나와 더불어는 나란히 현상계인데, 어찌 [너만 메타(상급) 수준인 양] 나를 대상 취급하느냐(若與予也皆物也, 奈何哉其相物也)?"는 장자 특유의, 5-9절 이하의 해설에서 자주 언급한 메타(상급) 수준에 대한 첨예한 의식을 반영하고 있어 주목해 둔다. 즉, 장자를 좇아, 현상을 대상으로 취급함은 현상을 대상 삼는 메타 수준으로 옮겨 가지 않으면 불가능하다고 볼 때 상수리나무의 이 말이 뜻하는 바는, 장석이 물物의 현상계, 그 너머의 메타 수준에 달하지 못했는데 자신을 현상의 대상물로 삼는 것은 부당하다는 것. 하여 이 대목에서도 다시 한번 문제는, 지금껏 누누이 언급해 온 것처럼, 현상계 바깥으로 나갈 길이 있느냐 없느냐, 없다면 그 바깥의 하늘로 거슬러 올라가는 참 원인을 참조할 수 있느냐는 것인데, 장석이 제자에게 준 마지막 말인즉, 이런 원인에 가까이 접근할 대로 접근한 정도가, 장석이 상수리나무를 그것으로 예찬할 수 없다고 한 "의義"도 그중 하나인, 5-10절에서 해설한 여덟 가지 "두둑 같은 경계(畛)"를 내면화하고 이들을 기준 삼아 판단하는 것에 그치는 이들로서는, 죽음의 고비를 넘기고 지극한 경지에—이를테면, 5-7절에서 해설한 대목에 나오는, 있음에 대한 옛 사람들의 앎이 달한 최고 경지인 '있음이 현상 이전이라 여기는(有以爲未始有物)' 경지에—그 앎이 달해 있어 덕충부 편 서두의 성인 왕태처럼 사람들을 주변으로 모으는 마력을 가진 문제의 상수리나무와 같은 존재의 선택을 왈가왈부할 수 없다는 것이다. 9-1절에서 해설하는 대종사 편과 10-4절에서 해설하는 응제왕 편의 표현으로는, 이렇게 모두를 가까이로 불러모으는데도 "아무도 그 (마땅히 불러모음의) 기준을 모르는(莫知其極)" 따라서 "측량할 수 없는 데 서 있는(立乎不測)" 이런 존재의 선택을 왈가왈부할 수 없다는 것이다.

7-6.

남백자기가 상구에서 놀 때, 거기에서 큰 나무가 색다른 것을 보았으니, 4천 마리의 말을 매면, 은밀히 그 그늘로 덮일 것이었다. 자기 가로되: "이는 어떤 나무인가? 이는 필시 특별한 재목이 아니겠나!" 우러러 그 잔 가지를 보니, 구부러져 동량으로 쓸 수 없고; 그 큰 뿌리를 굽어보니, 속이 비어 관곽으로 쓸 수 없고; 그 잎을 핥으니, 입이 얼얼해지며 상처가 나고; 냄새를 맡으면, 사람을 취하게 해 사흘이 돼도 멎지 않았다. 자기 가로되: "이것이 과연 재목 아닌 나무라서, 지금 이렇게 커졌다. 아! 신인神人도 같은 이유로 재목으로 여겨지지 않는 것!" 송나라 형씨의 땅, 호두나무·잣나무·뽕나무가 적합했다. 두 손이나 한 손으로 잡는 굵기 이상이 되면, 원숭이를 묶어 둘 말뚝을 찾는 이가 이를 베고; 서너 아름이 되면, 높고 이름난 저택의 마룻대 재목을 찾는 이가 이를 베고; 일고여덟 아름이 되면, 귀인이나 부유한 상인의 집에서 쓸 관곽 재목을 구할 때 이를 벤다. 그래서 제명에 못 죽고, 중도에 미리 도끼에 요절하니, 이것이 재목의 괴로움이다. 그래서 [강의 신에게 드리는 제사인] 해解에 쓰는 소들 중 이마가 하얀 경우, 또 돼지 중에는 코가 높은 경우, 또 사람인데 치질 걸린 경우, 강에 [제물로서] 가지 못한다. 이들 모두는 제사 주재자들이 알게 되면, 상서롭지 않다고 여길 바이나, 이들은 오히려 신인들이 크게 상서롭다고 여기는 바다.

南伯子綦遊乎商之丘，見大木焉有異，結駟千乘，隱將芘其所藾。子綦曰：「此何木也哉？此必有異材夫！」仰而視其細枝，則拳曲而不可以為棟梁；俯而見其大根，則軸解而不可為棺槨；咶其葉，則口爛而為傷；嗅之，則使人狂酲三日而不已。子綦曰：「此果不材之木也，以至於此其大也。嗟乎！神人以此不材！」宋有荊氏者，宜楸、柏、桑。其拱把而上者，求狙猴之杙者斬之；三圍四圍，求高名之麗者斬之；七圍八圍，貴人富商之家求樿傍者斬之。故未終其天年，而中道已夭於斧斤，此材之患也。故解之以牛之白顙者，與豚之亢鼻者，與人有痔病者，不可以適河。此皆巫祝以知之矣，所以為不祥也，此乃神人之所以為大祥也。

직전 대목과 유사해 보이지만 이야기 방식이 다르다. 전에는 재목의 유용함에 민감할 수밖에 없는 장인과 쓸 데 없는 상수리나무에 장인의 제자까지, 제물론 편을 통해 유아론적 굴레에 갇혀 있음이 드러난 '物물'로서 등장하여 말을 주고받았지만, 남백자기를 등장시킨 본 대목 전반부는 기이한 나무에 대한 그의 관찰을 인간세 편 저자가 역시 외부 관찰자로서 전하는 형식으로 되어 있고, 그 나머지도 인간세 편 저자 자신의, 자신도 '물'임을 잊은 듯한 말로 되어 있다. 끄트머리에 가서는 역시 저자 자신의, 자신이 '물'임을 잊은 듯한 목소리로—5-11절 및 5-14절의 해설을 상기하며 약간 달리 말하면, 관점을 초월한 듯한 목소리로—이전에 이야기된 바의 결론적 함의를 "解해"의 경우에 적용하여 이야기하고 있다.

7-7.

본 대목 역시 직전 대목에서 이야기된 결론적 함의가 들어 있는 현상계 내 사례라 할 지리소 이야기를 저자 자신의 관점을 초월한 듯한 목소리로 전한 후, 그 결론적 함의를—구체적으로는, 현상계를 초월한 사례에 적용한 결과를—수사적 의문문의 형식을 빌어 제시하면서 독자를 대화 상대자로 호명하고 있다. 정리하자면, 함의가 있는 예화를 통해 뜻을 전하되, 7-5절에서 다룬 대목에서는 설정된 배경에 '물物'들을 등장시키고 서로 말을 나누도록 함으로써 그렇게 했고, 7-6절에서는 '우언寓言' 내지 '중언重言'을 쓰기는 했으나 대체로 필자 자신의, 자신이 '물'임을 잊은 듯한 목소리, 자신의 관점을 초월한 듯한 목소리를 써 그렇게 하였는데, 본 대목에서는, 필자 자신의 관점을 초월한 듯한 목소리로 사례를 제시하되 같은 사례에서 도출한 명제의 적용을 '물'의 현상계를 초월한 사례로 확장하는 데 독자를 대화의 상대로 소환하는 수사적 의문문을 쓰고 있다.

지리소라는 이, 턱이 배꼽에 숨고, 어깨는 이마보다 높고, [허리가 굽어] 머리 묶은 것이 하늘을 향하는데, 오장이 위에 있고, 양 넓적다리가 옆구리가 되었다. 바느질과 세탁을 하면, 식구 먹여 살리는 데 족했다; 도리깨로 타작하여 키질로 나락을 불리고 남은 겨를 벗기는 탈곡 일을 하면, 열 사람을 먹이는 데 족했다. 위에서 전쟁에서 싸울 이를 징집하면, 지리는 소매를 걷어올리고 그 사이에 놀았고; 위에서 큰 역을 일으키면, 지리는 늘 앓고 있다는 이유로 역의 할당을 받지 않았다; 위에서 병자에게 곡식을 주면, [곡식] 3종鐘과[53] 땔감 열 묶음을 함께 받았다. 뿔뿔이

---

53 "鐘종"을 '鍾종'으로 읽으면, 두 섬 닷 말 여섯 되 분량의 곡식을 뜻한다.

헤진 모습을 한 자였으나, 오히려 그 몸을 부양하는 데 족하여, 천수를
다 누리니, 그 덕이 뿔뿔이 헤진 자는 어떻겠는가?

支離疏者，頤隱於臍，肩高於頂，會撮指天，五管在上，兩髀為
脅。挫鍼治繲，足以餬口；鼓筴播精，足以食十人。上徵武士，則
支離攘臂而遊於其間；上有大役，則支離以有常疾不受功；上與病
者粟，則受三鐘與十束薪。夫支離其形者，猶足以養其身，終其天
年，又況支離其德者乎！

'지리소'로 '몸이 뿔뿔이 헤진 자' 일반을 환유하고 '몸이 뿔뿔이 헤
진 자' 일반으로는—몸(形)과 덕德이 한 쌍의 대립항임을 계기로—'덕이
뿔뿔이 헤진 자' 일반을 은유하여, 독자로 하여금, 수사적 질문으로 표
현된 명제 속의 '덕이 뿔뿔이 헤진 자가 누릴 막대할 복'을 그려보게 함
으로써 이다음 대목의 '복은 깃털보다 가벼우나 아무도 가질 줄 모른다'
는 한탄의 극적 효과를 준비하고 있다. 그런데 실로, 덕이 뿔뿔이 헤진
자가 누릴 복의 막대함을, 범인凡人의 경우에도 그렇겠지만, 몸이 뿔뿔
이 헤져 복을 누리는 지리소의 입장에서 헤아리는 일 역시 작은 새 척안
이 거대한 붕 새의 시야를 헤아리는 것처럼 어려울 터이다. 결론적으로
말해, 자기가 '물物'임을 잊은 듯한 목소리를 구사하고 있는 필자 자신도
'물'로서 갇혀 있을 현상계 안에서 그 밖을 헤아리는 일이 극히 어려울
수밖에 없어서, 나아가, 자기 자신의 관점을 초월한 듯한 목소리로 자신
의 헤아림을 설득력 있게 전달하는 일이 극히 어려울 수밖에 없어서, 독
자를 대화의 상대로 소환하여 동의를 구하는 수사적 의문문이 구사되
었으리라는 것이다. 즉, 말하는 사람도 듣는 사람도 이야기를 쓴 사람도
읽는 사람도 무슨 뜻인지 이해하기 어려울 수밖에 없는 이야기이기 때
문에 이런 수사가 동원된 것 아니냐는 것이다.

7-8.

공자께서 초나라로 가시니, 초나라 광인 접여가 그 문에서 놀며 가로되: "봉새여 봉새여, 어떠한가 덕의 쇠함이! 올 세상은 기댈 수 없고, 간 세 상은 쫓을 수 없다. 천하에 도가 있으면, 성인이 거기서 이루고; 천하에 도가 없으면, 성인은 거기서 산다. 지금은, 근근이 형벌을 면할 때. 복은 깃털보다 가벼운데, 아무도 가질 줄 모르고; 화는 땅보다 무거운데, 아 무도 피할 줄 모른다. 그만 그만, 덕으로 사람들에게 군림하는 것! 위태 롭고 위태롭다, 땅에 그리면서 서두르는 것! [덕으로 군림하는 대신] 밝 음을 미혹하게 하고 밝음을 미혹하게 하니, 내 행함을 다침이 없다! 내 행함은 [땅에 그리면서 서둘지 않고] 물러나고 돌아가는 것이니, 내 족 함을 다침이 없다!"

孔子適楚, 楚狂接輿遊其門曰: 「鳳兮鳳兮, 何如德之衰也! 來世 不可待, 往世不可追也。天下有道, 聖人成焉; 天下無道, 聖人生 焉。方今之時, 僅免刑焉。福輕乎羽, 莫之知載; 禍重乎地, 莫之 知避。已乎已乎, 臨人以德! 殆乎殆乎, 畫地而趨! 迷陽迷陽, 無 傷吾行! 吾行卻曲, 無傷吾足! 」

우선, "산 나무는 스스로를 치는 것이고(山木自寇也)"로 시작하는 이 다음 대목을 이 대목과 끊어 보는 것은 **시경**에서 보는 것과 유사한 형 식적 구조가 죽 유지되다가 흐트러지는 곳에서 접여의 노래가 끝난다 고 보았기 때문이다. 한편, 이 노래 가운데 해석하기가 쉽지 않은 구절 이 "획지이추畫地而趨"인데 전투 계획을 주둔지의 땅 위에 그려가며 의 논하고 그에 따라 바삐 목표를 향해 직진하는 모습을 연상하며 "땅에 그리면서 서두르는 것"이라고 옮겼다. 바로 그 다음의 "미양미양迷陽迷 陽"은 그것 하나만 놓고 보면 의미를 짐작하기 어렵지만, "덕으로 사람들에게 군림하는 것(臨人以德)"과 호응하는 것으로 보면 해석이 쉬워지며 보다 명석해진다. 여기에서 넉 자를 건너 이어지는 "내 행함은 물러나고 돌아가는 것이니(吾行卻曲)"도 "땅에 그리면서 서두르는 것(畫地而趨)"과 호응하는 것으로 보면 역시 한층 명석한 해석을 얻게 되는데, 졸역 중간 두 곳에 있는 대괄호 속 첨언은 이런 해석상 이득을 반영한 것이다. 물론 이들 이득은 단순한 대구對句 형식에서 시작한 노래가 마지막에 이르러 "그만 그만(已乎已乎)"과 "위태롭고 위태롭다(殆乎殆乎)"를 앞세워 도입한 두 개의 주제를 번갈아 발전시키는 형식으로 복잡해졌다는 형식 분석에 근거한 것이다.

졸역에 대해 한 가지 더 지적해 둘 점은, "무상오족無傷吾足"을 '내 다리를 다침이 없다'로 옮기지 않고 "내 족함을 다침이 없다"로 옮긴 것 역시, 넉 자 건너 앞에 있는 "내 행함을 다침이 없다(無傷吾行)"와의 호응을 염두에 두고—넉 자로 된 각 구의 마지막에 있는 "행行"과 "족足"의 품사적 등가성을 전제하고—번역했기 때문이라는 것. 그리고, 이렇게 번역하며 떠올리는 모습이 긴박하게 서두를 것 없어 목적지를 돌아서 가고 목적지에서 물러나며 소요하는, 족한 상태에 머물며 '노는(遊)'데 아무런 방해도 받지 않는 모습이다. 덧붙여, 이 대목 종결부에서 이런 모습을 자부하고 또 따를 것을 권유하는 것으로 보이는 접여가 과연 인물임은, 그가 공자 주변에 나타나 여기 있는 것과 유사한 노래를 하자 인물 욕심이 있던 공자가 말을 붙여 보려 했다는, **논어** 미자 편에 전하는 이야기에서 엿볼 수 있다.

그런데 접여가 노래한 바를 한마디로 한다면? 그것은 공자를 포함한 세상 사람들이 모른다는 것이 될 터이다. 복은 싣고 화는 피할 줄을 아무도 모른다는 것이다. 공자 경우에는 특히, 물러설 때 물러설 줄 모른다는 것이다. 어찌 모르는 것인가? 장자 특유의 원인론적 답은 이다음 대목에 시사되어 있다.

7-9.
산 나무는 스스로를 치는 것이고, 등불은 스스로를 태우는 것이다. 계피
는 먹기 괜찮아, 이를 베고; 옻은 쓰기 괜찮아, 이를 가른다. 모든 이가
유용함의 쓸모는 알지만, 무용함의 쓸모는 아무도 모른다.

山木自寇也, 膏火自煎也。桂可食, 故伐之; 漆可用, 故割之。人
皆知有用之用, 而莫知無用之用也。

여기는, 7-6절과 7-7절의 해설에서 이어 이야기한, 현상계 물物의 구
체적 사례에서 현상계 바깥으로의 움직임이 압축된 대목이다. 그런데
4-1절의 소요유 편 해설에서 부각한 '플라톤의 동굴 속 더듬기'와 비슷
한 이런 움직임을 좀 더 깊이 들여다보면, 이는, 5-14절에서 해설한 '유
아론적 굴레 속에 갇힌 물物'의 관점을 벗어나 5-7절 이하의 제물론 편
해설에서 부각한 '천부天府(하늘 창고)'의 '경계 없는 하나'에 어찌어찌
달해 보려는 움직임에 다름 아니다. '경계 없는 하나'로서의 '쓰임(用)'
은 늘―심지어는 '없다(無)'고 부정된 경우에도 여전히―쓰임이니, 5-10
절의 해설을 상기하건대, 이 대목의 "무용지용無用之用"과 동류인 "도
로 여겨지지 않는 도(不道之道)"가 있는 데가 "천부天府(하늘 창고)"다.
그리고 이런 관점에서 이 대목 결론을 번역하면, 아무도 하늘 창고에 접
근할 수 없어서 아무도 모른다는 것이다. 7-5절의 서술을 되풀이하건
대 "다시 한번 문제는, 지금껏 누우이 언급해 온 것처럼, 현상계 바깥으
로 나갈 길이 있느냐 없느냐, 없다면 그 바깥의 하늘로 거슬러 올라가는
참 원인을 참조할 수 있느냐는 것인데," 관련하여 본 대목에서 시사하
고 있는, 거슬러 올라갈 한 가지 방도가―본 대목 마지막 문장에서 "모

든 사람이 안다(人皆知)"를 "아무도 모른다(莫知)"로 환유 축을 따라 교체한, "유용지용有用之用"과 "무용지용無用之用"의 은유적 등가 교환 및 그 이전의, 대표적 사례의 일반화를 통한 유類 도출에서 보는 것과 같은—언어의 환유와 은유의 두 축을 지렛대로 쓰는 일반화 및 추상 연산이다. 하여 직전 대목 해설에서 제기한 질문에 대한 답이 암묵적으로 제시된다: 물러설 때 물러설 줄 모르는 것은 무용한 것의 쓸모를 몰라서다.

산 나무, 등불, 계피, 옻이 환유하는 유용지용有用之用의 추상적 유類에 달하여 이를 그 반대편에서 은유하는 추상으로 뚫린 말 길이 지상의 쓰임을 부인하는 무용지용無用之用에 미쳤다면 하늘의 참 원인으로 거슬러 올라가거나 참 원인을 참조할 길이 생긴 것이 아니고 무엇이겠는가. 하여, 이런 말 길을 통해 저 '천부天府(하늘 창고)'에도 접근하게 될 터, 이다음 편은, 이런 길로 가는 마음이 호응하게 될 표지 내지 '부호(符)'들[54] 가운데서도—7-2절에서 해설한 대로, 구체적 감각 정보들이 환유하는, 마음 속의 은유 축을 따라 등가로 교환될, 잠정적 일반화의 결과를 은유하는 '부호'들 가운데서도—특이하기가 짝이 없는, 그의 지시를 따르면 전도가 길할 것이 분명한 '덕이 가득한 부호(德充符)'를 화제 삼고 있다. 6-6절 해설 말미에서 이야기한 대로 다시 한번 실감하는, 실로 절묘한 내편 편 배열이 아닐 수 없다.

---

54 부호(符)'에 관해서는 7-2절의 관련 해설 참조.

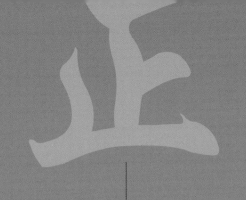

제 8 장

덕충부 편

8

덕충부 편은 원래의 배치뿐 아니라 집필 순서도 인간세 편 다음이었을 것이다. 인간세 편 후반부의, '그 몸(形)이 뿔뿔이 헤진 지리소가 누린 복'을 이야기한 끝에 '항차 그 덕德이 뿔뿔이 헤진 경우는 어떻겠느냐고 묻는, 7-7절에서 해설한 대목에서 환유된 것이라고 볼 만한 이야기가 대부분이기 때문이다. 그런데 덕이 뿔뿔이 헤진 이가, 상상할 수 없을 정도의 막대한 복을 누리더라도, 덕이 뿔뿔이 헤진 만큼, 인간세 편 말미의 접여가 그만 두라고 충고한 '덕을 내세워 이끌기'는 애초에 시도하지도 못할 바일 터이다. 그러나 그럼에도 불구하고, 자신을 텅 비운 자리에 만물을 끌어 모아 바르게 살릴 성인을 대중이 사랑하고 존숭할 수 있는 것은 그의 '덕 가득한 부호(德充符)'를 알아보지 못한다면 적어도 이것에 끌리기 때문일 것인데, 덕충부德充符 편 대부분이 바로 이같은 부호의 내용을 이야기하고 있다. 그런데 놀랍게도, 여기 등장하는, 지리소 같이 기이한 외모를 가졌음에도 타인을 마술적으로 매료시키는 성인들의 덕 역시 지리소의 몸 같이 헤져서 그것을 그것으로 알아볼 만한 꼴 내지 모습이 없으나, 그럼에도 불구하고 만물 혹은 만인을 끌어당기는 힘은 말로 형용할 수 없을 정도로 강력하다는 것이 덕충부 편의 관련 전언이다. 예컨대, 이 편에서, 이런 마력을 가진 성인들 중 첫 번째로 등장하는 왕태에 대해 맨 먼저 제기된 물음들 가운데 하나가 "원래 말 없는 가르침이 있어, 꼴이 없는데도 마음이 된 경우냐(固有不言之教, 無形而心成者邪)"는 것인데, 이런 성인들의 지극한 덕이, 덕이라고 알아볼 만한 꼴이 없어 이름이 없는 이유, 하여 말로 가르쳐 기르는 것일 수 없는 이유는 아래 8-4절의 해설이 제시한다.

8-1.

노나라에 다리 잘린 왕태가 있었는데, 그를 따라 노는 이들, 중니의 경우와 맞먹었다. 상계가 중니에게 물어 가로되: "왕태, 다리가 잘리고 없는데, 그를 따라 노는 이들, 선생님과 더불어 노나라를 반분하고 있습니다. 서서는 가르치지 않고, 앉아서는 [시비의 기준을] 숙의하지 않고, 갈 때는 비었는데, 채워 돌아옵니다. 원래 말없는 가르침이 있어, 꼴이 없는데도 마음이 된 경우입니까? 이는 어떤 사람입니까?" 중니 가로되: "선생님, 성인이시다. 나 구丘는, 단지 뒤처져 가지 않았을 뿐이다. 나도 선생님으로 모시려 하니, 구만 못한 이들이야 어떻겠느냐! 어찌 노나라 뿐이겠느냐! 나 구는 장차 천하를 이끌어 함께 이분을 따를 것이다." 상계 가로되: "저이는 다리를 잃었는데도, [선생도 아닌] 왕선생이니, 보통과는 역시 멀겠습니다. 그렇다면, 그 마음 씀, 독특할 것인데 어떠합니까? 중니 가로되: "죽음과 삶이 크지만, 그를 바꿀 수는 없으니, 하늘과 땅이 뒤집히고 꺼져도, 그에게 손실을 끼칠 수 없을 것이다. 빌림 없음에 대해 철저하여, 현상과 함께 변하는 일이 없으니, 명命이 현상을 변화시켜도, 그 나온 줄기를 지킨다." 상계 가로되: 무슨 말씀입니까?" 중니 가로되: "다른 것이라는 점에서 볼 때, [붙어 있는] 간과 쓸개는 초나라와 월나라 같이 멀다; 같은 것이라는 점에서 볼 때는, 현상 만물이 모두 하나다. 이런 사람은, 귀와 눈에 당연한 바를 모르고, 덕의 조화에 마음을 놀려, 현상은 그 하나인 바를 보고, 그것이 결여한 바는 보지 않으니, 자기 발 잘라냄을 봄이, 마치 흙덩이 떨어내는 양한다. 상계 가로되: "저이는 자기를 위해, 자신의 앎으로 그 마음을 얻고, 마음을 얻어 그 변함없는 마음을 얻은 것인데, [현상계의] 물物들은 왜 [변함없는 마음에 이기적으로 달한] 그에게 쏠립니까?" 중니 가로되: "사람은 흐르는 물(水)에 비추지 않고, 멈춘 물에 비추나니, 오직 멈춤만이 뭇사람을 멈추어 멈출 수 있다. 땅에서 명 받은 것들, 오직 소나무·잣나무가 홀로 살아 있어, 겨울과 여름에 푸르고 또 푸르며; 하늘에서 명 받은 것들, 오직 순임금이 홀로 바르니, 바르게 살아 뭇사람을 바루어 살릴 수가 다행히 있었다. [현상 전개의 근본 원인인] 시작의 징표를 보존함, 두려움 없음의 알맹이다. 용사 한 사람, 대군으로 씩씩하게 쳐들어간다. 명성을 얻으려고 스스로 구하는 이, 이들도 이와 같거늘, 하물며 천지를 관장하며, 만물을 간직하고, 다만 우연히 육체를 입어, 귀와 눈에 비슷하지만, 앎의 아는 바를 하나로 하고, 마음이 죽어 본 적이 없는 이야 어떻겠느냐? 저이가 장차 날을 가려 하늘로 오르려는데, 사람들이 저이를 추종한다. 그래도 저이가 어찌 이 세상을 일 삼으려 하겠느냐!

魯有兀者王駘，從之遊者，與仲尼相若。常季問於仲尼曰：「王駘，兀者也，從之遊者，與夫子中分魯。立不教，坐不議，虛而往，實而歸。固有不言之教，無形而心成者邪？是何人也？」仲尼曰：「夫子，聖人也。丘也，直後而未往耳。丘將以為師，而況不如丘者乎！奚假魯國！丘將引天下而與從之。」常季曰：「彼兀者也，而王先生，其與庸亦遠矣。若然者，其用心也，獨若之何？」仲尼曰：「死生亦大矣，而不得與之變，雖天地覆墜，亦將不與之遺。審乎無假，而不與物遷，命物之化，而守其宗也。」常季曰：「何謂也？」仲尼曰：「自其異者視之，肝膽楚越也；自其同者視之，萬物皆一也。夫若然者，且不知耳目之所宜，而游心於德之和，物視其所一，而不見其所喪，視喪其足，猶遺土也。」常季曰：「彼為己，以其知得其心，以其心得其常心，物何為最之哉？」仲尼曰：「人莫鑑於流水，而鑑於止水，唯止能止眾止。受命於地，唯松柏獨也在，冬夏青青；受命於天，唯舜獨也正，幸能正生以正眾生[55]。夫保始之徵，不懼之實。勇士一人，雄入於九軍。將求名而能自要者，而猶若此，而況官天地，府萬物，直寓六骸，象耳目，一知之所知，而心未嘗死者乎！彼且擇日而登假，人則從是也。彼且何肯以物為事乎！」

　　이 대목은 소나무·잣나무의 푸르름과 순임금의 바름을 중심으로 2-6절에서 큰 덩어리 하나는 해설했지만, 다시 전부를 뜯어본다. 우선, 화제가 되고 있는 왕태라는 인물의 다리가 잘린 것은 그가 몸을 가벼이 놀려 형을 받은 적이 있다는 이야기다. 그런데 몸을 가벼이 놀려 잃는 것은 다리에 그치지 않는다. 8-4절에서 다룰 대목에 나오는 노나라 애공의 이야기로는 몸을 가벼이 놀리면 다스리는 나라를 잃을 수 있다. 물론, 본 대목과 본 편에서 초점이 된 것은 몸 바깥의 외형이 아니라 몸 안의 내용이다. 왕태의 경우도 몸 아닌 마음을 쓰는 방식이 비상한 경우로, 공자의 묘사에 따르면 궁극적으로 그는, 우연히 입은 몸과는 헤어져도 좋은, 그러나 마음은 죽어 본 적이 없는 성인이다. 아니나 다를까 반문한다, 택일하여 하늘로 오를 그가 현상계의 물物들에 대해 관심이 있겠는가? 관심이 없을 것이라는 말씀이라고 해석할 수밖에 없는 본 대목 마지막의 이 반문에서도, 5-12절의 제물론 편 해설 등에서 상기한 대로, 4-5절에서 해설한 대목에 나오는 신인神人 들이 사는 '막고야 산'과, 현상계의 물들에게 마음 쓰는 요임금의 근거지인 '분수汾水 유역'은 서로 차원이 다르다.

　　한편, 제물론 편의 '제물齊物'이나 인간세 편의 "부득이不得已"가 온 연원을 살피면서 조우한 팽몽·전변·신도의 그림자를 다시 한번 목격할

---

[55] "중국철학서전자화계획中國哲學書電子化計劃"에 수록된 대로라면 "幸能正生，以正眾生"이어야 한다.

수 있는 곳이 또한 이 대목이다. 구체적으로는 상계의 첫 질문에서, 팽 몽 등이 전승한 것으로 천하 편에서 이야기된 '말없는 가르침(不言之 敎)'이 '꼴 없이도 마음이 그에 따라 형성되는 원리'로 언급되어 있다는 것인데, 팽몽 등을 다룬 천하 편 관련 대목에는, 특히 제물론 편 처음의 바람 소리 묘사를 연상케 하는 다음과 같은 구절이 있다.

> 전변도 이와 같아서, 팽몽에게 배워, 가르침 없음을 얻었다. 팽몽의 스 승이 가로되: "옛 도인, 무엇이 옳다고도 그르다고도 하지 않음에 이르 러 그만이었던 것. 그 가르침이 역풍 소리 같으니, 어찌 말로 할 수 있겠 는가?"
>
> 田騈亦然, 學於彭蒙, 得不教焉。彭蒙之師曰: 「古之道人, 至於 莫之是、莫之非而已矣。其風窢然, 惡可而言?」

그리고 이런 맥락의, 옛 도道가 말로 하는 시비를 초월해 있다는 생 각은 "서서는 가르치지 않고, 앉아서는 [시비의 기준을] 숙의하지(議) 않는다(立不教, 坐不議)"고 한, 왕태에 대한 상계의 첫 묘사부터 반영 돼 있다 하겠는데, 과연 그렇다는 점은, 여덟 가지 "두둑 같은 경계(畛)" 이야기에 이어 '말, 특히 정치 언어가 이치와 관련하여 어디에서 시작하 는지에서 시작하는 성인 이야기'를 하고 있는, 5-10절에서 해설한 제물 론 편 다음 대목의 "[사법司法에 쓸 기준의 제정, 즉 입법을] 숙의하다 (議)"가 분명하게 지지해 준다.

> 사방과 상하의 한계 밖, 성인은 보살필 뿐 논하지 않는다; 사방과 상하 의 한계 안, 성인은 논할 뿐 [논한 것을 입법 대상으로서] 숙의하지 않는 다. 춘추의 경세, 선왕의 기록이니, 성인은 [입법을] 숙의할 뿐 [사법司

*法*적으로] 가리지 않는다.

六合之外，聖人存而不論；六合之内，聖人論而不議。春秋經世，
先王之志，聖人議而不辯。

제물론 편의 이 대목과 함께 놓고 볼 때에도 왕태는 대상 차원의 정
치에는 무심할 터, 다만 "춘추의 경세"를 대상 차원에 두는 메타(상급)
차원에서 하는 "입법적 숙의(議)"의 플랫폼을 이루는, '만물을 가지런히
하는 논함(齊物論)'의 "논함(論)"으로—왕태를 성인이라 여기는, 덕충
부 편 이 대목의 공자가 희망하는 대로—천하를 이끌 수는 있겠다. 그러
나 왕태의 궁극적 관심은 제물론 편 위 대목의 표현으로 "사방과 상하
의 한계 밖(六合之外)"의 하늘에 있다. 다시 상기하건대, 택일하여 하늘
로 오르려 하는 그를 사람들이 추종하지만 "그래도 저이가 어찌 이 세
상을 일 삼으려 하겠느냐(彼且何肯以物為事乎)!"

한편, 덕충부 편 이 대목에서 남달리 번역한 대목이 공자의 두 번째
대답 중의 "빌림 없음에 대해 철저하여, 현상과 함께 변하는 일이 없으
니, 명命이 현상을 변화시켜도, 그 나온 줄기를 지킨다(審乎無假，而不
與物遷，命物之化，而守其宗也)"인데, 첫 구절의 "가假"가, 9-5절에
서 해설하는 대종사 편의, 왼팔은 닭으로 오른팔은 활로 궁둥이는 바퀴
로 변함을 묘사하는 장면에서 세 번 반복된 글자임에 유의하여 '물화物
化하면서 그것으로 변하게 되는 대상의 형形을 빌리다'로 새긴 것이다.
하여 필자가 파악한 이 대목의 대의는, 이를테면 '변하게 될 바의 꼴(形)
을 빌리면서 정체가 변하는 것으로 보이나 실은, 하늘에서 받은 명대로
변하는 물物들의 '물화' 와중에서 그 원인론적 실상을 꿰뚫고 있는 왕태
는, 5-5절에서 해설한, 변화무상한 현상적 얽힘에서 풀려난 "도의 축(道
樞)"처럼 자기 정체성을 확고히 유지하는데, 이를 어찌 유지하는가 하

면, 3-1절에서 해설한 천하 편에 나오는, "나온 줄기에서 떨어지지 않는(不離於宗)" "천인天人"처럼 혹은 '명'이 거기서 나오는 "하늘을 나온 줄기로 삼는(以天爲宗)" "성인聖人"처럼 유지한다는 것이다. 달리 말해, 왕태는 우연히 몸을 입어 들어온 현상계의 무상한 변화에 현혹되지 않고 하늘로 거슬러 올라가는 원인론적 계보로 그 진상을 파악하는 동시에, 자기도 속한 이 계보의 궁극인 '나온 줄기(宗)'를 잊지 않고 고수하여 정체성을 유지한다는 것이다. 그런데, 이런 왕태의 모습은 7-4절의 안합이 거백옥의 충고를 실천할 때 갖추게 될 모습과 크게 다르지 않다. 상기하건대, 그 모습은 자신과 상대의 데이터를 정확히 잰 결과를, 호랑이 우리와 같은 구체적 상황에 맞는 것으로 검토된 규범 내지 도道에 대입하여 도출한 '방도(方)'를 잊지 않으며 그 실천을 고수하는 모습이다.

나아가, 데이터 지향 정치 언어로 번역한, 공자의 두 번째 대답으로 그의 세 번째 대답을 뒷받침하면, '변화무상한 현상에 대해 하늘로 거슬러 올라가는 원인론적 계보의 본本을 데이터 재는 척도로 고수하기' 때문에 "귀와 눈에 당연한 바를 모르고, 덕의 조화에 마음을 놀려, 현상은 그 하나인 바를 보고, 그것이 결여한 바는 보지 않으니, 자기 발 잘라냄을 봄이, 마치 흙덩이 떨어내는 양한다(不知耳目之所宜, 而游心於德之和, 物視其所一, 而不見其所喪, 視喪其足, 猶遺土也)"는 것이 된다. 하여, 감각의 척도가 아닌, 하늘로 거슬러 올라가는 원인론적 척도에 의해 '흙덩이' 정도의 값이 매겨진 '발' 같은 현상적 껍데기를 무시하고 잰 왕태 자체는, '죽어 본 적 없는' 그의 마음 '알맹이(精)'이겠다. 나아가, 이런 식으로 재면 빠지게 되어 있는 껍데기를 현상계의 물物이 잃고 말고는, 달리 말해 물이 번듯해 보이고 말고는, 그것을 원인론적 척도로 재 그 본本만을—즉, 5-12절에서 해설한 '경계 없는 하나'만을—직시하는 성인에게는 아무런 관심거리가 되지 못할 터이다. 그리고 이런 맥락에 놓인, 상계가 넷째 질문에서 왕태가 자신을 위해 이기적으로 노력하여 달했다고 한 "변함없는 마음(常心)"은, 원인론적 척도를 고수하며 현상의 무상함 너머의 '경계 없는 하나하나'에 변함없이 관심하는 마음일 터이다. 또 그리하여, 자신이 잃은 발을 털린 흙덩이 정도로 보는 '용기'를 보여주게 되는 것일 터인데, 과연, 공자의 네 번째 대답은 바로 '경계 없는 하나'를 중심으로 구성된 것이다.

공자의 네 번째 대답을 이끌어낸 상계의 네 번째 물음은, 간단히 말해, 이기적인 왕태에게 사람들이 모이는 까닭에 관한 것인데, 이 물음의 "물物"도 역시 5-14절에서 해설한 대로 "유아론적 관점을 취하게 마련인 생물"이다―하여, 사람들이다. 한편, 2-6절에서 이 대목을 해설하면서 이야기한 대로 이 네 번째 답의 "첫 문장 앞부분의 요지는 자신을 비추어 보려는 재귀적 관심 때문에 사람들이 멈춘 물(水)에 모여든다는 것이다." 그리고 여기에서 제기되어 같은 문장 뒷부분에서 대답된 암묵적 물음을 분절하면 '사람들을 멈출 수 있음의 원인론적 연원은 어디인가?' 정도가 되겠는데, 이런 물음의 답으로 제시된 '오직 그것만이 사람들을 멈출 수 있는 멈춤'은, 2-6절의 해설대로, "'止水지수'의, '물 수(水)'와 붙어 있는 '멈출 지(止)'가 표상하는 멈춤과 같은―즉, 멈춤 아닌 것과 붙어 있는―멈춤이 아니라 홀로 떨어져 오직 멈춤일 뿐인 멈춤 그 자체다." 즉, 이 멈춤은 5-12절에서 해설한 것과 같은 '경계 없는 하나'다.

5-12절에서 해설한 대로, 경계 없는 하나는 '무엇임'과 '무엇 아님'을 서로 다른 것으로 가르면서도 이어주는 '경계(竟)' 이전의 '무엇임'이기 때문에 '홀로(獨) 무엇임'이다. 이를 5-12절에서는 우리에게 친숙한 공간적 표상에 비유하여, 경계 없는 하나의 '홀로 동떨어짐의 정도는 무엇임이 무엇 아님이 되거나 무엇 아님이 무엇임이 되는 것을 막기에 충분하여 이들 하나하나를 여럿으로 셀 수 없을 정도다'라고 했지만,

사실, 경계 없는 하나하나는, 무엇임과 무엇 아님을 함께 받아들이면서 경계로 구분하는 공간이 성립하기 이전인 "천부天府(하늘 창고)"에 있다. 즉, 하늘 창고에 있는 것은 다 홀로 있어 여럿으로 셀 수 없다. 아니나 다를까, 소나무·잣나무도 살아 있으되 홀로 살아 있고, 순임금도 바르되 홀로 바르다! 하여 전자는 '처음부터 영원히 늘' 푸른 것은 아니겠으나 겨울이건 여름이건 푸르고, 후자는 뭇사람을 바루어 살리되 "다행히(幸)"—이 '다행히'가 덤으로 붙은 것이 아니라 반드시 써야 할 부사인 까닭은 2-6절의 관련 해설에서 밝혔거니와—그렇게 할 수 있었다.

경계로 무엇임과 무엇 아님이 구분되는 시공간인 천지 속에 있는 소나무·잣나무나 순임금은 하늘 창고에 있는 '경계 없는 하나하나'처럼 늘 살아 있어 '언제나' 푸르거나 늘 바름으로써 '꼭' 바루어 살리지는 못하기 때문에 다만 하늘의 홀로 하나하나인 바를 "홀로(獨也)" 극히 가깝게 닮아 '겨울과 여름에' 푸르고 '다행히' 바루어 살릴 수 있었다고 한 것인데, 여기에 곧 이어지는 이야기가, 천지 만물의 시작인 하늘의 '경계 없는 하나'로 거슬러 올라가는 원인론적 계보로 현상을 꿰뚫어 보는 성인은 용감한 사람일 수밖에 없다는 것이다. 사람의 용기는 헛된 명성욕에서도 생기는 것인데, '경계 없는 하나'의 진실에 접하고 그 덕을 취해 천지를 관장하며 만물을 품어 간직하는, 왕태 같은 성인의 경우는 어떻겠느냐는 것이다. 나아가, 4-5절의 소요유 편 해설에서 한 이야기를 상기하건대, 이런 성인이 천지 내의 일을 과연 자신의 사명으로 여기겠느냐는 것이다. 그의 궁극적 관심은 천지 밖의 하늘에 있지 않겠느냐는 것이다. 말하자면, 주의 말씀을 받들며 이승을 순례하면서 종국적으로는 신국으로 돌아갈 날을 기다리고 있는 기독교도의 그것과 비슷한 태도이지 않겠느냐는 것이다. 그래서 이런 기독교도처럼 이승과 육신에 대해 무감한 이가 성인이고, 또 자신이 온 데와 갈 데를 진실로 아는 이런 기독교도가 용감한 것처럼 용감한 이가 '모든 것이 비롯한 시작의 징표를 기억 속에 보존한(保始之徵)' 성인이다. 하여, '천지 만물을 관장하는, 우연히 인간의 몸을 입은 그가 날을 가려 하늘로 오르리라'는, 마지막 가까이 있는 구절에서 떠올리는 것이, 무엇보다도 신약의, '인간의 몸을 입으신 주'의 승천 기사지만, 천하 편 해설에서 인용한, 구약의 다음 구절도 있다: "에녹은 하느님과 함께 살다가 사라졌다. 하느님이 데려가신 것이다(**공동번역 성서**, 창세기 5장 24절)."

끝으로, 왕태 같은 성인의, "도의 축(道樞)"처럼 짝을 잃은 "변하지 않는 마음(常心)"이, 감각으로 접하는 현상 너머로 접하여 마음 속에 간직한 '경계 없는 하나하나'의 표지가—예컨대, 사람들이 그 앞에 멈추어 서게 해주는 덕을 지닌 '멈춘 물'이 바로 그 때문에 이런 덕을 지니게 되는 '오직 멈춤'의 표지가—덕충부德充符 아니면 무엇이겠는가? 나아가, '경계 없는 하나하나'에만 관심을 기울이는 성인이 바로, 사람들의 마음(心)이 완전한 덕과 접하도록 안내해주는 '덕충부' 아니면 무엇이겠는가? '신인神人'이 사는 막고야의 산에 갈 수 없는 범인凡人들에게 특히 소중할 '덕충부'가 아니면 무엇이겠는가?

8-2.

신도가, 다리가 잘렸는데, 정나라의 자산과 함께 백혼무인에게 같이 배웠다. 자산이 신도가에게 청하여 가로되: "내가 먼저 나서면, 그대는 머물고; 그대가 먼저 나서면, 내가 머물지." 그 다음날, 또 함께 같은 건물에 동석하여 앉았다. 자산이 신도가에게 청하여 가로되: "내가 먼저 나서면, 그대는 머물고; 그대가 먼저 나서면, 내가 머물지. 이제 내가 나설 것이니, 그대는 머물 수 있겠는가, 없겠는가? 또 그대가 권세가를 봐도 격의 없으니, 맞먹는 건가?" 신도가 가로되: "선생님 문하인데, 권세 있는 이면 원래 이랬나? 가진 권세 좋다며 그대가 다른 사람 물리다니! 듣기로는: '거울이 맑으면 먼지와 때가 머물지 않는데, 머물면 맑지 않은 것이다. 현인과 함께한 지 오래다, 하면 잘못이 없다.' 지금 그대가 크게 얻는 데는, 선생님이지, 그런데 오히려 나오는 말이 이러하니, 잘못 아니겠나!" 자산 가로되: "그대는 이미 요 모양 요 꼴, 그래도 요임금과 선함을 다투는데, 그대 덕의 스스로 돌이키기에 부족함은 헤아리나?" 신도가 가로되: "그 잘못을 스스로 말하여 [다리를] 잃음이 부당하다는 이는 많으나, 그 잘못을 변명하지 않고 [다리] 보존의 부당함을 인정하는 이는 적지. 어쩔 수 없음을 알아 명命인 양 편안한 것, 덕 있는 이만 할 수 있지. [명사수] 예가 시위를 당긴 가운데 노는데, 한가운데면, 화살에 맞을 위치인데, 그런데도 맞지 않는 경우는, 명인 것이지. 자신의 발이 온전하다고 내 발이 온전하지 않음을 비웃는 이는 많네. 나는 침울해져 성냈지만, 선생님 문하로 와서, 싹 청산하고 돌아섰네. 선생님께서 선함으로 나를 씻으시는 줄도 몰랐네! 내가 선생님과 논 지 19년이 되었으나, 내가 다리 잘린 자임을 절대 모르시네. 지금 그대가 나와 노는 데는 몸 속인데, 그대가 나를 찾는 데는 몸 바깥이니, 잘못이 아닌가! 자산이 부끄러운 모습으로 낯을 바꾸고 몸가짐을 고쳐 가로되: "그대는 더 말하지 마시오!"

申徒嘉, 兀者也, 而與鄭子產同師於伯昏無人。子產謂申徒嘉曰: 「我先出, 則子止; 子先出, 則我止。」其明日, 又與合堂同席而坐。子產謂申徒嘉曰: 「我先出, 則子止; 子先出, 則我止。今我將出, 子可以止乎, 其未邪? 且子見執政而不違, 子齊執政乎?」申徒嘉曰: 「先生之門, 固有執政焉如此哉? 子而說子之執政而後人者也! 聞之曰: 『鑑明則塵垢不止, 止則不明也。久與賢人處, 則無過。』今子之所取大者, 先生也, 而猶出言若是, 不亦過乎!」子產曰:「子既若是矣, 猶與堯爭善, 計子之德不足以自反邪?」申徒嘉曰:「自狀其過以不當亡者眾, 不狀其過以不當存者寡。知不可奈何而安之若命, 惟有德者能之。遊於羿之彀中, 中央者, 中地也, 然而不中者, 命也。人以其全足笑吾不全足者多矣。我怫然而怒, 而適先生之所, 則廢然而反。不知先生之洗我以善邪! 吾與夫子遊十九年矣, 而未嘗知吾兀者也。今子與我遊於形骸之內, 而子索我於形骸之外, 不亦過乎!」子產蹴然改容更貌曰:「子無乃稱!」

이 대목은 해설이 군더더기가 되기 쉽지만, 그래도 **장자** 내편 전체와의 환유적 연관부터 짚어보자면, 누구나 잃기 십상이게끔 돼 있는 발이지만, 이를 잃지 않는 것은 하늘의 섭리 때문이라는 이 대목 이야기에서 나란히 떠올리게 되는 양생주 편 한 대목이 6-3절에서 해설한 곳인데, 거기 등장하는 우사가 자신이 다리를 잃게 된 참 원인으로 지목한 "하늘(天)"에 해당하는 존재가, 명사수 예가 쏜 화살에 맞기 십상인 자리에 있음에도 맞지 않도록 해 주는 "명命"이다. 여기에 더해, 신도가의 마지막 대사 중 "어쩔 수 없음을 알아 명命인 양 편안한 것, 덕 있는 이만 할 수 있다(知不可奈何而安之若命, 惟有德者能之)"는 7-3절에서 해설한 인간세 편에서, 위험한 사신 일을 맡고 근심하는 자고에게 공자가 해준 충고에 나오는 문장이다. 하여 이런 연관들을 종합하면, 제 잘못에 대한 형벌이라는 현상적 겉모습에도 불구하고 발을 잃도록 한 것이 결국은 천명이며, 이를 편안히 수용하는 것이 덕의 극치라는 이야기가 이 대목에서도 반복되고 있는 것인데, "현해縣解"를 연상케 하는 이런 이야기가 반복되는 된 것은 장자 철학의 기본 원리에 가깝기 때문일 터이다. 덧붙여, 장자의 이 주요 테제가 매우 인상적으로 거듭 제시된 곳을 **장자** 내편에서 한 곳 꼽자면, 그것은 대종사 편 마지막 대목이다.

다음으로, 이 대목의, 덕충부 편 전체와의 환유적 연관은 신도가가 정자산에게, 겉의 번듯함이 아니라 '속이 어떻게 생겼느냐'로 백혼무인의 문하에서 교유했음에도 자신에게서 겉의 번듯함을 찾는다고 따지는 끄트머리에서 두드러진다. 누군가의 다리가 형벌을 받아 잘렸다 해도 '겉으로 번듯함'이 손상된 것이지 몸 속의 무엇이 손상된 것은 아니라는 것. 직전 대목에 이어 풀면, 하늘로 거슬러 올라가는 원인론적 척도로 쟀을 때는 아무 의미가 없어 눈에 담을 필요조차 없는 것이, 겉으로 번듯함의 손상이라는 것. 결론적으로, 이 대목의 '겉으로 번듯함'을 반대로 은유하는 것이 덕德으로 가득한 부호(符), 덕충부德充符다.

아니나 다를까, 이다음 대목은 '덕충부德充符'가 다시 반대로 은유하는, 겉으로 보이는 측면이 두드러질 수밖에 없는 예禮를 암묵적으로 소환하여 공자를 비판하고 있다. 덧붙여, **논어**에서, 바르게 이름하는 시詩, 그리고 청각적인 악樂과 나란히 거론되어, 예의 겉으로 보이는 시각적 측면이 단적으로 드러나는 양화 편 한 대목, 그리고 이 대목과 짝을 이루고 있다고 해도 좋을 위령공 편 한 대목을, 덕충부 편의 음화적 은유로서 인용해 둔다.

공자 가라사대: "자주색이 주색 자리 뺏는 것을 미워하고, 정나라의 음란한 노래 가락이 아악 어지럽히는 것을 미워하고, 말이 그 명쾌함으로 나라 뒤엎는 것을 미워한다." (양화)

子曰: 「惡紫之奪朱也, 惡鄭聲之亂雅樂也, 惡利口之覆邦家者。」

안연이 나라 다스리는 일을 물었다. 공자 가라사대: "역법은 하나라 것을 행하고, 수레는 은나라 것을 타고, 관은 주나라 것을 머리에 쓰며, 악

樂인즉 순임금의 춤곡 소다. 정나라 노래 가락을 몰아내고, 말로 사람을 잘 움직이는 이는 멀리하라. 정나라 노래 가락은 음란하고, 말로 사람을 잘 움직이는 이는 데이터와 단절시켜 어지럽힐 위험이 있다." (위령공)

顏淵問爲邦。子曰：「行夏之時，乘殷之輅，服周之冕，樂則韶舞。放鄭聲，遠佞人。鄭聲淫，佞人殆。」 [56]

8-3.

노나라에 벌로 다리 잘린 이로 숙산무지가 있었는데, 빈번하게 중니를 찾아뵈었다. 중니 가로되: "그대는 근신하지 않아, 전에 이미 죄 짓고 고통이 이 지경. 비록 지금 [내게] 오더라도, 어디에 이르겠는가?" 무지 가로되: "과거 저는 힘쓸 줄 몰라서 제 몸을 가볍게 놀렸고, 이로 인해 발을 잃었습니다. 지금 제가 오는 것은, 아직 발보다 귀한 것이 남아 있고, 그래서 제가 이를 온전히 함에 힘쓰는 것입니다. 하늘이 덮지 않는 것이 없고, 땅이 싣지 않는 것이 없는바, 저는 선생님을 하늘과 땅으로 여기는데, 선생님이 하물며 이 같으실 줄 어찌 알았겠습니까!" 공자 가라사대: "저 구丘가 못나게 굴고 말았습니다. 선생은 어찌 들지 않으시렵니까? 들어 아시는 바를 말씀해 주십시오!" 무지가 나갔다. 공자 가라사대: "제자들이여 힘쓰라! 무지는, 발이 잘린 몸인데도, 여전히 배움에 힘써 이전의 악행을 갚아 메우고 있으니, 하물며 덕이 온전한 이들이야 [어째야겠느냐]!" 무지가 노담에게 가로되: "공구孔丘가 지인至人에 관해선, 아직 아닙니다! 저자가 선생에게 배웠다 하여 어찌나 잘도 대접받는지! 그는 기괴함으로 매우 비상한 이름이 나기를 바라니, 지인은 이를 자기의 질곡이라 여긴다는 것을 모르는 것일까요? 노담 가로되: "어

---

56 이들 두 대목에 대한 보다 자세한 해설과 졸역 일부에 대한 설명은 졸저 **논어와 데이터**의 106-8쪽.

찌 그냥 저이로 하여금 죽음과 삶이 같은 갈래라고 여기게 하지 않았소? [그래도] 되는 것과 안 되는 것이 하나로 꿰어진다고 여긴다면, 제 질곡을 푸는 일, 이것이 되겠지요?" 무지 가로되: "하늘이 벌주는데, 어찌 풀려날 수 있겠습니까?"

魯有兀者叔山無趾, 踵見仲尼。仲尼曰:「子不謹, 前既犯患若是矣。雖今來, 何及矣?」無趾曰:「吾唯不知務而輕用吾身, 吾是以亡足。今吾來也, 猶有尊足者存, 吾是以務全之也。夫天無不覆, 地無不載, 吾以夫子為天地, 安知夫子之猶若是也!」孔子曰:「丘則陋矣。夫子胡不入乎? 請講以所聞!」無趾出。孔子曰:「弟子勉之! 夫無趾, 兀者也, 猶務學以復補前行之惡, 而況全德之人乎!」無趾語老聃曰:「孔丘之於至人, 其未邪! 彼何賓賓以學子為![57] 彼且蘄以諔詭幻怪之名聞, 不知至人之以是為己桎梏邪?」老聃曰:「胡不直使彼以死生為一條, 以可不可為一貫者, 解其桎梏, 其可乎?」無趾曰:「天刑之, 安可解?」

'발을 잃고 말고'와 같은 '겉' 모습에 대한 관심과 그 '속'에 대한 관심을 대조한 직전 대목에 순탄하게 이어지는, 발을 잃었다고 해서 돌보기를 포기할 수 없는 더 소중한 무엇이―틀림없이 '속'에―여전히 남아 있다는 이야기가 나오는 이 대목이 어려워지는 것은 끄트머리에 있는, 노자와 동일시되는 노담과 무지의 대화에 이르러서다. 구체적으로는 노담의 제언에 담겨 동 제언의 형이상학적 전제로 역할하고 있는, '죽고 살고(死生)'와 '되고 안 되고(可不可)'에 대한 견해가 장자의, 우언 편과 제물론 편 등에서 피력된 표준적 견해와―이 표준적 견해에 따르면, 노담

---

57 "중국철학서전자화계획中國哲學書電子化計劃"에 수록된 대로라면 "彼何賓賓以學子為?"이어야 한다.

은 지금 이어질 수 없게 단절된 것을 하나로 꿰인 것으로 여길 수 있다고, 그리고 이렇게 여기는 것이 뛰어난 경지라고 보는 셈이 된다—충돌한다는 것. 그러나 바로 이렇게 충돌하는 만큼, 노담의 제언에 대한 무지無趾의 부정적 반응을 노담의 제언과 더불어 그의 제언이 전제하는 형이상학적 견해도 완곡히 반대하고 있는 것으로 읽게 되면 해결될 어려움이다. 나아가, 여기에서도 감지할 수 있는, 장자가 노자를 얌전히 추종한 것이 아니었다는 점은 특히 6-5절에서 해설한, 노담의 장례를 소재로 한 양생주 편 한 대목이 두드러지게 보여 주는데, 본 대목은 여기서 한 걸음 더 나아가, 장자와 노자, 그리고 공자 사이의 복잡한 관계를 보여주고 있다.

이 대목에서 남달리 번역했다고 내세울 만한 구절 둘이 공교롭게도 모두 노자·공자·장자의 삼각 관계에 얽힌 것들인데, 우선, 첫 문장의 뒤를 "빈번하게 중니를 찾아뵈었다(踵見仲尼)"로 옮긴 것은 **강희자전**의 '종踵' 자 풀이를 따른 것이고, 무지와 노담의 대화 첫 마디 일부를 "저 자가 선생에게 배웠다 하여 어찌나 잘도 대접받는지(彼何賓賓以學子爲)!"로 옮긴 것은, 이 구절의 "하何"를—그 바로 뒤에서 반복된 "빈賓"을 형용사로 보아—의문문이 아니라 감탄문을 이끄는, '대체 얼마나' 정도의 뜻을 가진 부사어로 보았기 때문이다. 그리고 이렇게 한탄의 뜻으로 옮길 때, 공자가 "지인至人"은 아니라고 하는 전후 문맥과 맞아떨어지면서, 공자가 노담에게 배웠다고 하여 무슨 '지인'인 양 부당하게 높이 대접받고 있다는 이야기가 된다. 덧붙여, 이다음 대목에서 노나라 애공은 공자를 일컬어 자신의 '덕의 벗'이라 하고 있다.

사실, 공자가 노담에게 배웠다는 이야기는 **예기**와 **공자가어**에도 나오는데, 이 대목에서는, 노자·공자·장자의 삼각관계로 보면 장자를 은유하는 인물이 되는 숙산무지가 공자 문하에 빈번히 출입하는 과정에서 마찰이 생겼던 것으로 되어 있다. 그런데 이와 관련하여 흥미로운 점이 공자의 호칭이 달라지고 있다는 사실이다. 처음에는 공자의 자인 "중니仲尼"로 경칭되다가, 숙산무지의 말을 듣고 회심하는 장면에서부터 "공자孔子"로 존칭되고, 숙산무지와 노담의 대화 속에서는 성명인 "공구孔丘"로 지칭되고 있다. 이런 호칭 변화는 누군가를 어떻게 부르느냐도 장자 해석의 한 열쇠라는 점을 보여주는 동시에 장자의 공자에 대한 입장이 꽤나 복잡하다는 점도 드러내고 있다. 장자가 적어도 천하 편에서는 공자를, 노자와는 달리, 타자로 대하지 않았다는 점은 3-2절의 해설에서 부각한 바 있는데, 무지無趾가 공자를 향해 한 말 중의 "선생님을 하늘과 땅으로 여긴다(吾以夫子爲天地)"도—곧 이어 나오는 "공자" 존칭을 예고하는 등—가볍게 지나칠 말은 아니라는 것이 졸견이다. 결론적으로 장자는, 천하 편에서 관윤과 함께 유달리 높이고 있는 노자는 물론이고 노자에게 배운 공자를 역시 큰 스승으로 인정하는 다른 한편으로 이들에 대해 나름 과감히 맞섬으로써, 천하 편 성인聖人 묘사에 나오는 표현을 차용하건대, '하늘을 나온 줄기로 하는(以天爲宗)' 형이상학을 세웠던 것이라 하겠다.

덧붙여, 방금 본 바와 같은 비판적 선현 수용은 이미 공자가 모범을 보였던 것이라 하겠는데, 스승 노자에 대해 나름의 입장을 세운 공자를 짐작케 해주는 것이 현행본 노자 **도덕경**에 나오고 "백서본 노자"에서도 볼 수 있는 "보원이덕報怨以德(원을 덕으로 갚음)"을 문제 삼은, **논어** 헌문 편의 다음 대목이다.

누군가 가로되: "원을 덕으로 갚는다면, 어떨까?" 공자 가라사대: "덕은 어찌 갚겠는가? 원은 올바름으로 갚고, 덕은 덕으로 갚는 것이다."

或曰：「以德報怨，何如？」子曰：「何以報德？以直報怨，以德報德。」

8-4.

노나라 애공이 중니에게 물어 가로되: "위나라에 못난이가 있는데, 애태타라 하오. 장부가 그와 자리를 함께하면, 그리움을 지울 수 없소. 여인들이 그를 보면, 부모에게 청하기를 '다른 사람 처가 되느니, 선생님 첩이 되겠습니다'라고 말하는 경우, 수십 건에 그치지 않소. 그가 이끄는 것은 본 사람이 없고, 늘 화합할 뿐인 것이오. 사람 다스리는 자리에서 다른 사람을 죽음에서 구한 적이 없고, 녹을 모아 사람들 배를 채운 적도 없소. 게다가 못생긴 것으로 천하를 놀래면서, 화합하되 나서지 않으며, 아는 범위가 그 주위를 벗어나지 않는데도, 그 앞에 암수가 모이오. 이는 반드시 일반 사람과 다른 데가 있기 때문이오. 과인이 그를 불러 자세히 보니, 과연 그 못난 것이 천하를 놀랠 정도였소. 과인과 지낸 지, 불과 몇 개월이 되지 않았는데, 과인이 그 사람됨에 흥미를 갖게 됐소; 한 해가 되기 전에, 과인이 그를 믿었소. 나라에 재상이 없어, 과인이 나라를 그에게 맡겼소. 답답한 표정이 되고는 응했는데, 붕 뜬 것이 사양하는 것 같았소. 과인이 꼴사납게 됐지만, 끝내 그에게 나라를 넘겼소. 얼마 되지 않아, 과인을 떠나갔는데, 과인이 이에 느낀 상실감이 무언가 잃은 것 같았으니, 이 나라를 함께 즐길 이가 없는 것 같았소. 이 사람 어떤 사람이오?" 중니 가로되: "저 구丘가, 한번은 초나라에 사신으로 가서, 마침 젖먹이 돼지가 그 죽은 어미의 젖을 빠는 것을 보는데, 얼마 되지 않아 당황하더니, 모두 어미를 버리고 튀었습니다. 어미한테 자기가 보이지 않았던 것이고, [이런 어미와] 같은 유類일 수 없었던 것입니다. 제 어미를 사랑한 것은, 그 모습을 사랑한 것이 아니라, 그런 모습이도록 한 것을 사랑한 것입니다. 싸우다 죽은 자들, 이들을 장사 지낼 때, 무장에 다는 장식을 써서 보내지 않고, 형벌로 발 잘린 자의 신발, 아낄 까닭이 없으니, 모두 그 원인 되는 바가 없는 것입니다. 천자의 짝이 되는 이는, 손톱을 깍지 않고, 귀에 [귀걸이를 달] 구멍을 내지 않습니다; 처를 얻은 자가 밖에 머물면, 다시 시킬 수 없습니다. 모습을 갖춰 온전하기만 해도 이렇게 되기에 족한데, 하물며 덕이 온전한 경우는 어떻겠습니까! 지금 애태타는 말을 하지 않았는데도 사람들이 믿고, 공이 없음에도 사랑을 받고, 다른 사람으로 하여금 자기 나라를 넘기게 만들면서, 오직 받지 않을까 두려워하도록 하니, 이는 반드시 재질이 완전하면서 덕은 [그것을 근거로 이름할] 모습이 안 된 경우입니다." 애공 가로되: "무엇을 일러 재질이 온전하다고 합니까?" 중니 가로되: "사생존망, 궁달과 빈부, 현명함과 못남, 깍아내리고 추켜올림과 기갈·한서, 이들은 사태 변화로, 명命의 행함인 것입니다; 낮과 밤이 앞에서 서로 교대하는데, 앎은 이를 개시한 것을 꿰뚫어 보지 못합니다. 그러므로 조화를 어지럽히기에 부족하고, [재질을 거기서 받는 세계의 근본에서 나온] 영의 거처에 들지 못합니다. [이런] 이들을 어울러 화락함이 통하게 하면서도 열락에 얼이 빠지지 않도록 하고, 낮과 밤을 빈틈없이 잇고 물物들과 더불어 봄(春) 되도록 하는 것, 이는 마음에서 때를 [낮과 밤처럼 꽉] 이어 [봄의 제전이 봄을 부르듯] 절기를 내는 것입니다. 이것을 일러 재질이 온전하다고 하는 것입니다." "무엇을 일러 덕이 [그것을 근거로 이름할] 모습이 안 되었다고 합니까?" 가로되: "평평함이라면, 물(水)이 머묾의 절정입니다. 이것이 기준이 될 수가 있는 때는, 이를 안으로 싸안아 밖으로 흔들리지 않게 할 때입니다. 덕이란, 조화시키기 수련의 완성입니다. [어디서나 평평해지는 물처럼] 덕이 [이름하는 데 근거가 되는] 모습이 안 되면, 현상계의 물物이 이탈할 수 없습니다. 애공이 다른 날 민자

에게 가로되: "처음에는, 내가 남면하여 천하의 왕 노릇을 하고, 백성을 다스리는 원리를 잡고, 그 죽음을 걱정한다면, 이로써 나는 달통했다고 여겼다. 이제 내가 지극한 지인至人의 말씀을 듣고, 나는 실속 없는 껍데기 아닌가 두렵고, 내 몸을 가볍게 놀려 제 나라를 잃는 것 아닌가 두렵다. 나는 공구와 더불어, 군주와 신하가 아니라, 덕의 벗일 뿐이다."

魯哀公問於仲尼曰:「衛有惡人焉, 曰哀駘它。丈夫與之處者, 思而不能去也。婦人見之, 請於父母曰『與為人妻, 寧為夫子妾』者, 十數而未止也。未嘗有聞其唱者也, 常和而已矣。無君人之位以濟乎人之死, 無聚祿以望人之腹。又以惡駭天下, 和而不唱, 知不出乎四域, 且而雌雄合乎前。是必有異乎人者也。寡人召而觀之, 果以惡駭天下。與寡人處, 不至以月數, 而寡人有意乎其為人也; 不至乎期年, 而寡人信之。國無宰, 寡人傳國焉。悶然而後應, 氾而若辭。寡人醜乎, 卒授之國。無幾何也, 去寡人而行, 寡人卹焉若有亡也, 若無與樂是國也。是何人者也?」仲尼曰:「丘也, 嘗使於楚矣, 適見㹠子食於其死母者, 少焉眴若, 皆棄之而走。不見己焉爾, 不得類焉爾。所愛其母者, 非愛其形也, 愛使其形者也。戰而死者, 其人之葬也, 不以翣資, 刖者之屨, 無為愛之, 皆無其本矣。為天子之諸御, 不爪翦, 不穿耳; 娶妻者止於外, 不得復使。形全猶足以為爾, 而況全德之人乎! 今哀駘它未言而信, 無功而親, 使人授己國, 唯恐其不受也, 是必才全而德不形者也。」哀公曰:「何謂才全?」仲尼曰:「死生存亡, 窮達貧富, 賢與不肖, 毀譽、饑渴、寒暑, 是事之變, 命之行也; 日夜相代乎前, 而知不能規乎其始者也。故不足以滑和, 不可入於靈府。使之和豫通而不失於兌, 使日夜無郤而與物為春, 是接而生時於心者也。是之謂才全。」「何謂德不形?」曰:「平者, 水停之盛也。

其可以為法也，內保之而外不蕩也。德者，成和之修也。德不形者，物不能離也。」哀公異日以告閔子曰：「始也，吾以南面而君天下，執民之紀，而憂其死，吾自以為至通矣。今吾聞至人之言，恐吾無其實，輕用吾身而亡其國。吾與孔丘，非君臣也，德友而已矣。」

이 환상적인 이야기에 나오는 애태타는 겉 모습이 매우 추한 사나이지만, 그 재질이 완전하고 덕이 '모습(形)'을 갖추지 않음으로 인하여 사람들을 당기는 마력이 있다. 여기에서 우선, 덕이 '모습'을 보이지 않는다는 것은 곧 이름할 수 없는 덕이라는 것인데, 이는 이름(名)의 내용이, 이 대목에서 "모습"으로 번역한 '형形'이기 때문이다. 한국어로 '모습'이라 하면 흔히 겉모습을 연상하고 표피적이라 여기기 쉬운데, 중국 고대 사상사 속 '형명形名'의 '형形'은 그것에 씌운 '이름(名)'의 내용이 되는 실체다. 예컨대, 사람의 이름이 가리키는 내용이 항용 사람의 몸이기 때문에 문맥에 따라 '형形'은 '몸'으로 번역되는데, 실제 이렇게 번역한 사례를 천하 편에 국한해 찾아도 3-2절에서 해설한 대목의 "우임금, 위대한 성인이니, 몸으로 천하를 일군 것이 이러하였다(禹, 大聖也, 而形勞天下也如此)"와 3-7절에서 해설한 대목 끝의 "이는 목소리로 메아리를 궁구하는 것이요, 몸이 그림자와 다투며 달리는 것이라(是窮響以聲, 形與影競走也)"가 있다. 각설하고, 이 대목의 '모습 없는 덕'은, 형명形名이라는 숙어를 매개로, '이름하는 데 근거가 되는 모습(形)이 없어 이름(名) 붙일 수 없는 덕'을 환유하는데, 이름이 없어, 이름이 꼭 들어가는 언어로는 가르치기가 불가능할 이런 덕은 지극하고 막대하다는 것. 다음은 바로 이 점을 알려주는 **논어** 태백 편의 두 대목.

공자 가라사대: "태백, 그를 지극한 덕이라 해도 좋을 것이다! 세 번 천하를 사양하여, 백성들이 그 덕을 무엇이라 일컫지 못했다."

子曰: 「泰伯, 其可謂至德也已矣! 三以天下讓, 民無得而稱焉。」

공자 가라사대: "크도다, 요임금의 임금 노릇하심은! 매우 높고도 크구나! 하늘이 크다는데, 요임금이 하늘을 본받았다. 광대하고 광대하구나! 백성이 이름할 도리가 없다. 매우 높고 크구나! 공 이룬바; 빛나는구나, 제도 밝힘이!"

子曰: 「大哉, 堯之為君也! 巍巍乎! 唯天為大, 唯堯則之。蕩蕩乎! 民無能名焉。巍巍乎! 其有成功也; 煥乎, 其有文章!」

결론적으로, 덕충부 편 본 대목에서 이야기하는 '덕이 꼴을 갖추지 못한 자'는 곧 지극한 덕을 가진 자이다. 그런데 그 덕이 원인론적으로 왜 지극한 것인가? 지극한 것은, 이런 자의 덕이, 무엇임의 꼴(形)에 상응하는 이름(名)으로 대상을 판별하는 말이 성립하기 이전으로 거슬러 올라가는 덕이기 때문이다. 즉, 제물론 편 서두, 그리고 9-2절과 9-5절에서 해설하는 대종사 편에서, 장자에게는 현상 전부나 마찬가지인 생명 현상이 비롯하는 원인으로서 등장하는, **강희자전**이 '塊괴' 자 풀이에서 "조물(자)造物(者)"을 이른다고 한 "큰 덩어리(大塊)"로 거슬러 올라가는 덕이기 때문에 지극한 것이 무형無形의 덕인데, 장자의 이 '큰 덩어리'는 신도 등을 해설한 천하 편 한 대목에서 그가 인용한 "앎이 없는 물物처럼 되면 그뿐, 성인의 지혜를 쓰지 않고도, 덩어리는 길을 잃지 않는다(至於若無知之物而已, 無用賢聖, 夫塊不失道)"의 "덩어리(塊)"에서 왔을 것이다. 하여 자연스럽게도, 꼴 없는 덩어리 덕을 갖추게 된

자를 일러, 10-5절에서 해설하는 응제왕 편 한 대목은 "덩어리처럼 홀로 그의 꼴(모습)로 섰다(塊然獨以其形立)"고 하고 있다. 달리 말해, 8-1절에서 해설한 덕충부 편 서두의 "멈춘 물(止水)"이 자기에게 사람들이 스스로를 비추어 볼 수 있게 해주는 덕을 갖게 된 것은, '덩어리처럼 경계 없는 하나하나'에 속하는 오직 멈춤으로, 말 이전의 '멈춤 아닌 멈춤'으로 거슬러 올라가 거기에 홀로 닿았기 때문인 것인데, 이 대목의 물(水)이 극한으로 멈추어 평평함의 기준이 될 될 때도 역시, 멈춤의 극한에서 바깥과 끊어져 안으로 홀로 '멈춤 그 자체'가 되도록 온존될 때다. 마찬가지로, 정치적 친화력의 극한에서 바깥과 끊어져 안으로 '홀로(獨)' 갖는, 덕 그 자체인 덕 역시, 말로 이름 할 수 없는 덕, 꼴 없는 덩어리 덕이다. 멈춤 자체의 덕 때문에 멈춘 물 앞에서 성찰적으로 멈추지 않을 수 없어 모이게 된 사람들처럼, 이런 덩어리 덕으로 모인 물物 역시 덩어리 덕에서 멈추어—운동이 정지된 상태이므로—거기에서 떨어질 수 없다. 그런데 바로 이처럼 현상을 꿰뚫는 원인론적 추리로 가득한 것이 이 대목의 공자 말씀이다.

예컨대 공자의 답변 첫머리의, 젖먹이 돼지가 어미를 사랑한 것은 그 '모습(形)' 때문이 아니라 그 모습이 되도록 한 원인 때문이라는 이야기부터가 원인론적 추리다. 이어 원인의 있고 없음이 좌우하는 차이를 나열한 끝에, 위함을 받는 원인이 되는 '기혼의 모습'보다 강력한 원인일 '온전한 덕'을 언급하는 데 이르고, 마침내, 애태타가 지닌, 마력 같은 매력의 원인으로 재질의 온전함과 그 덕이 모습(形)을 갖추지 않았음을 들고 있다. 그리고 이렇게 모습을 갖추지 않은 덕은, 인간세 편 말미에서 이야기된 '뿔뿔이 헤진(支離)' 덕에 다름 아닐 터인데, 이어 '재질이 온전하다'가 무슨 뜻인지를 설명하면서도 원인론은 계속된다.

사생존망에서 기갈·한서에 이르기까지 현상계의 모든 변화는 하늘에서 내려온 명이 행해지는 것에 다름 아닌데, 사람들은, 제물론·우언 편의 그림자가 제 움직임의 원인을 모르는 것처럼, 밤낮의 교대 같이 비근한 현상의 참 원인을 모른다. 9-4절에서 해설하는 '영녕攖寧'의 창조적 파괴에 해당하는, 밤낮 교대의 교란 같은 "조화 어지럽히기(滑和)"를 통해야 창조적 영감을 받을 '영의 거처(靈府)'에 접근할 수 있을 것이나, 이럴 수 없는 것도 하늘로 거슬러 올라가는 원인론적 계보에 깜깜하기 때문이다. 여기에 반해, 재질이 온전한, 2-2절에서 해설한 우언 편에 있는 재질 이야기를 상기하건대는, '재질(才)'을 거기서 받는, 세계의 근본으로 '영靈'을 되돌려서 실로 온전하게 살아 있는 애태타 같은 이는, 그에게 모여든 깜깜한 사람들을 돌보되 "이들을 어울러 화락함이 통하게 하면서도 열락에 얼이 빠지지 않도록 한다(使之和豫通而不失於兌)." 그런데 이 구절과 여기에 이어지는, 재질이 완전함이 어떤 일을 가능하게 하는지를 설명하는 구절의 다소 독특한 졸역은, **주역** 예豫 괘의, 다음과 같은 단사彖辭 일부를 염두에 두고 번역한 결과다.

예豫, 순순함으로 움직이니, 천지가 이와 같은데, 하물며 제후를 세우고 군대를 움직임은 더 말할 나위가 있겠는가? 천지가 순순함으로 움직이니, 해와 달에 잘못이 없고, 사시가 틀리지 않는다; 성인이 순순함으로 움직이니, 형벌이 맑아 백성이 복종한다. 예豫 기다린 의義가 크구나!

豫，順以動，故天地如之，而況建侯行師乎？天地以順動，故日月不過，而四時不忒；聖人以順動，則刑罰清而民服。豫之時義大矣哉！[58]

---

58 한문 인용 출처는 도널드 스터전 Donald Sturgeon 박사가 편집한 온라인상 "중국철학서전자화계획中國哲學書電子化計劃(https://ctext.org/zh)"에 수록된 **주역**周易으로, 디지털화 저본은 무영전십삼경주소본武英殿十三經注疏本 **주역정의**周易正義.

여기에 더해, 정자程子나 주자가 대개 '한데 어울려 즐거움'이라고 주석한 '예豫'를 '번개가 땅에서 나와 진동하는 것'이라 하면서, 이를 조짐 삼아 선왕先王이 음악을 짓고 덕을 높이 받들어 상제에게 성대하게 제사를 바치는데 조상신들도 한데 어우러지도록 하는 광경을 그린, 스트라빈스키(Stravinsky, I. F.)가 작곡한 "봄의 제전"을 연상케 하는, 예괘 상전象傳의 풀이까지 참조한 결과가 '재질이 완전할 때 실현할 수 있는 바'를 묘사하는 구절에 대한 위 졸역이다. 구체적으로는 "使之和豫通而不失於兌사지화예통이부실어태"의 네 번째 한자 "豫예"는 예 괘 상전이 그리는 것과 같은 성대한 제의의 종교적 희열을, 맨 끝의 "兌태"는 종교적 황홀경에 빠진 모습을,[59] 여기에 이어지는 "낮과 밤을 빈틈없이 잇고 물物들과 더불어 봄(春) 되도록 함(使日夜無郤而與物為春)"은 종교적 제의로 나타나기를 기원하는, 착착 준비된 때에 맞춰 만물이 어우러지는 모습을 지칭하는 것으로 원문을 읽어 옮긴 결과다. 그 다음도 마찬가지로, 특히 봄을 맞는 만물의 소생에 관련된 종교적 제의를 염두에 두고 옮긴 결과다. 그런데 이런 번역의 의의는 몇몇 난해한 구절에 대한 이해를 돕는 데서 그치지 않는다.

3-1절에서 해설한 천하 편 서두에서는 선왕들이 통치에 쓴 수리와 적용 척도를 밝혀 보존하고 있는 여섯 가지 문헌의 하나로 '음양을 말하는 역易'을 들고, 9-5절에서 해설하는 대종사 편에서는 '음양'을 특히 형이상학적 문맥에서 언급하고 있지만, 덕충부 편 본 대목은, '역'의 전통

---

59 시라카와 시즈카(2021, 635쪽)의 해설에 따르면, '兌태' 자字는 원래, 축문이 담긴 그릇을 머리에 인—다시 한번 시라카와 시즈카의 해설에 의하면, '兌(태)' 자의 아랫부분인 '兄형' 자가 표시하는 '신에게 봉사하는 자'인—축祝 위로 '八팔' 자 모양으로 표현된 신기가 내려 종교적 황홀경에 빠진 모습을 그린 것이다. 덧붙여, '兄형' 자는 축문이 담긴 그릇을 머리에 얹은 사람을 옆에서 본 모습을 그린 글자에서 유래했고, 여기에, 신에게 바치는 제사에 쓰는 상의 형태를 모방한 '示시' 자를 더해 만든 글자가 '신에게 봉사하는 자'를 뜻하는 '祝축' 자라고 한다(같은 책, 1062-3쪽).

이 장자에게 미친 영향을 고려하지 못하면 무엇을 이야기하는지를 종잡기조차 어려울 정도여서, 이 전통이 장자 이해에 얼마나 중요한지를 부각해주고 있다. 하여, 장자의 본격적인 형이상학적 사변이 역시 형이상학적 성격이 두드러지는 **역경**의 자리를, 천하 편이 집필될 때는 여섯 가지 문헌 가운데 **춘추**를 제외하면 끄트머리에 있던 것을, 3-5절에서 해설한 대로, 육경의 수위로 옮기는 데 영향을 미쳤을 것이라는 추론까지 해볼 수 있게 해주고 있다. 기원 내지 시초의 기억이 문명의 본질인 만큼[60] 원인론 내지 형이상학을 결여한 문명은 문명다운 문명일 수 없을 터, 결국은 **역경**을—필자가 대학 시절부터 지금까지 배우고 있는 김남두 선생님의 표현을 빌리면 '문명의 텍스트'라 할—육경의 머리 위치로 옮긴 힘은 다름 아닌 형이상학의 힘일 것이다. 나아가 바로 그래서, 잊지 않고 늘 조회해야 할, 현상적 질서의 기원으로 하늘을 정위한 장자의 사상사적 의의는 한층 무거워진다. 동아시아에 도가道家 전통이 있어 인도에서 온 불교를 나름으로 소화했던 것이라 인정되고 있거니와, 일찍이 장자가 있어 기독교 문명에 대한 깊은 이해의 발판이 준비됐다는 것이 졸견이다. 나아가, 기독교 문명과 동아시아 문명이 장자를 매개로 보다 깊은 대화를 나눌 때, 이 책 후기에서 언급하는 세기의 국제정치적 문제도 문명 차원의 해결을 보게 되리라는 것이 또한 졸견이다.

한편, 이 대목에 대해 논해야 할 문제가 아직 하나 남았으니, 이 대목 공자 말씀 어디까지를 장자의 견해에 다름 아닌 것으로 볼 수 있을 것이냐는 문제다. 구체적으로는, 종결부에 있는 애공 발언 중에 나오는, 이 대목의 공자 말씀을 지칭하는 것으로밖에 해석할 수 없는 "지인의 말씀(至人之言)"이 직전 대목의 숙산무지가 힐난조로 내놓은 '노자에게 배

---

60 관련하여, **예기** 예기禮器 편에 "예라는 것, 근본으로 돌아가 오래된 것을 보수하여, 그 처음을 잊지 않는 것(禮也者, 反本修古, 不忘其初者也)"이라는 구절이 있다.

웠다고 지인至人 대접을 받는 공자' 상과 얼마나 밀접하게 붙느냐 하는 문제다. 두 대목이 서로를 환유하는 농도에 관한 것이라 할 이 문제는, 전 절 해설에서 '노자·공자·장자의 삼각관계로 보면, 숙산무지가 장자를 은유하는 인물이 된다'고 한바, 숙산무지가 장자를 얼마나 짙게 은유하느냐 하는 문제와 겹치는데, 이런 은유와 환유의 농도가 짙다는 쪽에 해석의 무게를 더할수록 이 대목 공자 말씀을 장자 말씀에 다름 아닌 것으로 해석하기는 점점 어려워진다. 그럼에도, 공자 말씀이 장자의 원인론에 썩 잘 맞아떨어진다는 점을 고려할 때 전체적으로는, '노자에게 배웠음을 은근히 과시하면서 장자류의 목소리를 내는 공자'라 규정하는 것이 이 대목 공자에 걸맞는 파악이라 하겠다.

덧붙여, 5-11절, 6-6절, 7-9절의 해설에서 언급한 제물론 편과 양생주 편, 양생주 편과 인간세 편, 인간세 편과 덕충부 편의 긴밀한 연결에 더해 다시 한번 놀라게 되는 것이 덕충부 편과 대종사 편의 연결이다. 즉, 3-1절에서 다룬 천하 편 서두의 정의에 따르면 "참(眞)"에서 떨어지지 않는 것이 "지인至人"인데, 이런 지인의 정체성을 숨은 화제로 삼고 있는 덕충부 편에 이어지는 것이 "진인眞人(참 사람)"의 정체를 밝히는 것으로 시작하는 대종사 편이다. 하여 다시 한번, 장자 자신이 내편의 배열 순서를 정해 놓았던 것이 아닌가 하는 추측을 하게 된다.

8-5.

인기지리무신이 위나라 영공에게 유세하자, 영공이 즐거워했으되, 온전한 사람들을 보니, 그 목이 파리하고 가늘었다. 옹앙대영이 제환공에게 유세하자, 환공이 즐거워했으되, 온전한 사람들을 보니, 그 목이 파리하고 가늘었다. 그러므로 덕이 대단하면, 모습은 잊게 되는 것이고, 사람이 그 잊을 바를 기억하고, 잊지 않을 바를 잊으면, 이를 일러 진실로 잊었다 한다. 성인은 [목적 없이] 노는 면이 있는데, 앎은 근심하겠다는 것이고, 묶는 것은 붙이려는 것이며, 덕은 같이 어울리자는 것이며, 만드는 것은 장사하겠다는 것이다. 성인은 도모하지 않는데, 앎이 무슨 소용인가? 재목을 자르지 않으니, 붙임이 무슨 소용인가? 버림이 없는데, 아우르는 덕이 무슨 소용인가? 오가는 재화가 없는데, 장사가 무슨 소용인가? [무용해진] 넷, 하늘이 기른다는 뜻이다. 하늘이 기른다면, 하늘이 먹이는 것이다. 이미 하늘에서 먹을 것을 받았는데, 사람을 어디에 쓸것인가? 사람의 모습이 있지, 정은 없다. 사람 꼴을 하여, 사람들 사이에 모여 산다; 사람의 정이 없어, 그래서 시비가 몸에 미치지 못한다. 희미하도다 작구나! 하여 사람에 속하는 것이다. 높구나 크도다! 홀로 그의 하늘을 이룬다.

闉跂支離無脤說衛靈公, 靈公說之, 而視全人, 其脰肩肩。甕盎大癭說齊桓公, 桓公說之, 而視全人, 其脰肩肩。故德有所長, 而形有所忘, 人不忘其所忘, 而忘其所不忘, 此謂誠忘。故聖人有所遊, 而知為孽, 約為膠, 德為接, 工為商。聖人不謀, 惡用知? 不斲, 惡用膠? 無喪, 惡用德? 不貨, 惡用商? 四者, 天鬻也。天鬻者, 天食也。既受食於天, 又惡用人? 有人之形, 無人之情。有人之形, 故群於人; 無人之情, 故是非不得於身。眇乎小哉! 所以屬於人也。謷乎大哉! 獨成其天。

이 대목은 소요유 편의 플랫폼 이야기를 기억과 수단·목적 관계로 풀고 있다고 보면 정연하게 풀린다. 4-5절에서 밝힌, 이 책에서 이야기하는 플랫폼의 뜻은 "이루어지기를 바라는 일 내지 더 큰 만족을 위한 언행들의 전제로서 공인받거나 공인받으려는 데이터, 또는 이런 데이터가 공적으로 우뚝해지는—추상적일 수도 있는—장소"인데, 4-3절에서 이야기한 '목적 없이 놀기(遊)'가 채우는 성인聖人 플랫폼이 그것을 위해 서는 "더 큰 만족"은 '이루기 바라는 바 없는 자족'이라 하겠고, 그렇기 때문에 다른 플랫폼이 기대는 전제들을 무너뜨려 '기대는 데 없는(無所待)' 플랫폼이 된다. 예컨대, 앎(知), 붙임(膠), 덕德, 장사(商)라는 수단에 기대지 않는 플랫폼이 된다.

한편, 플랫폼이 작동하기 위해서는 플랫폼 상의 행위자가 그것을 내면화해야 할 터인데, 이런 내면화의 중추를 이루는 과정이 기억이고, 또 이와 밀접한 연관을 가진 지각이다. 기대는 데 없는 성인聖人 플랫폼은 이 측면에서도 통상의 플랫폼을 뒤집어 놓은 것인데, 이런 이야기의 시작이, 8-1절에서 이야기한 '덕충부德充符로서의 성인'을 대하자 다른 이들의 겉으로 번듯함이 이상해 보였다는 것으로 요약되는, '절름발이에 몸이 뿔뿔이 헤진 언청이'라는 뜻으로 풀 수 있는 이름을 가진 인기지리무신闉跂支離無脤과 독이나 동이 같이 큰 혹이라는 뜻으로 풀 수 있는 이름을 가진 옹앙대영甕盎大癭의 유세를 눈앞에서 접한 이후 영공과 환공의 지각에 생긴 변화다. 이 변화를 영공과 환공 이야기에 이어지는 기억과 망각에 관한 이야기에 적용하면, 통상의 플랫폼에서는 기억에 남기 마련인 인기지리무신과 옹앙대영의 기형을 잊는 대신, 이들의 대덕은 기억하게 되었다는 이야기가 된다. 그리고 이런 플랫폼 이야기는 앞에서 거론한 수단·목적의 측면을 거쳐, 호오 같은 정情에서 일어나는 시비에 얽히기 십상인 기존 플랫폼을 뒤엎고 달하는 하늘 플랫폼으로 맺어진다: "높구나 크도다! 홀로 그의 하늘을 이룬다(謷乎大哉！獨成其天)." 그런데 이 플랫폼은 통상의 플랫폼에 입각해 있는 범인들에 대해 적대적이지 않다. 오히려 포용적이다. 즉, 하늘이 준 '사람 꼴'을 하고 있는 성인은 '홀로(獨)' 그의 하늘을 이루면서도 사람들 사이에 있다—그는 겸손하게 빛을 감춘다. 하여 사람들 사이에 있으면서도 무정하여 시비에서 자유로운 그는, 이다음 대목에서 비판되는 혜시와는 달리, 주변을 시끄럽게 하지 않는다.

덧붙여, 직전 대목 해설에서 장자를 통한 문명 간 소통을 이야기했거니와, 본 대목의 '하늘에서 먹을 것을 받는다'는 이야기가 기독교도라면 전혀 낯설지 않을 터, 예컨대 다음과 같은 성경 구절은 성경에 가까우면 장자 이해가 또한 수월해진다는 졸견을 지지해 준다:

그분께서는 너희를 낮추시고 굶주리게 하신 다음, 너희도 모르고 너희 조상들도 몰랐던 만나를 먹게 해 주셨다. 그것은 사람이 빵만으로 살지 않고, 주님의 입에서 나오는 모든 말씀으로 산다는 것을 너희가 알게 하시려는 것이었다. (**성경**, 신명기 8장 3절)

주님께서 당신들을 낮추시고 굶기시다가, 당신들도 알지 못하고 당신들의 조상도 알지 못하는 만나를 먹이셨는데, 이것은, 사람이 먹는 것으로만 사는 것이 아니라 주님의 입에서 나오는 모든 말씀으로 산다는 것을, 당신들에게 알려 주시려는 것이었습니다. (**성경전서 새번역**, 신명기 8장 3절)

뒤집어 말해, 덕충부 편 본 대목에서 목격하는 바와 같이, 어린아이처럼 하늘에 계신 아버지께 전적으로 기대라는 그리스도의 가르침을 연상케 하는 장자라면 기독교를 동아시아 문명 전통 안에서 이해하는 첩경일 수 있겠다는 것. 나아가, 방금 목도한, 문명 간의 간격을 뛰어넘는 '상호 소통'은, 기독교가 기존 상식을, 십자가 위의 희생이라는 극히 충격적인 방식으로, 뒤엎는 플랫폼을 신적인 평화의 길로 제시하였다는 점을 상기할 때 우연일 수 없다는 것이 또한 졸견이다. 차제에 다시 한 번 상기하건대, 이 책에서 전국시대戰國時代의 장자가 남달리 시도한 것으로 파악한 바를 한마디로 하면, 그것은 평화 플랫폼의 형이상학적 정립이 된다.

8-6.

혜자가 장자를 일러 가라사대: "사람은 본래 정이 없다?" 장자 가라사대: "그렇지." 혜자 가라사대: "사람이 정이 없으면, 무엇으로 사람이라 하나?" 장자 가라사대: "도가 모습을 주고, 하늘이 몸의 형태를 주니, 어찌 사람이라 하지 않을 수 있나?" 혜자 가라사대: "이미 사람이라 하는데, 어찌 정이 없을 수 있나?" 장자 가라사대: "이는 내가 말하는 정이 아니네. 정이 없다는 내 말은, 사람이 호오로써 제 몸을 안으로 상하게 하지 않음을 뜻하니, 늘 스스로 그러함에 기대고 살림에 더하는 것 없다는 뜻이야." 혜자 가라사대: "살림에 더하는 것 없이, 그 몸은 어찌 가눌까?" 장자 가라사대: "도가 모습을 주고, 하늘이 몸의 형태를 주었으니, 호오로써 자기 몸을 안으로 상하게 할 것 없지. 지금 그대는 그대의 '신神'을 바깥에 두고, 그대의 '알맹이(精)'를 피곤하게 부리니, 나무에 기대 읊조리며, 마른 오동나무에 기대 잠을 자네. 하늘이 그대 몸의 형태를 뽑아 주었는데, 그대는 견백론 논하느라 시끄럽군!"

惠子謂莊子曰:「人故無情乎?」莊子曰:「然。」惠子曰:「人而無情, 何以謂之人?」莊子曰:「道與之貌, 天與之形, 惡得不謂之人?」惠子曰:「既謂之人, 惡得無情?」莊子曰:「是非吾所謂情也。吾所謂無情者, 言人之不以好惡內傷其身, 常因自然而不益生也。」惠子曰:「不益生, 何以有其身?」莊子曰:「道與之貌, 天與之形, 無以好惡內傷其身。今子外乎子之神, 勞乎子之精, 倚樹而吟, 據槁梧而瞑。天選子之形, 子以堅白鳴!」

이 대목의 혜자는 "정情"을, 장자에서 보는 용례 다수와 마찬가지로, 그것으로 인해 대상을 어떤 대상으로서 지각하게 되는 일종의 본질로 보고 있다. 간단히 말해, '실정實情'으로 이해하고 있다. 이에 대해 이 대목 장자는 지금 자신이 말하는 '정'은 호오 같은 감정感情이라 하고 있는데, 사실 이런 의미의 '정'은 직전 절에서 다룬 대목에서 도입된 것이다. '정'의 의미를 둘러싼 논란은 장자가 자신이 그로써 의미하는 바를 밝히면서 그 다음 논점으로 이행한다. 그런데 다음 논점을 조명하기 전에 밝혀 두어야 할 점이, 도道가 준 "모습(貌)"과 하늘이 준 "몸의 형태(形)"를 이야기하는 대목이 덕충부 편 다음 편인 대종사 편의, 도에 대한 본격적인 이야기를 환유하고 있다는 것이다.

도가 준 '모습(貌)'과 '몸의 형태'로 번역한 "형形"이 모습이라는 점에서는 같지만, 저 '본격적인 도 이야기'가 환유하는 "장자" 전체로 볼 때, 전자는 후자와 달리 이름(名)을 제 짝으로 은유하지 않는다. 달리 말해, 이름과 말 이전으로 거슬러 올라가는 이 대목 "모貌"는, 양생주 편의 우사가 자신의 경우에는 하늘이 외발로 만들었다고 한, 누구 것도 아닌 "사람 [일반의] 모습(人之貌)"이라서, 인간세 편의 안회가 기氣로써 달한 '안회가 있기 전' 같은 모습이라서, '혜자의 모습'이라고 이름할 수 없다. 나아가, 9-3절에서 해설하는 대종사 편의 '도와 하늘의 구별'을 예고하는 '두 모습의 구별'이 나타난 곳이 덕충부 편 끝이라는 점은, 8-4절에서 지적한, '지인至人'에 의한 양 편 연계에 더해, 내편 배열의 절묘함을 거듭 실감케 해준다.

이제 장자의 '정情'으로 돌아오면, 이는, 사람이 호오로 인해 몸을 안으로 상하게 하는 바인데, "장자"의 다른 대목들과 함께 읽을 때 그에 대한 이해가 풍부해진다. 예컨대 5-2절의 제물론 편 해설에서 "희喜·노怒·애哀·락樂 같은 이름을 가진 마음의 양태는, 텅 빔 같은, 이름할 수 없는 존재로 '인因하여' 나타나는 '마음의 현상'에 불과하므로 원인이 결과를 향해 갖는 능동적 힘이 없다"는 생각에 주목하여 장자의 원인론적 심성론에 깃든 숙명론적인 인간조건론을 부각하고, 5-6절에서는 이런 유의 기쁨이나 화가 작용하는 '효용의 많고 적어 보임'의 사례로 조삼모사의 경우를 살폈는데, 이 대목에서는 저 '효용의 많고 적어 보임'에 다름 아닐, 하늘의 베풂에 비길 때는 깃털보다 가벼울 "살림에 더하는 것(益生)"에 대한 호오가 몸을 안으로 상하게 하는 숙명적 과정이, 무정無情해질 때 해소된다는 이야기를 하고 있다. 하여, '몸 바깥의 겉으로 번 듯함이 아니라 몸 속의 내용이 문제'라는, 덕충부 편 전체의 기조는 이 마지막 대목에서 정 때문에 몸 바깥에 정신을 쏟으며 몸 속 알맹이를 상하게 하고 있다는, 혜자에 대한 한탄 내지 이래서는 아니 되겠다는, 그에 대한 충고로 맺어지고 있다. 4-7절의 소요유 편 해설을 상기하건대는, 통상의 플랫폼에 갇혀 견백론 논하는 데 하늘이 준 재능을 낭비하면서 "마른 오동나무에 기대 잠을 자며(據槁梧而瞑)" 하는 잠꼬대로 세상을 시끄럽게 만들기보다는 '건들건들(逍遙)' 플랫폼으로 옮기라는 권고로 맺어지고 있다. 그리고 이는 혼자만의 꿈에서 깨어나, 직전 대목의 성인처럼, 참 평화를 사람들 사이에서 조용히 누리라는 권고에 다름 아니겠다.

제 9 장

대종사편

9

9-1.

하늘이 하는 바를 알고, 사람이 하는 바를 아는 경우, 지극한 경지다. 하늘이 하는 바를 아는 자, 하늘이 내는 것이고; 사람이 하는 바를 아는 자, 그 앎이 아는 바로써, 그 앎이 모르는 바를 길러, 천수를 다 누리고 중도에 요절하는 않는다, 이것이 앎 절정의 경지다. 그럼에도, 걱정이 있다. 앎은 기대는 바가 있고 난 다음에 보증되는 것인데, 그 기댄 바도 정해지지 않았다는 것이다. 내가 하늘이라 이르는 바가 사람이 아님을 어찌 알랴? 사람이라 이르는 바가 하늘이 아님을 어찌 알랴? 이러니 [우선] 참 사람이 있고, 그 다음에 참 앎이 있다.

知天之所為，知人之所為者，至矣。知天之所為者，天而生也；知人之所為者，以其知之所知，以養其知之所不知，終其天年而不中道夭者，是知之盛也。雖然，有患。夫知有所待而後當，其所待者特未定也。庸詎知吾所謂天之非人乎? 所謂人之非天乎? 且有真人，而後有真知。

2-2-1절에서 "장자"에 있는 말이 "대부분 어떤 화자의 말이라는 측면의 중요성은 앞으로 **장자**를 읽어 나감에 따라 점점 크게, 특히 '진인眞人(참 사람)'을 이야기하는 대종사 편에서 결정적으로, 부각될 것"이라고 했는데, 다른 화자를 등장시키지 않고 저자 자신의 목소리로 이야기한 이 대목에서 보듯, 장자가 말하는 앎은, 아는 물物의 성질에 의해 규정되는 앎이다. 물론, 이 문맥의 '물'은, 5-14절에서 이야기한 대로, "유아론적 관점을 취하게 마련인 생물"에 다름 아닌 물이다. 하여, 장자가 등장시킨 화자의 말이 앎의 명제로서 뜻하는 바 역시 이를 말하는 화자

의 성격에 의해 규정된다—화자의 말을 조절하는 것은 들어맞아야 할 객관적 세계가 아니라 화자의 유아론적 세계이다. 그러므로, 이 대목의 화자가 하늘이라고 하는 것이 하늘 아닌 사람인지, 그가 사람이라고 하는 것이 사람이 아닌 하늘인지 어찌 알겠는가?

양생주 편 서두와 비슷하게, '제명을 온전히 다 삶'이 앎도 그것에 따라 재야 할 최고의 가치라는 이야기로 시작한 이 대종사 편 서두는, 저 양생주 편 서두와는 달리 앎의 추구에 대해 열려 있으되, 앎의 전제가 무엇인지를 문제 삼는데, 이런 따짐의 귀결이, 참 사람이 참된 앎의 전제라는 것이다. 그리고 이를 일반화하면, 앎이 유아론적 세계에 갇힌 생물의 앎인 한, 생물 각각의 성격이 그 앎을 규정하는 것이라는 말이 된다. 예컨대, '온전히 다 삶'을 보장하는 최고의 앎도 다 제각각으로 서로 막혀 있다는 이야기다. 그런데 제각각인 앎들 사이의 불통이라는 이런 문제에 대해, 서로 제각각인 앎의 대상 하나하나를 하나로 통일하는 이가, 예컨대, 덕충부 편의 "앎의 아는 바를 하나로 하는(一知之所知)" 왕태 같은 성인聖人인데, 이런 성인 상을 우언寓言이 환유하는 "장자" 전체로 투사하면, 천하를 찢고 있는 제각각의 앎들을 자기한테로 끌어당겨 '하늘의 척도로 이루는 조화'를 실현하는 탁월한 정치가의 상이 된다. "참 앎"의 전제인 "참 사람(眞人)"이 환유하는 바가 또한 이런 정치가 상일 터, 마침 대종사 편의 서두를 잇는 다음 대목은 참된 앎을 아는 참 사람이 출중한 리더라는 것을 보여준다.

무엇을 일러 진인眞人(참 사람)이라 하는가? 옛날의 참 사람, 짝 잃은 이들을 거부하지 않고, 이룸을 뽐내지 않으며, [일은] 하나부터 열까지 꾀하지 않았다. 이런 경우라면, 잘못되어도 후회가 없고, 들어맞음도 스스로 얻은 것이 아니다. 이런 경우라면, 높이 올라도 떨지 않으며, 물에 들어도 젖지 않고, 불에 들어도 뜨겁지 않다. 이런 지자가 도에 의지하여 높이 오를 수 있는 것이 이와 같다.

何謂真人? 古之真人, 不逆寡, 不雄成, 不謨士. 若然者, 過而弗悔, 當而不自得也. 若然者, 登高不慄, 入水不濡, 入火不熱. 是知之能登假於道也若此.

4-5절에서 해설한 소요유 편에 나오는 막고야 산의 신인神人과 5-11절에서 해설한 제물론 편 한 대목에 나오는 지인至人의 '금강불괴' 이미지가, 참 사람을 이야기하고 있는 여기에도 나타나 있다. 되풀이하거니와, 천하 편의 정의에 따르면 참(眞)에서 떨어지지 않으면 '지인'이다. 한편, 8-2절의 해설에서 예컨대, 잘못에 대한 형벌이라는 현상적 겉모습에도 불구하고 발을 잃는 형벌을 받는 것도 결국은 천명이 작용한 결과이며 이런 결과를 편안히 수용하는 것이 덕의 극치라는 장자의 주요 테제가 특히 인상적으로 제시된 곳으로 대종사 편 마지막 대목을 꼽았는데, 이런 관점에서 특히 주목을 끄는 이 대목 한 곳이, 참 사람은 "잘못되어도 후회가 없고, 들어맞음도 스스로 얻은 것이 아니다(過而弗悔, 當而不自得也)"라고 한 데다. 이는 물론, 대종사 편 서두의 이 문장에서 이미, 현상적으로 들어맞음과 현상적으로 어긋나 틀림의 근본적 원인으로서 천명을 의식하는 모습을 엿볼 수 있기 때문이다. 덧붙여, "[일은] 하나부터 열까지 꾀하지 않았다(不謨士)"고 옮긴 대목의 "사士"는 **설문해자**의 풀이를 따라 '하나부터 열까지의 일'로 새겼음을 밝혀 둔다.[61]

옛날의 참 사람, 잠들면 꿈꾸지 않고, 깨면 걱정 않고, 달게 먹지 않고,

---

61 시라카와 시즈카(2021, 441쪽)는 '士(사)'를 '十(열 십)'과 '一(한 일)'의 조합으로 본, **설문해자**의 이런 '사士' 자 풀이를 속설에 불과한 것으로 본다.

그 숨이 깊고 깊었다. 참 사람은 발꿈치로 숨을 쉬고, 뭇사람은 목구멍으로 쉰다. 굴복하는 자, 그 목구멍에서 나오는 말이 마치 토한 것 같다. 욕망이 깊은 자, 그 '천진함'은 얕다.

古之眞人，其寢不夢，其覺無憂，其食不甘，其息深深。眞人之息以踵，眾人之息以喉。屈服者，其嗌言若哇。其耆欲深者，其天機淺。

이 대목 졸역 가운데 "그 '천진함'은 얕다(其天機淺)"는 **강희자전**의 '기機' 자 풀이를 따른 것인데, 여기서 보는 '천기天機' 풀이, '천진天眞'을 어떻게 이해해야 할지는—더불어, 현대 한국어의 '천진함'으로 옮겨도 되는 것인지는—사실 따져야 할 문제다. 고전 한문의 '천진天眞' 용례를 살피건대는 '진면목' 정도가 가까운 번역일 것이지만, 천기를 진면목으로 새기면 문맥과 잘 통하는 해석을 얻기가 어렵다. 한편, 이 대목의 '천기'는 **장자** 외편의 천운 편과 추수 편, 그리고 **열자**와 **회남자** 등의 문헌에도 나오는데, 장자의 형이상학을 고려하면, '운동하는 그림자 현상에서, 나타나는 바와 같이 운동하는 까닭을 그림자 스스로는 모르는 가운데 이것이 그처럼 운동하도록 한 하늘의 안배'가 대표적 보기가 되는 뜻으로 풀 수 있고, 이처럼 푼 이 대목의 '그 천기天機가 얕다'는, 그 사람됨이 욕망에 쉽게 좌우될 만큼 얕아서 하늘의 안배가, 얕은 물에서 뜨지 못하는 배처럼, 잘 펼쳐지지 않는다는 뜻이 된다. 그리고 이런 풀이의 강점 하나는 그 앞의, 깊은 숨과 얕은 숨의 대조, '발꿈치로 쉬는 숨'과 '목구멍으로 쉬는 숨'의 대조와 잘 어울린다는 데서 발견할 수 있다. 또 다른 강점은 앞에서도 본 바와 같이, '발 잘리는 형벌'과 같은 현상을 초래하는 원인을 하늘로 거슬러 올라 찾는 장자 형이상학과 잘 어울린다는 것이다. 이렇게 볼 때 **강희자전**의 저 "천진天眞"은 '하늘이 본래 안배한 질서와 잘 들어맞음'으로 새기는 것이 좋을 것인데, 여기에 대해서는 이 책 결론에서 재론한다.

옛날의 참 사람, 생을 기뻐할 줄 모르고, 죽음을 싫어할 줄 모른다; 난다고 반가워하지 않고, 든다고 물리치지 않는다; 거침없이 가고, 거침없이 오면 그만이다. 시작한 데를 잊지 않되, 끝나는 데를 구하지 않으니 [즉, 자살하려 하지 않으니]; 받고 기뻐하며, 잊고 되돌린다. 이를 일러 마음으로 도를 손상하지 않는다, 사람으로 하늘을 돕지 않는다 한다. 이를 일러 참 사람이라 한다. 이런 경우라면, 그 마음의 뜻함, 그 용모의 조용함, 그 이마의 시원한 소박함, 처연하기가 가을 같고, 따뜻하기는 봄 같고, 기뻐하고 화내는 것이 [마땅한 때가 있는] 사계와 통하여, [하늘 아래] 사는 것들과 마땅함을 나누지만, 아무도 그 기준을 모른다. 그래서 성인이 전쟁을 할 때, 나라를 멸망시키고도 인심을 잃지 않으니; 이로움과 혜택이 만물에 미치되, 사람을 사랑해서가 아닌 것이다. 그래서 [하늘 밑에] 사는 것과 통하기를 즐긴다면, 성인이 아니다; 누군가 친하면, 어진 자 아니다; 천시天時를 따른다면, 현명한 자 아니다; 이로움과 해로움이 통하지 않으면, 군자가 아니다; 이름 내느라 자기를 잃으면, 선비가 아니다; 몸을 잃는 것은 참되지 않으니, 다른 사람 일 시키는 자가 아니다. [몸을 잃은] 호불해·무광·백이·숙제·기자·서여·기타·신도적의 경우, 이들은 다른 사람이 시키는 일을 했고, 다른 사람에게 맞도록 맞추느라, 자기에게 맞도록 맞추기를 스스로는 못한 것이다.

古之眞人, 不知說生, 不知惡死; 其出不訢, 其入不距; 翛然而往, 翛然而來而已矣. 不忘其所始, 不求其所終; 受而喜之, 忘而復之. 是之謂不以心捐道, 不以人助天. 是之謂眞人. 若然者, 其心志, 其容寂, 其顙頯, 淒然似秋, 煖然似春, 喜怒通四時, 與物

有宜，而莫知其極。故聖人之用兵也，亡國而不失人心；利澤施於
萬物，不爲愛人。故樂通物，非聖人也；有親，非仁也；天時，非
賢也；利害不通，非君子也；行名失己，非士也；亡身不眞，非役
人也。若狐不偕、務光、伯夷、叔齊、箕子、胥餘、紀他、申徒狄，
是役人之役，適人之適，而不自適其適者也。

이 대목의 참 사람 묘사는 참 사람이 상식의 인물일 수 없다는 것을
보여준다. 생사에 대한 태도부터가 범인과 다른데, 이렇게 다른 이유는
그가 하늘과 인간을 확실하게 분리하고 있기 때문이다. 말하자면, 생명
을 주는 하늘을, 거기에서 생명을 받은 인간이 이해하는 기적은 있을 수
없다는 것. 바로 이 같은 논리에 따라 상식적인 성인·인자·현인·군자·선
비의 상은 거부되는데, 대종사 편 서두를 상기하건대, 이런 상을 수용하
는 것은 하늘을 인간으로 인간을 하늘로 혼동하는 것에 다름 아니기 때
문이다. 대종사 편 저자가—장자가—보기에 백이숙제 등은 현상계 인간
들이 끼리끼리 한 합의로 강요하는 척도로 잰 가치를 좇느라, 선악과를
따먹은 인류처럼, 하늘이 준 생명을 희생한 자들이고, 나아가, 이처럼
사회적 척도에 자신을 맞추는 자는 지배하는 자가 아니라 지배당하는
자이다. 반대로, 참으로 지배할 줄 아는 성인의 가치 척도는 '하늘'처럼,
아는 인간이 없다. 나라를 멸망시키고도 인심을 잃지 않고, 혜택이 만물
에 미치지만 사람을 사랑해서가 아닌 이가 성인이다.

옛날의 참 사람, 의로움을 말할 때 당파적이지 않고, 혹시 부족해도 무
엇을 받지 않으며, 자신의 원칙과 친하되 고집하지는 않고, 넓디넓게 비
우는데 [비었음을] 내보이지는 않고, 적절히 어우러지는가 하면 [희로
애락에 흔들리는 이가 아니지만] 기뻐하는 듯도 하다! 크고 높아 보이지

만 [그래 보이고자 한 것이 아니라] 부득이했던 것! 풍성하게 자기네 분위기를 살리고, 자기네 덕을 [내세우는 대신] 멈추어 화친하고, 엄정한가 하면 당대를 닮도다! 틀에 가두기에는 너무 위대하고, 연이어 도는 모습이 [둥글게] 닫힘을 좋아하는 것 같고, 할 말을 잊을 때는 멍한 모습이다. 형벌로 몸을 삼고, 예로 날개 삼으며, 앎으로 때를 삼고, 덕을 감독 지도자 삼는다. 형벌로 몸 삼으면, 사형 적용이 너그럽다; 예로 날개 삼는 것, 세상으로 나가는 방편이다; [천시에 맞추기보다] 앎으로 때를 잡는 것, 부득이 일에 임하는 것이다; 덕으로 감독하여 이끄는 것, 이는 [발 없는 자와 언덕에 이르는 것보다 훨씬 쉬운] 발 있는 자와 언덕에 이르는 것처럼 쉬움을 뜻하나, 사람들은 참 사람이 힘써 행하는 자라 여긴다. 그러므로 그의 좋다 하는 것이 하나요, 그의 좋다 하지 않는 것이 하나다. 이들이 [즉, 그의 좋다 함과 좋다 하지 않음이] 하나인 것이 하나요, 이들이 하나 아닌 것이 하나다. 이들이 하나이면, 하늘과 무리를 이루고; 이들이 하나 아니면, 사람과 무리를 이룬다. 하늘과 사람이 서로 간섭하지 않을 때, 이를 일러 참 사람이라 한다.

古之眞人，其狀義而不朋，若不足而不承，與乎其觚而不堅也，張乎其虛而不華也，邴邴乎其似喜乎！崔乎其不得已乎！滀乎進我色也，與乎止我德也，厲乎其似世乎！謷乎其未可制也，連乎其似好閉也，悗乎忘其言也。以刑爲體，以禮爲翼，以知爲時，以德爲循。以刑爲體者，綽乎其殺也；以禮爲翼者，所以行於世也；以知爲時者，不得已於事也；以德爲循者，言其與有足者至於丘也，而人眞以爲勤行者也。故其好之也一，其弗好之也一。其一也一，其不一也一。其一，與天爲徒；其不一，與人爲徒。天與人不相勝也，是之謂眞人。

참 사람이 피지배자가 아니라 지배자라는 이야기에 이어지는, 참 사람의 지도자임을 여러 각도에서 보여주는 대목이다. 예컨대 그의, 덕으로 백성의 '잘잘못을 감독함(循)'은, 하여 그들이 바르고 좋은 삶을 살도록 도움은, **장자**에 자주 나오는 '발 자르는 형벌'을 받지 않아 발이 온전한 사람들이, 언덕에 이르는 데 함께하는 것처럼 쉽다는 것이다. 한편, 여기에 이어지는 이야기에 있는 '하늘과 한 무리가 된다'는 표현은 인간세 편에서 안회가 사나운 권력자를 향한 평천하 설득의 방도를 제시하였다가 공자의 비판을 받는 대목에 나오는 것으로 내용적으로는 마음을 꼿꼿하게 세운다는 뜻이고, 역시 인간세 편 같은 대목에 나오는 '사람과 한 무리가 된다'는 표현의 내용은 권력자 앞에서 몸을 굽히는 상례를 따른다는 것이다. 반면 이 대목에서 하늘이나 사람과 한 무리가 된다는 것은 장자 특유의 형이상학에 근거한 내용을 갖는데, 좋다 하는 것과 좋다 하지 않는 것이 다 하나이니 도道가 잇는 이 하나하나를 좇아 하늘로 거슬러 올라가는 것이 하늘과 한 무리가 된다는 것의 내용이요, 좋다 하는 것과 좋다 하지 않는 것이 서로 달라지는 경계에서 끊어져 하나 못 됨이—5-10절의 제물론 편 해설에서 살펴본 바와 같이, 형이상학적 혼돈에 처한 사람들에게 끊어 구분하는, 좌우의 그것과 같은 경계는 필수적인 덕인 만큼—사람들과 한 무리가 된다는 것의 내용을 이룬다. 그리고 다시 한번, 이런 하늘과 사람 사이의 엄연한 구분을 고수할 때 참 사람이 된다는 것인데, 이로써 대종사 편의 첫 화두인 하늘과 사람의 혼동 가능성을 둘러싼 이야기는 마무리된다.

덧붙여, 하늘과 사람의 구분을 둘러싼 이 같은 논의는 순자에게도 영향을 미쳐 예컨대, **순자** 천론 편 서두의 "그러므로 하늘과 사람의 구분에 밝으면, 지인이라 불릴 만하여진 것이다(故明於天人之分, 則可謂至人矣)"와 같은 구절들을 낳았을 터인데, 여기에서도 확인할 수 있는 것이 저 앞의 우언 편 해설 등에서—특히 3-1절 말미에서—이야기한 바와 같은, 순자에 대한 장자의 엄연한 영향력이다. 또한, 바로 전 대목에 닿는 생각의 흐름으로 특기해 둘 만한 것이, 하늘과 사람의 구분에 밝은 현인은 행함의 시점을 천시天時에 맞추지 않는다는 발상인데, 이를 달리 풀면 '천시를 따르는 것이 좋음' 자체가 하늘과 사람의 구분에 밝지 않은 데서 생긴 관념이라는 말이 된다. 즉, 천시를 따름은, 하늘을 좇는 듯한 외양에도 불구하고, 이런 관념을 만들고 받드는 사람들을 좇는 것에 다름 아닐 수 있다는 것이다.[62] 그리고 이런 발상을 발전적으로 전개한 이 대목은 하늘로 거슬러 올라가는 원인론에 따라 부득이不得已한 바를 좇아 경제적으로 움직이는, 하늘과 사람의 구분에 밝은 진인眞人(참 사람)의 상을 제시하고 있다.

9-2.

죽음과 삶, 명인 것이고, 여기에 밤과 해뜨기가 늘 반복되는 것, 하늘 때문이다. 사람들에게는 참여할 수 없는 데가 있는데, 산 것들은 다 그렇다. 저들이 단지 하늘을 아버지로 여겨, 이를 몸소 늘 사랑하니, 그 가운데 탁월한 경우는 어떻겠는가! 사람들이 단지 임금이 저보다 낫다 여겨, 몸소 죽기까지 하는데, 하물며 그들 중의 참 사람은 어떻겠는가! 샘이 말라, 물고기들이 땅 위에 함께 처하면, 서로 물기를 뿜고, 거품으로 서로 적시지만, 강과 호수에서 서로를 잊는 것만 못하다. 요임금을 높이면서 걸임금을 비난하기보다, 둘은 잊고 유일무이의 도道로 화함이 낫다. 큰 덩어리가 실어주어 내(我)가 모습을 갖추었고, 수고롭게 하니 내가 살고, 한가하게 하니 내가 늙고, 쉬게 하니 내가 죽는다. 그러므로 내가

---

62 이는 **맹자** 공손추(하) 편에 있는 천시天時, 지리地利, 인화人和의 고전적 위계에서 천시가 가장 낮은 위치에 있다는 사실도 참고한 천시 해석이다.

사는 것이 좋은 존재, 곧 내 죽는 것이 좋다 하는 사인死因이다. 배를 골짜기에 감추고 [어구漁具의 일종인] 산을 못에 감추면, 안전하다고 말한다. 그러나 야반에 힘센 자가 지고 튀면, 몽매한 자는 모른다. 크고 작은 것을 감추는 데 마땅한 바가 있지만, 여전히 옮길 데가 있다. 혹시 천하를 천하에 감춘다면, 옮길 데를 찾을 수 없을 터, 늘 이것이 현상계 산 것들의 큰 [즉, 현상계 전체로 본] 실정인 것이다. 단지 사람의 모습을 했다고 이를 기뻐하지만, 사람 같은 모습, 만 번 변하고도 변화가 끝나기 전이니, 그 즐거움이 계산될 수 있을 것인가! 그러므로 성인은 현상계 만물이 옮겨질 수 없고 모두 보존되는 데서 놀자고 한다. 요절을 좋다 여기고 늙음을 좋다 여기며, 시작을 좋다 여기고 끝을 좋다 여기면, 사람들이 이조차 본받는데, 하물며 만물이 매달리는 바이며, 일체의 화함이 기대는 바는 어떻겠는가!

死生, 命也, 其有夜旦之常, 天也。人之有所不得與, 皆物之情也。彼特以天爲父, 而身猶愛之, 而況其卓乎! 人特以有君爲愈乎己, 而身猶死之, 而況其眞乎! 泉涸, 魚相與處於陸, 相呴以濕, 相濡以沫, 不如相忘於江湖。與其譽堯而非桀, 不如兩忘而化其道。夫大塊載我以形, 勞我以生, 佚我以老, 息我以死。故善吾生者, 乃所以善吾死也。夫藏舟於壑, 藏山於澤, 謂之固矣。然而夜半有力者負之而走, 昧者不知也。藏大小有宜, 猶有所遯。若夫藏天下於天下, 而不得所遯, 是恆物之大情。特犯人之形而猶喜之, 若人之形者, 萬化而未始有極也, 其爲樂可勝計邪! 故聖人將遊於物之所不得遯而皆存。善妖善老, 善始善終, 人猶效之, 又況萬物之所係, 而一化之所待乎!

명하여진 죽음과 삶이 밤과 낮의 반복을 늘 누리는 원인이 하늘에 있고, 그 작용에 피조물들은 관여할 수 없다는 원인론으로 시작한 이 대목도, 직전 대목과 마찬가지로, 그 한계가 분명한 인간을 하늘에 대해 명확히 구분하고 있는데, 이어지는 이야기가, 인간세 편에서 거론된 충효의 도덕과 유사한, 하늘을 아버지로서 사랑하고 임금에 충성해야 한다는 당위는 사람들이 따르는 바이지만 이들 규범을 메타(상급) 차원에서 정초하는 도道가 사랑하고 충성하는 대상이 되는 것은 사람들 중 탁월하고 참된 사람들에 의해서라는 것이다. 조금 달리 말해, 이런 비상한 사람들에게는 '플라톤의 동굴 밖'이 접근 가능한 영역이라는 것이다. 여기에 이어, 두 도덕 법칙이 환유하는 도道의 보장 없이 모듬살이를 하는 인간의 궁색함은—인간은 본성상 상호의존적이어서 반드시 모여 살아야 하는데, 이렇게 인간이 꼭 해야 하는 모듬살이는, 도道가 메타 차원에서 보장하는 정의와 같은 규범적 기준이 주어지지 않고는 유지될 수 없으니—물고기들이 물 아닌 뭍에서 서로를 살리느라 쓰는 안간힘에 비유된다. 결론적으로는, 탁월하고 참된 사람들이 아버지로 여겨 사랑하고 그를 위해 죽기까지 할 도를, 기독교도들이 하늘에 계신 아버지를 예수 말씀을 따라 따르듯, 따르는 것이 윗길이라는 것인데, 이런 모듬살이의 윗길은 일정한 '모습(形)'이 없어서 이름할(名) 수 없을, 따라서 말 이전으로 거슬러 올라가는, 8-4절에서 해설한 바와 같은 "큰 덩어리(大塊)"가 안배한 바를 십분 살리는 길이다. 덧붙여, "내(我)"가 명명되도록 해주는 모습(形)에 더해, 태어나 늙어 죽음에 다가가는 '나'의 인생 경로도 저 무형의 덩어리가 안배해 준 바다.

　특기할 것은 이런 안배가, 다른 것과 끊어져 이름(名)이 붙는 꼴(形)의 변화가 끊이지 않는, 따라서 무엇을 아무리 잘 숨겨도 주인이 바뀌고 그 속의 즐거움도 계산될 수 없는 현상에 관한 것이 아니라, 확실한 계산의 출발점이 되는 동시에 그 자리 내지 주인을 바꿀 수 없는 변치 않는—제물론 편의 조삼모사 이야기가 특히 선명하게 부각한—전체에 관한 것이라는 점이다. 나아가, 이런 불변의 전체를 늘 전제하여 예컨대 요절과 늙어감을 좋다 여기고 인생의 시작과 끝을 다 좋다고 계산하는 이를 성인으로서 본받는다면, 마땅히, 방금 이야기한 바와 같은 전체 안배의 근원이 되는, 만물이 거기 매달려 있고 일체의 변화가 거기 달린 도道를 헌신적으로 사랑하고 본받아야 하지 않겠느냐는 것이다. 하여, 본 편의 편명인 '대종사大宗師'의 의미가, 세계가 거기서 나온 큰 줄기이자 인간이 크게 본받아야 할 큰 스승, 즉 도임을 알려주는 이 대목에 이어지는 이야기는 도 이야기가 될 수밖에 없겠다.

9-3.

도, [있다는] 정이 있고 [있다는] 신호가 있으나, [무엇을] 함이 없고 모습이 없다; 전하여지는 것은 되지만 받아들여지는 것은 안 되고, 획득될 수는 있지만 보여지는 것은 안 된다; 스스로가 바탕이고 스스로가 뿌리이니, 하늘과 땅이 있기 전, 예로부터 원래 있었다; 귀신(鬼)에게 신神을 불어넣고 천제에게 신을 불어넣었으며, 하늘을 내고 땅을 냈다; 태극 앞이면서도 높다 하지 않고, 육극 아래이면서도 깊다 하지 않는다; 하늘과 땅이 나기 전이면서도 오래다 하지 않고, 상고보다 역사가 길면서도 늙었다 하지 않는다. 희위씨가 얻어, 하늘과 땅을 거느렸고; 복희씨가 얻어, 기가 나온 곳에 들었다; 북두칠성이 얻어, 예부터 한 번도 상궤 이탈이 없고; 일월이 얻어, 예부터 한 순간도 쉬지 않는다; 감배가 얻어, 곤륜에 들었고; 풍이가 얻어, '큰 강(황하)'에서 놀았으며; 견오가 얻어, '큰 산(태산)'에 거처했다; 황제가 얻어, 구름 하늘로 올랐고; 전욱이 얻어, 현궁玄宮에 거처했으며; 우강이 얻어, [북쪽 끝] '북극北極'에 섰고; 서왕

모가 얻어, 소광에 앉았으니, 누구도 그 시작을 모르고, 누구도 그 끝을 모른다; 팽조가 얻어, 위로는 순임금, 아래로는 오패에 이르고; 부열이 얻어, 무정의 재상이 되어, 천하를 취해 갖고, [28수 중 동방東方 7수七宿를 지탱하는] 동유에 올라, [동방 7수에 속한] 기수와 미수를 타고, 줄지은 별에 다가갔다.

夫道, 有情有信, 無為無形; 可傳而不可受, 可得而不可見; 自本自根, 未有天地, 自古以固存; 神鬼神帝, 生天生地; 在太極之先而不為高, 在六極之下而不為深; 先天地生而不為久, 長於上古而不為老。豨韋氏得之, 以挈天地; 伏犧氏得之, 以襲氣母; 維斗得之, 終古不忒; 日月得之, 終古不息; 堪坏得之, 以襲崑崙; 馮夷得之, 以遊大川; 肩吾得之, 以處太山; 黃帝得之, 以登雲天; 顓頊得之, 以處玄宮; 禺強得之, 立乎北極; 西王母得之, 坐乎少廣, 莫知其始, 莫知其終; 彭祖得之, 上及有虞, 下及五伯; 傅說得之, 以相武丁, 奄有天下, 乘東維, 騎箕尾, 而比於列星。

8-1절의 덕충부 서두 해설에서 "경계 없는 하나하나는, 무엇임과 무엇 아님을 함께 받아들이면서 경계로 구분하는 공간이 성립하기 이전인 '천부天府(하늘 창고)'에 있다"고 하면서 거기에 있는 것은 "다 홀로 있어 여럿으로 셀 수 없다"고 했는데, 도道 역시—무엇임과 무엇 아님을 함께 품어 경계로 구분하면서 이들 하나하나를 여럿으로 함께 셀 수 있게 해주는 천지 같은 시공간을 세운 원인이므로 당연히—천지 이전의 존재라는 점을 확인해주는 곳이 이 대목이다. 나아가, 무엇무엇의 상하와 선후가 그 속에서 재어지고 비교되는 천지 같은 시공간을 만든 도는 상하나 선후 같은 시공간적 기준으로 재어지지 않기 때문에, 예컨대, 낮

음의 극한인 '육극' 아래이나 깊다 하지 않으며, 무엇보다 먼저일 천지보다 먼저 생겼으나 오래되었다 하지 않는다고 이야기될 수 있는 것이다. 게다가 도는 스스로의 근본이고 뿌리이기 때문에 더 이상의 원인론적 탐구를 허용하지 않는 고로, 전작 **논어와 데이터**에서, 공자가 전통적 앎을 수집하여 하나로 꿰는 원리로 삼은 서恕에 대해 한 이야기를 도에 대해서도 할 수 있다—도는 그것의 근거는 또 무엇이냐고 물을 수 없는 최고의 데이터이다. 최종의 데이터이고 시초의 데이터이다. 다음은 장자가 이 같은 도를 '제일第一 원인'으로서 이야기하는 이 대목의 시작부터 차근차근 '데이터' 중심으로 푼 결과다.

도道는 척도를 거부하는, 오히려 모든 척도를 생성하는 데이터이기 때문에 그것이 있다는 정이 있고 있다는 신호도 있지만, 유용함과 같은 척도로 재어져 꼴이 확정되고 이름될 수 있는 존재가 아니다—무위와 무형의 존재다. 그러므로 양생주 편 마지막에 등장하는 불처럼 전해지기는 하지만 예컨대 대상의 '모습(形)'을 재고 그에 걸맞는 '이름(名)'을 주는 자에 의해, 더구나 재어진 모습에 근거한 이름을 쓰는 자들에 의해 받아들여지는 일은 있을 수 없는데, 비유하자면, 이들에게는 도를 담을 만한 그릇이 없기 때문이다. 또 이 대목 후반부에 열거된 다수 사례들에서 보는 것처럼 획득되어 초인적인 덕으로 기능하는 일은 있어도 시각을 통한 접근은, '모습(形)이' 없어, 허용되지 않는다. 나아가, 7-2절의 해설에서 이야기한 '부호(符)에 멈추는 마음(心)'을 통한 접근도 허용되지 않을 것이다. 그러나 놀랍게도, 이다음 대목에 따르면, 고告하고 듣는 일을 통해서 전해질 수 있는 것이 도이다. 모든 것의 근거인 도는 또한 재어질 수 있음의 근거일 터인데, 옛 사람들이 '명明(밝음)'과 짝지었다는, 하여 잴 수 있는 것은 뭐든 재어 밝힐 '신神'을, 하늘의 시간적 질서와 사람 사는 땅의 공간적 질서가 호응하도록 매개하는 '귀신(鬼)'과 만물에 대한 지배 권능을 행사하는 '천제(帝)'에게 불어넣고, 잴 수 있는 모든 것이 그 속에서 함께 재어질 시공간인 천지가 생기도록 한 것이 도이다.[63] 바로 이런 존재이기 때문에 천지 속의 다른 존재에 대한, 심지어는 극한의 존재에 대한, 도의 높낮이와 선후는 잴 수 없는 것이다.

9-4.

남백자규가 여우에게 물어 가로되: "그대는 나이가 많은데, 안색은 어린아이 같으니, 왜인가?" 가로되: "나는 도를 들었다." 남백자규 가로되: "도가 배울 수 있는 것인가?" 가로되: "오! 어찌 되겠는가! 그대는 그 사람이 아니다. 복량의가 성인의 재질이 있으나, 성인의 도가 없고, 나에게는 성인의 도가 있으나, 성인의 재질이 없는데, 내가 그에게 그것을 가르치고 싶어, 바라기를 그가 결국 성인이 되기를! 가르치진 못했지만, 성인의 도를 성인의 재질에게 고하는 것, 역시나 쉬웠다. 내가 그것을 여전히 계속 고하는데, 사흘이 되자 천하 밖일 수 있었고; 천하 밖이 되고 나서도, 내가 또 계속하자, 7일 이후에는 현상 밖이 되었고; 현상 밖이 되고 나서도, 내가 또 계속하자, 9일 이후에는 삶 밖일 수 있게 되었고; 삶 밖이 되고 나서는, 아침처럼 [어둠에서 벗어나] 밝았다; 아침처럼 밝아지자, 이후 똑 떨어진 하나를 볼 수 있었고; 똑 떨어진 하나를 보고 나선, 고금의 구별을 없앨 수 있었으며; 고금이 없어지자, 죽지도 살지도 않음에 들게 되었다. 삶을 죽이는 자 죽지 않고, 삶을 살리는 자 살지 않는다. 그의 물 됨이, 배웅하지 않는 것이 없고, 마중하지 않는 것이 없고; 파괴하지 않는 것이 없고, 이루지 않는 것이 없음. 그 이름을 영녕攖 寧이라 한다. 영녕이라는 것, 흐트러뜨린 다음 이루는 것이다. 남백자규

---

63 '신과 명의 짝짓기'는 3-1절의 천하 편 서두 해설에서, '하늘의 시간적 질서와 땅의 공간적 질서가 호응하도록 서로를 매개하는 귀신'은 2-5절의 우언 편 해설에서 가져온 것이다.

가로되: "선생은 어디에서 이것을 홀로 들었는가?" 가로되: "그것을 부
묵의 아들에게서 들었는데, 부묵의 아들은 낙송의 손자에게 들었고, 낙
송의 손자는 첨명에게 들었고, 첨명은 섭허에게 들었고, 섭허는 수역에
게 들었으며, 수역은 어구에게 들었고, 어구는 현명에게 들었고, 현명은
삼료에게 들었고, 삼료는 의시에게 들었다."

南伯子葵問乎女偊曰:「子之年長矣, 而色若孺子, 何也?」曰:
「吾聞道矣。」南伯子葵曰:「道可得學邪?」曰:「惡! 惡可! 子
非其人也。夫卜梁倚有聖人之才, 而無聖人之道, 我有聖人之道,
而無聖人之才, 吾欲以教之, 庶幾其果為聖人乎! 不然, 以聖人之
道告聖人之才, 亦易矣。吾猶守而告之, 參日而後能外天下; 已外
天下矣, 吾又守之, 七日而後能外物; 已外物矣, 吾又守之, 九日
而後能外生; 已外生矣, 而後能朝徹; 朝徹, 而後能見獨; 見獨,
而後能無古今; 無古今, 而後能入於不死不生。殺生者不死, 生生
者不生。其為物, 無不將也, 無不迎也; 無不毀也, 無不成也。其
名為攖寧。攖寧也者, 攖而後成者也。」南伯子葵曰:「子獨惡乎
聞之?」曰:「聞諸副墨之子, 副墨之子聞諸洛誦之孫, 洛誦之孫
聞之瞻明, 瞻明聞之聶許, 聶許聞之需役, 需役聞之於謳, 於謳聞
之玄冥, 玄冥聞之參寥, 參寥聞之疑始。」

2-4절의 우언 편 해설에서 다룬 대목과 비슷한 곳으로 앞에서 언급
한 대목인데, 대종사 편의 맥락은 도道에 관한 직전 대목의 언급, 특히
"전하여지는 것은 되지만 받아들여지는 것은 안 되고, 획득될 수는 있
지만 보여지는 것은 안 된다 (可傳而不可受, 可得而不可見)"를 부연
한 곳이라 하겠다. 전 절에서 이야기한 바와 같이 고하고 듣는 과정을
통해 도가 전해지기 시작한 것은 원인론적 시초를 우의하는 듯한 이름

을 가진 의시疑始부터다. 이후의 계보를 보면 노래(於謳), 알아듣기(聶許), 알아보기(瞻明), 독송(洛誦), 먹(副墨)과 같은 전달 매체의 발생 내지 매체 활용 개시의 순서를 암시하는 듯한 이름이 배열되어 있는 것이 눈길을 끈다. 그러나 "장자" 전체로 보면, 천하 편에서도 강조된, 성인 내지 선왕들의 도가 환유하는 '하늘에서 내려온 전통'의 계승이 다시 한 번 강조되고 있는 것이라 해야 할 것이다.

사실, 이 대목에 이르러 마침내, 이 책에서, 관련한 문제를 장자의 핵심적 난문으로 부각한 '현상계 탈출의 길'을 뚫어낸 영웅담이 이야기되고 있는데, 이는 성인의 재질을 타고난 복량의였기 때문에, 그리고 여우가, 전해 들은 성인의 도를 기억하여 말로 되풀이할 수 있었기 때문에 가능한 일이었던 것으로 되어 있다. 또, '플라톤의 동굴'에서 탈출하여 그림자 현상계의 원본을 대하는 장면을 일러 '아침처럼 밝아졌다'고 했는데, 이렇게 하여 보게 되었다는 현상의 원본은 역시 '경계 없는 하나'와 다름없는, 시공간 이전의 '홀로 똑 떨어진 하나(獨)'였고, 이를 접한 복량의도 그같이 변해, 시공간을 전제하는 생물들의 세계에 생사의 원인으로서 개입하여 대상 생물을 죽게도 살게도 하는 시공간 밖 메타(상급) 수준의 존재, 따라서 죽지도 살지도 않는 존재가 됐다고 한다.

한데 여기서 주목할 표현이 '죽지도 살지도 않는 경지에 든 존재'에 대한 묘사를 도입하는 "그 물 됨(其爲物)"이다. 무엇보다도 먼저, 이 석자 일 구에 대한 해석이 장자의 '물物'이 5-14절에서 이야기된 바와 같이 '관점을 갖는 생물'일 수 있다는 점에 대한 이해가 없으면 어려워지는 만큼, 이 책의 '물' 해석을 뒷받침하는 증거라 할 수 있겠다. 사실, 이 표현은, 8-4절에서 해설한 애태타 이야기에서도 본, 대개 '그의 사람됨'이라고 푸는 '기위인其爲人'의 '인人' 자리에[64] '물物'이 들어간 결과로 보

---

64 물론, 이 자리에는, 예컨대 **맹자** 공손추(하) 편에서 설명하는 "호연지기"의 '기氣'나 9-2절에서 해설한 대목의 "그 즐김이 계산될 수 있을 것인가 (其爲樂可勝計邪)"의 '낙樂' 같은 다양한 명사가 올 수 있다.

면 쉽다. 어려운 것은 '사람'과 '물'의 은유적 대체 관계를 상정하는 일인데, 이렇게 대체된 이유를 이 대목에서 끌어내면 그것은, '특정인'인 채로는 시공간 밖으로 나갈 수 없는 반면 '물'은—5-7절에서 해설한 제물론 편에 따르면—경계가 있는 시공간의 성립 이전일 수 있기 때문이다. 나아가, 이 대목에서 이야기하는 대로, 시공간에 깔려 있는, 생사와 고금의 전제를 모두 무너뜨리고 새로 이룰 수 있는, '영녕攖寧'이라 불리는 창조적 파괴의 가능성을 갖는, 사람보다 무한정적인 존재가 물이기 때문이다. 그리고 물의 이런 가능성을 '우언寓言'이 환유하는 "장자" 전체로 투사하면 기존 플랫폼을 파괴하고 9-6절에서 해설하는 '서로를 잊고 사는 도道 플랫폼'을 세울 가능성이 된다. 덧붙여, 여기서 다시 한번 상기하게 되는 것이, 천하 편에서 다룬, "앎 없는 물物처럼 되면 그뿐(至於若無知之物而已)"이라고 한 팽몽·전변·신도 학파의 영향이다. 끝으로, '물'을 현상으로 번역하는 것에 한계가 있음도 사람이 아닌 물로서 현상계를 탈출하는, 이 대목 이야기에서 다시 한번 분명하다.

9-5.
자사·자여·자리·자래 네 사람이 말을 주고받으며 가로되: "누군가 무無를 머리 삼고, 삶을 척추 삼고, 죽음을 궁둥이 삼을 수 있다면, 누군가 생사존망을 하나로 뭉치는 본체를 안다면, 우리는 그와 벗이다." 네 사람이 서로 보며 웃으며, 마음에서 막역하여, 곧 서로 벗이 되었다. 갑자기 자여가 병이 나서, 자사가 가서 문병했다. 가로되: "위대하도다! 현상의 창조자는, 앞으로 나를 이렇게 구부러지게 하려는구나! 등에서 곱사가 솟고, 오장이 위로 붙고, 배꼽이 턱에 가리고, 어깨가 정수리보다 높고, 머리 묶은 것이 하늘을 향하네." 음양의 기운은 뒤죽박죽이나, 그 마음은 여유가 있고 평안하니, 비틀비틀 우물로 가서 비추고는, 가로되:

"아아! 현상의 창조자, 앞으로 나를 이렇게 구부러지게 하려는구나!" 자사 가로되: "그대는 그것이 싫은가?" 가로되: "아니네, 내가 어찌 싫겠나! 점차 [닭의 형形을] 빌려 내 왼팔을 닭으로 만든다면, 나는 덕분에 밤 시간을 알아보겠네; 점차 [활의 형形을] 빌려 나의 오른팔을 활로 만든다면, 나는 덕분에 비둘기 구이를 구하겠네; 점차 [바퀴의 형形을] 빌려 내 궁둥이를 바퀴로 만들고, [하늘이 내려준] 신神을 말(馬)로 삼는다면, 나는 덕분에 그것을 타겠는데, 어찌 탈 것을 바꾸겠나! 게다가 얻으면 때가 된 때문이고, 잃으면 순서가 된 때문이라, [얻을] 때 됨에 편안하고 [잃을] 순서에 편히 처하면, 슬픔이나 기쁨이 들어오지 못하는 것. 이것이 옛날 현해(천제가 매단 것이 풀려 선천적 구속에서 벗어남)라고 한 바이니, 스스로 풀 수 없는 자, 현상계가 또한 그를 묶네. 게다가 현상계가 하늘에 참견하지 않은 지 오래이니, 내가 또 어찌 싫겠나?" 갑자기 자래가 병이 나서, 숨 넘어가는 모습이 곧 죽음이라, 그 처자가 둘러싸고 울었다. 자리가 병문안을 와서 가로되: "쉿! 피하시오! 화함을 슬퍼 마시오!" 문에 기대 그와 말하기를: "위대하도다 현상의 창조자! 다시 그대를 무엇으로 만드려는가? 어디로 데려가려는가? 쥐의 간으로 만들까? 벌레의 팔로 만들까?" 자래 가로되: "부모는 자식에 있어, 사방 어디로 가라 하시건, 명을 오직 따를 존재. 음양은 사람에 있어, 부모 정도에 그치지 않으니, 저 음양이 나를 죽음에 가깝게 하는데 내가 듣지 않으면, 내가 반항한 것이니, 여기에 대해 저이가 어떻게 벌하겠나! 큰 덩어리가 실어주어 내가 모습을 갖추었고, 수고롭게 하니 내가 살고, 한가하게 하니 내가 늙고, 쉬게 하니 내가 죽는다. 그러므로 내가 사는 것이 좋은 존재, 곧 내가 죽는 것이 좋다 하는 사인死因이네. 이제 큰 대장장이가 쇠를 주조하는데, 쇠붙이가 튀어 올라 '나는 곧 반드시 막야 같은 명검이 될 거야'라고 한다면, 큰 대장장이는 이를 반드시 불길한 쇠붙이라고 여길 것이네. 지금 한번 사람의 모습을 했다고, 그대가 '사람만 사람만'이라고 [즉, 사람만 되겠다고] 한다면, 조물주가 불길한 사람이라고 여길 것이네. 지금 천지를 큰 화로라고 한번 여겨 보면, 조물주는 큰 대장장이가 될 텐데, 어디로 간들 안 되겠는가! 뭐가 되는 양 잠들고, 정신 차리는 양 깨는 것."

子祀、子輿、子犁、子來四人相與語曰:「孰能以無為首, 以生為脊, 以死為尻, 孰知生死存亡之一體者, 吾與之友矣。」四人相視而笑, 莫逆於心, 遂相與為友。俄而子輿有病, 子祀往問之。曰:「偉哉! 夫造物者, 將以予為此拘拘也! 曲僂發背, 上有五管, 頤隱於齊, 肩高於頂, 句贅指天。」陰陽之氣有沴, 其心閒而無事, 跰𨇤而鑑於井, 曰:「嗟乎! 夫造物者, 又將以予為此拘拘也!」子祀曰:「汝惡之乎?」曰:「亡, 予何惡! 浸假而化予之左臂以為雞, 予因以求時夜; 浸假而化予之右臂以為彈, 予因以求鴞炙; 浸假而化予之尻以為輪, 以神為馬, 予因以乘之, 豈更駕哉! 且夫得者時也, 失者順也, 安時而處順, 哀樂不能入也。此古之所謂縣解也, 而不能自解者, 物有結之。且夫物不勝天久矣, 吾又何惡焉?」俄而子來有病, 喘喘然將死, 其妻子環而泣之。子犁往問之曰:「叱! 避! 無怛化!」倚其戶與之語曰:「偉哉造物! 又將奚以汝為? 將奚以汝適? 以汝為鼠肝乎? 以汝為蟲臂乎?」子來曰:「父母於子, 東西南北, 唯命之從。陰陽於人, 不翅於父母, 彼近吾死而我不聽, 我則悍矣, 彼何罪焉! 夫大塊載我以形, 勞我以生, 佚我以老, 息我以死。故善吾生者, 乃所以善吾死也。今之大冶鑄金, 金踊躍曰『我且必為鏌鋣』, 大冶必以為不祥之金。今一犯人之形, 而曰『人耳人耳』, 夫造化者必以為不祥之人。今一以天地為大鑪, 以造化為大冶, 惡乎往而不可哉! 成然寐, 蘧然覺。」

생사존망이, 덕충부 편에 등장했던 지리소나 인기지리무순의 모습을 연상케 하는 방식으로—환유적인 방식으로—한 몸에 뭉쳐지는 것임에 공감하여 네 사람이 벗이 되었다는 이야기로 시작하는, 크게 보아 두 개의 대화로 구성된 이 대목 전반부 대화에서는, 하늘과 현상계를 서로 간섭하지 않는 것으로 볼 때 '진인眞人(참 사람)'이요 '지인至人'이라는 대종사 편 주요 모티브가 반복된다. 그런데 이런 전반부 대화에서 인상적인 것이, 병든 자여의 변신 모습에 덕충부 편에 등장했던 지리소나 인기지리무순 같은, 몸이 뿔뿔이 헤진 인물들의 모습이 어른거린다는 점인데, 후반부 대화에서는 신체 이미지의 이런 환유적 뭉침과 변신이 음양의 명命, 나아가 창세하고 역사를 주재하는 조물주의 명에 따른 것이라는 이야기로 발전하여, 이런 명에 대해 사적으로 희원하고 심지어 관여하려는 것이 얼마나 부조리한 시도일지를 보여주는 생생한 비유를 통해 다시 한번, 살아 있음이 꿈에 불과하여 "뭐가 되는 양 잠들고, 정신 차리는 양 깨는(成然寐, 蘧然覺)" 현상계 물物을 참 원인이 유래하는 하늘로부터 구분하는 경계를 선명하게 긋고 있다. 그리고, 이렇게 서로의 꼬리를 꽉 물고 있는 두 개의 대화를 통해 세우고 있는, '참 사람' 내지 '지인'의 것이라 부를 만한 입장이 어떤 입장이냐 하면, 음양의 조화와 같은 '하늘의 원인'이 작용한 결과로 생기는, 생사존망을 포함하는 현상계 변화는 편안하게 받아들이고 순순히 따르는 것이 미망에서 해방되는 길이라는 것이다. 간단히 말해, 순명이 곧 자유의 길이라는 것인데, 6-5절에서 해설한 양생주 편 한 대목에 이어 이 대목에서도 이를 일러 '현해縣解'라 하고 있다.

현해縣解의 순명이 곧 자유인 것은, '현해'가, '뭐가 되는 양 잠들어' 갇혔던 꿈에서 깨어나 꿈 속의 그림자를 움직이는 실체와 자신의 실상을 그 위에서 인지하게 되는 각성 플랫폼에 다름 아니기 때문이다. 거꾸로 말해, 자신에게 진실로 중요한 것이 무엇인지—아직 현해 이전의 꿈 속이므로—모르는 채로 하는 선택은, 나아가, 자신의 선택이 거기 매달려 의존하는 바를 알지 못하는 채로 하는 선택은, 자유로워 보이는 외양에도 불구하고, 자유로울 수 없는 선택이다. 간단히 말해, 무지에 기초한 선택은 자유로운 선택일 수가 없는 것이다. 덧붙여, 4-8절 말미에서 **순자** 대략 편 "육이六貳" 해석의 열쇠로 삼기도 한 "음양陰陽"은 8-4절의 해설에서 **역경**易經과 관련하여 언급한 바 있는데, 이 대목의, 자손을 낳아 기르는 부모로 환유된, 만물을 낳아 그 죽음까지 돌보는 "음양"에는, **역경**뿐 아니라 3-5절의 해설에서 언급한 "태일생수太一生水"에서 보는 것과 같은 고대 형이상학의 원형까지 상기하게 만드는 전통적인—단적으로, 송대 성리학의 바탕이 되는—울림이 있다.

9-6.

자상호·맹자반·자금장 세 분이 서로 사귀는데, 가로되: "누가 서로 어울림 없이 서로 어울리며, 서로 위함이 없이 서로 위할 수 있는가? 누가 하늘에 올라 안개에 놀며, 끝없이 돌고 돌아, 서로를 잊고 사는데, 끝까지 막다른 데 없을 수 있는가?" 셋이 서로를 보고 웃었는데, 마음에 막역하여, 곧 서로 벗했다. 얼마 안돼, 자상호가 죽었는데, 장사는 아직 지내기 전이다. 공자께서 이를 들으시고, 자공을 시켜 가서 일을 도우라 하셨다. 한 사람은 잠박을 엮고, 한 사람은 금을 두드리는데, 서로 조화를 이루어 노래하며 가로되: "아아 상호여! 아아 상호여! 이제 너는 네 참으로 돌아갔으나, 우리는 여전히 [참이 아닌 현상의] 사람이네!" 자공이 종종걸음으로 나아가 가로되: "감히 여쭙건대 시신을 앞에 두고 노래하는 것, 예입니까?" 두 사람이 서로 보고 웃으며, 가로되: "이 사람이 어찌 예의 뜻을 알겠는가!" 자공이 돌아와, 이를 공자께 고하여 가로되: "저들은 어떤 사람입니까! 닦아 행함에는 무엇도 없고, 그 몸을 치지도외하며, 시신을 두고 노래하면서, 안색이 변하지 않으니, 이름할 수조차 없습니다. 저들은 어떤 사람들입니까?" 공자 가라사대: "저들은 세상 밖에서 놀지만, 나 구丘는 세상 안에서 노는 것이다. [세상] 밖과 안은 서로 미치지 않는데, 내가 너를 가 조문하라 시켰으니, 내가 졸렬했다. 저들은 장차 현상 창조자와 더불어 사람들 됨됨이를 짓고, 천지를 하나로 묶는 기氣에 놀려고 한다. 저들은 삶을 군더더기로 붙은 살과 달린 혹으로 여기고, 죽음을 종기를 찢고 악창을 터뜨리는 것으로 생각한다. 이렇다면, 또 어찌 죽음과 삶이 먼저와 나중이 있는 데라고 알겠느냐! 서로 다른 현상들에서 빌려, 동일한 본체에 맡기니, 간담을 잊고, 귀와 눈을 버리면서, 끝과 시작을 반복하며, [반복적으로 도달할 끝이나 되돌아갈 시작에 비해 자질구레한] 가장자리 척도를 모르고, 멍하게 티끌 세상의 바깥에서 떠돌며, 무위의 일로 건들건들한다. 그런데도 저들이 어찌 세속의 예를 혼란에 빠진 모습으로 행하고, 또한 뭇사람의 귀와 눈을 살피겠느냐!" 자공 가로되: "그렇다면 선생님은 어느 쪽에 기우십니까?" 공자 가라사대: "구丘는, 하늘이 죄주는 사람이지. 그럼에도, 내가 너와 더불어 이들을 [북극성을 중심으로 도는 뭇별이 북극성을 지향하는 것처럼] 지향한다." 자공 가로되: "그 방도를 여쭙습니다." 공자 가라사대: "물고기는 물로써 서로 기르고, 사람은 도로써 서로 기른다. 물로 서로 기르는 경우, 못을 파 먹이가 족하고; 도로 서로 기르는 경우, 평안하고 사는 것이 안정된다. 그러므로 가로되: 물고기는 강과 호수 덕분에 서로를 잊고, 사람은 도술 덕분에 서로를 잊는다." 자공 가로되: "기인畸人을 여쭙습니다." 가라사대: "기인이란, 사람과 다르고 하늘과 나란하다. 그러므로 가로되: 하늘의 소인, 사람들의 군자이고; 사람들의 군자, 하늘의 소인이다."

子桑戶、孟子反、子琴張三人相與友，曰：「孰能相與於無相與，相為於無相為？孰能登天遊霧，撓挑無極，相忘以生，無所終窮？」三人相視而笑，莫逆於心，遂相與友。莫然有閒，而子桑戶死，未葬。孔子聞之，使子貢往侍事焉。或編曲，或鼓琴，相和而歌曰：「嗟來桑戶乎！嗟來桑戶乎！而已反其真，而我猶為人猗！」子貢趨而進曰：「敢問臨尸而歌，禮乎？」二人相視而笑，曰：「是惡知禮意！」子貢反，以告孔子曰：「彼何人者邪？修行無有，而外其形骸，臨尸而歌，顏色不變，無以命之。彼何人者邪？」孔子曰：「彼遊方之外者也，而丘游方之內者也。外內不相及，而丘使女往弔之，丘則陋矣。彼方且與造物者為人，而遊乎天地之一氣。彼以生為附贅縣疣，以死為決疣潰癰。夫若然者，又惡知死生先後之所在！假於異物，託於同體，忘其肝膽，遺其耳目，反覆終始，不知端倪，芒然彷徨乎塵垢之外，逍遙乎無為之業。彼又惡能憒憒然為世俗之禮，以觀眾人之耳目哉！」子貢曰：「然則夫子何方之依？」孔子曰：「丘，天之戮民也。雖然，吾與汝共之。」子貢曰：「敢問其方。」孔子曰：「魚相造乎水，人相造乎道。相造乎水者，穿池而養給；相造乎道者，無事而生定。故曰：魚相忘乎江湖，人相忘乎道術。」子貢曰：「敢問畸人。」曰：「畸人者，畸於人而侔於天。故曰：天之小人，人之君子；人之君子，天之小人也。」

세 동강으로 이루어진 이 대목의 첫째 동강에서는 세 기인奇人이 소개되고, 가운데 동강에서는, 그중 자상호의 장례를 아마도 장례 전문가로서

⁶⁵도우라고 공자가 보낸 자공이 목격한 기인들의 비상한 언행이 이야기
된다. 마지막 동강은 이를 보고 놀란 자공이 돌아와 공자와 나눈 문답이
다. 우선 첫째 동강의, 세 기인을 막역한 친구로 만든 화두를 장자의 형이
상학적 전모와 연관시켜 이해하는 열쇠는 "서로를 잊고 사는데, 끝내 막
다른 데가 없을(相忘以生, 無所終窮)" 수가 있음이 뜻하는 바에 있다 하
겠는데, 이 대목 서두에 나오는 '서로 어울림 없이 어울리고, 서로 위함 없
이 서로 위할(相與於無相與, 相爲於無相爲)' 수 있음이 '서로를 잊고 살
가능성'의 내용이라고 보면 "장자" 전체와의 환유적 연관이 분명해진다.

장자에서 서로를 잊고 살 가능성이 완벽하게 실현되는 곳으로 이야
기된 곳을 꼽자면, 그곳은 '경계 없는 하나하나'가 서로에 대해 '완전히
홀로'이면서도 조화로울—5-7절에서 소개하고 5-12절에서 비교적 길게
해설한—'천부天府(하늘 창고)'다. 또, 성인의 도道를 체득한 이가 천지
밖의 '경계 없는 하나하나' 같은 '물物'이 될 가능성은 9-4절에서 해설한
대목에 그려져 있다 하겠고, '경계 없는 하나하나'처럼 자기정체성에 변
화가 없는 '물'이 변화에 응하여 무궁하게 돌고 도는 모습은 5-5절에서
해설한 제물론 편 중간에 나오는 "도의 축(道樞)" 묘사에서 볼 수 있는
데, 이렇게 도는 '도의 축'과 이 대목 첫째 동강 후반부의, '하늘에 올라
끝없이 돌고 돌며 타자를 잊고 홀로 무궁하게 노는 자'의, 동일성에 가
까운 유사성은, 이들 세 기인이, 9-4절에서 해설한 대목에 나오는, 성인

---

65 논어 자한 편 아래 구절에 대해 미야자키 이치사다(2001, 139쪽)는 다음과 같이 해설하고 있다: "유교는
禮의 교육에서 출발했는데 그중에는 민간의 의식도 포함되어 있고 특히 장례식은 유가의 제자들이 거들게 되
는데 이에 대한 사례금이 그들의 큰 수입원이 되었다. 이 장은 그러한 유가 생활의 내막을 전하는 것이라 흥미
롭다. 특히 장례식 때 접대하는 술에 취해서 일을 그르치지 말라고 훈계한 것은 가장 적절한 가르침이었을 것
이다."

공자 가라사대: "나가면 공경公卿을 섬기고, 들면 부형을 섬기며, 상 치르기는 감히 소홀하지 않고, 술로
곤경에 처하지 않는다, 관련하여 내게 무슨 문제가 있겠는가?" 子曰：「出則事公卿, 入則事父兄, 喪
事不敢不勉, 不爲酒困, 何有於我哉？」

의 도를 여우女偶에게서 듣게 된 복량의가 살아서 달한 '죽지도 살지도 않음'의 경지에 접근하려는 인물들임을 알려준다. 그런데, 세 기인이 막역한 친구가 된 지 얼마 되지 않아 죽었다는 점을 들어, 자상호는 복량의가 달한 경지에 들지 못한 채로 생을 마감했다고 할 수 있을까?

지향하던 경지에는 달하지 못한 채 자상호가 생을 마감했다는 판단을, 그의 시신을 두고 불리워진 노래는 부인한다. 오히려, 대종사 편의 대표적 화두인 '참 사람, 진인眞人'이, 죽었기에 되었다고 노래한다: "아아 상호여! 아아 상호여! 이제 너는 네 참으로 돌아갔으나, 우리는 여전히 사람이네(嗟來桑戶乎！嗟來桑戶乎！而已反其真，而我猶為人猗)!" 그리고 여전히 사람의 '모습(形)'을 하고, 그러나 8-6절에서 해설한 덕충부 편에서 이야기된 대로, 그 때문에 제 속을 상할 정情은 없이 불렀을 이 노래에는 하늘과는 한 무리를 이루지 못하고 있다는 한탄, '현해縣解'의 경지에 이르지 못했다는 한탄이 배음으로 깔려 있다. 그런데, 이렇게 현해의 경지를 지향하고 있음에도, 사람들을 묶고 엮는 예를 이들이 완전히 부정하는 것은 아니다. 오히려 당대의 예는 예가 아니라는 것이 이들의 입장이다.

이 대목에서도 덕충부 편을 관통하는, '겉으로 번지르르한 예'와 '덕으로 충만한 부호(德充符)'의 대립적 은유 쌍은 되풀이돼, 공자께선 이렇게 말씀하신다: "그런데도 저들이 어찌 세속의 예를 혼란에 빠진 모습으로 행하고, 또한 뭇사람의 귀와 눈을 살피겠느냐(彼又惡能憒憒然為世俗之禮，以觀眾人之耳目哉)!" 그런데 이 말씀 중의 "혼란에 빠진 모습(憒憒然)"은 **논어** 태백 편 앞부분에 있는 "경건하되 예가 없으면 과공으로 지치고, 신중하되 예가 없으면 두려움에 떨게 되고, 용감하되 예가 없으면 어지럽히게 되고, 곧되 예가 없으면 빡빡하게 굴게 된다(恭而無禮則勞，慎而無禮則葸，勇而無禮則亂，直而無禮則絞)"에서 오지 않았을까? 그리고 장자도 익히 알고 있었을 태백 편 이 구절까지 고려하여 대종사 편 이 대목의 공자 말씀을 해석하면, 경건과 과공, 신중과 두려워함, 용기와 난폭, 곧음과 빡빡함을 구별하는 본질적 기능을 잃어버린 껍데기 예를 남의 눈을 의식한 나머지 어쩔 수 없이 행하고 있는 시대가 당대라는 이야기가 된다. 같은 맥락에서, 자신의 눈에는 장례 아닌 장례를 치르고 있는 기인들에게 놀란 자공에게 이들이 준 대답의 속뜻인즉, '당대의 타락한, 겉으로만 번지르르한 예를 예인 줄로 아는 그대는 예를 모른다'는 비판이라고 해석하게 된다. 한데 이런 맥락에 놓고 공자의 대답을 해석한 결과 가운데서도 유달리 남다른 해석이라 할 만한 것이 "[반복적으로 도달할 끝이나 되돌아갈 시작에 비해 자질구레한] 가장자리 척도를 모른다"이다.

간단히 말해, 지엽말단을 규율하는 예禮나 척도는 모른다는 뜻으로 "부지단예不知端倪"를 해석한 것인데, 이는, "서로 다른 현상들에서 빌려(假於異物)"에서 시작하여 "[도달할 끝에서 되돌아갈 시작에 비해 자질구레한] 가장자리 척도를 모른다(不知端倪)"로 맺어지는 부분의—7-8절의 인간세 편 해설에서 접여의 노래 가운데 특히 난해한 부분을 해석하면서 단서로 주목한 대구 구조와 대동소이한—대구 구조를 십분 살린 해석으로, 문제의 구절이 바로 그 앞 구절인 "끝과 시작을 반복하다(反覆終始)"와 대구를 이룬다는 점을 결정적 전제로 하여 푼 결과다. 또한, 서구와 조우한 일본인들이 'heresy/heterodoxy'를 번역할 때 **논어** 위정 편 한 구절에서 끌어 쓴 "이단異端"이라는 표현에 들어 있는 '단端' 자를 참조하면서,[66] 5-11절의 해설에서 **장자**에 등장하는 대목들을 열거한 '예倪' 자를 여기서도 '척도'로 옮긴 결과이기도 하다.

번역과 관련하여 밝혀 두어야 할 만큼 남달리 번역한 또 하나의 구

---

66 마루야마 마사오/가토 슈이치(2000, 79쪽) 참조.

절은 공자의 첫 번째 대답 속에 있는 "저들은 장차 현상 창조자와 더불어 사람들 됨됨이를 짓고, 천지를 하나로 묶는 기氣에 놀려고 한다(彼方且與造物者爲人,而遊乎天地之一氣)"이다. 그런데 이 구절 전반부, 그중에서도 특히 "위인爲人"의 졸역은 9-4절에서 "기위물其爲物"의 졸역을 설명하면서 한, '기위인其爲人'에 대한 이야기로 갈음할 수 있겠다. 반면에 후반부 졸역은 뜯어서 보는 설명이 필요하겠는데, 간단히 말해, 전치사 "호乎"의 목적어가 되는 명사구 "천지지일기天地之一氣의 "천지지일天地之一"을 명사 "기氣"의 수식어구로 보되, 그중 "지之"를 동사 "일一"의 목적어가 전치되었음을 표시하는 허사로 보아 "천지를 하나로 묶는 기氣"라 옮긴 것이다. 이제 자공과 공자의 문답 전체를 조감해 보자.

자공과 공자의 첫 번째 문답을 관통하고 있는 주제는 역시 하늘과 현상계의 구분이다. 달리 말해, 이런 구분에 늘 성공하는 '참 사람, 진인眞人'의 모티브가 대종사 편 다른 곳에서와 마찬가지로 여기에서도 반복되고 있다. 그런데 두 번째 문답에서 이야기는 방향을 크게 튼다. 즉, 공자는 자신을 일러 "하늘이 죄주는 사람(天之戮民)"이라고 인정하면서도 이를테면 신인들이 사는 '막고야의 산'을 너와 더불어 '향한다(共)'고 답한다. 8-3절에서 해설한 대목의 숙산무지는, 하늘이 벌주고 있는 공자의 '현해縣解'는 불가능하다고 단정했는데, 자신에 대한 이런 판단에 대해 이 대목의 공자도 동의한다. 그런데 그럼에도 불구하고 자신은, 요임금의 탁월한 통치도 거기서는 빛을 잃는 막고야 산을, 뭇별들이 북극성을 향하는 것처럼, 자공과 함께 지향한다고 말한다. 물론 이런 해석은 이 대목의 "공지共之"를 **논어** 위정 편 첫머리에 있는, "뭇별들이 이것(북극성)을 중심으로 돈다(衆星共之)"에 있는 "공지共之"와 나란히 놓고 본 결과이다. 즉, 뭇별들이 북극성이 될 수는 없겠지만 이를 부동의 구심점으로 참조할 수는 있는 것처럼, 하늘이 죄주는 사람인 공자나 그 제자가 이를테면 '막고야의 산'으로 옮겨 갈 수는 없더라도 막고야 산을 무상하게 변하는 천지만물의 원본으로서 참조하는 것은 가능하다는 이야기로 전환하고 있다는 것이다. 그리고 이런 중대한 전환에 이어지는 이 대목 세 번째 문답은 '막고야의 산'을 지금 여기에서 실현할 실천 방도를 묻는 자공의 질문에서 시작하는데, 이는 3-6절에서 다음과 같이 기대한 성취를 확인할 기회가 목전에 있음을 뜻한다.

> 사실, 플라톤의 저 동굴 밖으로 나가지 않고는 해결되지 않을 형이상학적 문제에 대한 장자의 인식은 2-5절과 2-6절의 우언 편 해설에서 언급한 바 있는데, 천하 편 이 대목까지 종합해서 말하면, 제물론 편에서 보다 선명하게 부각하면서 "조궤弔詭(불가사의한 속임수)"라 부른 이 문제에 대한 부정적인 대답을 자신의 저술을 종합적으로 조감한 이 대목에서 결론 격으로 내놓았다는 것이 된다. 그리고 바로 여기서, **장자** 본문의 독해를 통해 접할 것으로 기대하게 되는 장자의 성취는 이런 암울한 대답에 담긴 진실에도 불구하고—나아가, 여기에 대하고 응하여—인간이 택할 수 있는 보다 나은 길, 이를테면 죽음이 시시각각 다가오고 있음에도 택하는 것이 나을, 평화로 난 '사람의 길'을 특유의 형이상학을 바탕으로 하여 그려낸 데 있을 터이다.

즉, 자공의 세 번째 질문에 대한 공자의 대답은 플라톤의 동굴 밖으로 탈출할 수 없음에도—장자식으로는, 이승의 유형流刑에서 풀려나 막고야의 산으로 이주할 수 없음에도, 나아가 이런 불가능에 대해—인간이 택할 수 있는 최선의 길을 제시하고 있다 하겠다. 하여 제시된 방도가, 강과 호수의 물에 모인 물고기들처럼, 모여 살면서도 사람들이 서로를 잊어, 결국은 정치적으로 해결해야 할 사회적 마찰을 통제할 필요 자체가 사라져버린 세계를, 천하 편에서 이야기된 바와 같은 "도술"로 실현할 가능성이다. 간단히, 물고기의 강호江湖 플랫폼에 비유된 도道 플랫폼의 가능성이다. 그러나 이런 가능성도, 대종사 편 전반을 관통하는, 이승과 천상의 경계를 전제하여 평가해야 할 터, 아마도 저 세 기인奇人을 두고 하는 물음일, "기인畸人"을 묻는 자공의 네 번째이자 이 대목을 마무리하는 질문과 여기에 대한 공자의 대답은 바로 이런 맥락에 놓고 이해하는 것이 해석상 마땅하겠다. 하여, 공자의 대답을 통해 다시 한번 분명해지는 것이 현상계와 하늘 사이의 경계, '플라톤의 동굴' 속과 하늘에 나란한 '막고야의 산' 사이의 경계이다. '진인眞人(참 사람)'이 늘 지키는 경계이다. 공자의 대답처럼 하늘과 나란한 '기인'은 9-4절에서 본, 현상계를 벗어난 복량의처럼 시공간 밖에서 죽지도 살지도 않을 것이나, 이런 기인들이 제 일 삼지 않을 현상계에 얽힌 인간들이 바랄 것은 하늘의 소인이라도 내려와 지상의 군자 역할을 해 주는 것이 아닐까? 따라서, 더 큰 만족을 위해 힘쓰는 인간이 자신이 처한 이런 형이상학적 조건을 파악했을 때 택할 수 있는 최선은, 이 대목의 공자처럼, 하늘과 나란한 막고야의 산을 참조하는 것일 터이다. 막고야 산을 참조하여 '서로 어울림·위함 없이 어울리고 위하여' 서로를 잊고도 잘 사는, 자유의 도 플랫폼을 조성하려고 힘쓰는 것일 터이다.

9-7.

안회가 중니에게 여쭈어 가로되: "맹손재, 그의 어머니가 죽자, 곡하는 데 눈물을 흘리지 않고, 마음 속으로 아파하지 않고, 상을 치르는 데 슬퍼하지 않았습니다. 이 셋이 없는데도, 상을 잘 치렀다는 소문이 노나라를 덮었습니다. 원래 그 속이 없고도 이름을 낼 수 있습니까? 저는 정

말 이상하다고 생각합니다." 중니 가로되: "맹손 씨는 더 할 것 없이 다 한 것이고, 앎에서 나아간 것이다. 허술하게 한다 해도 그렇게 못 하는데, 그에게는 허술한 데가 이미 있었던 것. 맹손 씨는 어찌 나는지 모르고, 어찌 죽는지 모르며, 먼저가 되는 것도 모르고, 나중이 되는 것도 모르니, 혹시 화하여 [다른] 물物이 된다면, 그의 알지 못하는 바의 화함에 기대고 만다! 화하려 할 때, 화하지 않을 줄 어찌 알겠는가? 화하지 않으려 할 때, 이미 화한 것인 줄을 어찌 알겠는가? 나는 너와 제각각 꿈이 아직 깨지 않은 것 아닌가! 나아가 저이는 몸을 놀램은 있어도 마음을 손상함은 없어,[67] 아침으로 [갑자기] 쓰는 무덤은 있어도 정情으로 죽음은 없다. 맹손 씨는 특히 깬 상태로, 타인이 곡하니 역시 곡을 했지만, 이는 저이의 그다움에서 비롯했다. 한편, 서로 어울려서 내가 갈 따름이니, 내가 간다고 내가 말하는 데를 어찌 알겠는가? 나아가 네가 꿈에 새가 되어 하늘로 올라가거나, 꿈에 물고기가 되어 연못 깊이 내려가는데, 지금 [꿈을 대상으로 메타(상급) 차원에서] 말하는 자를 의식하지 못한다면, 깬 것인가, 꿈꾸는 것인가? 길러서 맞춤하게 만듦은 [자발적인] 웃음만 못하고, [천진하게] 드러내고 웃는 것은 [하늘의] 안배에 미치지 못하니, [하늘이] 안배한 바를 편안히 받아들이고 [현상적] 화함을 없애면, 적막한 하늘에 곧바로 들어 하나다."

顏回問仲尼曰:「孟孫才, 其母死, 哭泣無涕, 中心不戚, 居喪不哀。無是三者, 以善處喪蓋魯國。固有無其實而得其名者乎? 回壹怪之。」仲尼曰:「夫孟孫氏盡之矣, 進於知矣。唯簡之而不得, 夫已有所簡矣。孟孫氏不知所以生, 不知所以死, 不知就先, 不知

---

67 강희자전 '駭(해)' 자 풀이의 대종사 편 용례(且彼有駭形而無損心)에 붙은 다음과 같은 주註를 참조: "변화를 몸을 놀라게 해서 움직임으로 여길 뿐, 그러므로 죽음과 삶이 그 마음에 피해를 끼칠 수 없다(以變化爲形之駭動耳, 故不以死生損累其心)."

就後，若化爲物，以待其所不知之化已乎！且方將化，惡知不化

哉？方將不化，惡知已化哉？吾特與汝其夢未始覺者邪！且彼有駭

形而無損心，有旦宅而無情死。孟孫氏特覺，人哭亦哭，是自其所

以乃。且也，相與吾之耳矣，庸詎知吾所謂吾之乎？且汝夢爲鳥而

厲乎天，夢爲魚而沒於淵，不識今之言者，其覺者乎，夢者乎？造

適不及笑，獻笑不及排，安排而去化，乃入於寥天一。」

직전 대목에 이어 상례를 다루고 있다. 우선, 이 대목 도입부가 **논어**
옹야 편에 있는 다음 구절을 배경으로 한 것이라고 이해할 때, 공자가
맹손재의 상례를 일러 왜 이미 '허술한(簡)' 데가 있다는 말로 상찬했는
지를 이해하기가 쉽다.

중궁이 자상백자를 묻자, 공자 가라사대: "되긴 됐는데 허술하다." 중궁
가로되: "속으로 늘 삼가되 허술함을 행함, 이로써 인민을 대하면, 안 되
겠습니까? 속으로 허술하고 행하는 것도 허술하면, 너무나 허술한 것 아
니겠습니까?" 공자 가라사대: "옹의 말이 옳다."

仲弓問子桑伯子，子曰：「可也簡。」仲弓曰：「居敬而行簡，以
臨其民，不亦可乎？居簡而行簡，無乃大簡乎？」子曰：「雍之言
然。」

나아가 **논어**의 이 대목이 기대고 있을, 1장의 서론에서 공자가 수집
하여 서恕 하나로 꿴 선왕지도先王之道 데이터가 집성되어 있는 곳이
라고 한 **서경**의—구체적으로는 순전, 대우모, 고요모 편의—관련 대목
을 참조하건대, 아랫사람을 "허술하게(以簡)" 대하는 것은 지배하는 자
의, **논어**에 있는 중궁의 저 발언에서 보는 것처럼 '오만하지 않도록 스

스로 삼가라'는 단서가 붙어 있는 전통적 덕목이다. 그리고 이런 맥락에서 본, 안회의 의문에 대한 공자의 해명 요지는, 보통은 상례를 탁월하게 치르고 싶어도 허술함의 덕이 없어 그렇게 하기 어렵지만 맹손재는 이미 허술함의 덕이 있어 탁월한 상례를 치렀고 이를 다른 사람들이 알아보고 온 나라가 상찬했다는 것이다.

한편, 맹손재의 허술할 줄 앎은 그 자신의─5-14절에서 해설한 바와 같은─'물화物化'에도 적용될 터, 꿈을 꾸거나 하여 자신의 유아론적 관점이 바뀌고 그에 따라 다른 '물物'로 화하는 경우에도 이를테면 '화하는 원인'에 대해 허술하여 그가 모르는 바의 화함에 기대면 그뿐이라고 하고 있는데, 공자의 맹손재 이야기가 허술함의 덕에서 여기에 이르는 과정을 뜯어보는 데 핵심적 단서가 되는 곳이 '맹손재는 어찌 죽고 사는지를 모른다(孟孫氏不知所以生, 不知所以死)'는 구절이다. 그리고 맹손재가 다른 모든 가치가 여기에 따라 측정된다고 해도 과언이 아닐 죽음과 삶이 어찌 좌우되는지를 알지 못한다는 것은 '삶의 우선 순위를 정하지 못함(不知就先, 不知就後)'을 뜻한다. 나아가, 태어나려 해서 태어난 것이 아닌 것과 마찬가지로 죽지 않으려 해도 죽게 되는 경위는 모르지만 생사를 좌우하는 원인에 의존해서 태어나고 죽는 것처럼, 맹손재는 '물화物化' 일반에 대해서도, '나의 기댐이 나를 움직이나, 내가 무엇에 기대고 있는지는 모른다'는 뜻으로 반문하고 있다고 5-13절에서 해설한 그림자처럼, '자기가 모르는 바의 화함에 의존할 수 있으니 이를 활용하면 그만(以待其所不知之化已乎)!'이다. 이는 물론, 물화들 가운데 물화의 성격을 가장 선명하면서도 특이하게 드러내는 것이 '잠들어 남(出)'과 '깨어 듦(入)', 즉, 꿈꾸기의 시작과 각성에 비유된 출생과 죽음의 변화임을 전제한 추론이다. 반대로, 화할 수 없는데 화하려 하고 이미 화했는데 화하지 않으려 하는 것은 태어나고도 태어나지 않으려

하거나 죽을 것인데도 죽지 않으려는 것과 다름이 없으니, 이런 의향을 내보이는 것은 자신이 일종의 꿈에서 아직 깨어나지 못했음을 고백하는 것과 마찬가지가 된다. 하여 공자는 자신과 안회가 꿈에서 깨지 못한 것이 아닌지 한탄조로 묻는다.

방금 뜯어본 이야기에서 조금 물러서서 개관하면 맹손재의 모친상을 바라보는 두 가지 다른 시각의 대조에서 시작하여 공자·안회의 꿈과 맹손재의 각성의 대조에 이르는 이야기가 되는데, 이는 사실, 5-14절에서 다룬 호접몽 이야기의 속편이라 할 만하다. 그런데 여기서 새로 강조된 점이, '물화物化'가, 원인을 통제하여 조절할 대상이 아닌데 그렇게 하려는 것은 미망이라는 것이다. 나아가, 죽음이 대표하는 물화를 물화로 담백하게 받아들이고, 모친상 치르는 모습에서 보는 것처럼, 허술하게 대처하는 맹손재는, 비록 육체를 입었으나 감정으로 상하는 일은 없어 죽음에 대해서도, 8-6절에서 해설한 뜻으로 '무정無情'하다는 것이다. 즉, '갑자기 죽는 일은 있어도 정情으로 해를 입고 죽는 일은 없다(有旦宅而無情死)'는 것이니 그는 출생과 죽음을 편안히 명命에 맡겨 '애락哀樂이 들지 못하는(哀樂不能入)' 현해縣解의 경지에 있다 해야 할 것이다. 그런데 이렇게, 정으로 죽는 일은 없다고 한 다음에는 맹손재가 '특히 깨어 있다'는 이야기로 현해 이전의 꿈과 현해에 이르는 각성의 대조가 시작되는데, 이 대조를 표현한 문장들의 졸역에 대해서는 약간의 설명이 필요하다.

"맹손 씨는 특히 깬 상태로, 타인이 곡하니 역시 곡을 했지만, 이는 저이의 그다움에서 비롯했다(孟孫氏特覺, 人哭亦哭, 是自其所以乃)" 가운데 마지막 토막과 여기에 이어지는 "한편, 서로 어울려서 내가 갈 따름이니, 내가 간다고 내가 말하는 데를 어찌 알겠는가(且也, 相與吾之耳矣, 庸詎知吾所謂吾之乎)?"가 설명이 필요한 졸역인데, 우선, 전자의 졸역은, 문제 구절의 마지막 한자 "乃내"를—**강희자전**의 '내 乃' 자 풀이를 참조하여—'저(彼)'로 대체하여 읽고 두 번째 한자 "자自" 는 유래를 나타내는 전치사로 본 결과이다. 후자의 졸역은, 보통 동사로 취급하는 "오吾"와 허사로 취급하는 "지之"를, 각각 차례로, 주어와 동 사로 본 결과인데, 이들 졸역은 난해해 보이는 이 두 대목이 어떻게 맹 손재와 공자를 대조하는지를 밝혀준다. 즉, 맹손재가 타인들과 어울리 느라 그들처럼 곡을 하는 것이 그다움에서 유래하는 자적自適임과는 달 리, 남들과 어울려 가는 공자는 자기가 간다고 말하는 방향이나 목적지 를 알 수 없다는 것이다; 공자의 행함은, 맹손재의 행함처럼 자기에게 달린 것이 아니라, 남들과의 어울림에 달린 만큼 어찌 스스로 안다 할 수 있겠느냐는 것이다. 나아가, 이런 졸역은 그 다음에 나오는, 스스로 는 역시 '나'인 네가 꿈에 된—'물화物化'를 거쳐 변신한—'하늘 올라가는 새'와 '물 깊은 데로 내려가는 물고기'의 이야기가 한층 자연스럽게 들 리도록 해주는데, 다음은 이 물화 이야기에 비추어 해석한 '남들과 어울 려 가니, 내가 간다고 하는 데가 어디인지 모른다'는 고백의 뜻이다.

공자의 고백 말씀을 이어지는 말씀과 함께 새겨보면 우선, 꿈에서 새가 된 '네'가 과연 하늘 높은 데로 가는지, 꿈에서 물고기가 된 '네'가 깊은 물로 가는지 알 수 없다. 혹은, '내'가 깨어 있다고 믿는 상태가 하 늘로 날아오르는 새의 꿈 속인지 물 깊은 데로 내려가는 물고기의 꿈 속 인지 알 수 없다. 그런데 이야기는 이런 제물론 편 호접몽 수준에서 더 나아가, 더불어 가는 내가 가는 곳이 더불어 가는 이들과의 어울림에 달 린 것과 마찬가지로, '내'가 말로 의미하는 바는, '나'와 언어를 나란히 나누고 있는 언중이 그 말로 의미할 법한 바에 달렸고, 이런 만큼, 5-14 절에서 해설한 제물론 편에서 본 것과 같은 유아론적인 세계에 갇힌 채 로 물화物化하는 물物에 그치면 스스로 깨어 있다고 믿는 '내'가 어디 간다는 말로 의미하는 바도 알 수 없다는 것으로 발전해 있다.

달리 말해, 5-14절의 호접몽 해설에서 지적한 것과 같은, 꿈 속에서 하늘로 오르고 물 밑으로 내려간 '나'에게 이를테면 '잠자는 동안 그대는 내 곁에 주욱 있었다'고 말해 줄 대화 상대자가 '언어'를 매개로 도입되고 있다는 것인데, 단적으로, 공자는 '내가 가는 곳'이 불명한 것이 아니라 '내가 간다고 내가 이야기하는 곳'이 불명하다고 이야기한다. 즉, '네'가 새가 되고 물고기가 된 꿈에서, 그리고 '내'가 태어나 꾸게 된 '삶이라는 꿈'에서 그 꿈의 메타(상급) 차원을 언중과 함께 나누는 말을 통해 확보하지 못할 때는 내가 깨어 있다고 믿는 상태가 꿈 속인지 아닌지를 알기는커녕 회의할 수도 없지만, 메타 차원을 말로 확보한다면 '호접몽 이야기'에 새로운 국면이 전개된다는 것이다. 그리고 이는 곧, 꿈 자체와는 구별되는 '꿈에 관한, 메타 차원의 이야기'를 하고 듣는, 이 대목의 "나(吾)"와 "너(汝)"가 환유하는 언중을 의식하는, 말에 대한 성찰을 통해 호접몽의 유아론에서 탈출할 길을 대종사 편 저자가 열고 있다는 이야기가 되겠는데, 이런 해석은 특히 공자 자신과 안회가, 맹손재와는 다르게, 꿈에서 깨지 못한 상태 아니냐는 이야기를 마무리하는 수사적 질문, "지금 [꿈을 대상으로 메타(상급) 차원에서] 말하는 자를 의식하지 못한다면, 깬 것인가, 꿈꾸는 것인가(不識今之言者, 其覺者乎, 夢者乎)?"가 잘 뒷받침해 준다.

한편, 공자의 눈에 맹손재는 특히 깨어 있다. 그는 유아론의 세계에서 벗어나, 남이 곡하면 그도 곡한다. 단, 그다움으로 말미암아 곡한다. 그런데 그가 이렇게 곡하도록 만드는 것은, 그가 다른 이와 공유하고 있음을 알고 또, 허술한 상례에서 보는 것처럼, 탁월하게 구사할 줄 아는 실천 언어다. 그래서 그가 모친상을 잘 치렀다는 칭송이 노나라를 덮은 것이다. 즉, 그의 실천 언어는 꿈을 꿈의 메타(상급) 차원에서 언중과 함께 나누는 대상으로 취급하기 때문에 유아론을 탈피하여 타자와 화합할 길을 열고 있는 언어이다. 그리고 이렇게 꿈을 대상으로 취급한다면, 경험적 현실의 꿈 너머에서, 4-8절에서 이야기한 바와 같은 논리에 의해, 꿈 바깥의 '경계 없는 하나하나'를 참조항으로 요청하게 될 터이나, 이는 하늘이 아니면 응할 수 없을 요청이다. 하여 결론적으로, 이 대목의 물화 이야기는 호접몽 이야기를 한 단계 더 밀고 나가, 역시 4-8절에서 이야기한 '현상계 안에서 그 너머의 하늘을 참조해야 하는 인간 조건'을 지양하는 말 길을 열고 있다 하겠다. 그리고 이렇게 볼 때, 이 대목 마지막 문장의 모호함도 썩 걷힌다.

지금까지의 장자 해설에도 불구하고 여전히 난해한 대목이 맨 마지막 문장의 첫 두 구절인데, 그 다음 두 구절은, 방금 한 것을 포함하여 지금까지 해온 **장자** 해석에 근거한다면, 하늘의 명을 편안하게 받아들여, 꿈인지 생시인지조차 모르고 겪는 '물화物化'를 지양하면 곧, 고요한 하늘에 들어 '경계 없는 하나하나'와 하나가 될 것이라는 뜻으로 풀게 된다. 즉, 양생주 편에 이어 본 편에서 이야기된 현해縣解의 경지, 즉 "[얻을] 때 됨에 편안하고 [잃을] 순서에 편히 처하면, 슬픔이나 기쁨이 들어오지 못하는 것임(安時而處順, 哀樂不能入也)"을 확인한 성인의 경지를 변주한 표현으로 풀게 되는데, 보다 구체적으로는 "안배安排"와 "안시安時"의 은유적 등가성을 통해 "배排"를 하늘의 안배에 따라 도래한 부득이한 때와 순서를 환유하는 것으로 이해하게 된다. 사실, 성인 자신이 나온 하늘로 돌아갈 순서가 되어 돌아가는데 편안하지 않으면 어쩔 것인가? 그리고 이렇게 풀 때, 그 직전의 난해한 두 구절 중 후자는 자연히 터지는 웃음이 자기를 드러내는 웃음이라는 점에서, 자기를 잃고 도달하는, "애락哀樂(슬픔과 기쁨)"이 들지 못하는 '현해'의 경지만 못하다는 뜻으로 풀게 된다. 한편, 난해한 두 구절 중 전자에 대해, 방금 이야기한, 꿈을 대상으로 취급하는 언어의 메타(상급) 차원을 적용하면, 적절해지려고 애써 조성한 화락은 꿈에 갇힌 자신을 꿈의 메타 차원에 놓을 줄 모르지만, 웃음은, 애써 이룬 인위적 화락도 대상으로 삼는 꿈 바깥의 메타 차원에서 터지는 것인바, 윗길임의 표지라는 이야기가 된다. 간단히 말해, 꿈 속에서 애쓰는 자는 꿈 바깥에서 웃을 수 없다. 그렇지만, 웃는 자의 '자기(己)'와 분리되지 않는 웃음으로는, 꿈 바깥이긴 해도, 현해의 경지에 달할 수 없다. 나아가, 애락이 미치지 못할 경지에서 죽음을 순순히 받아들이는 현해는 하늘 창고의 '경계 없는 하나하나'와 하나 될 때 완성될 경지다. 오직 하나이기 때문에, 서로 다른 둘이나 다수의 소란함이 없어서 적막할 따름인 하늘, 울음도 웃음도 들리지 않는 하늘에 들어 완성하는 경지인 것이다.

9-8.

의이자가 허유를 뵙자, 허유 가로되: "요임금은 그대에게 뭐라 가르치던고?" 의이자 가로되: "요임금은 저에게 일렀습니다: '너는 반드시 몸소 인의에 따르고, 명확한 말로 시비를 가려라.'" 허유 가로되: "그대는 무엇 때문에 이 몸에게 왔는가? 요임금이 이미 인·의로써 그대를 자묵하고, 그대의 코를 시·비로 베었으니, 그대는 건들건들 나슨함과 방자함과 나뒹굴어 옮김의 저 길에서 어찌 놀 수 있을까?" 의이자 가로되: "그럼에도, 저는 그 경계에서 놀고 싶습니다." 허유 가로되: "아니다. 눈 멀면 미목과 얼굴 생김새의 빼어남과 상관이 없고, 눈동자 없으면 청·황색 보불의 구경거리와 상관이 없다." 의이자 가로되: "무장은 그 아름다움을 잃고, 거량은 그 힘을 잃고, 황제는 그 앎을 잃었는데, 다 [조물주의] 용광로와 망치 사이에서 잃었습니다. 조물주가 저의 자묵에 새살 돋게 하시고 베인 코를 고쳐주지 않으실 것임을 어찌 알겠으며, 저를 온전

함에 태워 선생을 따르게 해주지 않으실지 어찌 알겠습니까?" 허유 가
로되: 아! 아직 알 수 없긴 하다. 내가 너를 위해 그 대략을 말한다. 우리
스승이여! 우리 스승이여! 만물을 제어하는데 의롭다 하지 않고, 혜택이
만세이 미치는데 어질다 하지 않고, 상고보다 오래인데 늙었다 하지 않
고, 덮고 실어 주는 천지에서 뭇 모습을 조각하는데 공교롭다 하지 않는
다. 여기는 노는 데일 따름이다.

意而子見許由, 許由曰:「堯何以資汝?」意而子曰:「堯謂我:
『汝必躬服仁義, 而明言是非。』」許由曰:「而奚為來軹? 夫堯
既已黥汝以仁義, 而劓汝以是非矣, 汝將何以遊夫遙蕩、恣睢、
轉徙之途乎?」意而子曰:「雖然, 吾願遊於其藩。」許由曰:
「不然。夫盲者無以與乎眉目顏色之好, 瞽者無以與乎青黃黼黻之
觀。」意而子曰:「夫無莊之失其美, 據梁之失其力, 黃帝之亡其
知, 皆在鑪捶之間耳。庸詎知夫造物者之不息我黥而補我劓, 使我
乘成以隨先生邪?」許由曰:「噫! 未可知也。我為汝言其大略。
吾師乎! 吾師乎! 韲萬物而不為義, 澤及萬世而不為仁, 長於上古
而不為老, 覆載天地、刻彫眾形而不為巧。此所遊已。」

4-4절에서 해설한 제물론 편에 나오는, 허유에게 양위하려는 요임
금과 이를 거부하는 허유의 대조, 제상을 차리는 요리사와 '노는(遊)' 시
尸·축祝의 대조가 도道와 관련하여 되풀이된 대목이다. 단적으로, 4-7절
의 해설에서 부각한 "이리저리(彷徨)·건들건들(逍遙)" 플랫폼으로 옮
겨 가길 원하는 의이자에게 허유가 "우리 선생님(吾師)"을 소개하는 대
목인데, 그의 '우리 선생님' 묘사가 9-3절에서 해설한 대목에 있는 도 묘
사와 일치하여 대종사라는 편명이 9-2절에서 해설한 대로 도를 뜻하는

것임을 다시 한번 분명히 해준다.[68] 그런데 한층 중요하게는, 9-6절에서 이야기한 바와 같은 장자의 성취가 다시 한번 뚜렷한 대목이라는 것이다. 그리고 이런 관점에서 주목해야 할 이 대목의 요점은, 신인神人들이 사는 막고야 산과 통할 길이 없는 이들에게도 그곳에 접근하여 참조할 방도가 있다는 것이니, 아래 인용한 '마르코의 복음서' 한 대목에 등장하는 이방인 여인처럼 조물주에 대한 희망 어린 믿음을 견지하며 허유같은 성인을 성심껏 조른다면, 4-8절 해설에서 끌어와 전 절에서 논급한 '현상계에서 풀려날 길이 없음에도 불구하고 그 너머의 도를 참조해야 하는 인간 조건'을 지양할 길이 열리리라는 것이다.

예수께서 그 곳을 떠나 띠로 지방으로 가셨다. 거기서 어떤 집에 들어가 아무도 모르게 조용히 계시려 했으나 결국 알려지고 말았다. 그래서 악령이 들린 어린 딸을 둔 어떤 여자가 곧 소문을 듣고 예수를 찾아와 그 앞에 엎드렸다. 그 여자는 시로페니키아 출생의 이방인이었는데 자기 딸에게서 마귀를 쫓아내 달라고 간청하였다. 그러나 예수께서는 "자녀들을 먼저 배불리 먹여야 한다. 자녀들이 먹는 빵을 강아지들에게 던져 주는 것은 좋지 않다." 하고 말씀하셨다. 그래도 그 여자는 "선생님, 그렇긴 합니다만 상 밑에 있는 강아지도 아이들이 먹다 떨어뜨린 부스러기는 얻어먹지 않습니까?" 하고 사정하였다. 그제야 예수께서는 "옳은 말이다. 어서 돌아가 보아라. 마귀는 이미 네 딸에게서 떠나갔다." 하고 말씀하셨다. 그 여자가 집에 돌아가 보니 아이는 자리에 누워 있었고 과

---

68 9-3절에서 해설한 대목에 이어 이 대목에서 되풀이된 도道에 대한 장자의 묘사는 기독교의 창조주를 연상케 하는데, 다른 점은 도의 활동을 '놀이'로 본 데 있다. 그리고 이런 독특한 신관神觀은 장자가 추천하는 통치 플랫폼, 즉 '건들건들(逍遙)' 플랫폼과 겹친다.

연 마귀는 떠나가고 없었다.[69]

9-9.

안회 가로되: "회가 나아졌습니다." 중니 가로되: "무슨 말인가?" 가로되: "인의를 잊었습니다." 가로되: "됐으나, 아직 아니다." 다른 날에 다시 뵙고, 가로되: "회가 나아졌습니다." 가로되: "무슨 말인가?" 가로되: "예악을 잊었습니다." 가로되: "됐으나, 아직 아니다." 다른 날에 다시 뵙고, 가로되: "회가 나아졌습니다." 가로되: "무슨 말인가?" 가로되: "회가 앉아 잊었습니다." 중니가 삼가는 모습으로 가로되: "앉아 잊었다니 무슨 말인가?" 안회 가로되: "지체를 떨어뜨리고, 총명을 뽑아버리고, 몸을 떨구고 앎을 버리며, 크게 두루 미침과 같음, 이를 좌망이라 합니다." 중니 가로되: "같으면 선호가 없고, 화하면 늘 그러함이 없다. 너는 과연 현명하겠다! 저 구丘는 좇겠고 뒤따르겠습니다."

顏回曰：「回益矣。」仲尼曰：「何謂也？」曰：「回忘仁義矣。」曰：「可矣，猶未也。」他日復見，曰：「回益矣。」曰：「何謂也？」曰：「回忘禮樂矣。」曰：「可矣，猶未也。」他日復見，曰：「回益矣。」曰：「何謂也？」曰：「回坐忘矣。」仲尼蹴然曰：「何謂坐忘？」顏回曰：「墮肢體，黜聰明，離形去知，同於大通，此謂坐忘。」仲尼曰：「同則無好也，化則無常也。而果其賢乎！丘也請從而後也。」

---

69 인용문은 **공동번역 성서**의 '마르코의 복음서' 7장 24-30절. 같은 책, '마태오의 복음서' 15장 21-28절에 유사한 장면이 있으나, 거기서는 끈질기게 간청하는 여인을 "가나안 여자"라고 소개한 반면에 여기 인용된 '마르코의 복음서'는 "시로페니키아 출생의 이방인"이라고 소개하고 있는 데서도 '마르코의 복음서' 기사가 원본이거나 기사 원형에 보다 가깝다는 점을 엿볼 수 있다.

9-5절에서 해설한 대목에서 쇠를 다루는 대장장이에 비유된 조물주를 연상케 하는 전 절의 이야기, 즉, 의이자가 허유에게 가르침을 베풀 것을 호소하며 한, 미인이던 무장과 장사이던 거량과 지혜롭던 황제가 각각 아름다움과 힘과 앎을 잃은 것은, 망치를 든 대장장이가 쇠를 녹이는 화로 곁에서 쇠를 벼리듯, 조물주가 이들을 새롭게 벼리는 과정에서였다는 이야기에 이어지는 것이 이 대목의 '좌망坐忘' 이야기다. 안회가 '좌망'의 경지에서 그것과 일치하게 된 도道는, 허유가 의이자에게 이야기한 대로, 시간 이전부터 있었고 자신이 창조한 천지만물의 바른 운행과 관련하여 엄청난 혜택을 베풀어 왔으면서도 어질거나 의롭다거나 늙었다거나 공교롭다고 말해지지 않는, 목적 없이 노는, 불변의 존재일 터이다. 덧붙여, 문자 그대로는 '앉아 잊는다'가 되는 '좌망坐忘'이 반대로 은유하는 것이 7-2절에서 제물론 편의 "보광葆光(빛의 갈무리)"에 연결하여 해설한 "좌치坐馳(앉아 내닫는다)"인데, '좌치'와의 이런 관계에 비추어 본 좌망은, 석연하지 않은 바를 앎으로 끝내 밝히려는 충동을 버린 경지다. 하기야 앎을 버린 경지가 좌망이라 하니, 더 말해 무엇하랴.

9-10.
자여가 자상과 사귀는데, 장맛비가 열흘 동안 내렸다. 자여 가로되: "자상은 아마 병들었겠네!" 밥을 싸 가서 그를 먹일 것이었다. 자상네 문에 이르자, 노래 같기도 하고 곡소리 같기도 한데, 금을 두드리며 가로되: "아버지시여 어머니시여! 하늘이여 사람이여!" 제 가락에 붙이지 못해, 가사만 서둘러 읊조리는 것이었다. 자여가 들어가, 가로되: "그대가 시가를 노래하는 것이, 어찌 이런 꼴인가?" 가로되: "내가 나를 이런 극단에 이르도록 한 것을 생각했으나 찾지 못했네. 부모가 어찌 나의 가난을 바랐겠는가? 하늘은 사사로이 덮지 않고, 땅은 사사로이 싣지 않는데,

천지가 어찌 사사로이 나를 가난케 하였겠는가? 이렇게 만든 것을 찾았으나 찾지 못했네. 그렇지만 이런 극단에 이른 것, 명이 아닐까!

子輿與子桑友, 而霖雨十日。子輿曰：「子桑殆病矣!」裹飯而往食之。至子桑之門, 則若歌若哭, 鼓琴曰：「父邪母邪! 天乎人乎!」有不任其聲, 而趨舉其詩焉。子輿入, 曰：「子之歌詩, 何故若是?」曰：「吾思乎使我至此極者而弗得也。父母豈欲吾貧哉? 天無私覆, 地無私載, 天地豈私貧我哉? 求其為之者而不得也。然而至此極者, 命也夫!」

이 대목에 대해 우선 이야기해 두어야 할 점은, 막고야 산 바깥에서 보는 막고야 산은 원인론적 오리무중임을 보여주는 대목이라는 것이다. 비슷한 이야기로, 구약 욥기의 욥이 자신이 겪는 끔찍한 곤란의 원인을 어찌 상상이나 할 수 있겠는가? 그런데 욥기의 하늘 위 어전과 하늘 아래를 가르는 경계는 대종사 편 이 대목에서도 여실하다. 그럼에도 불구하고, 이런 오리무중의 장벽 너머로 마음을 뻗치는 한 가지 방법을 이 대목은 보여준다. 즉, 이 대목의 자상은 극심한 곤란에 처했음에도, 처한 곤란을 원인론적으로 짚어보는 동안, 자신을 낳은 부모와 천지의 선의에 대한 믿음은 흔들리지 않도록 지킨 덕분에 '도道의 명이 아닐까' 하는 결말에 달했다. 이렇게 한 덕분에, 직전 대목의 허유와 같은 성인의 인도가 없었는데도, 막고야의 산을 더듬어, 희미하게나마, "명命"을 참조할 수 있었던 것이다. 나아가, 9-5절에서 장자가 이야기하는 현해縣解의 자유가 그것에 다름 아니라고 해설한 순명은, 여기에서 보듯이, 명을 주재하는 이의 선함에 대한 믿음 없이는 그 의미를 잃는다. 단적으로, 그가 점지한 늙음과 죽음도 그가 준 생명 못지 않게, 9-2절과 9-5절에서 해설한 대목의 화자와 자래가 말한 대로, 좋은 것이다. 현해의 자유와 동일시된 순명은 이런 '진실로 좋음'의 선택이다.

제 10 장

응제왕 편

10

10-1.

설결이 왕예에게 묻는데, 네 번 물었으나 네 번 몰랐다. 설결이 이에 날뛰며 크게 기뻐하고, 포의자에게 가서 이를 고했다. 포의자 가로되: "그대는 이제야 그것을 아는가? 유우씨가 태씨만 못하다. 유우씨, 어짊을 품고 사람들을 불러, 곧 사람들을 얻었지만, 사람들 비난하는 일은 그만두지 못했네. 태씨, 그의 누움은 안온하고, 그의 깸은 벙벙했으며, 한번은 스스로를 말로 여겼다가, 한번은 스스로를 소로 여겼고, 진실로 믿음직한 앎이 있고, 매우 참된 덕이 있었지만, 사람들을 비난하는 데 들지 않았네."

齧缺問於王倪，四問而四不知。齧缺因躍而大喜，行以告蒲衣子。蒲衣子曰：「而乃今知之乎？有虞氏不及泰氏。有虞氏，其猶藏仁以要人，亦得人矣，而未始出於非人。泰氏，其臥徐徐，其覺于于，一以己為馬，一以己為牛，其知情信，其德甚真，而未始入於非人。」

설결이 왕예에게 네 번 묻는 장면은 제물론 편에, 구체적으로는 5-11절에서 해설한 대목에 있다. 여기서는 '왕예가 네 번 몰랐다'고 단순하게 이야기되어 있지만, 제물론 편 저 대목의 왕예는 세 가지 질문에 대해 "내가 어찌 그것을 알겠느냐(吾惡乎知之)!"라고 답하고, 마지막 질문에 대해서는 전제가 틀렸다는 취지로 답한다. 두 대목의 이런 차이에 비추어, 왕예가 네 번 몰랐다고 설결이 기뻐 날뛴 것으로 돼 있는 것은, 그에게 포의자가 이야기하는 바와 같은 앎이 없음을 뜻한 설정, 또는, 제물론 편으로 돌아가면, 애초 왕예의 대답을 제대로 이해하지 못했음을 뜻한 설정이겠다. 물론, 설결의 태도에 대한 이런 해석은, 그가 고한 바가 제물론 편의 저 문답임을 전제한 것이다.

한편, 여기 등장하는 유우씨는 순임금인데, 그가 인심을 얻어 새 시대를 열긴 열었지만, 태씨의 정치적 지혜와 덕에는 미치지 못하는 것으로 되어 있다. 그리고 이런 비교를 쫓아가 보면, 타인을 비난으로 부인하는 일이 있었는지 없었는지에서 갈리는, 두 씨氏의 질적 차이로 귀결된다. 그런데 순임금과는 달리 태씨가 타인을 비난하는 일에 관여한 적이 없었음에도 순임금의 업적을 뛰어넘는 새 질서를 개창할 수 있었던 것은 '그의 물 됨(其爲物)'이 자신의 유아론적 관점을—'그의 사람됨(其爲人)'과 대칭적 은유 관계에 있는 '그의 물 됨'은 9-4절에서 해설한 바 있고, '물의 유아론적 관점'은 5-14절에서 조명한 바 있다—자유롭게 조절하여 말이 되었다가 소가 되었다가 할 수 있는 것이었기 때문이다. 그리고 이런 '그의 물 됨'의 전제가 되는, 9-8절 해설에서 재차 언급한 이리저리(彷徨)·건들건들(逍遙) 플랫폼을 환유하는, 태씨의 거조에 대한 묘사가 "그의 누움은 안온하고, 그의 깸은 벙벙하다(其臥徐徐, 其覺于于)"이다. 아니나 다를까, 이다음 대목은 유우씨류 플랫폼과 '건들건들(逍遙)' 플랫폼에 다름 아닌 태씨류 플랫폼을 천하 통치의 측면에서 대조하고 있다.

10-2.

견오가 미친 접여를 뵈었다. 미친 접여 가로되: "전에 중시가 그대에게 뭐라 하던가?" 견오 가로되: "저에게 알려주기를: 사람들을 다스리는 자, 스스로에게서 낸 원칙과 법식과 마땅함과 그 적용 기준을 쓰면, 감히 듣지 않는 사람이 없고 거기 동화될 것이다!" 미친 접여 가로되: "이는 덕을 속이는 것이다. 천하의 다스림에 대한 그의 접근은, 바다를 걷고 큰 강 파는 것 비슷하고, 모기로 하여금 산을 지게 하는 것과 비슷하다. 성인의 다스림이라는 것이, 바깥을 다스리는 것인가? 바르게 한 다음 바라는 바를 바르게 추구하니, [발탁한 자가] 제 일을 감당할 수 있음이 확실하면 그만인 것이다. 새가 높이 떠 줄 달린 화살의 해를 피하고, 생쥐가 굴을 파 신령한 언덕 아래로 들어, 연기를 피우고 굴을 파서 사냥하는 경우의 화를 피하니, 그대가 설마 [이] 두 짐승을 모를까!"

肩吾見狂接輿。狂接輿曰:「日中始何以語女?」肩吾曰:「告我: 君人者, 以己出經式義度, 人孰敢不聽而化諸!」狂接輿曰:「是 欺德也。其於治天下也, 猶涉海鑿河, 而使蚉負山也。夫聖人之治 也, 治外乎? 正而後行, 確乎能其事者而已矣。且鳥高飛以避矰弋 之害, 鼷鼠深穴乎神丘之下, 以避熏鑿之患, 而曾二蟲之無知!」

이 대목의 접여는 인간세 편 마지막에 공자를 두고 노래하는 초나라 광인과 동일한 인물로 설정된 것일 터인데, 그가 중시의 법치를 비판하면서 그 단서로 쓴 '덕'은 바로 인간세 편 저 대목에서도 환유적 연쇄의 단서로 기능한 바로 그 덕이다. 즉 거기서와 비슷하게 여기서도 덕은—겉과 속을 대조한 덕충부 편에서 이야기된 대로, '속'으로 바르게 한 다음 '겉'으로 행해야지—겉으로 번드르르한 법도를 내세워서는 천하 다스리는 일이 되지 않는다는 경계를 환유하는 단서로 기능하고 있다. 그리고 이런 경계는 '속으로 덕이 가득하여 겉으로 드러나는 부호'로서의—즉, 덕충부德充符로서의—성인이, 4-3절에서 해설한 바와 같은 '바름(正)'을 성사成事의 전제가 되는 데이터 중의 데이터로 삼아 천하를 다스리는 성취에 성공한다는 이야기로 환유된다. 그리고 이런 이야기 끝에 4-7절에서 해설한 소요유 편의 살쾡이와 족제비의 만족 추구 플랫폼 속에 도사린 위험을 반대로 은유하는, 새나 생쥐 같은 보잘 것 없는 생물들도 다 나름의 지혜가 있음을 알고 이들의 만족 추구를 방임하는 통치 플랫폼이 보장하는 안전함을 모르느냐고 수사적으로 물어, 스스로 제정한 법도와 그 옳음을 내세우는 통치 플랫폼을 버리는 대신, 직전 대목의 태씨가 선택한 자유방임적 통치 플랫폼으로 나아갈 것을 권유하고 있다. 끝으로 덧붙여, 졸역 가운데 두 군데를 해명해 둔다.

우선, 견오가 옮기고 있는 중시의 말 가운데 "원칙과 법식과 마땅함과 그 적용 기준을 스스로 내면(以己出經式義度)"의 목적어구인 "경식의도經式義度"에 대한 해석은, 한대漢代 이전 문헌에서 '경식經式'과 같은 쌍음절 단어나 '경·식·의·도'의 네 자로 가능한 순열 조합의 다음절 단어의 용례를 발견하지 못하여 단음절 단어 넷을 늘어놓은 것이라고 보았다. 네 자를 뭉뚱그려서 대개 법도를 뜻한 것으로 해석할 수도 있을 것이나, 졸역은 단음절 단어 하나하나의 뜻을 **강희자전** 등을 참조하여 새겼다. 구체적으로 "경經"은 '도의 늘 그러함(道之常)'으로, "식式"은 법식, "의義"는 마땅한 것으로 공유된 규범, "도度"는 규범의 적용 기준으로 새겼다. 둘째, 이 대목 맨 끝의 "그대가 설마 이 두 짐승을 모를까(而曾二蟲之無知)"는, "설마"로 옮긴 부사어 "증曾"에 관련된 양상(modality)의 아이디어를 표현하기 위해 동사 "지知"를 '불(부)不'이 아닌 "무無"로 부정했다고 보는 동시에 동사 바로 앞의 "지之"는, "지知"의 목적어인 "두 짐승(二蟲)"을 전치시켰다는 표지 기능을 하는 허사로 보고 번역한 결과이다. 물론 이 문장의 주어는 "그대(而)"이다.

10-3.
천근이 은양에서 놀다가, 요수 위에 이르렀는데, 무명인을 우연히 만나 그에게 물어, 가로되: "천하 다스리기를 여쭙습니다." 무명인 가로되: "가라! 너는 비천한 사람이다, 어찌 그것을 물어 불쾌하게 하느냐! 나는 이제 곧 조물주와 함께하여 사람들의 됨됨이를 짓는데, 질리면 [너무 높이 날아서] 아득하고도 까마득한 새를 타고, 전후좌우와 상하의 세상 경계 바깥으로 나가, 근심할 것 없는 고장에서 놀다가, 넓디넓은 벌에 자리한다. 너는 또 무슨 법으로 천하를 다스린다고 내 마음을 움직이느냐?" 또다시 물었다. 무명인 가로되: "너는 마음을 [호오가 생기기 어려운] 무미함에서 놀리고, [텅 빈] 기가 아득함에 들어맞도록 하고, 물物이 스스로 그러한 바를 좇도록 하고, 사사로움을 허용하지 않으면, 천하는 다스려지고 있을 터이다."

天根遊於殷陽，至蓼水之上，適遭無名人而問焉，曰：「請問為天下。」無名人曰：「去! 汝鄙人也，何問之不豫也! 予方將與造物者為人，厭則又乘夫莽眇之鳥，以出六極之外，而遊無何有之鄉，以處壙埌之野。汝又何帛以治天下感予之心為? 」又復問。無名人曰：「汝遊心於淡，合氣於漠，順物自然，而無容私焉，而天下治矣。」

9-8절에서 해설한 대종사 편 한 대목의 요점을 "신인神人들이 사는 막고야 산과 통할 길이 없는 이들에게도 그곳에 접근하여 참조할 방도가 있다는 것이니…'마르코의 복음서' 한 대목에 등장하는 이방인 여인처럼 조물주에 대한 희망 어린 믿음을 견지하며 허유 같은 성인을 성심껏 조른다면, 4-8절의 해설에서 (거론한)… '현상계에서 풀려날 길이 없음에도 불구하고 그 너머의 도를 참조해야 하는 인간 조건'을 지양할 길이 열리리라는 것"이라 했는데, 같은 이야기를 이 대목에 대해서도 할 수 있을 터이다. 주목할 것은 '비천한 천근'이 자신이 속한 현상계, 그 너머의 도를 참조할 수 있게 길을 열어준 이가, 허유와 같은 유명인이 아니라, 이름 없는 무명인이라는 점이다.

무명인 스스로에 대한 묘사는 이미 앞에서 여러 번 조우한 바 있는 '성인聖人', '신인神人', '지인至人', '진인眞人' 등의 모습과 겹치기 때문에 말을 더하면 췌언이 되기 십상이겠으나, 그를 지칭하여 이름이 없다는 뜻의 '무명인'이라고 한 점만은 이다음 대목의 "명왕明王(밝은 임금)"에 대한 묘사와 겹친다는 점에서 주목해 둔다.

끝으로, 무명인이 천하 통치에 대해 설한 바는, 직전 대목에 순조롭게 이어지는, 자유방임형 통치 플랫폼에 관한, 조명만 약간 달리한 설명에 다름 아닌즉, 유아론적 굴레를 벗어나기 어려운 마음을 담담하도록 닦아—7-2절에서 해설한 바와 같은—'텅 빈 기氣'로 맞는 막막할 데이터와 둘이 아닐 '물物 스스로 그러한 바'를 물이 좇도록 하여 물의 유아론적 사사로움을 허용하지 않는다면 굳이 다스리려 하지 않아도 천하는 이미 다스려져 있으리라는 것이다. 달리 말해, 어떤 인위적 개념으로도 온전히 잡히지 않아 막막하게 마련일 데이터에 충실한 자유방임적 통치가 최고의 통치라는 것이다.

10-4.

양자거가 노담을 뵙고 가로되: "여기에 어떤 사람이 있는데, 사태를 대하는 것이 빠르고 들보처럼 든든하며, 현상에 달통함이 막힘없이 밝고, 도를 배우는데 게으르지 않습니다. 이런 경우라면, 밝은 임금에 비겨질 수 있겠습니까? 노담 가로되: "이는 성인에 대해, 다스림을 보조하는 기교 계통인데, 몸을 피곤하게 시키고 마음을 졸이는 경우다. 또한 호랑이 가죽의 무늬가 사냥을 부르고, 원숭이의 날램과 들소 잡는 개가 [그 뛰어남으로] 묶는 줄을 부르는 것이다. 이런 경우, 밝은 임금에 비겨질 수 있겠는가? 양자거가 삼가는 모습으로 가로되: "명왕明王(밝은 임금)의 다스림을 여쭙습니다." 노담 가로되: "밝은 임금의 다스림, 공이 천하를 덮어도 자기에게서 나오지 않은 것처럼 보이고, 만물을 변화시켜 베풂에도 백성이 모시지 않으니, 아무도 거명하지 않는 이름을 가지고, 산 것들이 스스로 기뻐하도록 하며, 측량할 수 없는 데 서고, 무엇 없음에 달하여 노는 것이다."

陽子居見老聃曰:「有人於此, 嚮疾強梁, 物徹疏明, 學道不倦。如是者, 可比明王乎?」老聃曰:「是於聖人也, 胥易技係, 勞形怵心者也。且也虎豹之文來田, 猿狙之便、執斄之狗來藉。如是者, 可比明王乎?」陽子居蹴然曰:「敢問明王之治。」老聃曰:「明王之治, 功蓋天下而似不自己, 化貸萬物而民弗恃, 有莫舉名, 使物自喜, 立乎不測, 而遊於無有者也。」

이 대목 역시 이전 대목들에 이어 태씨류의 '소요逍遙(건들건들)' 플랫폼과 유우씨류의 법도 플랫폼을 대조하고 있다. 구체적으로 살피면, 직전 대목의 천하가 절로 다스려지는 상태가 도래하자면 없어져야 할 '사사로움(私)'은 무명인無名人의 없는 '이름'에서 환유된 것이라 하겠는데, 이 대목의 "명왕明王"에게도 "아무도 거명하지 않는 이름(莫擧名)"이 있다. 4-3절에서 해설한 소요유 편에 "지인에게는 자기가 없고, 신인에게는 공이 없고, 성인에게는 이름이 없다(至人無己, 神人無功, 聖人無名)"는 말이 나오거니와, 이런 맥락의 이름(名)은 다시 '자기 없음(無己)'의 자기(己), 나아가 '공이 없음(無功)'의 공功과 은유적 대체 관계에 있다. 아니나 다를까, 이 대목의 "명왕明王"에게도 공이 돌아가지 않아, 그의 공이 천하를 덮어도 그것이 자기에게서 나온 것처럼 보이지 않고, 그 덕분에 만사가 돌아가지만 백성은 그 덕분이라고 존대하지 않는다. 물론 이 "명왕"의 "명明(밝음)"은 3-1절에서 천하 편 서두를 해설하면서 장자의 주요 개념으로 주목한, 신神과 신명神明의 짝을 이루는 그 '명明(밝음)'이겠고 5-4절과 5-5절에서 해설한 제물론 편에 거듭 나오는, "밝음을 쓰는 것이 최선(莫若以明)"이라고 할 때의 바로 그 "밝음(明)"이겠다.

명왕明王의 통치 플랫폼은 결국, 앞에서 이야기된 '지인至人', '신인神人', '성인聖人', '진인眞人'의 통치 플랫폼에 다름 아닌데, 특히 9-1절에서 해설한 대종사 편 서두에서 이야기된, "[하늘 아래] 사는 것들과 마땅함을 나누지만, 아무도 그 기준을 모르는(與物有宜, 而莫知其極)," 그래서 전쟁을 해서 나라를 멸망시키고도 그 나라 인민의 인심을 잃지 않는 '성인'에 다름 아닌 '진인'의 '건들건들(逍遙) 플랫폼' 위에서 통치하기 때문에, '명왕'은 "측량할 수 없는 데 선다(立乎不測)." 또 그 이전에, '현상계의 물物들, 즉 산 것들이 스스로 기뻐하도록 한다(使物自喜)'는 것인데, 이는, 9-2절에서 해설한 대목에서 도입되어 9-6절에서 해설한 대목에서 되풀이된 물고기의 강호江湖 플랫폼에 비유된, 스스로가 바깥 없는 전체라서 더 옮겨갈 데 없을 도道 플랫폼 위에서 물物들이 강과 호수의 물고기들처럼 서로를 잊고 자족하도록 한다는 뜻일 터이다. 그런데 이렇게 도술을 발휘하여 도 플랫폼을 성립시키는 명왕 자신은 '아무런 목적 없이 논다(遊於無有)'는 것으로 이 대목이 마무리되고 있는데, 4-3절의, 다음과 같은 소요유 편 해설은 이 대목을 맺는 이 말의 뜻을 잘 비추어 준다.

성인이 '바르게' 천지의 기운을 제어하는 것은, 공과 이름을 포함하여, 어떤 결과를 얻으려는 것이 아니다. 성인의 이런 제어는 오히려, 목적 없이 놀기라는—장자의 어휘를 그대로 쓰면, "유遊"라는—것이다.

10-5.

정나라에 신령스러운 무당이 있어 계함이라 했는데, 사람들의 생사존 망을 알아, 화복과 수명, 여기에 관련된 시기를 해와 달과 상·중·하순과 일자까지 예측하니, 귀신 같았다. 정나라 사람들이 그를 보면, 모두 [있 는 것 없는 것 다] 버리고 도망했다. 열자가 이를 보고 심취하니, 돌아가 호자에게 이를 고하여, 가로되: "처음 저는 선생님의 도道가 지극하다 여겼는데, 오히려 더 지극한 자가 있습니다." 호자 가라사대: "내 너에 게 이미 그 무늬는 주었으나, 아직 그 알맹이는 주지 않았는데, 너는 도 를 확실히 얻었다는 것이냐? 암컷이 많이 있어도 수컷이 없는데, 하물며 거기 어떤 알이 있겠느냐! 네가 세상에 도를 주는 것이 지나치면 반드시 신표가 되고, 따라서 사람들이 너의 관상을 볼 수 있도록 해준다. 함께 한번 오면, 이것을 [즉, 도를] 그에게 내가 보여주겠다." 다음날, 열자가 그와 함께 호자를 뵈었다. 나가며 열자를 일러 가로되: "아! 그대의 선생 은 죽었으니, 생기가 없소, 수십 일 못 가오! 내가 이분한테서 이상한 것 을 보았으니, 젖은 재요." 열자가 들어와, 울며 눈물을 흘려 옷깃을 적시 며, 호자에게 이를 고했다. 호자 가라사대: "방금 내가 그에게 땅 무늬를 보여주었는데, 싹 나는 데가 우르릉거리지도 바르지도 않다. 이자가 아 마 나의 덕 가로막기를 기미로 보았을 것이다. 다시 한번 함께 오게." 다 음날, 다시 그와 함께 호자를 뵈었다. 나가며 열자를 일러 가로되: "다 행이오! 그대의 선생은 나를 만났으니. 차도가 있어, 전연 살아 있소. 내 가 선생의 가로막기가 일시적임을 보았소." 열자가 들어, 호자에게 이 를 고했다. 호자 가라사대: "방금 내가 그에게 하늘의 부드러운 흙을 보 여주었으니, 이름과 실속이 [태어날 때 거기서 나온 데로 도로] 들지 않 고, 게다가 기운이 발꿈치에서 일어난다. 이자가 아마 좋아지는 나를 기 미로 보았을 것이다. 다시 한번 함께 오게." 다음날, 다시 그와 함께 호자를 뵈었다. 나가며 열자를 일러 가로되: "그대의 선생은 고르지 않으니, 내가 이분 상을 볼 수가 없소. 고르도록 해보고, 다시 상을 보겠소." 열자가 들어, 호자에게 이를 고했다. 호자 가라사대: "방금 내가 그에게 크게 빈 것은 무엇도 이기지 못함을 보여주었다. 이자는 아마 내 기氣 고름을 기미로 보았을 것이다. 새끼 고래의 굳셈이 소용돌이치는 데가 못이 되고, 멈춘 물이 소용돌이치는 데가 못이 되고, 흐르는 물이 소용돌이치는 데가 못이 된다. 못의 이름이 아홉 개이나, 여기서는 셋을 구별했다. 다시 한번 함께 오게." 다음날, 다시 그와 함께 호자를 뵈었다. 제대로 서지도 못하고, 얼이 빠져 도망쳤다. 호자 가라사대: "그를 쫓아라!" 열자가 그를 쫓았으나 미치지 못하고, 돌아와 호자에게 이를 보고하여, 가로되: "이미 없어지고, 이미 잃어버려, 제가 닿지 못했습니다." 호자 가라사대: "방금 내가 그에게 내 나온 줄기에서 나오기 전을 보여주었다. 내가 그에게 '텅 비었는데 편안히 자족함'을 주자, 무엇인지를 몰랐고, 이에 곧 기울어져 쏠린다고 여기고, 이에 곧 일렁이며 흐른다고 여기고, 그래서 도망한 것이다." 연후에 열자 스스로 아직 배우지 못했다고 생각하고 돌아가, 삼 년 동안 나오지 않았다. 그 처를 위해 요리하고, 돼지를 사람처럼 먹였다. 매사 어디에도 친함을 주지 않았고, 조탁에서 소박함으로 돌아가니, [조탁되지 않은] 덩어리처럼 홀로 그의 꼴로 섰다. 헝클어져도 딱 부러지도다, 이런 자세로 끝까지 일관하였다.

鄭有神巫曰季咸, 知人之生死存亡, 禍福壽夭, 期以歲月旬日, 若神。鄭人見之, 皆棄而走。列子見之而心醉, 歸以告壺子, 曰:「始吾以夫子之道為至矣, 則又有至焉者矣。」壺子曰:「吾與汝既其文, 未既其實, 而固得道與? 眾雌而無雄, 而又奚卵焉! 而以道與世亢必信, 夫故使人得而相女。嘗試與來, 以予示之。」明日，列子與之見壺子。出而謂列子曰：「嘻！子之先生死矣，弗活矣，不以旬數矣！吾見怪焉，見溼灰焉。」列子入，泣涕沾襟，以告壺子。壺子曰：「鄉吾示之以地文，萌乎不震不正。是殆見吾杜德機也。嘗又與來。」明日，又與之見壺子。出而謂列子曰：「幸矣！子之先生遇我也。有瘳矣，全然有生矣。吾見其杜權矣。」列子入，以告壺子。壺子曰：「鄉吾示之以天壤，名實不入，而機發於踵。是殆見吾善者機也。嘗又與來。」明日，又與之見壺子。出而謂列子曰：「子之先生不齊，吾無得而相焉。試齊，且復相之。」列子入，以告壺子。壺子曰：「吾鄉示之以太沖莫勝。是殆見吾衡氣機也。鯢桓之審為淵，止水之審為淵，流水之審為淵。淵有九名，此處三焉。嘗又與來。」明日，又與之見壺子。立未定，自失而走。壺子曰：「追之！」列子追之不及，反以報壺子，曰：「已滅矣，已失矣，吾弗及也。」壺子曰：「鄉吾示之以未始出吾宗。吾與之虛而委蛇，不知其誰何，因以為弟靡，因以為波流，故逃也。」然後列子自以為未始學而歸，三年不出。為其妻爨，食豕如食人。於事無與親，彫琢復朴，塊然獨以其形立。紛而封哉，一以是終。

　　호자가, 자신의 제자인 열자를 매혹한 계함이라는 무당에게 자유자재로 도道의 무늬를 내밀어 그를 혼란스럽게 만들고 결국은 혼비백산하여 도주하게 만드는 이야기로, 여기에 자극받은 열자가 분발하여 경지에 올랐다는 결말이 붙어 있다. 그런데 이런 요지를 깔끔하게 추출하도록 도운 졸역이 "네가 세상에 도를 주는 것이 지나치면 반드시 신표가 되고, 따라서 사람들이 너의 관상을 볼 수 있도록 해준다(而以道與世亢必信，夫故使人得而相女)"인데, 이 가운데 특히 전반부 첫 다섯 자를 하나의 명사구로 보고 "네가 세상에 도를 주는 것(而以道與世)"이라고 옮긴 것이 남다른 졸역의 핵이다. 즉, 이 명사구 속의 수혜 동사 '주다(與)'가 거느린 수혜 대상을 "세상(世)"으로 보면서 수혜 내용의 표시를 개사介詞 "이以"로 한 것이라 본 다음, 이 명사구를 주어로 하는 첫 번째 술어 "항亢"은—**주역** 건괘의 "항룡亢龍"을 참조하여—'지나치다'는 뜻으로 새기고, 그 나머지 술어를 '반드시 신표가 된다(必信)'로 옮긴 것인데, 이렇게 옮기면 여기에 이어지는 구절은 '너는 다른 사람들로 하여금 이렇게 만들어진 신표를 단서 삼아 관상을 볼 수 있게 해준다'는 뜻이 되고 그 다음도 그 뒤에 일어났다고 되어 있는 일과 꼭 맞아떨어지도록 해석할 수 있게 된다.

구체적으로는, "함께 한번 오면, 이것을 내가 그에게 보여주겠다(嘗試與來, 以予示之)"의 후반부 네 자는 방금 명사구로 보았다고 한 다섯 자의 문법적 구조를 되풀이하고 있는데, 우선, '보여주다(示)'라는 수혜 동사의 수혜자는 "그에게"로 번역한 대(명)사 "지之"로 표현되어 있고 수혜의 내용은 도道다. 단, 수혜의 내용이 도라는 데 대해서는 설명이 필요한데, 간단히 말해, 문제의 선행 명사구("而以道與世")에 있는 "이도以道"의 "도道"를 대(명)사 '지之'로 가리켜야 할 것인데—즉, '以之予示之'가 되어야 할 것인데—개사介詞 '이以' 다음에 오는 대(명)사 '지之'는 생략하는 것이 보통이라 "이以"만 남았으나, 수혜의 내용은 역시, 생략된 '지之'가 가리키는, "이도以道"의 "도道"라는 것이다. 나아가, 이어지는 이야기에서, 용한 점쟁이 계함에게 호자가 차례로 내밀어 보인 것이 계함에게는 일종의 운명적 '신표'로 보일 '도의 무늬'들인데, 계함의 반응을 열자에게 전해 들은 호자의 말 역시 마지막을 빼고는 늘, 수혜 동사 '보여주다(示)'가 지배하고 개사 '이以'로 수혜의 내용을 표시하는—예컨대, "방금 나는 그에게 땅 무늬를 보여주었다(鄕吾示之以地

文)"에서 보는 바와 같은—구문 구조로 된 언명으로 시작한다.

수혜 동사 '보여주다(示)'가 지배하는 구문으로 시작한 호자의 언명은—그가 보여준 도의 무늬에 대해 부연하는 구절을 거치기도 하지만—도의 무늬가 계함의 눈에는 어떻게 보였을지를 추측하는, 예컨대 다음 문장이 가진 것과 동일한 구조로 된 문장으로 이어진다: "이자가 아마 나의 덕 가로막기를 기미로 보았을 것이다(是殆見吾杜德機也)." 졸역은, 이 문장 세 번째 글자인 "견見"이 '보다'의 뜻을 가진 동사로서, 바로 이어지는 "오두덕吾杜德(나의 덕 가로막기)"을 목적어로, 그 다음의 "기機(기미)"를 목적 보어로 거느린다고 본 다음, 맨 끝의 "야也"는 추측의 어기를 나타내는 허사로서 두 번째 글자인 부사 "태殆(아마)"와 호응하고 있다고 본 결과다. 그리고 이런 문법적 분석은 같은 구문 구조를 지닌 다른 두 군데에도 동일하게 적용된다. 덧붙여, 방금 든 예문의 "두杜"를 '가로막기'로 번역한 것이 적절했음은 계함의 다음 발언에서도 확인된다: "내가 선생의 가로막기가 일시적임을 보았소(吾見其杜權矣)."

네 번째의 마지막 면담 결과가 방금 해설한 것과 동일한 구문 구조의 문장으로 묘사되어 있지 않은 것은, 물론, 계함의 관점에서는 그것이 무엇이라고 알아볼 수조차 없는 도道의 무늬를 호자가 보여주었기 때문이다. 호자 자신의 말로는, "방금 내가 그에게 내 나온 줄기에서 나오기 전을 보여주었기(鄕吾示之以未始出吾宗)" 때문이다. 그런데 방금 해설한 것과 동일한 구문 구조를 가졌다는 점만으로는 분석이 어려운 문장이, 호자가 계함과의 두 번째 면담 결과를 계함의 관점을 취해 설명한 "이자가 아마 좋아지는 나를 기미로 보았을 것이다(是殆見吾善者機也)"이다. 구체적으로는, "자者"가 담당한 구문론적 역할을 잡기가 어려운데, '지之'와 어원적 연관이 있는, 어구 맨 끝의 "자者"가 어구 맨 앞의 "왕王"을 지칭하는 동시에 대신하는 대용어(anaphor)로 쓰인 '왕지살인자王之殺人者’와 ‘살인지왕殺人之王’의 뜻이 공히 ‘사람을 죽인 왕’임을 설명한 풀리블랭크(2005, 160-2쪽)의 분석을 참조한 졸역은, 동사 “보다(見)”와 목적 보어인 “기미(機)” 사이의 목적어 자리를 차지한 "오선자吾善者"의 중심어 "자者"를 그 첫 글자인 “오吾”의 대용어로 보아 어려움을 해결했다. 하여 추리해낸, 인칭대명사 뒤에서 항용 생략되는 ‘지之’를 인칭대명사 “오吾” 뒤에서 복구한, 목적어 명사구의 원형 ‘오지선지오吾之善之吾’에서 맨 끝의 ‘오吾’가 탈락하면서 명사 어구들(여기서는 ‘오지선吾之善’과 ‘오吾’) 간의 종속 관계를 표시하는 허사 ‘지之’가 ‘오吾’의 대용어인 ‘자者’로 대체되어 ‘사람을 죽인 왕’을 뜻하는 ‘왕지살인자王之殺人者’와 동일한 구문 구조를 가진 ‘오지선자吾之善者’가 되고, 여기에서 다시 인칭대명사 ‘오吾’ 뒤의 ‘지之’가 생략돼 “오선자吾善者”가 되었다고 보고 해석한 것이다.

한편, 도道의 무늬를 주었으나 알맹이는 주지 않았다는, 호자의 첫 발언 일부는 2-1-1절에서 이미 해설했으나, 계함에게 보여준 도의, 네 가지 무늬에 대한 부연 설명은 아직 하지 않았는데, 우선 첫 번째로 보여준 땅 무늬에 대한 호자의 설명인즉, “싹 나는 데가 우르릉거리지도 바르지도 않다(萌乎不震不正)”는 것이다. 그런데, 8-4절에서 덕충부의 난해한 한 대목을 해석하면서 인용한 **주역**을, 마침 점술을 소재로 한 대목인 만큼, 해석에 참조하면 이 어려운 구절의 뜻도 명확하게 잡힌다. 즉, 호자의 설명에 등장하는 “부진不震”의 “진”은 두 개의 음효와 이들 밑에 있는 하나의 양효로 이루어진, 팔괘의 하나인 진 괘의 ‘진震’을 뜻하는 것으로, “부정不正”의 “정”은 효의 음양이 그 ‘자리(位)’에 맞는, 예컨대 양효 자리에 양효가 있는 경우를 뜻하는 것으로 보면, 호자가 계함에게 보여준 땅 무늬는, 생명의 싹이 트는 시기에 맞춰 내리는, 이를테면 ‘우수雨水’의 비를 부르는 우레도—고대 중국에서, ‘우레(震)’는, 두 개의 음효 밑에 있는, 진 괘의 양효가 상징하는 땅 깊은 곳 양기가 우르 릉거리는 현상이라고 여겼다─없고 효의 음양과 자리가 서로 맞아떨어 지지도 않는 악조건에서 싹이 트는 상이라는 이야기가 되는데, 이는 죽음의 예고에 다름 아니다.

두 번째로 보여준 "하늘의 부드러운 흙(天壤)"에 대한 설명인즉, "이름과 실속이 [태어날 때 거기서 나온 데로 도로] 들지 않고, 게다가 기운이 발꿈치에서 일어난다(名實不入, 而機發於踵)"는 것이다. 여기에서 "든다(入)"는 것은, 이 대목 후반부에 나오는, 자기가 나온 줄기에서 "나오다(出)"를 반대로 은유하는 말로, 특히 노자 **도덕경** 50장의 첫 구절인 "나와 살고 들어 죽는다(出生入死)"에서 보는 것처럼 '죽는다'는 뜻인데, 이런 관용적 표현은, 5-11절에서 이야기한 대로, 하늘에서 '나와(出)' 육신에 깃들었던 '신神'이 하늘로 '들며(入)' 육신을 떠나게 된 것을 죽음으로 생각한 데서 연유했을 것이다. 그리고 계함에게 처음 보여준 "땅 무늬(地文)"의 함의가 바로 이렇게, 목숨이 거기서 나온 곳으로 도로 들 것 같은 불길함이다. 반면에, 이번에 보여준 무늬에서 금방 죽을 것 같은 불길함이 사라졌음은 '이름과 실속이 들지(入) 않는다'고 한 데서 분명하다. 계함도 이를 간취하여 '당신 선생이 나았다'고 이야기하고 있는데, 이런 회복은 하늘의 부드러운 흙을 밟고 있을 발꿈치에서 솟는 기운에 대한 묘사에서 한층 생생해진다. 덧붙여, "하늘의 부드러운 흙"으로 번역한 "천양天壤"의 "壤양" 자는 **상서** 우공 편에서 기주의 흙을 일컬어 "희고 부드럽다(白壤)"고 할 때 쓴 한자다.

세 번째로 호자가 계함에게 보여준 "크게 빈 것은 무엇도 이기지 못함(太沖莫勝)"의 정체는 이것이 계함의 눈에 어떻게 비춰졌을지를 추측하는 문장 바로 그 다음에 나오는 다음 언명을 통해 추리할 수 있다.

새끼 고래의 굳셈이 소용돌이치는 데가 못이 되고, 멈춘 물이 소용돌이치는 데가 못이 되고, 흐르는 물이 소용돌이치는 데가 못이 된다. 못의 이름이 아홉 개나, 여기서는 셋을 구별했다(鯢桓之審爲淵, 止水之審爲淵, 流水之審爲淵。淵有九名, 此處三焉).

여기에 대해 우선 지적할 수 있는 것이, 무엇인가 소용돌이쳐서 아득한 깊이를 갖는 '무엇도 이기지 못하는 크게 빈 것'을 만드는 과정을 이야기하고 있다는 것이다. 나아가 소용돌이 치는 것이 무엇이냐에 따라 '크게 빈 것'이 분류되고 있는데, 호자는 계함에게 그중 셋을 보여주었고, 여기에서 자신이 기氣를 고르는 기미를 계함이 봤을 것이라 짐작하고 있다. 호자의 상이 어느 한 가지 못 이미지로 귀착되지 않는 것을 본 계함의 반응도 '고르지 않으니(不齊)' 계속 고르도록 한 후에 보자는 것이다. 따라서, 문제의 세 가지 못 이미지는 이제껏 호자가 계함을 세 번 만나 보여준 '땅 무늬'와 '하늘의 부드러운 흙'과 '크게 빈 것은 아무도 이기지 못함'의 세 가지 이미지를 가리키는 것이 아니라, 계함을 세 번째로 만난 호자가 한꺼번에 보여주어 기를 고르고 있다는 인상을 받도록 한 세 가지 이미지일 수밖에 없다. 덧붙여, "크게 빈 것은 무엇도 이기지 못함(太沖莫勝)"의 "충沖" 자를 '비었다'로 푼 것은 노자 **도덕경**에 나오는 같은 한자의 뜻도 참고한 결과다. 참고로, 다음은 '크게 빔(太沖)'이 '이길 승勝' 자와 함께 나오는 **회남자** 전언훈詮言訓 편의 관련 부분인데, 이를 참조할 때 "크게 빈 것은 무엇도 이기지 못함(太沖莫勝)"의 의미는 '형形도 없이 텅 빈, 무형의 신이 유형의 몸에 우선하면 무적'이라는 정도가 되겠다.

천자가 돌아가면, 그 유해는 넓은 벌 가운데 묻고, 그 귀신은 제왕의 정전 위로 모시니, 신神이 몸보다 귀한 것이다. 그러므로 신이 다스리면 몸이 따르고, 몸이 이기면 신이 궁하다. [몸의] 귀와 눈이 밝아 쓰인다 해도, 신에게 이들을 필히 되돌림, 이를 일러 '크게 비었다'고 한다.

萬乘之主卒, 葬其骸於廣野之中, 祀其鬼神於明堂之上, 神貴於 形也。故神制則形從, 形勝則神窮。聰明雖用, 必反諸神, 謂之太 沖。[70]

끝으로, 호자가 계함에게 네 번째로 보여준 것이—위에서 "이름과 실속이 들지 않는다(名實不入)"의 "들다(入)"를 해석하면서 참조한 바 있는—"내 나온 줄기에서 나오기 전(未始出吾宗)"이다. 그리고 여기에 이어 계함에게 건넨 것이 "텅 비었는데 편안히 자족함(虛而委蛇)"인데, 이 중 마지막 두 글자 "위사委蛇"는 **시경** 소남의 시 가운데 '고양羔羊' 에 나오는 표현으로, 여기에서도 거기에서처럼 '편안한 자족함'을 뜻한 다고 풀었다. 한편 호자의 설명에 따르면, 이 "텅 비었는데 편안히 자족 함"을 대한 계함은 그 정체를 알지 못하여 겁먹은 나머지 자신에게 기 울어져 쏠린데 이어 일렁이며 흐르는 위협이라고 여기고 도망친 것이 다. 그리고 이런 호자의 설명에 이어지는 이 대목 마지막 문장들은, 만 인이 두려워하던 계함을 도망치게 만든 스승의 진면목을 목격하고 자극 받은 열자가 경지에 오르는 과정을 서술하고 있다. 그런데 이런 과정의 서술에 대한 해설로 나아가기 전에 짚어 두려는 것이 호자가 계함에게 마지막으로 보여준 "내 나온 줄기에서 나오기 전(未始出吾宗)"의 이미 지이고, 여기에서 특기해 두려는 것이, 이 책에서 장자의 "종宗"을, 예

---

70 한문 인용 출처는 도널드 스터전 Donald Sturgeon 박사가 편집한 온라인상 "중국철학서전자화계획中 國哲學書電子化計劃(https://ctext.org/zh)"에 수록된 **회남자**淮南子로, 디지털화 저본은: 사부총간초편四部 叢刊初編본 **회남홍렬해**淮南鴻烈解.

컨대 3-1절에서 해설한 천하 편 서두의 졸역 가운데 "하늘을 나온 줄기로 하다(以天爲宗)"에서 보는 바와 같이, '나온 줄기'로 일관되게 번역한 근거다. 즉, 응제왕 편 바로 이 구절의, "나오다(出)가 가까이 환유한 "줄기(宗)"에 근거하여 "종宗"을 '나온 줄기'로 옮겼다는 것이다.

다른 한편, 이 대목의 호자를 천하 편 서두에 있는 '하늘을 나온 줄기로 하는 성인' 곁에 놓고 보면, 그는 마지막으로 만난 계함에게, 성인이 아직 하늘에 머물러 있을 때의 모습을 보여 준 셈이 된다. 혹은, 8-1절에서 해설한 덕충부 서두에 등장하는 왕태처럼 "그 나온 줄기를 지키는(守其宗)" 모습을 보여준 셈이 된다. 끝으로, 열자가 수련 과정을 통해 도달한 모습이 바로 이런 성인 왕태의 경지를 닮았는데, 다듬지 않은 "덩어리(塊)"처럼 "홀로(獨)" 선 꼴이 바로 그 모습이다. 덧붙여, 덩어리 같이 꼴을 갖추지 못한 덕이 지극한 이유에 대한, "장자" 전체를 환유하는 설명은 8-4절의 덕충부 해설에서 다음과 같이 한 바 있다.

(그 덕이 꼴을 갖추지 못한 자의 덕이) 지극한 것은, 이런 자의 덕이, 무엇임의 꼴(形)에 상응하는 이름(名)으로 대상을 판별하는 말이 성립하기 이전으로 거슬러 올라가는 덕이기 때문이다. 즉, 제물론 편 서두, 그리고 9-2절과 9-5절에서 해설하는 대종사 편에서, 장자에게는 현상 전부나 마찬가지인 생명 현상이 비롯하는 원인으로서 등장하는, **강희자전**이 '괴塊' 자 풀이에서 "조물(자)造物(者)"을 이른다고 한 "큰 덩어리(大塊)"로 거슬러 올라가는 덕이기 때문에 지극한 것이 무형無形의 덕인데, 장자의 이 '큰 덩어리'는 신도 등을 해설한 천하 편 한 대목에서 그가 인용한 "앎이 없는 물物처럼 되면 그뿐, 성인의 지혜를 쓰지 않고도, 덩어리는 길을 잃지 않는다(至於若無知之物而已, 無用賢聖, 夫塊不失道)"의 "덩어리(塊)"에서 왔을 것이다.

열자가 수련을 통해 달한 이런 덩어리 같은 꼴의 모티브는, 8-1절의 덕충부 편 서두 해설에서 이야기한 대로, '덩어리처럼 경계 없는 하나 하나'에 필수적으로 수반하는 부사어 '홀로(獨)'를 가까이 환유하여 "홀로 그의 꼴로 섰다(獨以其形立)"로 이어지고, 하늘 아래에서 다른 것과 접촉하여 "헝클어질(紛)" 때에도 "딱 부러짐(封)"으로써 자기 정체성을 끝까지 하나로 유지했다는 이야기로 마무리된다. 그리고 이렇게 되자고 열자는 "매사 어디에도 친함을 주지 않았을(於事無與親)" 터이다.

10-6.
이름에 허수아비로 동원되지 말라, 꾀에 말려들지 말라, 일에 맡겨지지 말라, 앎의 섬김을 받지 말라, 하면 몸의 다함에 막힘이 없을 것이고, 논 데 흔적이 없을 것이다. 하늘에서 받은 제 것을 다하고도, 잡히지 않으면, 즉 비었을 뿐인 것이다. 지인의 마음 씀은 거울과 같아서, 보내지도 맞지도 않고, 응하되 쌓아 두지 않아, 현상을 이기되 상하지 않는다.

無為名尸, 無為謀府, 無為事任, 無為知主, 體盡無窮, 而遊無朕。[71] 盡其所受於天, 而無見得, 亦虛而已。至人之用心若鏡, 不將不迎, 應而不藏, 故能勝物而不傷。

여기는 유례가 없을 정도로 남다르게 번역한 대목 중 하나인데, 이 대목의 서두에 네 번 되풀이되는 '무無'도 10-2절 해설 말미에서 이야기한 것과 같은 양상(modality)의 의미를 띠는 금지 명령을 이끈다고 보고, 이런 '무'가 이끄는 네 개의 종속절에 담긴 명제가 참이라면 참이 될 법한 바를 표현하는 주절에 해당하는 문장으로 번역한 것이 "몸의 다함

---

71 "중국철학서전자화계획中國哲學書電子化計劃"에 수록된 대로라면 "無為名尸, 無為謀府, 無為事任, 無為知主。體盡無窮, 而遊無朕, "이어야 한다.

에 막힘이 없을 것이고, 논 데 흔적이 없을 것이다(體盡無窮, 而遊無朕)"이다. 여기에 더하여 '무'가 이끄는 네 문장은, 공히 '위爲'를 주동자를 표시하는 개사介詞로 쓴 피동형 문장으로 보았다. 다시 여기에 더해, 양상의 의미를 가진 '무無'가 다시금 이끄는 "무견득無見得"의 "견見"도 후속 동사 "득得"이 의미하는 바를 '얻음'에서 '얻음을 당하다'로 바꾸는 허사로 보았는데, 이렇게 한 결과로 "장자" 전체와의 환유적 연관과 전후 대목과의 연관이 훨씬 명확해졌다.

예컨대, 이 대목에 따르면 "꾀(謀)"에 갇히지 않고 "앎(知)의 섬김을 받지 않는다면 몸의 다함에 막힘이 없을 것'인데, 다음 대목에서 보게 되는 바와 같이, 중앙의 제왕 혼돈은, 남해와 북해의 제왕, 숙과 홀이 낸 "꾀(謀)"에 희생된다. 그런데 이 꾀라는 것이 '주인(主)'의 손님 접대 '일(事)'을 '맡아(任)' 훌륭하게 수행한 혼돈을, 만인이 일곱 개의 구멍을 가졌다는 '앎(知)'에 비추어 잘 섬기자는, 보덕의 의도에서 나온 것이다. 나아가, '이름에 허수아비로 동원되지 않고, 꾀에 말려들지 않고, 일에 맡겨지지 않고, 앎의 섬김을 받지 않는다면' 몸의 다함에 궁함이 없을 뿐 아니라, 논 흔적도 없게 되어, 이를테면 '사냥감의 흔적'을 좇는 이에게 사냥되는 경우를—4-7절에서 해설한 소요유 편의 살쾡이·족제비와는 달리—회피할 수 있을 터, 이 대목의 표현으로는, '하늘에서 받은 수명을 다하도록, 누구에겐가 잡히는 일을 회피할 것'이다. 단적으로는, 7-1절에서 해설한 인간세 편 서두에서 이야기된 관용봉과 비간처럼 이름 때문에 권력자에게 죽는 일, 이런 일은 생기지 않을 것이다. 여기서 이제 졸역이 "장자" 이해에 대해 갖는 장점은 그만 살피고 "지인至人"으로 시작하는 끝부분을 간단히 살펴보자.

이 대목 끝부분은 간단히 살펴도 좋을 것이, 3-5절에서 거울의 수동성을 물과 메아리의 수동성과 더불어 이야기하는 관윤을 인용한 대목을 해설하면서 이미 요지를 말한 셈이기 때문이다. 3-5절의 관련 해설은, 데이터를 있는 그대로 드러내는 수동성의 미덕을 부각하고 있는 관윤의 발언에서 장자가 무엇을 취했는지를 확인할 수 있는 곳으로 공자가 '심재心齋(마음 재계)'를 이야기하는 대목과 응제왕 편의 바로 이 대목을 거론했는데, 7-2절의 '심재' 해설은, 수동적 청각에 비유된 '심재'가 "최종적으로 환유한 이미지가, 바다가 어떤 강물이든 가리지 않고 받아들이는 것처럼, 만물을 다 받아들여 조화롭게 보존하는 자"라는 점을 지적했다. 그런데 바로 이런 이미지를 은유하고 있는 것이 이 대목의 거울이다. 이 대목은 여기에 더해, 직전 대목에서 점쟁이 계함을 도망치게 만든 "크게 빔(太沖)"과 "텅 비었는데 편안히 자족함(虛而委蛇)"을, 만물을 상하지 않고 품되 저장하지는 않아 가볍기 짝이 없는 거울면의 입체적인 마술적 공간으로 환유한다. 결과적으로, 관윤의 유산을 풍부하게 계승한 후계자로서의 장자가 잘 드러나는 대목이 바로 이 대목이다.

10-7.
남해의 제왕을 숙이라하고, 북해의 제왕을 홀이라고 하며, 중앙의 제왕을 혼돈이라 한다. 숙과 홀이 늘 혼돈의 땅에서 서로 만났는데, 혼돈이 이들을 매우 훌륭하게 대접했다. 숙과 홀이 혼돈의 덕에 보답하기를 꾀하여, 가로되: "사람은 누구나 일곱 개의 구멍이 있어, 보고 듣고 먹고 숨 쉬는데, 이것만 홀로 무엇도 없으니, 한번 뚫어보자." 매일 구멍 하나씩을 뚫자, 이레만에 혼돈이 죽었다.

南海之帝爲儵, 北海之帝爲忽, 中央之帝爲渾沌。儵與忽時相與遇於渾沌之地, 渾沌待之甚善。儵與忽謀報渾沌之德, 曰：「人皆有七竅, 以視聽食息, 此獨無有, 嘗試鑿之。」日鑿一竅, 七日而渾沌死。

전절에서 이미 그 요지를 해석했지만 다시 한번 요약하면, 보덕의 의도에 혼돈이 희생된 이야기 혹은 사냥 당한 이야기다. 그런데 필자가 이 기막힌 결말에서, 특히 숙과 홀의, 혼돈만 구멍이 "홀로 무엇도 없다(獨無有)"는 언명에서 간취해낸 함의가, 우언 편과 천하 편을 거쳐 **장자** 내편을 차례대로 읽어 오는 동안 거듭 조우한 '경계 없는 하나'의 "홀로(獨)"임이 깨져서, 호자가 계함에게 보여주어 도망치게 만든 '도道의 무늬' 비슷한, '그 나온 줄기에서 나오기 전(未始出其宗)'의 '큰 덩어리(大塊)' 같은 모습의 혼돈이 죽었다는 것이다. 이는 아마도 중앙의 제왕 혼돈이, 스스로는—그 모습이 덕충부 편에 나오는 지리소처럼 뿔뿔이 헤진 정도에서 그치지 않고 아예—뿔뿔이 헤질 그 "무엇이 없는(無有)" 모습임에도 불구하고, 저 앞의 "명왕明王"처럼 "무엇 없음에 달하여 놀지는(遊於無有)" 못했기 때문 아닐까?

아니면, 9-6절에서 해설한 대종사 편의 자상호子桑戶의 경우처럼 혼돈에게도 죽음은 '참된(眞)' 존재가 되는 복된 순간이었던 것일까? 그런데 이처럼, 그 의미를 분명히 파악하기가 쉽지 않은 혼돈 이야기도, 이것이 마감하고 있는 응제왕 편 전체, 나아가 "우언이 열에 아홉(寓言十九)"으로 시작하는 우언 편이 천하 편과 함께 환유하는 것으로 지금까지 읽어 온 "장자" 전체와 더불어 읽으면, 부사어 "홀로(獨)"에 이어진 "무엇 없음(無有)"의 그 무엇이 본本으로 환유하는 도道의 기술로 실현하는 자유 세계에 대한 지향이 드러난다. 즉, 이 대목의 숙과 홀처럼 심지어는 선의로, 상대의 결점이라고 여기는 바를 고치겠다고 덤벼들어 상대를 죽이기까지 하는 대신, '서로 어울림·위함 없이 어울리고 위함(相與於無相與, 相爲於無相爲)'으로 "서로를 잊고(相忘)" 각자 유유

자적悠悠自適하는 "근심할 것 없는 고장(無何有之鄕)/넓디넓어 거칠 것 없는 들(廣莫之野)"[72] 같은 자유 세계에 대한 지향이 드러난다는 것이다. 한편, 내편 마지막 편인 응제왕 편 서두에 있는, 상대를 자신의 척도로 재단하여 옳다 그르다 하지 않는 것이 이상 정치의 핵심적 면모라는 이야기가 같은 편 말미의 혼돈 이야기에서 변주됨으로써 응제왕 편은 수미雙관식 구성을 갖추게 된 셈인데, 여기서 드러나는 응제왕 편의 정치적 지향은 응제왕 편의 다음과 같은 구성에서 한층 분명해진다.

시비로 남을 재단하는 유우씨(순임금)와 시비하지 않는 태씨의 통치 플랫폼을 대조하면서 시작한 응제왕 편은 후자의 자유방임적 '건들건들 (逍遙) 플랫폼'의 근본에 있는 바름이 덕충부 편에서 부각된 대로 내적인 바름이라는 점을 이야기한 접여를 거쳐, 자유방임적으로 운영되는 건들건들 플랫폼의 성립 필요 조건으로서 플랫폼 지배자의 심덕을 이야기하는 이름 없는 성인에 이른다. 여기에 이어 "장자" 서문에 해당하는 우언 편의 마지막에 스승 노담과 함께 등장하는 양자거가 제시한, 자신이 닦은 덕의 수단적 효용 때문에 다른 정치적 목적의 실현에 동원되는, 인간세 편에 등장하는 유용한 나무처럼 유용하게 현명한 통치 기술자를 반대로 은유하는, 무용지용의 덕을 지닌 진정한 지배자, "명왕明王"의 통치가 스승 노담에 의해 묘사된 다음, 이 같은 명왕을 은유하는 호자가 구사하는 '속으로 알맹이(精) 있는 도道'의 술법이 신적인 능력을 가진 것처럼 보이는 점쟁이의 그럴듯한 '겉 껍질(粗)'을 어떻게 홀딱 벗기는지를 이야기하는, 덕충부 편의 겉과 속의 대조를 연상케 하는 인상적 대목을 거쳐, 인간세 편에서 길게 이야기된 무용지용의 덕을 지닌 현자가

---

72 '서로 어울림 위함 없이 어울리고 위하므로(相與於無相與, 相為於無相為)'와 "서로를 잊고(相忘)"는 대종사 편에서, "근심할 것 없는 고장(無何有之鄕)/넓디넓어 거칠 것 없는 들(廣莫之野)"은 내편 첫 편인 소요유逍遙遊 편에서 가져온 것이다.

타자의 수단으로서 포획되지 않고 주체적으로 제명을 다 누리며 온갖 변화에 응하여 만물을 품어 비추는 모습이 텅 빈 거울의 비유로 이야기 된 끝에 마침내 달한 것이 본 대목의 혼돈 이야기다. 덧붙여, 응제왕 편의 이런 전체적 흐름을 "장자" 전체와의 환유적 연관 속에서 집약하면: 거울처럼 텅 비어 "'자기를 잃고(喪我)' 홀로된 '도의 축'으로서…변화에 무궁히 응應하여 만사를 주재"하는 자, 건들건들 플랫폼 위에 조성된 진정한 자유의 제국을 경영하는 '만물의 변화에 응하는 제왕(應帝王)'은 바로 이런 자라는 이야기가 되겠다.[73]

궁극적으로는, '플라톤의 동굴 속 환영'에서 풀려남을 포함하는 "화함에 응하고 현상에서 풀려남(應於化而解於物)"에 다름 아닐 자유를 지향하는, 응제왕 편에서 그려지고 있는 바와 같은 이상理想 정치의 어려움은, 3-6절에서 해설한 장자 자신의 고백, "그가 이치에서 다하지 못함, 그가 허물 벗지 못할 것임은…이를 [즉, 화함에 응하고 현상에서 풀려남을] 이루 다하지 못했음이다(其理不竭, 其來不蛻…未之盡者)"에서도 확인할 수 있다. 그러나 이런 어려움에도 불구하고, 보다 적확히 말하면, 5-12절에서 해설한 '조궤弔詭(불가사의한 속임수)'의 문제에 포획되어 있다는 인간 조건에도 불구하고, 바로 이런 근본적 해방을 지향하여 이루는 정치가, 친구 혜시 덕분에 갈고닦은 특유의 언어로 장자가 제시한 정치의 영원한 척도이다. 그리고 이것이 이 책이 언어의 은유·환유 축을 따라 되살려낸, 피비린내가 진동하는 전국시대戰國時代를 살다 간 그에게도 절실했을 평화의 영원한 본本을 원인론적으로 캐낸 장자의 결론적 전언이다. 달리 말해 현상의 꿈에서 해방된 개개인이 만물의 지극한 조화 속에서 자유롭게 자적自適하는 평화가 장자가 궁극적으로 추

---

73 인용한 '응제왕' 뜻 풀이는 5-5절의 제물론 편 해설에서 온 것이다.

구한 평화다. 그런데 이런 평화를 가능케 할 응제왕은 또 어떻게 하면
맞이할 수 있을 것인가, 이 꿈 속에서?

제 11 장

결론

11

이제 이 책의 결론으로 장자 특유의 평화론을 이야기할 계제가 되었는데, 그 바탕을 이루는 특유의 형이상학을 손바닥에 놓고 볼 수 있는 형태로 먼저 정리하는 것이 순조로운 논의의 순서겠다. 하여, 예컨대, 보통의 시간보다 3만배 정도 느리게 가는—즉, 한 해가 약 3만 년으로 늘어진—시간으로 정의되는 긴 수명을 누리는 대춘大椿 같은 나무가 앎에 대한 그의 검토에서 척도 역할을 하고 있을 뿐 아니라 그의 핵심적 주장인 '무용지용의 엄청난 가치'를 증거하고 또 증언하는 역할이 또한 이런저런 나무들에 맡겨져 있는 데 더해 그의 원인론적 형이상학을 제물론 편에서 본격적으로 전개하는 데 첨병 역할을 하는 것이, 다양한 바람 소리가 나는 원인으로 지목된, 다양한 형태의 빈 나무 구멍들이라는 데서 여실하게 보는 바와 같이, "장자"에 자주 등장하여 논지 전개에 중요한 역할을 하는 나무 이미지의 도움을 받아 장자의 형이상학적 주장을 한 문장으로 축약하면, '하늘에 뿌리를 두고 땅으로 가지를 벋은, 틀림없이 무용할 나무가, 땅에 뿌리를 두고 하늘로 가지를 벋은 나무들의 숲에 비길 수 있는 이 세계의 본本이라는 것'이 된다. 그리고 이렇게 요약되는 장자 형이상학에 따르면, 예컨대, 제물론 편에 나오는 손가락과 말(馬)은 '하늘에 뿌리를 둔 나무'가 낸 천지 속으로 태어난 만물이 제각각으로 만물을 가리키는 데 기준이 되는 좌표계의 원점과 이런 좌표계의 변환 운동 내지 그 동력을 각각 대표하는 것인데, 손가락과 말의 이런 환유는, 숲을 이룬 나무들에 비유될 수 있을 서로 다른 만물이 서로로 화化할 수 있도록 현상 이면에서 서로를 곁으로 당겨 하나로 통하게 해 주는, 하늘의 뿌리에서 비롯한 줄기와 가지의 네트워크가—간단히, 도道의 네트워크가—만물 각각의 상이한 원점들이 유래한, '밖이 없는 전체'라는, 원점 아닌 원점으로 상정된 덕분에 무의미한 조작적 언어 유희를 멀찌감치 넘어서는 뜻을 갖는다. 또 바로 여기에서 나온 유의미한 이야기가, 좌표가 설정되는 빈 시공간에 다름 아닌 천지가 하나의 손가락이고 이런 천지를 채운 만물이 한 마리 말이라는 것이다. 나아가, 태어남과 죽음도 방금 이야기한 것과 같은 손가락이 달린 본체로서의 '몸(形)'을 움직이는, 말(馬)의 운동의 시작과 끝에 다름 아니다.

한편, 제물론 편에서 이야기된 대로, 각자 나름의 좌표계를 가진 만물의 운동이 야기하는 혼돈 속이라서, 즉 천지를 환유하는 각자의 손가락이 가리키는 '이것(是)'이 운동으로 말미암은 변화에 따라 '저것(彼)'이 되고 또 저것은 이것이 되어 시비를 종잡을 수 없는 혼돈 속이라서 어디에서 와서 어디로 가는지를 스스로는 알 수 없는 개별자의 운명이란 것도 실은, 하늘에 뿌리를 둔 단일 나무 네트워크의 명命에 따르도록 정해진 것이지만, '숲을 이루는 나무 한 그루 한 그루'에 비유될 수 있을 개별 생물들이 일단 천지라는, 하늘에 뿌리를 둔 나무가 창조한 시공간 속에 자리를 잡으면 바로 거기가, 5-14절에서 해설한 대로 그 관점이 유아론적이어서 상호 소통이 불가능한 꿈들이 태어나는 자리다. 물론, 개별 생물의 삶이, "물화物化"를 이야기하는 제물론 편 말미의 '호접몽'과 같은 꿈에 다름 아닌 것은, 유아론적 관점의 이해와 호오에 결부된 희로애락과 이런 감정에서 촉발된 행동이 그리는, 만물을 환유하는 말(馬)이 동력원으로서 움직이는 온갖 생물의 현상적 궤적이 실은, '하늘에 뿌리를 둔 나무'가 안배한 경로를 따르는 것이라서다. 뒤집어 말하면, 삶이라는 꿈에서 깨어남은 이런 현상적 궤적의 환시에서 깨어남에 다름 아니다. 그리고 바로 이런 의미로, 2-1-1절의 제안대로, '물物'을 '현상'으로 읽어도 장자 이해에 큰 손해는 없을 터이다.

단적으로, 양생주 편에서 보는 것처럼, 형벌을 받아서 발이 잘리는 것도, 죄와 벌의 현상적 인과관계 때문이 아니라, 하늘이 자르기 때문에 잘리는 것이다. 그러나 천지라는 시공간 속의 물物들 내지 생물들에게 보이는 것은—하늘에 뿌리를 둔 나무가, 밖이 없는 전체로 유지하는 네트워크가 아니라—이것들과 저것들뿐인데, 이들은, 이들을 자신과의 거리로 구분해 가리키는 손가락이 환유하는 '나(我)'와 이런 나를 움직이는 '말(馬)'이 환유하는 생명 운동을 환유하는 동시에, 이렇게 움직이는 수많은 '나'들 사이의 시비와 마찰을 함축하고 있다. 더불어, 편가르기·편싸움을 함축하고 있다. 그러나, 유아론적 꿈들의 각기 다른 관점에 따라 이것을 저것이라 하고 또 저것을 이것이라 하는 시비와 마찰, 파당적 쟁투가 불가피하게 일어나게끔 되어 있음에도, 장자에 따르면, 참된 옛 사람들은 이런 서로 어그러짐을, 태어나면서부터 죽을 때까지 꿈 속인 사람들이 아닌 하늘과 한 무리를 이루는 특별한 관계 덕분에 참조할 수 있게 된 '하늘의 척도(天倪)'로 조화시키는 모범을 남겨 참 평화의 길을 열었다는 것이다. 그리고 이런 평화의 지혜를 담고 있는 말이, 장자가 자신의 말에서 7할을 차지한다고 한, 따라서 자신의 말에서 9할을 차지한다고 한 '우언寓言'의 적어도 2/3이상이 그것일 '중언重言'이다. 그런데, 이런 평화의 길은, 방금 이야기한 유아론적 운동을, 예컨대 '중언'에 의지하여, 멈출 때 크게 열리는 길이다.

단도직입적으로 말해, 장자의 이상 정치는, 조삼모사의 우화에서 단적으로 헛것임을 드러낸 이해와 호오가 좌우하는 움직임에 따라 이것을 저것으로 보고 저것을 이것으로 보게 되어 있는 마음을—8-1절에서 해설한 '멈춘 물(止水)'이 뭇사람을 멈추듯이—멈출 때 비춰지는 하늘을 본받아, 살아 있는 만물이 제 몫을 각자 유유히 누리되 각자의 누림이 조화롭도록 해주는 도道 플랫폼 건설의 기술을 발휘하는 것이다. 나아가 이런 도 플랫폼의 중심 축으로서—제물론 편의 표현을 빌리면, '도의 축(道樞)'으로서—온통 생물로 채워진 천지 내의 무상한 변화에 무궁히 응하여 도 플랫폼 상의, 온 생명이 부활하여 활기 분출하는 봄(春)을 방불케 하는 평화가 유지되도록 하는, 응제왕 편에 나오는 "명왕明王" 혹은 "응제왕應帝王"이라 불림 직한 지도자가 장자가 그린 이상 정치의 중심, 나아가 그의 원인론적 평화론의 핵심에 있다 하겠는데, 여기서 다시 한번 주목해 둘 것이 장자의 현상계에 무생물은 존재하지 않는다는 점이다. 보다 정확히 말하면, 무생물이라 할 만한 것은 생물들이 호흡한 결과로 나타나는 현상에 지나지 않는다는 것이다. 즉, 하늘에서 내려온 신神이 깃들어 생명을 갖는 '모습 내지 몸(形)'들과 이들의 생리 작용로 이루어진 것이 장자의 '이 세계'다. 덧붙여, 이런 세계를 몇 자로 요약한 매우 인상적인 그림이, 그의 사상적 발전에 결정적 도움을 제공한 벗으로 이 책에서 조명한 혜시의 역설, "해는 방금 중천이었는데 곧 기울고, 현상의 존재(物物)는 방금 났는데 곧 죽는다(日方中方睨, 物方生方死)"다. 즉, 운동하는 해가 비추어 기르는 시시각각 변하는 이 세계를 채운 물이란 물은 다, 실은 죽어가는, 생물이다.

장자의, 혜시 덕에 이룩된 것이라 해도 과언이 아닐 형이상학에 따르면, 미리 어떤 꼴이 되도록 돼 있는 '된 몸(成形)'을 받고 또 이런 몸과 짝을 이루도록 돼 있는 '된 마음(成心)'을 하늘에서 받아 '하늘에 뿌리를 둔 나무'의 명대로 움직이는 물物들로 이루어진 세계가 인간들이 그 속으로 태어나 일하다 늙어 죽는—하늘에 뿌리를 둔 저 나무의 실상에 비추면, 삶은 그 속에서 꿈을 꾸는 것에 다름 아닌—이 세계인데, 여기에서 죽음은, '몸(形)'에 깃들어, 대종사 편의 자여子輿가 '수레를 끄는 말(馬)'로 환유한 데서도 엿볼 수 있는 것처럼, 생명 운동의 원동력이 된 '신神'이 하늘로 돌아가서 마음도 더 이상 움직이지 않게 됨을 의미한다. 그리고 바로 이렇게, 신神이 자신이 '나온(出)' 근본으로 도로 '드는(入)'

것임에 다름 아닌 죽음이, 태어남과 더불어, 장자가 이야기하는 '물화物化'를 대표한다는, 9-7절에서 제시한 바와 같은 물화 해석은 '물화物化'에 들어 있는 '화化' 자의 기원에 대한 시라카와 시즈카(2021, 1076쪽)의 설명도 뒷받침해 주는데, 여기에 따르면 '化화' 자는, 글자 왼편의 '사람인人'과 이 자字를 거꾸로 뒤집어 사람 시체를 표현한 오른편 상형 문자를 결합시켜 만든, '등을 마주한 사람 시체'로 죽음을 뜻하는 회의會意 문자로, 여기에서 유래한 이 한자의 본래 의미는, "생기를 잃고 변화하는 것"이라는 뜻에 더하여, "모든 것은 변화하면서 생과 사를 되풀이하므로" 변화하는 것 일반이었는데, 이들 의미가 발전하여 "자연이 사물을 육성하는 것, 도덕과 사상에 따라 가르치고 인도하는 것"을 가리키게 되었다고 한다.

장자의 물物은 기본적으로 '하늘에 뿌리를 둔 나무'가 창조한 생물인 동시에 이들 생물이 꾸는 유아론적 꿈의 단위로, '물화物化'는 장주의 호접몽 이야기에서 보는 것처럼 하나의 유아론적 꿈이 다른 꿈으로 화하는 것을 의미한다. 2-1-1절의 '물' 번역 관련 제안을 상기하건대, 하나의 현상이 다른 현상으로 바뀌는 것을 의미한다. 그런데 다른 한편으로는, 이런 물화 가운데 가장 별나면서도 전형적인 것이 유아론적 꿈에서 깨어나는 죽음이기 때문에, 예컨대 대종사 편에 등장하는 자상호子桑戶의 경우에서 보듯, 참 존재가 되는 특이한 '물화'로 간주될 수 있는 것이 죽음이다. 하여 대종사 편 서두를 채우고 있는 옛 '진인眞人(참 사람)' 이야기는 이렇게 죽음에 연결된 '참(眞)'에 관한 이야기라고 해석할 수 있는데, 이런 '참' 해석 역시 시라카와 시즈카(2021, 879쪽)의 '眞진' 자 해설이 뒷받침해 주는바, 그에 따르면, 이 한자는 위에서 언급한 '化화' 자의 오른쪽 절반을 이루는, 사람 인人 자를 거꾸로 하여 시체를 표현한 상형문자와 머리를 거꾸로 매단 모습으로 생각지 못한 재난을 당해 길에서 쓰러져 죽은 사람을 표현한 '県현' 자를 위아래로 합쳐 만든 회의會意 문자인데, 죽은 사람은 "이미 변화하는 것이 아니기 때문에, 영원한 것, 참된 존재라는 뜻이 되었"던 것이라 한다. 그리고 이는 특히, 고대인들이 사후 세계를 이승의 일시적인 가짜 세계와는 상반된 곳으로 여겼던 때문이라고 하는데, 바로 이 같은 관점에서 제물론 편 서두를 읽을 때, 스승 남곽자기의 못 보던 모습에 놀란 제자 안성자유의 난해해 보이는 물음, '몸은 고사목 같고 마음은 죽은 재 같을 수 있는 것이냐'가 그로서는 처음 접하는 '진인眞人'의 경지에 대한 찬탄에 다름 아니라는 점을 포착할 수 있게 된다.

주의할 것은 장자가 이야기하는 진위眞偽는 명제와 그것이 가리키는 사태의 일치·불일치, 즉 참말·거짓말을 의미하지 않는다는 사실이다. 그것은 오히려 하늘에 뿌리를 둔 나무의 명命을 순순히 받아들이느냐의 여부 내지 관련 정도를 가리키는 말이다. 나아가 명을 탁월하게 순순히 받아들이게 된 상태를 장자는 '현해縣解'라 하고 있는데, 이는 달리 말해 하늘에서 오는 명에 따른 현상적 사태 전개에 대하여 몸을 안으로 상하게 하는 정情으로 인한 저항이 사라진 상태로, 죽음 앞에서 겁먹거나 하지 않고 오히려 당연한 순서로 담담히 받아들일 수 있는 상태다. 이에 반해 하늘의 명이 잘 먹히지 않는 경우를 대종사 편 서두 부분에서 일러 '천기天機가 얕다'고 하고 있다. 결론적으로 말하면, 천지 만물과 천지 만물이 생기기 이전의 모든 존재가 거기 매달린 도道의—이 책의 비유로는, '하늘에 뿌리를 둔 나무'의—안배가 순조롭게 통하는 상태가 참이고 이와 반대인 상태가 거짓이다. 예컨대, 현상의 껍데기에 가려진 도의 안배를 어둠을 물린 아침인 양 선명하게 파악하게 해주는 물화物化가 죽음이라는 의미로, 죽음이 곧 참이다. 하여, 9-6절에서 해설한 대종사 편의 '죽은 자상호는 참으로 돌아갔다'는 노랫말이 의미하는 바가 명확해진다.

나아가, 도道가 어디 있는지 잘 보이지 않는 곳에서 방금 이야기한 의미의 진위眞僞가 생기고, 그래서, 이것이 옳으니 저것이 옳으니 하는 유묵의 시비가 생긴다고 한 제물론 편의 첫 대화 주도자인 남곽자기가 이런 시비와 관련하여 최선의 지양책이라고 한 '이명以明(밝음에 의함)'은 저것(彼)·이것(是)의 무상함과 상대성을 유아론적 운동을 멈추어 지양한, 하늘에 뿌리를 둔 나무의 줄기와 가지의 한 '덩어리(塊)' 네트워크에 조회하는 밝힘이다. 나아가, 죽음을 통하지 않고는 접하기 어려울 도를, 예컨대, 대종사 편의 복량의가 접하고는 '죽지도 살지도 않는 경지'에 들었다고 이야기되어 있는데, 이는 곧 '깨지도 잠들지도 않는 경지', 곧 '깸과 잠듦의 경계가 사라진 경지'다. 그런데 여기서 주의할 것이 장자가 상찬하는 흐리멍덩함이, 예컨대 "양행兩行(둘 다 됨)"이나 "보광葆光(빛의 갈무리)" 같은 표현에서 엿볼 수 있는 바와 같은 흐리멍덩함이, 무책임한 회피의 모호함이 아니라는 사실이다. 이를테면 생사가 갈리는, 이것이냐 저것이냐의 기로에서 목숨을 부지하려고 취하는 일종의 기회주의적 보신술이 아니라는 사실이다. 적극적으로 달리 말하면, 깨지도 잠들지도 않는 초월적 경지에는 꿈으로서의 이 세계를 '갈라(分)' 무엇을—곧 '무너지게(毁)' 될 것이지만—그나마 '이루는(成)' 조건이 되는 경계가 없기 때문에 이 세계의 꿈에 흐리멍덩하게 혹은 '덩어리(塊)'로 나타나는 것일 뿐이다. 그에 근거해 그 무엇을 이름(名)할, 그 무엇을 그것 아닌 것과 구분하는 시공간적 테두리로 된 '형形'이 없기 때문에 어리둥절하게 만드는, 또는 아득한, '모습(形)' 아닌 '모습(貌)'으로 나타나는 것일 뿐이다.

　　나름의 앎에 의존하는 분명한 선택에 대해 흐리멍덩한 무위를 예찬하는 것처럼 보이는 장자지만, 그의 사상은 무사안일의 철학도 안심입명의 철학도 아니다. 나아가, 방금 본 것처럼, 인간 삶의 조건인 모듬살이의 유지에 필수적인 기준으로서 널리 통용되는, 의義 같은 선택의 경계들이 사실은 꿈 속의 경계일 가능성을 드러낸 장자의 형이상학이 제기하는 문제는, 이 책에서 내내 강조한 바이지만, 이를테면 '플라톤의 동굴 속'을 벗어나 진상을 선택에 참조할 수 있을 것이냐는, 제물론 편에 등장하는 장오자의 말로는 "조궤弔詭(불가사의한 속임수)"의 문제다. 5-12절의 해설을 되풀이하건대, "꿈 속에서 헤매는 자들에 대해 자신을 깬 사람이라 여겨 임금이니 목자니 하는 이를 일러 꿈을 고집한다고 비판하는 이마저 아직 꿈 속이라는, 따라서 꿈 밖으로 탈출할 길이 어디에도 보이지 않는다는 문제를 일러 '조궤弔詭(불가사의한 속임수)'라 한다"고 한 장오자는 이 문제를 성인聖人의 도움으로 풀 가능성도 없다는 이야기를 하고 있다. 그리고 실로 이것이 탈출 불가능한 인간 조건이라면, 예컨대 제물론 편의 남곽자기가 거론한 유묵의 시비는 자신의 이 꿈이 옳고 상대의 저 꿈이 그르다는 시비에 다름 아니겠고, 나아가, 이런 시비를 둘러싼 정치적 투쟁의 장은 이를테면, 매슈 아널드 Arnold, M.의 유명한 시, '도버 해변(Dover Beach)' 마지막에 나오는 아군과 적군을 구별할 수 없는 어둠 속 전장에 다름 아니겠다.

> 그리고 우리는 여기 있다 어느 깜깜한 평원인 양
> 투쟁과 도주의 혼란스러운 경고 신호들에 사로잡혀,
> 멋모르는 군대와 군대가 밤에 격돌하는 데인 양.
> And we are here as on a darkling plain
> Swept with confused alarms of struggle and flight,
> Where ignorant armies clash by night.

장자에 따르면, 방금 인용한 시의 문맥에서는 '종교적 신념의 퇴조 이후'에 해당하는, '천하가 일곡一曲의 앎들로 분열된 이후'로는 특히, '멋모르는 군대와 군대가 밤에 격돌하는 깜깜한 평원'이 인간이 그 속으로 태어나는 천지인데, 이는, 모든 것이 거기 매달린 '하늘에 뿌리를 둔 나무'를 알 길이 없는 생물들의 꿈과 꿈이 격돌하는 곳이기 때문이다. 그리고 이런 격돌을 지양하는 방법으로 장자가 제시하고 있는 한 가지 방도가, 천리에 따라 움직이는, 하늘이 준 '바름(正)'으로—예컨대, 순임금처럼—뭇사람을 살리는 권력에, 나아가 명命에, 모든 것을 맡기는 순명이다. 한마디로, 기독교적 순명이다. 그리고 이렇게 전적으로 맡긴다면—양생주 편의 도통한 요리사가 손에 쥔 칼의 날이, 잡는 소의 뼈와 힘줄은 물론이고 살에도 닿지 않아서, 그에게 전적으로 자신을 맡긴 칼이, 날이 마모되었다고 버려지는 일을 피하는 것처럼—태어나자 죽음으로 치닫는 운명을 피할 수 있으리라는 것이다. 이 세계에서는 불가피하다고 제물론 편의 남곽자기가 한탄한, 태어나 서로에게 마모되는 행로를 앉아서도 "내닫는(馳)" 운명을 피할 수 있으리라는 것이다. 나아가 강과 호수의 물고기처럼, '서로를 잊고 사는(相忘以生)' 도道 플랫폼에서 자적하는 자유를 누리겠다는 것인데, 이는 이런 순명이, 삶이라는 꿈속의 그림자 현상을 연출하는 본체를 직시하며 하는, 꿈 깬 자 자신의 진정한 처지에 꼭 맞는 최선의 선택이기 때문이다.

그리고 방금 제시한, '기독교적 순명이 곧 진정한 자유의 행사'라는 주장의 이면에 있는 명석한 논거가, 9-5절의 '현해縣解' 해설에서 이야기한 대로, 삶이라는 꿈에서 깨어나기 전의 환영幻影이 좌우하거나 유도하는 선택은 아무리 자유로운 듯해도 결코 자유의 행사일 수 없다는 이치다. 간단히, 데이터 없이는 자유 없다는 이치다. 역시 같은 이치로, 덕충부 편 서두에서 이야기된 대로, "[현상 전개의 근본 원인인] 시작의 징표를 보존함, 두려움 없음의 알맹이다(夫保始之徵, 不懼之實)." 달리 말해, 모든 꿈이 거기서 비롯한 제일第一 원인을 데이터로 기억하지 않고는, 자유뿐 아니라, 진정한 용기도 있을 수 없다는 것인데, 바로 이 같은 맥락에 놓인 '덕충부德充符'는, 방금 언급한 순임금 같은 부류의, 진실로 생명을 기르자면 과감히 자신의 모든 것을 맡겨야 할 '양생주養生主'를 환유하는 '소 잡는 칼 쓰는 데 도통한 요리사'를, 소 잡는 손에 쥔 칼을 자주 갈아 치우는 평범하게 칼 쓰는 요리사나 그보다는 덜 자주 갈아 치우는 괜찮게 칼 쓰는 요리사로부터 구별해줌으로써, 방금 이야기한 바와 같은 진정한 자유의 용감한 행사를 실천적으로 뒷받침하는, 겉 아닌 속의 징표에 다름 아니다. 간단히 말해, 응제왕 편에 나오는 "명왕明王"의 덕으로 속이 찼음을 나타내는, 데이터에 근거한 자유롭고도 용감한 선택을 돕는 징표다. 그리고 여기에서, 우언 편 서두 해설에서 부각한 '사람의 길(人道)'을 내는 데 꼭 풀어야 할 과제로 떠오르는 물음이, 소위 '예禮'에 따르는 번지르르한 겉모습에 근거한 권위를 세우는 대신 제 속을 덕으로 채워, 심지어는 설득하지 않아도, 천하가 기꺼이 따르려 할 표준을 세울 '명왕'을 어떻게 길러낼 것인가다.

그런데, 장자가 '중언重言'과 '우언寓言'을 통해 알려주는 대로, '명왕明王'은 하늘에 뿌리를 둔 나무에서 점지한 재질이 아니고는 길러질 수 없는 것이라면, 방금 이야기한 '필수적 과제'는, 덕충부 편에서 위나라 영공, 제나라 환공, 노나라 애공 같은 권력자에게 유세하는, 희한한 외모의 인기지리무신闉跂支離無脤과 옹앙대영甕盎大癭이나 공자처럼, 명왕이 되시라는 그의 유세에 접하여 대오각성한 기존 권력으로 하여금 '나의 덕우德友'라 부르게 할 만큼 놀라운 덕으로 속이 찬 인재를 어떻게 하면, 하늘이 내는 명왕이 올 때를 '천시天時'를 살펴 기다리는 대신 '부득이不得已'―즉, 도道에 따라―길러내겠느냐는 문제가 된다.[74] 예컨대

---

74 '천시'와 '부득이'의 대조는 특히 대종사 편 서두 부분의, 하늘이 만든 기준인 듯하나 실은 인위적인 기준이어서 이를 주장하는 이들의 이해와 호오에 좌우될 수 있는 '천시'에 따르기보다는 '원인론적 원리(道)'에 근거한 앎으로 때를 잡는 것이 진인眞人답다고 보는, 이 책이 새롭게 발견한 장자를 빈영한 것이다.

민주주의의 주권자 국민을 위기에서 명왕의 길로 이끌 인재를 '부득이' 길러내는 문제가 된다는 것인데, 장자 우언 편과 칙양 편에서 공히 보는 한 문장과 유사한 "年九十而知八十九非(나이 구십에 [이전의] 여든 아홉 해가 잘못됐음을 알았다)"가 들어간 자작 묘비문을 남긴 고 김종필 총리가 '국민은 호랑이'라고 했을 때 염두에 두었을 법한 대목을 포함하는 인간세 편이 전반부에서 다루고 있는 문제가 바로 이 문제다. 덧붙여, 이 문제에 대한 가장 체계적인 답을 제시한 곳으로도 역시, 운정雲庭의 저 '국민은 호랑이'의 원천일 가능성이 짙은, 7-4절에서 해설한 대목을 들 수 있겠다. 그러나 이 모든, '사람의 길(人道)'에 관한 건설적 제언을 품고 있는 이야기들 역시, 저 '조궤弔詭'의 문제에 얽혀 있다. 즉, 장자의 어떤 이야기도 결국은, 천하 편에서 자신의 말을 일컬어 말한 대로 '황당하게 밑도 끝도 없는' 꿈 이야기임을 면치 못한다는 것이다. 다시 한번 그러나, 바로 그렇기 때문에 꿈들이 '서로를 잊어 산다(相忘以生)'는 황당한 이야기가 유의미해지는 것이다.

서로 통할 수 없는 꿈들을 조절하여 이들 간의 시비가 '하늘의 저울(天鈞)'에서 멈추도록 하는 것도 좋지만, 죽어서 참으로 깨어나기 전이라면 서로를 잊어 '서로 어울림·위함 없이 어울리고 위하며' 사는 것이,[75] 마음이 눈과 귀로 접수한 천지 만물에 그로써 닿는 '저것(彼)'과 '이것(是)' 같은 기초적 어휘로 뜻하는 바에 대한 합의도 불가능한 꿈들에게는 더 바랄 나위 없는 평화가 아니겠는가? 나아가, 특히 제물론 편에서, '저것·이것'을 포함하는—5-8절에서 해설한 '무정부 상태'의—언어가 일러 말하는 바가 도대체 있기는 있는 것이냐는 문제를 제기한 장자가 이야기하는 희망은 결국, 대종사 편 종결부에 언급된 바와 같은 '명命'

---

75 '서로 어울림·위함 없이 어울리고 위함(相與於無相與, 相為於無相為)'은 9-6절에서 해설한 대종사 편에서 온 것.

에 거는 희망, 하늘과 참으로 분리된 인간으로서는—하늘과 사람을 딱 구분하는 것이 '참(眞)'이라고 한 대종사 편과 친하면 이해理解가 쉬워지는 구약 욥기에서도 이야기되어 있는 바와 같이—실로 불가해한 '명'에 거는 희망이다. 그리고, 생물의 꿈들이 모두 거기 매달린 '하늘에 뿌리를 둔 나무'의, 자신이 낳은 자녀들에게 내리는 것이므로 자비로울 수밖에 없을 법한 명에 걸린 희망, 바로 이 희망에 결부하여 장자가 강조한 '사람의 길(人道)'이, 명을 따라 서로를 잊고 사는 데 필수적인 조건으로서 겸손을 견지하는 길이다. 혹은 누구나가 각자의 꿈 속에 갇혀 있는 처지임을 인정하고 그 꿈 속의 의義 같은 경계와 척도로, 실상은 명에 따르고 있는 것일 뿐일 타자를 욥을 재단하는 욥의 벗들처럼 재단하기를 피하는 길인데, 이 길이 응제왕 편 서두에서는 진정한 왕도인지를 판단하는 기준으로 제시되어 있다.

　다른 한편, 방금 이야기한 바와 같은 유아론적 꿈의 전제를 해체하여 재구성하면—대종사 편에 나오는 표현으로는 간단히, '영녕攖寧'하면—그것을 이루는 말로 된 경계가 사라지면서, 나와 타자가 그것에 공히 대할 수 있는, 제물론 편의 해설에서 부각한 바와 같은 '경계 없는 하나하나'가 서로 마찰하는 꿈들의 본本으로서 드러날 수 있다는 것이 또한 장자가 그린 형이상학적 그림의 일부인데, 이렇게 본을 '밝힘(明)'으로써 꿈에서 깨움에 다름 아닐 '조궤弔詭 해결책'으로 소요유 편과 인간세 편에서 암암리에 제시하고 있다고 이 책에서 해설한 방도가, 취하는 관점에 따라 변하는 현상의 충격적 극단화와 은유와 환유의 축에 기댄 일반화 및 추상 연산이다. 나아가, 대종사 편의 자상호 등이 등장하는 대목 서두의 물음, "누가 서로 어울림 없이 서로 어울리며, 서로 위함이 없이 서로 위할 수 있는가(孰能相與於無相與, 相爲於無相爲)"가 시사하는 대로 "공유한 경계를 사이에 두고 물物과 물이 마찰하는 시공간을 현상에서 빼내서, 시공간상의 상호 작용 없이 상호 조화하는 '경계 없는 하나하나'의 '덩어리(塊)' 원시 네트워크에 달함"으로 추상화할 수 있을 이런 조궤 해결책들에서 도출된, 시공간 밖의, 오직 그 자체인 이상형들로 시공간 내의 현상적인 이 세계를 정리할 때는, 달리 말해 '경계 없는 하나하나'를 이 세계의 경계를 긋는 기준으로 채용할 때는, 너그러워야 한다는 이야기가 제물론 편에—특정하면, 5-10절에서 해설한 대목 마지막에—나온다. '경계 없는 하나하나'의 척도를 받은, 순임금 같은 이는 현상을 오연하게 재단하는 대신—장자 자신, 현상을 오연하게 재단하는 일을 피했다고 천하 편에서 이야기하고 있거니와—현상에 대해 너그러워야 한다는 이런 이야기의 형이상학적 근거는 물론, 장자가 이야기하는 경계가, 그것을 사이에 두고 나뉜 대상들을 아무리 뚜렷하게 또 엄격하게 구분한다 하더라도, 그것으로 구분되는 대상들을 서로 이어 서로 침투하도록 해주는 도道의 매개를 겸하고 있기 때문이다.

한마디로, 이 세계의 경계는 다 도道에 대하여 꿈처럼 임시적인 것이기 때문에, 조궤弔詭 해결책을 이 세계의 천하 통치에 실천적으로 적용할 때는 너그러워야 한다는 것인데, 바로 이렇게, 조궤 해결책을 간접적으로 논하는 대목을 장자 여기저기에서 발견할 수 있음에도 불구하고, 거기에서 암시된 조궤 해결책들이 대개는 또, 장자가 동원한 '우언寓言'과 '중언重言'의 화자들이 한 꿈 이야기일 뿐이다. 그리고 바로 이 점이 조궤라는 문제에 도사린 근본적 어려움이다. 다만, 하늘과 한 무리가 된 참된 옛 사람들이 남긴 말로 된 본本이, 9-6절의 해설에서 인용한 **논어** 위정 편의 뭇별이 북극성을 향하는 것처럼 그것으로 향할 수 있도록, 전해지고 있어서, 이를 단서로 '하늘에 뿌리를 둔 나무'의 데이터를 더듬어, 서로를 잊고 사는 '도 플랫폼'을 건설할 방도를 모색해 볼 수 있겠다는 것인데, 바로 이런 이유로 장자 이해에 결정적인 한 편일 수밖에 없는 것이 천하 편이다.

사실, 호접몽과 같은 꿈 속에서 무엇인가가 데이터의 역할을 한다면, 대나무 구멍에서 나는 '인뢰人籟(사람 피리 소리)'의 본本인 '지뢰地籟(땅 피리 소리)'의 본인 '천뢰天籟(하늘 피리 소리)'에 가까운 말로 된 옛 사람의 참된 본—우언寓言과 중언重言 여럿이 겹칠 때, 뭇별들이 공통으로 지향하는 곳에서 발견하는 북극성처럼 나타날 법한 참된 본—이 외에 또 무엇이 있겠는가. 그리고 이런 본의 기억에 다름 아닌 것이, 8-4절에서 이야기한 대로, 문명文明이다.

졸견이지만, 도道 플랫폼의 가능성을 품은 이 세계의 본本에 대해 넓고 깊으면서도 탁 트였던 장자는 자신이 넓다고 여긴 우언寓言, 특히 옛 사람의 우언 덕분에, 9-7절의 물화物化 이야기가 시사하는 대로, 호접몽의 물화를 반성하는 메타(상급) 언어로 된 대화를 통해, 거기서는 살지도 죽지도 않을 유아론적 꿈 바깥으로 나가 저 본으로 접근하는 새 길을 열었던 것이다. 즉, 멀리 흩어져 있는 '저(彼)' 꿈들을 인용하는 것으로 '하늘에 뿌리를 둔 나무'를 원인론적으로 더듬는 '이(是)' 꿈의 9할을 이야기할 수 있다면, 더구나 이 꿈 이야기의 7할이 '사람의 길(人道)'을 개척한 노老스승들의 심오한 중언重言과 겹치는 것이라면, 이는 이런 이야기를 하는 '내(吾)'가 '나(我)'라는 꿈에서 상정하는 '하늘에 뿌리를 둔 나무'의 줄기가, 피비린내 나도록 서로 마찰하게 마련인 당파적 꿈들로 이루어진 이 세계의 '나온 줄기(宗)'라서가 아닐까? 그리고 이런 '나(吾)'의, 5-8절에서 의심할 수 없게 있되 '갑자기(俄)' 있어 원인론적 미지수임을 해설한 '나(我)'라는 꿈의 '영녕攖寧' 가능성을 메타 언어로 붙들어, 대종사 편 좌망坐忘 이야기에서 보는 것처럼, 꿈 플랫폼의 전제를 해체하고 도道 플랫폼으로 대체하려 했던 평화 사상가가 장자라 하겠는데, 그의 이런 노력은 꿈 속의 경계로 '갈라 가림(分辯)'을 근본적으로 해체하여 도 플랫폼 건설의 데이터에 접근하려는 노력을 겸할 터, 실로 이런 데이터를 내장한 '나온 줄기(宗)'에 적절히 올랐다는 자평으로 해석할 만한 구절이 천하 편 장자 관련 대목에 있다. 덧붙여, '나'라는 꿈을 해체한 정치는, 운정雲庭의 또 다른 표현을 상기하건대, '허업虛業'일 수밖에 없겠는데, 이는, 이런 정치를 실천하는 이들에게는, 도 플랫폼 정립과 같은, 혜택이 만세에 미칠 놀라운 정치적 업적에서 나오는 과실을 차지할 '내'가 없고 관련한 영예가 돌아갈 '내 이름'이 없을 터이기 때문이다. 장자식으로 다시 말하면, 이는, 그들이 '자기' 없는 '지인至人'이자 이름 없는 '성인聖人'일 것이기 때문이다. '하늘이 먹이는 데 실업實業은 무슨 실업이냐'고 할 '신인神人'일 것이기 때문이다.

이상以上과 같은 맥락에서 보면, 인간세 편에서, 자신이 받은 '된 꼴(成形)'을 희로애락에 따라 부리면서 이해利害에 따라 편을 가르도록 되어 있는 '된 마음(成心)'을 해체하는 '심재心齋'의 결과로 안회가 '된 마음' 대신 갖게 된, '아득함에(於漠)' '부합(合)'하도록 기氣를 '쓰는(使)' 마음은, 도道 플랫폼 건설의 아득할 데이터에 접근할 준비가 된, 달리 말해 '하늘에 뿌리를 둔 나무'로 오를 준비가 된 허심虛心에 다름 아니다. 하여, 바른 추구의 결과에 구성상 무심할 수가 없는, 바라는 만족에 대해 수단적인 유용함과 그에 대한 앎을 주 건축 재료로 쓰는 꿈 플랫폼을 '심재'를 통해 해체하고 세우는, 무용지용의 '건들건들(逍遙) 플랫폼'은 '바른 추구(行)'의 결과에는 무심한 채로, 만물 다 살리는 참 평화가 근원적으로 거기 매달린 '바름(正) 그 자체'를 참조하여 토대로 삼기 때문에 유용함 이상의 거대한 유용함을 창출한다는 것, 바로 이것이 장자 평화론의 핵심이다. 덧붙여, 이런 건들건들 플랫폼의 책임자는, 요임금이 가진 천하의 요리에는 무관심한 허유처럼, 바른 추구의 결과에 무관심한 채로 '유遊'할 뿐인데, 그가 이렇게 '건들건들 놀(逍遙遊)' 법한 곳을 일러 소요유逍遙遊 편 말미의 장자는 "근심할 것 없는 고장(無何有之鄉)/넓디넓어 거칠 것 없는 들(廣莫之野)"이라 하고 있다.

실로, '경계 없는 하나하나'의 영역에서나—즉, '천부天府(하늘 창고)'에서나—접할 수 있을 '바름(正) 그 자체'를 참조하는 것 자체가 꿈 속에 있는 처지에서는 지난한 일이겠거니와, 이런 '바름 그 자체'를 참조하면서 천지만물의 변화에 응하는 일의 실천적 어려움과 그 해결 방도를 인상적으로 보여주는 장면 하나로도 역시, 운정雲庭의 '국민은 호랑이'가 거기서 나왔을 법한, 7-4절에서 해설한 인간세 편 한 대목을 꼽을 수 있겠다. 그런데, 이상以上에서 요약한 장자의 원인론적 평화론은, 자신이 천학비재淺學菲才임을 알고 있음에도 감히, 하늘과 한 무리였던 장자를, 9-8절 해설에서 인용한 '마르코의 복음서'에 등장하는 이방인 여인처럼 끈질기게, 조르고 졸라 얻어낸 것이다. 나아가 잊지 않고, 저 이방인 여인의 간절한 눈길을 따라, 대종사 편의 표현을 빌리건대, '끝에서 시초로 거슬러 올라가기를 반복하는 것(反覆終始)'이—달리 말해, 알파요 오메가인 존재를 향한, 사랑이 메아리치는 찬양의 반복이—시초를 기억하는 문명의 문명다운 참 평화 운동이라는 것이 장자 독해를 통해 달한, 이 책의 결론이다. 장자의 '참된 옛 사람들'이 바로 이런 반反-엔트로피 운동을 통해, 꿈 너머의, 더는 거슬러 올라갈 곳 없는 참 원인을 진정한 평화의 기초로 다행히도 참조하여, 문명이라면 기억해 마땅한 시초에 관한 유산을 '중언重言' 형태의 데이터로—유산 전부는 아니더라도 하여튼 선왕지도先王之道 데이터 속에—남겼을 터이거니와, 아마도 언어에 밝았던 친구 혜시 덕분에, 장자가 누구보다 탁월하게 비추어 빛냄으로써 신기원을 단조鍛造해낸 이 같은 유산 속의 채워도 넘치지 않고 비워도 마르지 않는 시원에서 매일 흘러나오는 '치언巵言'을, 장자가 넓다고 여긴 '우언寓言'을 매개로 살려 듣는 21세기 르네상스를 통해 지금

이 순간을 참 평화의 신기원으로 만들어야 하지 않겠는가 하는 것이다. 이 책 후기에서 단편적으로 소묘한, 악몽이 될 가능성이 농후해 보이는 작금의 정세를 널리 살피건대, 바로 지금이 '창세기'로 세계 평화의 신기원을 단조해낼 때 아니겠는가 하는 것이다. 하여, 4-8절 말미에서 인용한 순자 말씀 중의, 그 어떤 난문도 다룰 만큼 폭넓은 '음양의 2^6괘(육이六貳)'가 환유한 바와 같은 '천부天府(하늘 창고)'에 조회하여 '하늘에 뿌리를 둔 나무'의 '바름(正) 그 자체'로 만물을 다 살려 보존하는, 저 '치언'이 늘 말없이 하는 말을 듣는 정치를 다시 한번 해봐야 하지 않겠느냐는 것이다.

　　그러나 이런 노력을 하기 전에 먼저, 더는 거슬러 올라가 기댈 데 없는 제일第一 원인에 달하여, 자기(己)·공功·이름(名)에 기대어 매달리는 꿈에서 깬 지인至人·신인神人·성인聖人을 꿈에서라도 만나 도움을 청하는 것이 순서 아닐까? 하여 이제, 4-3절에서 해설한 소요유 편 다음 구절의 자락에서 이 책의 꿈 이야기를 멈추고 나머지는 온순하게 또 겸허히 접어 두는 것이다, 이 모든 것이 '명命이 아닐까(命也夫)' 생각하며.[75]

　　혹시 천지의 바름을 타고, 여섯 가지 기氣를 가리는 말을 제어해 본다, 하여 노는 데 끝이 없는 자, 저이는 또 어디에 기댈 것인가! 하여 가로되: 지인至人에게는 자기가 없고, 신인에게는 공이 없고, 성인에게는 이름이 없다.

　　若夫乘天地之正, 而御六氣之辯, 以遊無窮者, 彼且惡乎待哉! 故曰: 至人無己, 神人無功, 聖人無名.

---

75 "명이 아닐까(命也夫)"는 대종사 편을, 9-10절에서 해설한 맨 마지막 부분에서 마무리하는 표현이다.

인용 문헌

국립국어연구원 편저. "표준국어대사전(https://stdict.korean.go.kr/main/main.do)."

곽경번郭慶藩(淸) 찬撰 (2012). **장자집석**莊子集釋, 왕효어王孝魚 점교點校, 3판, 북경北京: 중화서국中華書局.

대한성서공회 (1999). **공동번역 성서**, 개정판, 편역자.

대한성서공회 (2001). **성경전서 새번역**, 편역자.

류샤오간劉笑敢(Liu Xiaogan) (1994). *Classifying the Zhuangzi chapters* (Michigan monographs in Chinese Studies no. 65), William E. Savage (trans.), Ann Arbor: The University of Michigan Center for Chinese Studies.

마루야마 마사오/가토 슈이치 (2000). **번역과 일본의 근대**, 임성모 옮김, 이산.

스키너, 퀜틴(Skinner, Q.) (2001). *Visions of Politics—Volume 3: Hobbes and Civil Science*, Cambridge: Cambridge University Press.

스터전, 도널드(Sturgeon, D.) 편집.
　"중국철학서전자화계획中國哲學書電子化計劃(https://ctext.org/zh)."

시라카와 시즈카 (2021). **상용자해**, 박영철 옮김, 도서출판 길.

야콥슨, 로만(Jakobson, R.) (1989). 언어의 두 양상과 실어증의 두 유형(**문학 속의 언어학**, 신문수 편역, 문학과지성사, 92-116쪽).

이태수 (1994). 학문 체계 안에서 인문학의 위기에 대한 고찰(**현대의 학문 체계: 대학에서 무엇을 배울 것인가**, 소광희 외 9인 공저, 민음사, 210-235쪽).

정성욱 (2021). **논어와 데이터: 데이터 지향 정치 언어의 고전 1**, 미디어연구소 봄.

풀리블랭크, 에드윈(Pulleyblank, E. G.) (2005). **고전중국어 문법 강의**, 양재욱 옮김, 궁리출판.

한국천주교주교회의 (2005). **성경**, 편역자.

__후기

공자 가라사대: "...천하의 삼분의 이를 가졌는데, 그럼에도 은을 섬겼다. 주나라의 덕, 지극한 덕이라 해도 좋다." **(논어** 태백 편)

전작 **논어와 데이터**의 후기 끝에서 '지금도 살아 있는 논어'를 단적으로 보여주는 한 구절로 인용했는데, 신흥 강대국과 기존 강대국의 갈등을 다시 한번 눈 앞에 둔 것인지 모르는 상황에서 새겨 본 이 구절을 필자가 10년 넘게 유지한 블로그(bommediaresearch.blogspot.com)의 2021년 2월 13일 자 게시글에서는 이렇게 풀었다.

졸견으로는, 투키디데스의 함정을 신흥 강국 주나라가 어떻게 피했는지를 알려주는 구절이다. 즉, 주나라가 기존 강국 은나라와 힘이 비슷해졌을 때 싸우기 시작했다면 승부가 쉽게 나지 않아 천하가, 이를테면 펠로폰네소스 전쟁 당시의 희랍처럼, 기나긴 고통에 빠졌을 것이지만, 이런 경우를 주나라는 지극한 덕을 발휘하여 피했다는 말이다. 실로 팔팔하게 살아 있는 논어가 아닌가?

하여, 이 책의 장자 해석에서 부각한, 자유의 조건이 되는 데이터에 근거한 근본적 평화의 길을 출간을 앞둔 이 시점에 다시 한번 검산해 보면서, 팔팔하게 살아 있는 **논어**에 대해 소망한 것처럼 **장자** 역시 의미심장하게 살아 뜀뛰는 고전으로 새롭게 읽히기를 소망하는 것이다. 투키디데스가 자신이 쓴 전쟁사의 항구적 가치가 거기서 나온다고 한 '인간 본성에 뿌리를 둔 문제의 되풀이'를 근원적으로 멈추어 만인이 더불어 깨어 잘 사는 '문명의 길'을 내자면 거기 있는 통찰을 참조해야 할 고전으로 읽히기를 바라는 것이다.

덧붙여, 같은 블로그 2022년 6월 28일 자 게시물에서 예고한 것보다 반년 이상 출간이 늦는 이유를 하나만 꼽는다면, 시간을 조금 더 들이면 피할 수 있을 오류는 되도록 줄이고 싶었다는 것. 그럼에도 전작의 경우와 마찬가지로, 책 출간의 실천적 효과가 극대화되리라고 판단한 시점에서 크게 벗어나고 싶지는 않아 출간을 감행하는 것이다, 지금. 그리고 이렇게 하는 데 낸 용기에 만용이 얼마나 섞여 들어가 있는지 아직 잘 모른다는 걱정에, 출간 적기를 놓치지 않겠다고 서둘다가 걸러내는 데 실패한, 전작의 과오들 가운데 독자들 사이에서 재생산될 위험이 상당하거나 그로 인한 노력과 시간의 낭비가 우려되는 잘못 몇 가지를 여기에—특히 전작 독자들께 죄송한 마음으로—고해 둔다.

1. **논어와 데이터**의 61쪽과 165쪽 각주 46, 그리고 235쪽의 졸역 중 "백성이 삼가 충실하게 맡은 일에 애쓰도록 하려면"은 "백성이 삼가고 충실하고 맡은 일에 애쓰도록 하려면(使民敬、忠以勸)"의 오역.

2. 170쪽 밑에서 9번째 줄의 세미콜론(;)은 쉼표의 오기. 필자가 늘 그 권위를 존중해온 국립국어원에 따르면 세미콜론은 한국어의 문장부호가 아니지만, 이 책에서도 문장과 문장의 연관이 비상하게 밀접하여 마치 한 문장인 것처럼 조직된 경우 마침표 대신 사용함.

3. 182쪽의 졸역 중 "종묘의 일, 이 일로 모였을 때"는 "종묘의 일, 또는 제후 회동에서(宗廟之事，如會同)"의 오역; 183쪽의 졸역 중 "종묘에 한데 모이는데"는 "종묘와 제후 회동인데(宗廟會同)"의 오역.

4. 270쪽 각주 77의 "각주67"은 '각주68'의 잘못.

5. 색인에서 '정鄭나라의 자산'으로 풀어 쓸 수 있는 '정자산鄭子産'을 통째 인명으로 처리한 것은 오류. 종종 한국어 언중 사이에서 '정자산'으로 지칭되기도 하는 이 명재상의 성姓은 희姬, 씨氏는 부친의 자字에서 온 국國, 이름은 교僑이며, '자산'은 그의 자字. 한편, 자字가 자국子國이었던 그의 부친은 정나라 목공穆公의 서자庶子였던 연유로 '공자발公子發'로 지칭되고, 사마천의 사기는 '정나라 성공(鄭成公)'의 아들이라고 했지만 실은 목공의 손자孫子일 자산은 '공손교公孫僑'로 지칭되기도 함. 결론적으로, 인명 색인에 '정자산' 항목을 넣더라도 관련하여 참조해야 할 주된 색인 항목으로 '자산子産'을 설정했어야 했는데 그렇게 하지 못함.

이외에도, 들여쓰기가 안 된 67쪽 첫 단락 초두처럼, 눈에 거슬리는 데가 있지만, 아직 필자 눈에 띄지 않고 있는 다른 잘못들과 함께 개정판에서 후일 수정해도 아주 큰 문제는—한 번은 외람되게도 그르게, 한 번은 옳게 인쇄된, 책 서문의 **문명의 텍스트로 읽는 『국가』**의 경우처럼, 무엇이 어떻게 잘못된 것인지가 분명하여 독자 스스로 고쳐 읽을 수 있을 것이거나 해서—되지 않겠다 싶어 이만 붓을 놓으며 삼가 강호 제현의 질정을 기다린다. 이는 물론, 전작의 오류들은, 폐가 될 법한 것이 발견되는 대로, 후속으로 출간되는 '봄 데이터 총서'에서 지금처럼 고하겠다는 뜻을 겸하여 드리는 말씀이다. 끝으로, 책 맨 앞의 제사들 가운데 소은素隱 선생님 말씀은 **희랍 철학 논고**(박홍규 전집 1, 민음사, 1995, 306쪽)에서 온 것임을 밝혀 둔다.

2023년 10월 10일
정성욱

── 색인

면수에 붙은 별표(*)는 각주란을 의미.

● 인명 색인

● 지명 색인

● 서명 색인

● **일반 색인**

___ 저자 소개

1989년 서울대 공법학과를 졸업하고 KBS 프로듀서로 일하다가, 1996년 서울대에서 석사 학위를, 1999년 미국 일리노이주 소재 노스웨스턴Northwestern대에서 박사학위를 언론학 전공으로 취득했다. 2000년부터 정보통신정책/문화산업정책 관련 연구소의 연구원, 대학교 시간강사, 케이블 텔레비전 편성 자문역 등의 일을 하다가, 2009년 봄에 '미디어연구소 봄'을 세워 성숙한 정치 언어의 확산을 통한 정치 질서 향상을 위해 힘써 왔다.

시청률 데이터의 질을 좌우하는 변인에 대한 분석에서 시작한 데이터 문화 비교가 궁극의 연구 관심사. 이 책도 데이터 문화 비교 연구의 도정에서 거둔 결실이라 하겠는데, 다음은 데이터 지향 정치 언어의 관점에서 해석한 장자에 접근하는 데 디딤돌이 된 연구 결과물들을 발표된 순서에 따라 정리한 것이다.

2021년. **논어와 데이터: 데이터 지향 정치 언어의 고전1.** 미디어연구소 봄.

2018년. 인문학과 사회과학의 경계에서 본 동해. 경희대 국제지역연구원 간 *East Sea Rim*, 28, 4-9쪽.

2017년. **시청률 분석** (번역서). 한울엠플러스.

2016년. The American Data Culture Since 1820: From Madison's Political Philosophy to Nielsen Ratings. *McGannon Center Working Paper Series.* 35.

2012년. 한국의 법 전통과 소셜미디어 규제. **의정연구**, 18(1), 109-144쪽.

동년 2월. 한국 사회와 과학의 언어 (국가과학기술위원회 정책 보고서 **사회문화 융합형 과학기술정책 미래 이슈** 기고).

2009년.   커뮤니케이션 효과론의 존재론적 전제. **커뮤니케이션 이론**, 5(2), 185-
          221쪽.
          객관보도의 위기와 전통의 힘. **언론정보연구**, 46(1), 5-35쪽.
동년 6월.   공유형 수용자 조사의 유형 구분 (한국조사연구학회 춘계학술대회 발표).
2005년.   술, 시인의 대화, 사투리: 텍스트의 침묵과 전통의 목소리. **소리** (366-
          380쪽). 커뮤니케이션북스.
2002년.   제3자 효과: 인간 이성의 한계와 매스 커뮤니케이션. **스피치와 커뮤니**
          케이션, 1, 47-79쪽.
1999년 5월. Journalistic Objectivity as a Useful Fiction (ICA 샌프란시스코 정기
          학회 발표).

시청률 같은 객관적 데이터에 대한 관심과 인간 언어를 중심에 놓는 학제적이고 해석학적인 접근이 두드러지는 상기 실적 가운데서도 2009년의 '커뮤니케이션 효과론의 존재론적 전제'가, 세계 곳곳의 사관학교에서 지금도 가르치는 고전, 손자병법을 데이터 형이상학의 관점에서 해석했다는 점에서 **논어와 데이터**를 잇는 이 책에 가장 직접적으로 이어진 실적이라 하겠다.